Kaltenbach
Ehlert

Unsere Kochschule

Marianne Kaltenbach
Friedrich W. Ehlert

Unsere Kochschule

FALKEN

INHALT

VORWORT

Immer wieder verlangten Leserinnen und Leser meiner Bücher nach einem Grundkochbuch. Und seit ich eine eigene Kochschule habe, wurde dieser Wunsch noch häufiger an mich herangetragen.

Nun habe ich, zusammen mit meinem Mitarbeiter und Seminarleiter Friedrich Wilhelm Ehlert, einem anerkannten Fachexperten und Kochbuchautor, ein solches Buch verfaßt. Unser Ziel war es, alle wichtigen Grundzubereitungsarten ausführlich darzustellen, damit sie vor allem auch Anfängern die Basiskenntnisse einer guten Küche auf optimale Weise vermitteln. Diese Grundrezepte können dann anhand der vielen Variationen oder auf persönliche Art abgewandelt werden.

Bei der Gestaltung stand die großzügige Bebilderung und damit die optische Aufbereitung auch schwieriger Zubereitungstechniken im Vordergrund.

Der Warenkunde kommt in diesem Buch ebenfalls eine große Bedeutung zu. Denn beim Einkauf fängt alles an, und die richtige Auswahl und die Vorbereitung der Lebensmittel sind eine wesentliche Voraussetzung, damit die Zubereitung gelingt.

Alle Rezepte sind praxiserprobt, erfreuen den Gaumen und das Auge und fordern, so meinen wir, zum Nachkochen geradezu heraus. An dieser Stelle möchten wir auch Herrn Daniel Peduzzi, dem Schulleiter der Privatkochschule Kaltenbach + Peduzzi in Luzern, danken, der uns einige Schulrezepte zur Verfügung gestellt hat.

Wir hoffen, daß dieses Buch Ihnen recht viele gute Dienste leisten wird und daß Sie beim Ausprobieren der Rezepte viel Spaß haben werden.

Marianne Kaltenbach
Friedrich Wilhelm Ehlert

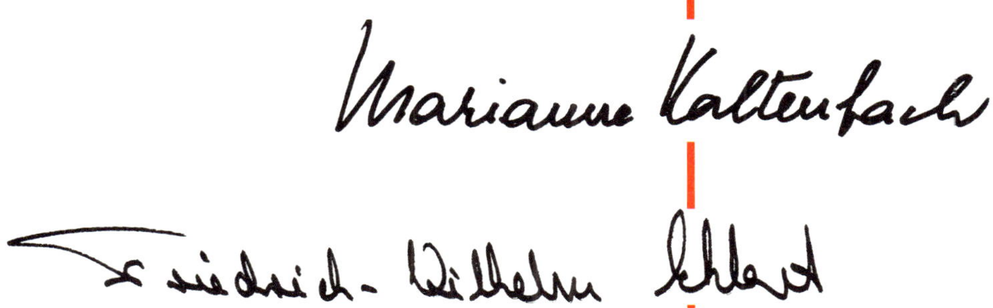

GESUNDE ERNÄHRUNG

FÜR VITALITÄT UND FITNESS

In Untersuchungen stellen Ernährungswissenschaftler und Mediziner immer wieder fest, daß wir zu fett, zu süß, zu salzig und vor allem zu viel essen. Daß also nicht nur die Menge, sondern auch die Zusammensetzung unseres Speiseplans eine entscheidende Rolle für die Gesundheit spielt, ist hinreichend bekannt. Die Konsequenzen einer falschen Ernährung: Herz- und Kreislaufkrankheiten, Stoffwechselstörungen, wie Zuckerkrankheit und Gicht, Übergewicht, um nur die wichtigsten Zivilisationskrankheiten zu nennen.
Doch was soll man tun, um gesund und trotzdem mit Genuß zu essen, und damit einer Erkrankung vorzubeugen? Das Prinzip ist einfach, denn nährstoffreiche, aber kalorienarme Lebensmittel stehen im Vordergrund einer vernünftigen Ernährungsweise. Betrachten Sie Essen jedoch niemals als reine Nährstoffzufuhr, sondern als eine Kultur, die gepflegt werden soll und deren Entwicklung man durch die ganze Menschheitsgeschichte hindurch verfolgen kann. Der Tisch ist ein Ort der Begegnung und wann immer möglich der Erholung. Auch aus diesem Grund sollte Essen ein Genuß für Gaumen, Augen und Nase und letztendlich für die Seele sein.

DIE BESTANDTEILE UNSERER NAHRUNG UND IHRE FUNKTIONEN

Baustoffe
Sie ermöglichen das Wachstum und die ständige Erneuerung der Körperzellen. Es handelt sich dabei vor allem um Eiweiße und einige Fette.

Schutz- und Reglerstoffe
Sie lenken den Stoffwechsel und sorgen für eine funktionierende Immunabwehr. Dazu zählen vor allem Vitamine und Mineralstoffe sowie einige Fettsäuren und auch die Ballaststoffe.

Betriebsstoffe
Sie liefern dem Körper Energie für verschiedene Funktionen, zum Beispiel Herzschlag, Verdauungstätigkeit, Stoffwechsel, Muskelleistung und Aufrechterhaltung der Körpertemperatur. Die wichtigsten Betriebsstoffe sind Fette und Kohlenhydrate.

Wasser
Unser Körper besteht zu zwei Dritteln aus Wasser. Es dient ihm als Stützstoff, als Lösungs- und Transportmittel und auch als Mittel, die Körpertemperatur zu regulieren.

VORKOMMEN UND AUFGABEN DER NÄHRSTOFFE

Eiweiß (Proteine)
Eiweiße sind zum Aufbau unseres Körpers unbedingt notwendig und müssen deshalb in ausreichendem Maße zugeführt werden. Doch auch ein Zuviel, so meinen einige Experten, kann schaden.
Tierische Eiweißlieferanten sind Milchprodukte, Käse, Fisch, Fleisch, Eier u. a., pflanzliche Eiweißlieferanten sind Hülsenfrüchte, Nüsse, Getreide, Getreideprodukte u. a.
Der durchschnittliche Eiweißbedarf liegt für Erwachsene bei 0,8 g pro kg Körpergewicht.
1 g Eiweiß liefert 4 kcal. Man rechnet, daß etwa 10 bis 15 Prozent unseres Energiebedarfs aus Eiweiß bestehen sollte.
Bei Eiweißmangel können gravierende Störungen auftreten. Aber keine Sorge, bei unserer heutigen Ernährungsweise ist ein solcher Mangel nicht zu befürchten. Im Gegenteil, die meisten nehmen mehr als genug zu sich. Gefährdet sind nur Menschen, die sich einseitig ernähren, zum Beispiel strenge Vegetarier, die ihrem Körper nur rein pflanzliches Eiweiß zuführen.

Fette
Fette sind als Energielieferanten für uns wichtig. Sie haben mehr als doppelt soviel Kalorien wie Eiweiß und Kohlenhydrate und sind damit der schlanken Linie abträglich, jedoch in kleinen Mengen unentbehrlich.
Tierische Fettlieferanten sind Schmalz, Butter, Sahne, Wurstwaren, Käse, Fleisch, Fettfisch u. a.
Pflanzliche Fettlieferanten sind Pflanzenöle und -fette, Nüsse, Avocado, Schokolade u. a.
Darüber hinaus spielen Fette als Reglerstoffe eine wichtige Rolle, da sie Träger der fettlöslichen Vitamine A, D, E und K sind. Eine spezielle Fettsäure, die der Mensch braucht, aber er nicht selbst produzieren kann, sondern zuführen muß, ist Linolsäure, die besonders in pflanzlichen Ölen enthalten ist.
Heimtückisch sind vor allem die versteckten Fette, das heißt jene, die nicht

auf den ersten Blick als Fett identifiziert werden. Das sind fettreiche Zubereitungen, wie Würste, Pommes frites, Mayonnaise oder auch Schokolade. Höchstens 30 Prozent unseres täglichen Energiebedarfs sollten durch Fett gedeckt werden.
1 g Fett liefert 9 kcal. Ein Fettmangel ist bei uns sehr selten, denn laut Ernährungsbericht 88 führt sich der normale Bundesbürger etwa das doppelte der empfohlenen Menge zu. Ein Überschuß an Fett wird im Fettgewebe gespeichert. Normal sind 10 bis 15 kg Depotfett, bei Übergewichtigen kann es auf die 10fache Menge steigen. In Notzeiten wird dann dieses Fettdepot abgebaut.
Noch ein Wort zum heißdiskutierten Cholesterin. Es ist im eigentlichen Sinne kein Fett, wird aber mit tierischen Lebensmitteln verstärkt zugeführt. Pflanzliche Produkte enthalten kein Cholesterin. Auch aus diesem Grund sollte man neben tierischen Fetten auch pflanzliche Öle konsumieren und insgesamt die Fettzufuhr senken.

Kohlenhydrate

Sie sind die Hauptenergielieferanten des Körpers. Unsere Hirnzellen und das Nervensystem können nur aus Kohlenhydraten Energie gewinnen. Aber auch die Muskeln und das Herz brauchen Kohlenhydrate, um Leistungen zu erbringen. Zu viele konsumierte Kohlenhydrate werden in der Leber und in den Muskeln als Glykogen gespeichert oder, sobald dieser Speicher gefüllt ist, zu Fett umgebaut. Dies wandert dann in die entsprechenden Depots. Deshalb muß bei einer Schlankheitskur auch der Konsum von Kohlenhydraten reduziert werden. Man unterscheidet bei den Kohlenhydraten sogenannte Einfach- und Zweifachzucker, aus denen der Haushaltszucker und der Traubenzukker bestehen, von den komplexeren Kohlenhydraten, wie Stärke. Sie ist viel in Getreide, Kartoffeln, Gemüse und Hülsenfrüchten enthalten.
50 bis 60 Prozent unseres täglichen Energiebedarfes sollten durch Kohlenhydrate gedeckt werden. Zwei Drittel sollten in Form von Stärke und nur maximal ein Drittel als Zucker aufgenommen werden. 1 g Kohlenhydrate liefert 4 kcal. Kohlenhydratmangel beeinträchtigt die Energieversorgung der Gehirn- und der Nervenzellen. Übermäßiger Genuß von Zucker, in jeder Form, kann zu Übergewicht führen, Karies verursachen und Stoffwechselkrankheiten fördern.

Vitamine

Vitamine dienen dem Körper als Reglerstoffe, die wir unter anderem für den Stoffwechsel benötigen. Sie haben auch besondere Bedeutung für Wachstum, Sehkraft, Aufnahme von Mineralstoffen ins Knochengewebe und spielen darüber hinaus eine wesentliche Rolle im Immunsystem. Vitamine müssen mit der Nahrung aufgenommen werden. Man unterscheidet wasser- und fettlösliche Vitamine. Wasserlösliche Vitamine: B_1, B_2, B_6, B_{12}, C, Niacin, Biotin, Pantothensäure, Folsäure. Fettlösliche Vitamine: A, D, E, K.
Die wasserlöslichen Vitamine werden durch Wasser ausgewaschen und schnell, wie das sehr empfindliche Vitamin C, durch Luft, Licht und Hitzezufuhr zerstört. Deshalb sollte man Früchte und Gemüse nicht lange lagern, nur kurz waschen, und soweit wie möglich roh essen oder nur kurz, und dann mit wenig Wasser kochen. Die fettlöslichen Vitamine können im Körper nur in Verbindung mit Fett aufgenommen werden. Sie sind sehr lichtempfindlich.
Der Bedarf an Vitaminen pro Tag ist sehr gering, aber keines davon darf fehlen, denn jedes einzelne Vitamin ist lebensnotwendig und kann durch kein anderes ersetzt werden.
Eine richtig zusammengestellte gemischte Kost deckt den täglichen Bedarf. Die zusätzliche Einnahme von Vitaminpräparaten ist unnötig. Wasserlösliche Vitamine findet man in Obst, Gemüse, Getreide, Vollkornprodukten, Hülsenfrüchten, Milch und Käse, aber auch in Fleisch und Fisch. Das fettlösliche Vitamin E ist vor allem in pflanzlichen Ölen enthalten.

Mineralstoffe

Mineralstoffe sind Bau- und Reglerstoffe. Als Baustoffe für Zähne und Knochen ist zum Beispiel Kalzium sehr wichtig. Darüber hinaus sind Mineralstoffe an Stoffwechselvorgängen in unserem Körper, als Bestandteile von Enzymen, roten Blutkörperchen (Eisen) und Hormonen (Jod) beteiligt. Der menschliche Körper besteht gewichtsmäßig zu etwa 4 Prozent aus Mineralstoffen. Sie sind wasserlöslich und gehen deshalb auch beim Waschen oder Kochen von Lebensmitteln verloren. Auch Salz, das sogenannte Natriumchlorid, besteht aus zwei Mineralstoffen. Bekannt ist, daß wir zuviel Salz konsumieren. Das kann zu Bluthochdruck und Wasseransammlung in den Geweben führen, denn 1 g Kochsalz bindet 100 ml Wasser im Körper. Deshalb sollte man Salz so oft wie möglich durch aromatische Kräuter und Gewürze ersetzen.
Von den einzelnen Mineralstoffen werden unterschiedliche Mengen benötigt, zum Beispiel von 0,2 mg bei Jod bis zu 3,5 g bei Kalium.
Wie bei den Vitaminen, so deckt eine ausgeglichene, abwechslungsreiche Ernährung auch den Bedarf an Mineralstoffen. Eine zusätzliche Zufuhr durch Präparate ist unnötig.

Wasser
Wasser wird dem Körper nicht nur durch Getränke zugeführt, sondern durch wasserhaltige Lebensmittel, wie Gemüse, Früchte, Fleisch oder Käse sowie wasserhaltige Zubereitungen. Es dient vor allem als Lösungs- und Transportmittel, denn im Blutkreislauf gelangen die Nährstoffe zu den Körperzellen, die Abfallprodukte zu den Ausscheidungsorganen (Nieren, Darm und Haut). Über den Wasserhaushalt wird auch die Körpertemperatur reguliert. Ungenügende Wasserzufuhr oder Wasserverlust beeinträchtigt unsere Leistungen.
2 ½ l (inkl. Wasser aus den Nahrungsmitteln) werden im Durchschnitt benötigt, davon 1 bis 1 ½ l aus Getränken.

Ballaststoffe
Diese unverdaulichen Bestandteile unserer Nahrung (Ballaststoffe) sind zum größten Teil pflanzlicher Herkunft. Sie sind in den Randschichten des Getreidekorns zu finden, und daher sind alle Vollkornprodukte ballaststoffreich. Aber auch Gemüse, Hülsenfrüchte und Obst liefern viele dieser unverdaulichen Stoffe.
Ballaststoffe nehmen sehr viel Wasser auf, quellen auf und regen die Darmtätigkeit an. Sie verkürzen die Darmpassagezeit des Speisebreis und der Verdauungsprodukte, die somit nicht lange im Körper bleiben. Sie sättigen, obwohl sie praktisch keine Energie liefern und können auf diesem Wege verhindern, daß man allzu viel Kalorienreiches verzehrt, um den Hunger zu stillen.
Entfernt man die Randschichten des Getreides, erhält man Produkte, die nur noch aus Stärke bestehen und keine nützlichen Ballaststoffe mehr enthalten. Ärzte und Ernährungswissenschaftler empfehlen, die Ballaststoffzufuhr auf 30 bis 40 g täglich zu steigern.

VON DER THEORIE ZUR PRAXIS

Bereits beim Einkauf sollten Sie frische Produkte je nach Saison unter allen Angeboten auswählen. Denn in den Haupterntezeiten haben die einzelnen Gemüse- und Obstsorten die meisten Nährstoffe. Bevorzugen Sie heimische Sorten, lange Transportzeiten führen zu Vitaminverlusten. Auch die richtige Lagerung und eine schonende Zubereitung trägt dazu bei, daß die wertvollen Inhaltsstoffe erhalten bleiben.
Die richtige Zusammenstellung eines Menüs ist eminent wichtig. Folgende Regeln sind empfehlenswert:
– Die Mahlzeit, wann immer möglich, mit etwas Rohkost oder einem frischen Obst- oder Gemüsesaft beginnen. Dies regt die Verdauungstätigkeit an, versorgt uns mit Vitaminen und stillt den ersten Heißhunger.
– Fett und fettreiche Produkte, hier auch auf die versteckten Fette achten, sparsam verwenden.
– Täglich frisches Gemüse, Obst und Vollkornbrot essen.
– Bei süßen Speisen Maß halten und den Zuckerkonsum senken.
– Den Eiweißbedarf nicht durch große Fleischportionen decken, sondern die Fleischzutat eines Menüs eher als „Beilage" betrachten und vermehrt pflanzliche Produkte oder auch Fisch essen.
– Die Menüs abwechslungsreich zusammenstellen; je breiter die verwendete Lebensmittelpalette ist, desto eher schließt man aus, daß ein Nährstoffmangel entsteht.
– Kleinere Mahlzeiten, aber dafür 4 bis 5 pro Tag einnehmen.
– Das Gewicht regelmäßig kontrollieren, es ist ein guter Indikator für die richtige Energiezufuhr.
– Ein gutes Essen hübsch anrichten, damit sich auch das Auge freuen kann. Mit frischen Kräutern oder Blüten läßt sich vieles schön dekorieren. Ein weiteres Plus dieser Dekorationen: sie enthalten viele wertvolle Inhaltsstoffe, wie ätherische Öle, die den Stoffwechsel anregen.
– Produkte und bereits gekochte Gerichte nicht zu lange aufbewahren.
Der individuelle Energiebedarf kann nur annähernd angegeben werden, denn er hängt weitgehend von der beruflichen Tätigkeit, aber auch vom Alter, von der Größe, vom Körperbau, vom Gewicht und vom Geschlecht ab.
Als Richtlinie kann für Erwachsene folgendes gelten:
Frauen (35 – 55 Jahre) = 2000 kcal
Männer (35 – 55 Jahre) = 2600 kcal
Ob man sich ausreichend, zuwenig oder zuviel Energie zuführt, merkt man jedoch sehr gut am eigenen Gewicht. Noch ein Wort zum Abschluß: Für viele ist die zugeführte Energiemenge immer noch das einzige Kriterium für die richtige Ernährung. Doch das sollte es nicht sein. Denn der Kaloriengehalt eines Lebensmittels sagt nichts über seinen Nährstoffgehalt aus.

GEMÜSE

VIELFALT IN FORM UND FARBE

Vorbei sind die Zeiten, in denen Gemüse ein tristes Schattendasein fristete und höchstens als Beilage auf den Tisch kam. In der zeitgemäßen Küche spielt es nun eine Hauptrolle. Und dafür gibt es wichtige Gründe: Gemüse läßt sich vielfältig zubereiten und ist sehr wertvoll in einer kalorienarmen, aber an Vitaminen, Ballast- und Mineralstoffen reichen Kost. Ernährungswissenschaftler empfehlen deshalb zu Recht, täglich mindestens 250 g Gemüse zu essen.
Was die Aufbewahrung betrifft: Gemüse gehört bis auf wenige Ausnahmen zur kurzfristigen Lagerung ins Gemüsefach des Kühlschranks.

GEMÜSE VON A BIS Z

Artischocken zählen zu den Distelgewächsen. Angeboten werden grüne, violette und weiße (hellgrüne) Sorten. Am beliebtesten sind die grünen großen Artischocken mit breitem, fleischigem Boden aus der Bretagne. Doch nicht nur der Boden und die Blätter und bei kleinen Artischocken das Herz, sondern auch die zarten Stiele sind eine Delikatesse. Haltbarkeit: 3 Tage. Saison: April bis November.

Auberginen gehören, wie die Kartoffeln und Tomaten auch, zu den Nachtschattengewächsen. Die ovalen Früchte schmecken gedünstet sowie geschmort, gebraten und gegrillt. Roh sollte man sie nicht essen. Haltbarkeit: 3 Tage. Saison: Juli bis November.

Blumenkohl ist das jüngste Mitglied der großen Kohlfamilie. Die bekannteste Sorte ist weiß, es gibt aber inzwischen auch violette und grüne Züchtungen. Achten Sie beim Einkauf darauf, daß die Röschen dicht geschlossen und frei von Flecken sind. Haltbarkeit: 3 Tage. Saison: Mai bis November.

Bohnen unterscheidet man nach dem Wuchs der Pflanzen in Busch- und Stangenbohnen. Brechbohnen sind gelbe oder grüne Buschbohnen, die so rund und dickfleischig sind, daß sie in mundgerechte Stücke gebrochen werden können. Auch die gelben Wachsbohnen gehören zur Familie der Brechbohnen. Grüne Bohnen gibt es sowohl von Busch- als auch von Stangenbohnen. Schnittbohnen sind breite und flachhülsige Stangenbohnen und eignen sich daher gut zum „Schnippeln“. Die Prinzeßbohne ist eine besonders feine Vertreterin der Buschbohnensorten, zu den kleinsten und feinsten Böhnchen zählen die Haricots verts, auch Kenia-Bohnen genannt. Die weiß-grünlichen Kerne der Puffbohne werden auch dicke Bohnen, Sau- oder Ackerbohnen genannt. Vorsicht: Bohnen niemals roh essen, da sie das giftige Phasin enthalten. Haltbarkeit etwa 2 Tage. Saison: Mai bis Oktober.

Brokkoli sind eng mit dem Blumenkohl verwandt, allerdings zarter im Geschmack und in der Struktur. Gegessen werden die dunkelgrünen bis grünvioletten Röschen und die Stiele. Die Stiele werden in der gleichen Zeit wie die Röschen gar, wenn man sie schält und in dünne Scheiben schneidet. Haltbarkeit: 2 Tage. Saison: Mai bis November.

Chicorée ist eine Abart der sogenannten Kaffeezichorie. Die gelblich weißen, neuerdings auch roten Blätter enthalten Bitterstoffe, die die Verdauung fördern und entwässern. Vor der Verwendung den besonders bitteren Strunk am Boden der Stauden keilförmig herausschneiden. Haltbarkeit: 4 bis 5 Tage. Saison: Oktober bis März.

Chinakohl hat knackige, von breiten Rippen durchzogene Blätter und wird bis 2 kg schwer. Er schmeckt als Gemüse oder als Salat. Haltbarkeit: 5 bis 6 Tage. Saison: September bis März.

Erbsen gehören wie Bohnen und Linsen zu den Hülsenfrüchten. Sie sollten nie roh, sondern immer gegart gegessen werden. Sie enthalten nämlich Giftstoffe, die beim Erhitzen zerstört werden. Die frischen Markerbsen schmecken leicht süßlich und sehen leicht eckig aus. Die Palerbsen sind rund und glatt und durch ihren hohen Stärkeanteil leicht mehlig. Die Zuckerschote (Zuckererbse) ist die Feinste der Erbsenfamilie, und die kleinen, zuckersüßen Samenkerne werden zusammen mit der Hülse gegessen. Haltbarkeit: etwa 2 Tage. Saison: April bis August.

Gemüsefenchel ist besonders in Italien beliebt. Man unterscheidet zwei Sorten: „Florentiner Fenchel“ hat schmale, längliche Knollen, die sehr zart im Geschmack sind. „ Neapolitaner“ ist dagegen kräftig und gedrungen und schmeckt ausgeprägt nach Anis. Die zartgrünen bis weißen Knollen können roh als Salat oder gedünstet als Gemüse gegessen werden. Fenchel muß man kühl und feucht lagern. Haltbarkeit: etwa 3 Tage. Saison: Mai bis Dezember.

Grünkohl (Braunkohl) ist besonders schmackhaft, wenn er nach dem Frost geerntet wird. Die krausen, dunkelgrünen Blätter gibt es lose oder bereits küchenfertig in Folie verpackt zu kaufen. Saison: November bis Februar.

Gurken gehören, da sie sehr viel Wasser enthalten, zu den kalorienärmsten Gemüsearten. Die langen, schlanken Schlangen- oder Salatgurken werden das ganze Jahr über angeboten. Sie kommen teils aus dem Gewächshaus, teils aus dem Freiland. Nur kurze Zeit, nämlich im Spätsommer, sind die dicken Schmorgurken auf dem Markt. Sie sind grün und fest wie Salatgurken, werden aber, wenn sie länger reifen, gelblich und weich und sind dann zum Einlegen als Senfgurken geeignet. Die sogenannten Einlegegurken werden nach Größe sortiert und als Delikateß-, Essig- oder Gewürzgurken oder als Cornichons angeboten. Haltbarkeit: 4 bis 5 Tage.

Karotten (Möhren, Wurzeln, gelbe Rüben) sind das Gemüse mit dem höchsten Gehalt an Karotin, einer Vorstufe des fettlöslichen Vitamin A. Im Frühjahr werden vor allem die Bundmöhren mit Grün verkauft. Im Sommer sind die länglichen Waschmöhren auf dem Markt, im Herbst und im Winter gibt es die Spät- oder Dauermöhren. Wichtig: Karotten stets mit etwas Fett zubereiten, damit der Organismus das Karotin besser aufnehmen kann. Haltbarkeit: ungefähr 1 Woche, die späteren Sorten können in einer Holzkiste in Sand gegraben werden und halten sich dort lange.

Kohlrabi gehören zur großen Kohlfamilie. Die weißen bis hellgrünen Knollen kommen vorwiegend aus dem Gewächshaus und sind besonders zart im Geschmack. Die blauvioletten Kohlrabi stammen dagegen aus dem Freiland, sind robuster und haben ein kräftiges Aroma. Frischen Kohlrabi erkennt man an seinem frischen grünen Laub. Aufgeplatzte Knollen sind zumeist holzig. Haltbarkeit: kühl und feucht etwa 2 Tage. Saison: Mai bis November.

Die rohen Maiskörner lassen sich gut vom Kolben abknabbern, die ganzen Kolben schmecken sowohl in Butter gedünstet als auch gekocht, gegrillt oder gebacken.

Mangold wird in zwei Sorten unterteilt: Blatt- oder Schnittmangold ähnelt mit seinen Stielen und seinen großen Blättern dem Spinat. Er wird auch so zubereitet. Stielmangold hat dagegen breite, weißgelbe oder rötliche lange Stiele und dunkelgrüne Blätter. Die Blätter bereitet man auch

Vitamin-C-reich. Bei Gewürzpaprika handelt es sich um kleine Paprikas, die je nach Sorte und Anbaugebiet unterschiedlich scharf schmecken. Zur Paprikafamilie gehört auch der Tomatenpaprika, der zumeist sauer eingelegt wird. Er schmeckt süßlich und sehr fruchtig. Frischer Paprika hat eine glatte, glänzende Haut. Haltbarkeit: 3 bis 5 Tage. Saison: Juli bis Oktober.

Kürbis ist mit den Gurken verwandt. Die kugeligen oder walzenförmigen Früchte können einen Durchmesser von bis zu 50 cm und ein Gewicht von etwa 50 kg erreichen. Das saftige, gelb- bis orangefarbene Fruchtfleisch schmeckt als Gemüse, als Kompott, als Suppe oder süß-sauer eingelegt. Saison: Juli bis Oktober.

Lauch oder Porree gehört zur Zwiebelfamilie. Man bekommt ihn rund ums Jahr: im Frühjahr den zarten Lauch mit hellgrünem Laub und dünnem weißen Stengel, im Sommer Lauch mit langem weißen Schaft und grünem Laub und im Winter den stämmigen, grünblauen Lauch. Haltbarkeit: bis zu 5 Tagen.

Mais (Süß- oder Zuckermais) zählt zu den Getreidearten. Frischen Mais am Kolben gibt es von August bis September zu kaufen, in Dosen konservierte oder tiefgefrorene gelbe Maiskörner sind das ganze Jahr über erhältlich.

bei dieser Sorte wie Spinat zu, die Stiele, die im Geschmack an Spargel erinnern, werden geschnitten oder gehackt und dann gedünstet. Blattmangold sollte nicht länger als 2 Tage im Plastikbeutel im Kühlschrank aufbewahrt werden. Stielmangold hält sich dagegen bis zu 8 Tage, wenn man ihn in feuchte Küchentücher einschlägt. Saison: Juni bis November.

Meerrettich ist ein wahrer Vitaminprotz. Sein Vitamin-C-Gehalt ist doppelt so hoch wie der der Zitrone, darüber hinaus enthält er wertvolle ätherische Öle und viel Kalium. Der weiß- oder rosafarbene Frühjahrsmeerrettich schmeckt zarter und milder als der dunkle Wintermeerrettich. Meerrettich wird meist fein gerieben und wie ein Gewürz verwendet.

Paprikaschoten sind je nach Reifegrad grün, weißlichgelb, gelb, orangefarben, rot oder sogar schwarzviolett. Grüner Paprika ist noch nicht voll ausgereift und schmeckt deshalb leicht herb. Paprikaschoten sind äußerst

Rosenkohl ist der kleinste und zarteste Vertreter der Kohlfamilie. Die Röschen sind bekömmlicher und süßer, wenn man sie nach dem ersten Frost erntet. Beim Einkauf auf feste, grüne Köpfe achten. Unterschiedlich große Köpfe werden gleichmäßig gar, wenn man die großen über Kreuz einschneidet. Haltbarkeit: etwa 3 Tage. Saison: September bis Februar.

Rote Beten (Randen) sind mit der Zuckerrübe verwandt. Die frischen roten Knollen lassen sich roh oder gekocht zu Salat, Gemüse oder zu Suppe verarbeiten. Vorsicht, der Saft färbt stark! Haltbarkeit: etwa 1 Woche. Saison: September bis April.

Rotkohl (Blaukraut) hat wie sein Bruder, der Weißkohl, feste runde bis ovale Köpfe und ist besonders reich an Kalzium und Eisen. Haltbarkeit: etwa 10 Tage, im kühlen Keller bis zu 2 Monaten. Saison: Juli bis April.

Schwarzwurzeln nennt man auch Winterspargel, weil sie geschält wie Spargel aussehen. Das Fleisch ist jedoch weich und schmeckt herbwürzig. Am besten schält man Schwarzwurzeln unter fließend kaltem Wasser, damit der milchige Saft nicht an den Händen klebenbleibt. Saison: September bis März.

Sellerie wird als Wurzelknolle (Knollensellerie) und als Stange (Stauden- oder Bleichsellerie) fast das ganze Jahr über angeboten. Beim Kauf darauf achten, daß die Knollen keine Nebenwurzeln haben. Staudensellerie sollte frisches Blattgrün und knackige Stangen haben. Haltbarkeit: ganze Sellerieknollen bleiben etwa 14 Tage frisch, Staudensellerie dagegen nur etwa 3 Tage.

Den würzigeren, herberen Winterspinat erntet man dagegen mit den Wurzeln. Er ist sehr sandig, muß gründlich gewaschen und außerdem von den dicken Stengeln befreit werden. Vorsicht: Spinat niemals wieder aufwärmen, er verdirbt sehr schnell. Haltbarkeit: etwa 1 Tag. Saison: März bis Dezember.

Bei Tomaten den grünen Stielansatz herausschneiden. Die Früchte gehören nicht in den Kühlschrank, sie verlieren dort ihr Aroma.

Weißkohl (Kappes) wird bei uns zu einem Großteil zu Sauerkraut verarbeitet. Der frische hellgrüne Kopf sollte fest und geschlossen sein. Er schmeckt roh, gedünstet oder auch gekocht. Haltbarkeit: etwa 1 Woche, im kühlen Keller 2 Monate. Saison: ganzjährig.

Wirsing hat zweimal im Jahr Hauptsaison: im Frühjahr und im Herbst. Der Frühwirsing sieht hellgrün aus und schmeckt sehr fein. Der Herbstwirsing dagegen hat einen intensiven Kohlgeschmack und ist dunkelgrün oder gelblich.

Spargel ist das feinste, aber auch das teuerste Gemüse. Deutschen Spargel bekommt man nur von April bis zum 24. Juni, Importe aus der ganzen Welt verlängern jedoch die Saison. Es gibt drei Sorten: weißer Spargel mit weißem Kopf wird gestochen, bevor der Kopf aus der Erde kommt. Weißer Spargel mit violettem oder grünem Kopf wird dann geerntet, wenn der Kopf die Erdkruste durchstoßen hat. Er ist kräftiger als der weiße. Grüner Spargel wird oberirdisch geerntet. Er enthält Chlorophyll, dadurch schmeckt er besonders würzig. Bei frischem Spargel sind die Köpfe fest geschlossen, die Stangen prall und straff und die Schnittflächen noch feucht. Spargel am besten sofort verarbeiten, in ein feuchtes Küchentuch gewickelt hält er etwa 1 Tag.

Spinat schmeckt roh oder gedünstet, Zarter Sommerspinat wird als sogenannter Blattspinat geerntet, daß heißt ohne Wurzeln. Man braucht ihn nur noch zu verlesen und zu waschen.

Speiserüben sind mit den Steckrüben verwandt. Die weißen Mairüben oder Navetten (Navets) schmecken am besten, wenn sie etwa hühnereigroß sind. Die weißen Teltower Rübchen entfalten ihr Aroma erst, wenn sie leicht angebraten und glasiert werden. Haltbarkeit: etwa 4 Tage. Saison: Mai bis März.

Tomaten gehören zu den Nachtschattengewächsen. Es gibt sie frisch rund ums Jahr zu kaufen, Freilandtomaten sind von Mai bis Oktober auf dem Markt. Die restlichen Monate kommen sie aus dem Gewächshaus. Fleischtomaten können bis zu 500 g schwer werden. Kirsch- oder Cherrytomaten sind kirschgroß und schmecken leicht süßlich aromatisch. Flaschen- oder Eiertomaten haben eine längliche Form, sind sehr aromatisch und daher ideale Saucen- und Suppentomaten. Gelbe Tomaten sind milder und zarter als ihre roten Schwestern. Grüne, noch unreife Tomaten eignen sich zum Einlegen.

Zucchini gehören zur Kürbisfamilie und werden geerntet, wenn sie etwa 15 bis 20 cm lang und 125 bis 300 g schwer sind. Die hellgrünen Früchte kann man dünsten, braten, backen, einlegen, füllen und roh essen. Sie schmecken ganz leicht nussig. Haltbarkeit: etwa 8 Tage. Saison: Juni bis Oktober.

Zwiebeln sind Liliengewächse. Am bekanntesten, aber auch am schärfsten ist die Haushaltszwiebel, die größte und mildeste hingegen ist die Gemüsezwiebel. Sie eignet sich ideal zum Füllen. Rote Zwiebeln wirken dekorativ im Salat. Frühlingszwiebeln werden von Februar bis Herbst mitsamt ihren Blättern und ihren feinen Wurzeln angeboten und sind nicht lange lagerfähig. Schalotten sind eine besonders kleine Zwiebelsorte. Echte Schalotten besitzen eine glänzende silbergraue Haut, Jersey-Schalotten sind dicker und haben eine rosige Schale.

PRAKTISCHE TIPS

Wer Gemüse perfekt zubereiten will, sollte einige Handgriffe kennen:

Gemüse putzen

– Knollen- und Wurzelgemüse gut waschen und dann mit einem Messer oder einem Sparschäler die äußerste Schicht dünn abschneiden. Schadhafte Stellen mit einem Messer herausschneiden.
– Von Blattgemüse die äußersten, welken Blätter entfernen, die Blätter verlesen und kurz waschen.
– Bohnen an beiden Enden der Schote etwas abschneiden.
– Bei Lauch die Wurzelenden abschneiden und den grünen Teil der Stangen einschneiden. Nun die Blätter auseinanderbiegen und die Stangen waschen.

Gemüse in Streifen schneiden

In feine Streifen geschnittenes Gemüse bezeichnet man als Julienne. Es eignet sich als Beilage oder Einlage in Suppen.
1. Das gewaschene, geputzte Gemüse in 4 cm lange Stücke (Foto 1), dann in 2 mm dicke Scheiben schneiden.
2. Die Scheiben wieder längs in dünne Streifen schneiden (Foto 2). Wer will, kann die Streifen auch noch würfeln. Lauch erst in 4 cm lange Stükke, dann in feine Streifen schneiden.

Gemüse tournieren und ausstechen

– Küchenfertige Rüben oder Kohlrabi je nach Größe sechsteln oder achteln. Mit einem Küchenmesser die Kanten abrunden, so daß die zugeschnittenen Gemüsestücke wie kleine Halbmonde aussehen (Foto 3).
– Karotten und Zucchini werden zunächst quer in etwa 4 cm lange Stücke geschnitten, erst dann geviertelt oder gesechstelt.
– Mit einem kleinen Perlausstecher oder Kartoffellöffel können aus Wurzelgemüsen kleine Kugeln ausgebohrt werden (Foto 4).

Foto 1

Foto 2

Foto 3

Foto 4

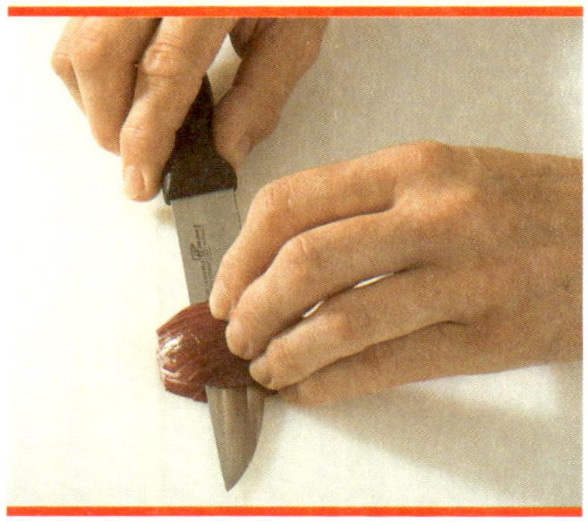
Foto 5

Foto 6

Foto 7

Foto 8

Foto 9

Foto 10

Zwiebeln schälen und schneiden

1. Wurzelansatz und Spitze von den Zwiebeln abschneiden. Äußere Zwiebelschale mit Hilfe der Messerspitze abziehen.
2. Zwiebeln längs halbieren und die Spitze etwas kürzen. Mit den Schnittflächen auf ein Brett legen. Mit einem scharfen Messer die Hälften bis zum Wurzelende senkrecht einschneiden, sie dann mehrmals waagerecht einschneiden (Foto 5).

Die Zwiebeln mit den Fingern gut zusammenhalten, dann quer in feine Scheiben schneiden. Die Scheiben zerfallen in Würfel (Foto 6). Je dichter die Einschnitte und je dünner die Scheiben, desto feiner sind die Würfel. Werden die Zwiebelhälften quer in Scheiben geschnitten, erhält man Streifen. Schneidet man die ganze Zwiebel in Scheiben, ergibt dies Ringe.

Tomaten enthäuten und entkernen

1. Den Stielansatz der Tomaten mit einem spitzen Messer keilförmig herausschneiden. Die Tomaten 5 bis 10 Sekunden in kochendes Wasser tauchen.
2. Wenn die Häute Risse bekommen, die Tomaten herausheben (Foto 7) und die Haut mit einem spitzen Messer vorsichtig abziehen. Die Tomaten halbieren und ausdrücken (Foto 8) oder die Kerne mit einem Teelöffel (Perlausstecher) vorsichtig aus den Hälften herausnehmen.

Blanchieren

1. Gemüse für 2 bis 7 Minuten in sehr viel kochendes Salzwasser geben (Foto 9).
2. Herausnehmen, in sehr kaltes Wasser legen und unter fließendem Wasser auskühlen lassen (Foto 10).

Blanchieren erleichtert das Häuten von Gemüse, sorgt dafür, daß es seine schöne Farbe behält und macht einige Sorten erst genußfähig. Auch Fleisch und Geflügel werden manchmal blanchiert und dadurch Schmutzteilchen sowie Blut-, Eiweiß- und Fettreste entfernt.

PILZE

BEGEHRTE DELIKATESSEN

Aromatische Wald- und Wiesenpilze sind bei uns selten geworden, denn sie reagieren empfindlich auf die zunehmende Umweltverschmutzung. Dafür wächst das Angebot an verschiedenen Zucht- oder Kulturpilzen, die das ganze Jahr über und in gleichbleibender Qualität erhältlich sind, so daß niemand auf köstliche Pilzgerichte verzichten muß.

Austernpilze (4) (Austernsaitlinge) werden auf Holz gezüchtet und ähneln im Geschmack den Waldpilzen. Bei frischen Pilzen zeigt der Hutrand nach unten.
Champignons (5) (Egerlinge) sind die bekanntesten Zuchtpilze. Es gibt weiße und braune Champignons mit einem besonders intensiven Aroma sowie Riesenchampignons, die ideal zum Füllen geeignet sind.
Pfifferlinge (2) (Reherl) können bis jetzt noch nicht gezüchtet werden. Sie schmecken desto besser, je kleiner und trockener sie sind. Es gibt sie fast den ganzen Sommer lang.
Shiitake (6) schmecken sehr aromatisch. Der Hut dieses Zuchtpilzes ist rund, bräunlich und 5 bis 12 cm breit.
Steinpilze (1) müssen wie die Pfifferlinge gesammelt werden. Sie sind sehr fein, oft aber leicht madig. Bei jungen, festen Pilzen kann man die Röhren mitverwenden.
Trüffeln sind die edelsten Speisepilze und so teuer, daß sie meistens nur als „Gewürz" verwendet werden. Das Fleisch dieser knollenartigen Pilze hat eine netzartige Äderung. Es gibt schwarze Trüffeln, die bekannteste ist die Perigordtrüffel (3), und weiße Trüffeln.

PRAKTISCHE TIPS

– Pilze am besten gleich nach dem Einkauf von Sand und Nadeln befreien. Das geht bequem mit einem feinen Pinsel oder einer weichen Zahnbürste.
– Schlechte Stellen mit einem Messer wegschneiden.
– Pilze nicht waschen, sondern nur mit einem feuchten Küchentuch abreiben. Sie ziehen sonst Wasser. Eine Ausnahme sind die Champignons, die man kurz unter fließendem Wasser waschen sollte.
– Bei jungen Röhrenpilzen können die Röhren mitverwendet werden, sonst sollte man sie besser entfernen.

BLATT FÜR BLATT

Der griechische Arzt Hippokrates empfahl ihn als Schlafmittel, der römische Kaiser Augustus heilte mit Lattich, der Urform des Salates, sein Leberleiden.
Auch heute kommt, wer auf gesunde Ernährung Wert legt, am Salat nicht vorbei. Denn frischer Blattsalat enthält eine Menge Vitamine, Mineralstoffe und Spurenelemente. Außerdem ist er reich an Ballaststoffen und regt den Appetit an. Blattsalate sollten so frisch wie nur möglich gegessen werden, im Gemüsefach des Kühlschranks halten sie sich, mit wenigen Ausnahmen, in der Regel 2 bis 3 Tage. Aber nun ein kleiner Einblick in die immer bunter werdende Salatszene:

SALATE

Bataviasalat hat hellgrüne, gelbliche oder bräunlichrote Blätter mit glatten oder gezackten Rändern. Der Salatkopf kann flach oder rund sein. Achten Sie beim Einkauf darauf, daß der Bataviasalat ein geschlossenes Herz und glatte Außenblätter hat. Saison: Ende April bis Oktober.
Brunnenkresse wächst wild, wird aber zum Teil auch schon kultiviert. Ihr Geschmack erinnert stark an Meerrettich. Brunnenkresse kommt als ganzes Blatt in den Salat oder dient, feingehackt, als Würze für die Salatsauce. Die Blättchen immer in wenig Wasser stehend im Kühlschrank aufbewahren. Saison: September bis Mai.
Eichblattsalat verdankt seinen Namen der Blattform, die an Eichenlaub erinnert. Von dem herzhaften, leicht nußartig schmeckenden Salat gibt es rote und grüne Sorten. Nur Salat mit festen, nicht welken Blättern kaufen. Eichblattsalat ist kaum lagerfähig. Notfalls kann er über Nacht im Gemüsefach in einer Plastiktüte aufbewahrt werden. Saison: fast ganzjährig.
Eisberg- oder Eissalat sieht aus wie ein junger, lockerer Weißkrautkopf. Seine Farbe schwankt zwischen Hell- und Dunkelgrün, neuerdings gibt es auch rote Sorten. Eissalat hat sehr feste, knackige Blätter und paßt ausgezeichnet zu pikanten Salatsaucen. Er hält sich bis zu 5 Tage im Gemüsefach. Saison: Juni bis September.
Endiviensalat (Winterendivie) schmeckt leicht bitter. Der Kopf hat meist krause, feste grüne Außenblätter und ein zartes, gelbes Herz. Saison: Juli bis Dezember.
Eskariol ist eine glattblättrige, gelbe bis grüne Endivienart. Sein leicht bitterer Geschmack paßt gut zu Früchten. Bei frischem Eskariol sind Herz und Außenblätter unbeschädigt. Saison: Juli bis Anfang Dezember.
Feldsalat (Ackersalat, Rapunzel) ist eine „gezähmte" Wildpflanze. Die daumengroßen, dunkelgrünen Blätter schmecken besonders würzig und haben den höchsten Eisengehalt von allen Blattsalaten. Feldsalat muß mehrmals gründlich gewaschen werden, damit er sandfrei ist. Saison: September bis April.
Friséesalat ist der „Struwelpeter" unter den Blattsalaten und auch als krause Endivie bekannt. Er besitzt ein gelbes Salatherz und leicht bittere Blätter. Friséesalat gleich nach dem Kauf verarbeiten, da er schnell welk wird. Saison: Oktober bis März.
Gartenkresse ist kleinblättrig und schmeckt leicht pfeffrig. Man bekommt sie lose oder in Aussaatschalen gezogen. Sie hält sich in der Schale, wenn man die Erde feucht hält, etwa 14 Tage frisch. Geschnittene Kresse sollte gleich verbraucht werden. Saison: April bis Oktober.
Kopfsalat, auch grüner Salat genannt, gibt es frisch vom Feld von Mai bis Oktober und aus dem Treibhaus das ganze Jahr über. Treibhaussalat ist zart und hat lockere Köpfe. Freilandsalat hat festere Köpfe, die doppelt so schwer sind und viel würziger schmecken. Außerdem enthält Freilandsalat weniger Nitrat und mehr Nährstoffe als der im Treibhaus gezogene und ist auch aus diesem Grund vorzuziehen.
Lollo rosso wächst als grüner Krauskopf mit dunkelroten Blättern und hat ein liebliches Aroma. Die Blätter der kleinen Köpfe sind übrigens zarter als die der großen. Sein Bruder, der Lollo bionda, hat hellgelbe bis grüne Blätter. Saison: Mai bis Oktober.
Löwenzahn ist eine Wildpflanze, deren junge Triebe sehr gut als Blattsalat schmecken. Die älteren Blätter sind dagegen hart und bitter. Frischer Löwenzahn hat feuchte Schnittstellen, auf leichten Druck tritt eine weißliche Milch aus. Löwenzahn möglichst erntefrisch verbrauchen. Saison: März bis April.

Radicchio ist faustgroß, dunkelrot bis violett und hat weiße Blattrippen und schmeckt herbbitter. Die zarten Wurzeln können geschält und in die Salatsauce gerieben werden. Saison: November bis Mai.
Römischer Salat (Romanasalat, Lattich) hat einen langgezogenen, lockeren Kopf mit aufrecht stehenden Blättern. Je nach Sorte ist er hell- oder dunkelgrün, hin und wieder auch dunkelrot. Er läßt sich wie Endiviensalat zubereiten. Saison: April bis November.
Als Schnitt- oder Pflücksalate sind verschiedene Blattsalate, die ohne Wurzeln und meist gewaschen auf den Markt kommen. Je nach Sorte können die Blätter gelb, grün oder rötlich und kraus, gezackt aber auch glatt sein. Schnittsalat läßt sich nicht aufbewahren.

PRAKTISCHE TIPS

– Salat ist nur relativ kurz haltbar. Treibhausware welkt besonders schnell. Wird Salat im Kühlschrank gelagert, sollte er durch eine Folie oder durch feuchtes Küchenpapier vor dem Austrocknen gut geschützt werden.

– Für die Zubereitung gilt: Die äußeren welken Blätter entfernen und den Salat in die einzelnen Blätter zerteilen, diese dann waschen. Blattsalate dürfen nicht naß sein, wenn sie in die Marinade kommen, die Salatsauce schmeckt sonst fad und wäßrig. Deshalb diese Salate immer mit der Salatschleuder oder einem Drahtkorb trockenschleudern.

OBST

VERFÜHRERISCHE SÜSSE

Knackige Äpfel, goldgelbe Bananen, leuchtendrote Kirschen – im Obst zeigt sich die ganze Vielfalt der Natur. Obst ist unentbehrlicher Bestandteil einer ausgewogenen Ernährung. Es enthält wenig Kalorien, dafür aber reichlich Fruchtsäuren, Mineralstoffe, Vitamine und Ballaststoffe. Welch ein Glück, daß dank moderner Transportmittel unser Obstkorb das ganze Jahr über prall gefüllt ist und das nicht nur mit heimischen Früchten.

KERNOBST

Zum Kernobst gehören Äpfel, Birnen und Quitten. Sie sind aus heimischem Anbau erst ab dem Spätsommer auf dem Markt.

Äpfel sind beliebt, die bekanntesten Sorten: Boskoop, Cox Orange, Delicious, Goldparmäne, Granny Smith, Morgenduft und James Grieve. Der Boskoop eignet sich gut zum Backen, für Kompott und Apfelmus, der James Grieve ist ideal zum Einmachen.

Birnen sind meist sehr saftig, daher nicht lange haltbar. Die wichtigsten Sorten: Williams Christ, Claps Liebling, Gellerts Butterbirne, Köstliche aus Charneux, Abate Fetel.

Quitten können nicht roh gegessen, sondern müssen zu Kompott verarbeitet, getrocknet oder entsaftet werden.

BEERENOBST

Beerenobst hat einen recht hohen Vitamin-C- und Mineralstoffgehalt, ist aber sehr empfindlich und sollte daher rasch verbraucht werden. Es ist in den Sommermonaten auf dem Markt.

Brombeeren wachsen wild, werden aber auch kultiviert. Dann sind sie zwar größer, aber nicht so aromatisch wie ihre wilden Verwandten.

Erdbeeren: je kleiner die Früchte und je dunkler die rote Farbe, desto intensiver ist auch das Aroma.

Heidelbeeren (Blaubeeren): Es werden sowohl wildwachsende als auch gezüchtete Beeren angeboten. Die letztgenannten sind größer, haben ein festeres Fleisch und färben im Gegensatz zu den wildgewachsenen Beeren nicht blau.

Himbeeren unterscheidet man in die kleinen, süßen Waldhimbeeren und in die größeren Gartenhimbeeren. Sie sind beide sehr druckempfindlich.

Johannisbeeren können rot, schwarz oder weiß sein. Die schwarzen Johannisbeeren haben einen besonders hohen Vitamin-C-Gehalt.

Preiselbeeren (Kronsbeeren) sind Wildfrüchte, die ihren herb-säuerlichen Geschmack erst beim Kochen entfalten. Die amerikanische Preiselbeere (Cransberry) hat größere Früchte und schmeckt milder.

Stachelbeeren gibt es in Grün, Weißlich, Gelb oder Rot. Für Kompott eignen sich die grünen, unreifen Früchte am besten, zum Rohessen die roten.

Weintrauben sind reich an Traubenzucker. Es werden blaue, gelbe und grüne Tafeltrauben angeboten, außerdem die Datteltrauben mit großen Beeren und fester Schale und die weißen und blauen Muskattrauben.

STEINOBST

Zum Steinobst zählen Pfirsiche, Aprikosen, Kirschen, Nektarinen und die Früchte der große Pflaumenfamilie. Steinobst ist vom Sommer an bis in die ersten Herbstwochen auf dem Markt.

Aprikosen haben ein feines, säuerliches Aroma und ein festes, manchmal leicht mehliges Fruchtfleisch. Noch leicht grüne Früchte reifen bei Zimmertemperatur etwas nach.

Kirschen werden in drei Gruppen eingeteilt: in die festfleischigen Süßkirschen (Knorpelkirschen), in die weicheren Herzkirschen und in die Sauerkirschen (Weichseln). Die bekannteste Sauerkirsche ist die dunkelrote Schattenmorelle.

Pfirsiche können rotes, gelbes oder weißes Fruchtfleisch haben.

Nektarinen sind eine Kreuzung aus Pfirsich und Pflaume, besitzen eine glatte Haut und festes Fruchtfleisch.

Pflaumen sind rundliche Früchte mit violetter Haut, gelbem Fruchtfleisch und einer ausgeprägten Bauchnaht. Ihr Kern sitzt fest am Fleisch.

Zwetschen oder Zwetschgen sind länglich und zerfallen im Gegensatz zu Pflaumen beim Kochen nicht so schnell.

Reineclauden (Renekloden) sind je nach Sorte rot, gelb oder grünlich. Sie schmecken aromatisch-süß.

Mirabellen sind kirschgroß, gelb und haben ein festes Fruchtfleisch.

SÜDFRÜCHTE

Südfrüchte gedeihen meistens in tropischen oder subtropischen Regionen. Viele davon sind jedoch seit Jahren bei uns heimisch.
Ananas haben, wenn sie reif sind, einen intensiven Duft. Die Frucht läßt sich dann auch leicht eindrücken. Die Ananas enthält das eiweißspaltende Ferment Bromelin, aus diesem Grund rohes Fruchtfleisch nicht mit Gelatine verarbeiten.
Bananen, die vollreif sind, haben eine gelbe Schale mit kleinen braunen Punkten oder Streifen.
Melonen gehören zur Familie der Kürbisse. Wassermelonen können bis zu 15 kg schwer werden, haben ein wäßriges, rotes Fruchtfleisch und eine glatte, grüne Schale. Die gelben Honigmelonen erinnern in der Form an einen Rugbyball, ihr zartgrünes Fruchtfleisch ist honigsüß. Netzmelonen haben ein weißes Netz, das die Schale überzieht, ihr Fruchtfleisch ist aprikosenfarbig. Kantalupmelonen (Cantalupemelonen) sind fast rund, stark gerippt und haben orangefarbiges Fruchtfleisch. Ihr feinster Vertreter ist die kleine Charentais. Ogenmelonen stellen eine Kreuzung aus Netz- und Kantalupmelonen dar. Wie die Galiamelone, eine Netzmelonenneuzüchtung, sind sie innen grün und hocharomatisch.

Orangen, Zitronen, Mandarinen und Grapefruits gehören zur großen Familie der **Zitrusfrüchte.** Sie alle stammen von der sauren Zedratzitrone ab.
Orangen (Apfelsinen) werden in Sommer- und Winterorangen unterteilt. Die bekanntesten Sorten: die süße, kernlose Navel, die dünnschalige Valencia Late und die hellorange, leicht schälbare Shamanti. Blutorangen haben orange bis tiefrotes Fruchtfleisch und sind sehr saftig.
Mandarinen sind kleine Zitrusfrüchte mit dünner Schale und Kernen.
Clementinen, eine Kreuzung zwischen Mandarinen und Pomeranzen, sind sehr süß, meist kernlos und lassen sich leicht schälen.
Satsumas haben wenig Kerne, sind früh reif und lassen sich sehr leicht schälen.
Tangerinen sind die kleinsten Mandarinen. Ihr Fruchtfleisch ist säurearm, nicht sehr saftig, aber zart.
Pomeranzen (Bitterorangen) schmecken säuerlich-bitter. Aus ihrer Schale wird Orangeat hergestellt.
Kumquats (Zwergorangen) sind pflaumengroße Früchte mit dünner Schale, die mitgegessen werden kann.
Grapefruits stellen eine Kreuzung zwischen Orange und Pampelmuse dar. Auf dem deutschen Markt werden fast ausschließlich Grapefruits mit gelbem bis rosafarbigem, sehr saftigem Fruchtfleisch angeboten.
Zitronen sind in reifem Zustand besonders saft- und säurereich.
Limetten (Limonen) sind kleiner, etwas dünnschaliger und noch saftiger als Zitronen.

Doch noch mehr Exoten machen sich in unseren Regalen breit.
Cherimoyas haben eine schuppige Oberfläche. Das mild-süße Fruchtfleisch wird ausgelöffelt.
Avocados je nach Sorte hell- bis dunkelgrün, manchmal sogar schwarz, geben, wenn sie reif sind, auf Fingerdruck nach.
Feigen haben die Form einer Birne und werden geschält oder aufgeschnitten und ausgelöffelt.

Granatäpfel sind fast so groß wie eine Orange und gelb bis rot. Das Fruchtfleisch wird zusammen mit den Samenkernen ausgelöffelt oder mit einer Zitronenpresse ausgepreßt.
Guaven haben eine dünne, gelbe bis rötliche Schale und leicht säuerliches Fruchtfleisch.
Kakis sind tomatengroß, geleeartig und erinnern im Geschmack etwas an Aprikosen und Pfirsiche.
Karambolen (Sternfrüchte) schmecken leicht säuerlich.
Kiwi sind außen leicht stachelig. Das grüne Fruchtfleisch erinnert im Geschmack an Stachelbeere und Banane. Eine einzige Kiwi kann den Tagesbedarf an Vitamin C decken. Kiwis enthalten ein eiweißspaltendes Enzym, das Gelatine und Milchprodukte zersetzt.
Litschis oder ihre haarigen Verwandten, die Rambutane, werden geschält und sind aromatisch-süß.
Mangos schmecken süß-säuerlich. Reife Früchte duften stark.
Papayas können süß und pikant zubereitet werden. Auch die Kerne sind verwendbar. Die Früchte enthalten das eiweißspaltende Enzym Paparin, das Gelatine zersetzt.

Passionsfrüchte haben ein geleeartiges, säuerliches Fleisch, das aus den Fruchthälften gelöffelt wird. Aus den Früchten wird der Maracujasaft gewonnen.
Tamarillas werden auch Baumtomaten genannt und schmecken herbsüß.

SCHALENOBST (NÜSSE)

Unter Schalenobst versteht man die eßbaren Samen von Früchten, gemeinhin als Nuß bezeichnet.
Cashewnüsse kommen meist geschält, geröstet und manchmal auch gesalzen in den Handel. Die mandelartigen Kerne schmecken leicht süßlich.
Erdnüsse gibt es mit Schale, aber auch nur als Kerne, diese dann oft geröstet und gesalzen.
Haselnüsse schmecken frisch geerntet am besten. Man erkennt sie an der hellbraunen Farbe. Sie sind als geschälte oder ungeschälte Kerne, aber auch gemahlen und gehackt im Handel.
Kokosnüsse sind innen mit Kokosmilch gefüllt. Es gibt ganze Kokosnüsse, Kokosraspel und in Dosen konserviertes Kokosfleisch sowie Kokosmilch.
Süße Mandeln sind im Ganzen, ungeschält oder geschält, gestiftelt, gerieben, gehackt oder als Blättchen auf dem Markt.
Bittermandeln enthalten Amygdalin, das sich leicht in Blausäure spaltet und erst beim Backen seine Wirkung verliert. Rohe Bittermandeln sind giftig.
Maronen (Eßkastanien) werden meist geröstet oder in Fett gedünstet, glasiert oder zu Püree verarbeitet.
Paranüsse haben eine harte, dreikantige Schale und sind stark ölhaltig.
Pecannüsse ähneln in Schale, Kern und Aroma der Walnuß.
Pinienkerne schmecken süßlich und eignen sich als Zutat für Obst- und herzhafte Salate.
Pistazien haben eine harte, gelblichweiße Schale und einen grünen Kern. Man kann sie geschält und ungeschält kaufen.
Walnüsse sind meistens gebleicht und geschwefelt, Nüsse aus deutscher Produktion dagegen unbehandelt. Ihre Kernhälften sind stark zerfurcht.

TROCKENFRÜCHTE

Das Trocknen von Früchten ist von alters her eine beliebte Methode, Früchte zu konservieren. Dabei werden dem Obst bis zu 80 Prozent Wasser entzogen. Vitamine und Mineralstoffe bleiben jedoch begrenzt erhalten. Die beliebtesten Trockenfrüchte sind Äpfel, Birnen, Pfirsiche, Aprikosen, Feigen, Datteln und Pflaumen. Je nach Sorte werden sie in Ringe, Scheiben oder Spalten geschnitten oder im Ganzen getrocknet. Trockenobst aus hellen Früchten darf geschwefelt werden, damit die Farbe erhalten bleibt. Es gibt aber auch ungeschwefelte Ware zu kaufen. Trockenobst wird auch Backobst oder Dörrobst genannt und eignet sich für Kompott, für Müsli und zum Rohessen, aber auch in Teigen wird es gern verarbeitet.

Korinthen sind kleine, kernlose Weinbeeren von fast blauschwarzer Färbung und ungeschwefelt.

Sultaninen sind großbeerig, ohne Kerne, goldgelb bis hellbraun und stammen von der Sultana-Traube.

Rosinen sind großbeerig, enthalten Kerne und haben eine rötlich-braune Farbe.

KANDIERTE FRÜCHTE

Man verwendet sie als Backzutaten oder Garnitur. Bekannteste Vertreter sind Zitronat und Orangeat, es gibt aber nicht nur Früchte, sondern auch kandierte Wurzeln, Samen, Blüten oder Stengel. Beim Kandieren wird das Zellwasser durch Zuckersirup ersetzt.

AUSSENSEITER RHABARBER

Rhabarber gehört streng botanisch gesehen zum Gemüse, wird aber wie Obst zubereitet. Rhabarber gibt es mit grüner Schale und grünem Fruchtfleisch, mit roter Schale und rotem Fleisch und mit rotem Stiel und grünem Fleisch. Die grünfleischigen Stangen sind die dicksten und haben den höchsten Säuregehalt.

PRAKTISCHE TIPS

Ananas schälen

1. Die Blattrosette und das Stielende von der Frucht abschneiden
2. Die Frucht in Scheiben schneiden und diese dann schälen.
3. Den holzigen Strunk in der Mitte herausstechen.

Kiwi schälen

1. Von der Kiwi mit einem sehr scharfen Messer die Enden abschneiden.
2. Die Kiwi in die Hand nehmen und die Schale mit dem Sparschäler in Streifen entfernen.
3. Die Kiwifrucht auf ein Brett legen und dann in Scheiben oder in Spalten schneiden.

Zitrusfrüchte filetieren

1. Von einer Zitrusfrucht mit einem sehr scharfen, schmalen Messer die Wölbungen oben und unten abschneiden.
2. Die Frucht senkrecht auf ein Brett stellen und mit dem Messer die Schale in Streifen vom Fruchtfleisch schneiden, ohne daß das Weiße der Schale am Fruchtfleisch verbleibt (Foto 1).
3. Die Frucht in die Hand nehmen und die Filets mit dem Messer zwischen den Segmenthäuten herausschneiden (Foto 2).
4. Den in den Segmenthäuten verbliebenen Saft mit der Hand über die Zitrusfilets drücken.

Mango vorbereiten

1. Die Mango in die Hand nehmen und mit einem Sparschäler schälen (Foto 3).
2. Das Mangofleisch mit einem spitzen, scharfen Küchenmesser flach vom Stein herunterschneiden (Foto 4).
3. Das Mangofleisch kann jetzt je nach Verwendungszweck längs oder quer in Scheiben geschnitten werden.

Foto 1

Foto 2

Foto 3

Foto 4

KARTOFFELN

KNOLLEN MIT PFIFF

Sie enthalten viele wichtige Nährstoffe und Vitamine, schmecken gut und machen bei richtiger Zubereitung nicht dick (100 g haben nur 66 kcal). Kein Wunder also, daß Kartoffeln zum beliebtesten Gemüse gehören. Doch die Liebe zu den braunen Knollen war nicht immer so groß. Erst Friedrich dem Großen gelang es mit Hilfe einer List, die aus den Anden stammende Kartoffel den Deutschen schmackhaft zu machen. Er ließ Kartoffelfelder anlegen und diese zum Schein von Grenadieren bewachen. Und da bekanntlich verbotene Früchte am besten schmecken, wurden die Erdäpfel wie erwartet massenweise gestohlen und landeten so in den Kochtöpfen der Untertanen. Damit war der Siegeszug der „dollen Knolle" nicht mehr aufzuhalten.

DIE ERNTEZEITEN

Kartoffeln unterscheidet man nach dem Erntezeitpunkt:

Speisefrühkartoffeln werden von Anfang Juni bis zum August geerntet und sind wegen ihrer zarten Schale und ihres feinen Geschmacks eine wahre Delikatesse. Man sollte sie nicht länger als 14 Tage aufbewahren.

Mittelfrühe Sorten werden im August und September geerntet und können bis zum Jahresende gelagert werden.

Mittelspäte bis sehr späte Sorten sind ab September auf dem Markt. Sie sind zum Lagern bestens geeignet.

DIE SORTEN

Festkochende Sorten, auch Salatkartoffeln genannt, haben festes und glattes Fleisch, das beim Kochen nicht zerfällt. Sie eignen sich für Kartoffelsalate, als Pellkartoffeln und Salzkartoffeln, für Kartoffelpuffer und Bratkartoffeln. Die bekanntesten Sorten: Sieglinde, Hansa, Selma.

Vorwiegend festkochende Sorten entwickeln beim Kochen eine mittlere Festigkeit. Sie sind ideal für Bratkartoffeln und Rösti, als Pellkartoffeln und für Gratins. Die bekanntesten Sorten: Berolina, Christa, Gloria, Hela, Jetta, Nicola, Ulla, Clivia und Grata.

Mehligkochende Sorten haben ein lockeres, trockenes Fleisch mit einem hohen Stärkegehalt. Sie eignen sich hervorragend für Kartoffelbrei und Kartoffelsuppen, für Klöße, Knödel, Puffer und Folienkartoffeln. Die bekanntesten Sorten: Illona, Bintje, Irmgard, Aula und Maritta.

DIE LAGERUNG

Am besten lagern Kartoffeln in einem unbeheizten, trockenen Kellerraum bei einer Temperatur von etwa 4°C. Mit dem Einkellern sollte man nicht vor Mitte Oktober beginnen. Späte Sorten halten sich dann bis zum März.

PRAKTISCHE TIPS

– Kartoffeln nach dem Einkauf aus der Verpackung nehmen und in einem Korb kühl, luftig und dunkel lagern. So halten sie sich in der Küche etwa 3 Wochen.

– Kartoffeln erst unmittelbar vor dem Kochen schälen. Denn die Vitamine werden sehr schnell zerstört.

– Kartoffeln erst waschen, dann schälen. Dies geht am besten mit einem Sparschäler oder Kartoffelschäler. Grüne Teile und die dunklen Stellen, an denen die Knolle auskeimt, unbedingt herausschneiden. Sie enthalten giftige Stoffe.

HÜLSEN-FRÜCHTE

GEBALLTE KRAFT

Lange Zeit waren sie als schwerverdauliches „Arme-Leute-Essen" verschrien. Doch nun feiern sie ihr Comeback. Und sozusagen als Verstärkung haben die heimischen Hülsenfrüchte ihre exotischen Verwandten mitgebracht.
Unter Hülsenfrüchten versteht man die reifen, luftgetrockneten Samen der Hülsenfrüchtler, also von Erbsen, Bohnen, Linsen und anderen. Wie kein anderes Nahrungsmittel versorgen sie uns mit wertvollem pflanzlichen Eiweiß, mit Mineralstoffen und mit Vitaminen. Außerdem enthalten sie reichlich Ballaststoffe.

BOHNEN

Augenbohnen oder Chinabohnen sind hell mit einem schwarzen Punkt und ideale Eintopfbohnen.
Borlottibohnen, die rötlich gesprenkelt sind, werden sehr gut weich und behalten dennoch ihre Form.
Kidneybohnen oder rote Bohnen haben eine braune bis dunkelrote Farbe und schmecken würzig.
Limabohnen (Mondbohnen) sind sehr große, flache weiße Bohnen. Sie schmecken mild und eignen sich für Salate und als Gemüse.
Grüne Mungbohnen schmecken süßlich und geben vor allem Suppen und Eintöpfen einen besonderen Pfiff.
Pferdebohnen oder dicke Bohnen fallen durch ihre flache Form auf. Sie sind ideal für Suppen, Salate und Pürees.
Schwarze Bohnen sind rundlich, ziemlich hart und schmecken ein wenig süßlich.
Sojabohnen enthalten besonders viel hochwertiges Eiweiß und Fett.
Wachtelbohnen haben ihren Namen von ihrer braunen Sprenkelung, die wie die Schale von Wachteleiern aussieht. In Geschmack und Form ähneln sie der weißen Bohne.
Weiße Bohnen sind bei uns am bekanntesten und fester Bestandteil vieler klassischer Eintöpfe, da sie beim Kochen weich und sämig werden.

ERBSEN

Trockenerbsen gibt es in den Farben Grün und Gelb und in den Größen „extra dick", „normalkörnig" und „klein". Je größer sie sind, desto besser schmecken sie.
Geschälte Erbsen sind leichter verdaulich und werden schneller gar als ungeschälte. Sie schmecken auch süßlicher und werden beim Kochen sämiger. Splittererbsen sind eine preiswerte Alternative zu geschälten Erbsen. Das sind Erbsen, die beim Schälen zerfallen und aussortiert werden.
Kichererbsen schmecken nußartig, sind sehr knackig und ideal als Gemüsebeilage.

LINSEN

Sie werden nach Größe und Farbe unterschieden. So gibt es Riesenlinsen, Teller- und Mittellinsen. Als Faustregel gilt: je kleiner, desto besser im Geschmack.
Braune und gelbe Linsen werden am häufigsten für Eintöpfe verwendet.
Puy-Linsen haben einen ausgeprägten Eigengeschmack. Sie sind schwarzgrün gesprenkelt und haben eine feste Schale.
Rote Linsen kommen aus Südfrankreich oder aus dem Orient. Sie zerkochen leicht und eignen sich deshalb hervorragend für Pürees.
Zuckerlinsen heißen die kleinsten, dickbauchigen Linsen. Durch ihren hohen Schalenanteil besitzen sie das beste Aroma.

SO KOCHT MAN HÜLSENFRÜCHTE

Zuerst werden die Hülsenfrüchte verlesen und Verunreinigungen aussortiert. Dann die Hülsenfrüchte unter fließend kaltem Wasser waschen und entweder nach der einen oder nach der anderen hier beschriebenen Methode zubereiten.

1. Hülsenfrüchte in der zwei- bis dreifachen Menge kalten Wassers 7 bis 8 Stunden, noch besser über Nacht, einweichen (Ausnahme: Linsen). Dann mit dem Einweichwasser zum Kochen bringen und bei schwacher Hitze garen. Die meisten Bohnenarten benötigen 1 bis 2 Stunden, um weich zu werden, rote Linsen brauchen etwa ½ und braune Linsen 1 Stunde. Erbsen sind in etwa 1 1/2 Stunden gar.

2. Hülsenfrüchte in kaltes Wasser geben und aufkochen lassen. Den Topf vom Herd nehmen und die Hülsenfrüchte im Topf 1 Stunde quellen lassen. Wasser abgießen, Hülsenfrüchte mit der doppelten Menge frischen Wassers erneut zum Kochen bringen und bei schwacher Hitze weich garen.

PRAKTISCHE TIPS

– Beim Einkauf das Verfallsdatum auf der Packung beachten. Hülsenfrüchte sollten nicht länger als 1 Jahr dunkel und luftig gelagert werden.

– Ungeschälte Hülsenfrüchte muß man mindestens 7 bis 8 Stunden, am besten sogar 12 Stunden einweichen, damit sie gar werden. Ausnahme: Linsen müssen nicht eingeweicht werden. Zum Einweichen am besten abgekochtes Wasser nehmen. Die Hülsenfrüchte vorher in lauwarmem Wasser gründlich waschen.

– Die Hülsenfrüchte stets im Einweichwasser zugedeckt garen. Das Einweichwasser später mitverwenden, damit die Nährstoffe nicht verlorengehen. Im Schnellkochtopf verkürzt sich die Garzeit von Hülsenfrüchten um etwa zwei Drittel.

– Hülsenfrüchte erst nach dem Garen salzen, sonst werden sie nicht weich.

– Die Garzeit hängt vom Alter und der Sorte der Hülsenfrüchte sowie vom Härtegrad des Wassers ab. Je härter das Wasser, desto länger brauchen sie.

SPROSSEN UND KEIME

Knackige Sprossen und Keime sind hochwertige Nahrungsmittel, die man aus Samen von Getreide, Ölsaaten und Hülsenfrüchten preiswert selber ziehen oder immer häufiger fertig gekeimt kaufen kann. Als Rohkost, im Salat, als Würze oder Brotauflage – Sprossen sind eine vielseitige Bereicherung unseres Speisezettels.

In den kleinen Samenkörnern steckt zudem eine geballte Kraft. Denn während des Keimprozesses verändern sich die Inhaltsstoffe: der Gehalt an Vitaminen, Eiweiß und mehrfach ungesättigten Fettsäuren steigt, der Kaloriengehalt nimmt dagegen ab. Außerdem liefern Keime und Sprossen reichlich Ballaststoffe und Mineralstoffe wie Kalium, Kalzium, Magnesium, Phosphor und Eisen.

Adzukibohnensprossen schmecken süßlich und leicht nußartig. Verwendung: im Salat, für Aufläufe, Suppen, Füllungen, chinesische Gerichte.

Alfalfasprossen sind die Sprossen der Luzerne, einer Kleeart. Sie ähneln der Gartenkresse und schmecken würzig-mild. Verwendung: zu pikantem Quark und Pellkartoffeln, in Suppen und Salaten.

Linsensprossen enthalten reichlich Eiweiß, schmecken süß und leicht nußartig. Verwendung: zu Dips und zu Pilzgerichten, als Rohkost oder im Salat.

Mungbohnensprossen schmecken knackig frisch wie junge Erbsen und leicht süßlich. Verwendung: zu Salaten, als Rohkost und als Brotbelag, zu Kartoffelgerichten.

Rettichsprossen sind die gekeimte Rettichsaat. Sie schmecken scharf-würzig. Verwendung: zu Eiergerichten, im Salat oder als Rohkost.

Sojabohnensprossen werden aus grünen Sojabohnen gezogen. Sie schmecken knackig-frisch. Verwendung: für Salate, Reis- und Suppengerichte.

Sonnenblumensprossen sind die gekeimten Kerne der Sonnenblume. Sie schmecken nußartig. Verwendung: in Fruchtsalaten, als Pfannkuchenfüllung, in Müslis.

Weizensprossen sind gekeimte Weizenkörner und schmecken leicht süß. Verwendung: zum Backen, im Müsli, auf Rohkostplatten.

Foto 1

Foto 2

SO ZIEHT MAN SPROSSEN

Sprossen ziehen ist kinderleicht. Samen und Keimgefäße gibt es nämlich im Reformhaus oder in Bioläden. Zum Ausprobieren reicht jedoch auch ein Einmachglas und etwas Mulltuch. Und dann kann es losgehen:

1. Samen mit lauwarmem Wasser abspülen, Schmutzteile entfernen und Samen einweichen (Foto 1). Die Einweichzeit hängt von der Sorte ab und ist auf der Verpackung angegeben (siehe auch Tabelle).
2. Einweichwasser abgießen, Samen gut durchspülen und abtropfen lassen (Foto 2).
3. Das Keimgefäß oder das Glas an einem warmen, hellen Ort stellen. Samen jeden Tag ein- bis zweimal durchspülen. Wichtig: Samen dürfen nicht im Wasser stehen, sonst verschimmeln die Keime. Je nach Sorte sind die Sprossen nach 2 bis 6 Tagen erntereif.

PRAKTISCHE TIPS

Das sollten Sie außerdem beim Keimen beherzigen: Der Samen darf weder zu feucht noch zu trocken sein. Er muß immer ausreichend mit Sauerstoff versorgt werden, ihn deshalb mehrmals spülen. Achten Sie darauf, daß das Keimgerät oder das Einmachglas peinlich sauber ist, sonst droht Schimmelbildung.

– Frisch schmecken Sprossen am besten. Allerdings halten sie sich im Kühlschrank bis zu 1 Woche.

– Sprossen aus Hülsenfrüchten sollten vor der Verwendung kurz blanchiert werden, da sie Stoffe enthalten, die gesundheitsschädlich sein können, die aber durch das Erhitzen zerstört werden.

– Wenn Sie Sprossen für warme Gerichte verwenden, sollten Sie sie nur kurz erwärmen. So bleiben Vitamine und Mineralstoffe gut erhalten.

SPROSSEN UND KEIME AUF EINEN BLICK

Sorte	Einweichzeit in Stunden	Anzahl der Spülvorgänge pro Tag	Keimdauer in Tagen	Länge des Keims	ungefährer Sprossenertrag : Samen
Adzukibohne	12	3	4	Bohnenlänge	3 : 1
Alfalfa	8	2	7–10	max. 10 cm	5 : 1
Kichererbse	12	3–4	3	0,5 cm	3–4 : 1
Kresse	–	1	6–8	4 cm	2 : 1
Linse	8	2–3	3	2 cm	4–6 : 1
Mungbohne	12	2–3	3–4	2 cm	5–6 : 1
Rettich	–	2–3	3–4	0,3 cm	2–3 : 1
Senf	–	1	2–3	bis ½ cm	2 : 1
Sojabohne, gelbe	12	3–4	3–4	Bohnenlänge	4 : 1
Sonnenblume	6	2–3	2	Kernlänge	2 : 1
Weizen	12	2	2–3	Kornlänge	2 : 1

GETREIDE UND GETREIDE-PRODUKTE

GRUNDBAUSTEIN UNSERER ERNÄHRUNG

Ob Buchweizengrütze oder Hirsebrei, Maisbrot oder Graupensuppe – die guten alten Körnergerichte stehen wieder hoch im Kurs. Sicher nicht ohne Grund, denn mit Getreide kann man nicht nur hervorragend kochen und backen, sondern auch sehr gesund leben.
Getreide zählt zu den wertvollsten Nahrungsmitteln, die es gibt. Es enthält hochwertiges pflanzliches Eiweiß, Fette, Kohlenhydrate, Ballaststoffe, Vitamine (vor allem die der B-Gruppe) und viele Mineralstoffe. Alle diese lebenswichtigen Bausteine sind in den äußeren Randschichten und im Keim des Getreidekornes.

KLEINE GETREIDE- UND NÄHRMITTELKUNDE

Buchweizen (3) ist eigentlich kein Getreide, sondern ein Knöterichgewächs. In der Küche wird es jedoch wie Getreide verarbeitet. Die dreikantigen Samen haben einen nußartigen Geschmack.
Dinkel gehört zur Weizenfamilie, ist jedoch leichter verdaulich als Weizen. Da Dinkel wie Weizen einen hohen Kleberanteil hat, eignet er sich hervorragend zum Backen.
Gerste wird als Spelz- und als Sprießkorngerste (Nacktgerste) angebaut. Die geschälten Gerstenkörner nennt man Graupen und Perlgraupen. Als Rollgerste sind sehr grobe Graupen im Handel.
Grünkern (6) nennt man die unreif geernteten Körner des Dinkels. die gekocht leicht würzig schmecken.
Hafer ist die vollwertigste und fettreichste Getreidesorte und hat ein würziges, leicht nußartiges Aroma. Die länglichen Körner des Sprießkornhafers (Nackthafers) schmecken gekeimt und gekocht. Star unter den Haferprodukten aber sind die Haferflocken. Die großen kernigen werden aus dem ganzen Korn gewalzt. Als Grundlage für die zarten Flocken dienen die geschnittenen Haferkörner (Grütze), für die löslichen, schmelzenden Flocken Hafervollkornmehl.
Hirse (7) ist sehr eiweißreich; bei uns wird sie wie Reis verwendet. Hirse quillt beim Kochen sehr stark.
Mais (4) hat die größten Körner unter allen Getreidearten. Maisgrieß wird wie Maismehl aus dem entkeimten Korn gewonnen; Maisstärke kann Suppen und Saucen binden; Corn flakes werden aus dem entkeimten, geschroteten Mais hergestellt und sind geröstet.
Reis gibt es in mehreren Varianten: Langkornreis hat längliche, glasige Körner und bleibt beim Kochen körnig. Rundkornreis (Milchreis) gibt beim Kochen Stärke ab und ist deshalb ideal für Süßspeisen und ein Risotto. Mittelkornreis ist länglich, etwas dicker als Langkornreis und hat die gleichen Kocheigenschaften wie Rundkornreis. Naturreis (1), auch Vollkornreis oder Braunreis genannt, ist zwar enthülst, besitzt aber noch die Silberhaut und den Keimling mit wertvollen Nährstoffen. Parboiled Reis ist vitaminschonend vorbehandelt und bleibt beim Garen und Wiederaufwärmen körnig. Schnellkoch-

oder Quickreis ist vorgekocht und hat deshalb eine extrem kurze Garzeit. Wilder Reis (2) wird nur in geringen Mengen geerntet und schmeckt leicht nußartig.
Roggen hat einen hohen Ballaststoffanteil und ist hierzulande das typische Brotgetreide.
Sago (5) ist kein Getreideerzeugnis, sondern wird aus dem Mark der Sagopalme gewonnen. Sagokörner quellen mit Flüssigkeit auf und binden diese; Sago wird deshalb wie Stärke verwendet.
Tapioka stammt aus den Wurzeln der Maniokpflanze. Es kommt als Mehl und in Kornform auf den Markt und wird zum Binden von Speisen genommen.

DIE MEHLSORTEN

Die Körner nahezu aller Getreidearten, wie Weizen, Roggen, Gerste, Mais und Reis, können zu Mehl gemahlen werden. Nach dem Mahlgrad unterscheidet man Auszugs- und Dunstmehl, Grieß und Schrot. Generell gilt: je höher die Typenbezeichnung beim Mehl, desto mehr Schalenanteile enthält es und desto ausgeprägter ist der Eigengeschmack. Wenn zum Backen eine besonders leichte, feine Teigmasse benötigt wird, setzt man dem Mehl oft Speisestärke zu. Sie mindert die Wirkung des Klebers. Speisestärke wird aus Weizen, Kartoffeln, Mais oder Reis gewonnen. Es gibt sowohl fein- als auch grobkörnige Stärke.

DIE RICHTIGE AUFBEWAHRUNG

Ganze Getreidekörner halten sich, kühl, trocken und luftig gelagert, jahrelang, mit Ausnahme des Hafers: Da er sehr fettreich ist, sollte er nicht länger als 1 Jahr aufbewahrt werden. Das trifft auch auf Schrot, Grieß, Flocken und Graupen zu. Mehl ist relativ geruchs- und feuchtigkeitsempfindlich, deshalb nicht länger als 2 Monate lagern. Da bei Vollkornmehl und -schrot das ganze Korn, das auch den fettreichen Keim enthält, gemahlen wird, ist es 3 bis 4 Wochen haltbar, da das Keimöl schnell ranzig wird. Geschälter und polierter Reis ist fast unbegrenzt haltbar, Teigwaren halten, originalverpackt verschlossen, einige Monate.

Weizen ist das meistverwendete Getreide. Das weiße Weizenmehl, in Deutschland die Type 405, ist fast in jedem Haushalt zu finden.
Teigwaren werden in unterschiedlichen Qualitätsstufen angeboten: Hartgrießteigwaren sind ausschließlich aus Hartweizengrieß hergestellt. Die bräunlich-gelben Nudeln sind besonders bißfest und von besserer Qualität als normale Teigwaren. Eiernudeln müssen auf 1 kg Grieß mindestens 2 ¼ Hühnereier enthalten, Eiernudeln mit hohem Eigehalt sogar 4 Eier auf 1 kg und Eiernudeln mit sehr hohem Eigehalt 6 Eier auf 1 kg. Frischeinudeln dürfen nur mit frischen Eiern hergestellt werden.

1
2
3
4
5
6
7

PRAKTISCHE TIPS

– So gart man ganze Getreidekörner: Körner in einem Sieb unter fließendem Wasser abspülen. Danach über Nacht in lauwarmem Wasser einweichen (Ausnahme: Reis, Hirse und Buchweizen). Hirse wird vor dem Kochen nur heiß abgespült, Buchweizen heiß überbrüht. Körner im Einweichwasser zum Kochen bringen und bei schwacher Hitze quellen lassen. Je nach Getreideart sind die Körner nach 20 bis 60 Minuten weich.
– Vollkornmehl und -schrot in die kochende Flüssigkeit einstreuen und ausquellen lassen.
– Ist in den Rezepten nicht ausdrücklich eine bestimmte Mehlsorte genannt, handelt es sich beim verwendeten Mehl immer um das helle, weiße Auszugsmehl des Weizens (Type 405).

FISCHE

AUS FLUSS UND MEER

Kaum ein anderes Nahrungsmittel ist so vielseitig verwendbar und so vollwertig wie Fisch. Er enthält hochwertiges, leicht verdauliches Eiweiß, fettlösliche Vitamine und lebensnotwendige ungesättigte Fettsäuren. Die für den Stoffwechsel wichtigen Vitamine der B-Gruppe kommen im Fisch so reichlich vor, daß man mit nur einer Fischmahlzeit fast den ganzen Tagesbedarf decken kann. Zudem ist Fisch ein wichtiger Jodlieferant. Während Fettfische, wie Aale, Karpfen, Heringe und Lachse, bis zu 25 Prozent Fett enthalten können, sind Magerfische, wie Schellfisch, Seelachs und Kabeljau, fast fettfrei und damit äußerst kalorienarm.

SEEFISCHE

Goldbrasse ist die schmackhafteste der Brassenfamilie. Von Juli bis Oktober ist ihr Fleisch am besten. Ideal zum Braten, Grillen und Pochieren.
Goldstriemen (5) kommen im Mittelmeer häufig vor. in der italienischen Küche sind sie beliebte Grillfische.
Heilbutt ist der größte unter den Plattfischen. Weißer Heilbutt hat eine dunkle und eine weiße Seite und weißes Fleisch. Ideal zum Pochieren, Braten, Ausbacken und Grillen. Der schwarze Heilbutt ist kleiner als sein weißer Bruder und hat wesentlich fettreicheres Fleisch. Ideal zum Räuchern, Braten, Ausbacken und Pochieren.
Hering ist der wohl bekannteste Seefisch. Die im Frühjahr gefangenen Fische sind fetter als die Herbst-Heringe, allerdings sind diese wiederum aromatischer. Hering gibt es frisch als sogenannten grünen Hering, geräuchert als Bückling, in Lake eingelegt als Salzhering oder mariniert als Bismarckhering oder Rollmops. Als Matjes wird der noch nicht geschlechtsreife, grüne Hering bezeichnet, der in Lake oder Marinade eingelegt worden ist.
Kabeljau, (10) bis zur Geschlechtsreife auch Dorsch genannt, hat festes und mageres weißes Fleisch. Ideal zum Braten, Kochen und Pochieren.
Makrele (6) hat rötlich gefärbtes, festes und saftiges Fleisch. Sie kommt frisch, geräuchert oder in der Konserve auf den Markt. Ideal zum Ausbacken, Braten, Grillen und zum Pochieren.
Meeräschen haben sehr gutes, festes, zartes Fleisch. Ideal zum Braten, Grillen und Fritieren.
Merlan (Wittling) (3) ist ein Verwandter des Schellfisches. Es gibt ihn frisch oder geräuchert. Ideal zum Braten oder Ausbacken.
Petersfisch (2) hat festes, weißes Fleisch und gilt als Delikatesse. Ideal zum Dämpfen und Pochieren.
Rotbarben (4) werden bis zu 30 cm groß und eignen sich besonders gut zum Grillen und Braten.
Rotbarsch (Goldbarsch) (7) hat rosaweißes, sehr festes Fleisch und wird vorwiegend als Filet angeboten. Ideal zum Braten, Ausbacken, Grillen, Kochen und Pochieren.
Sardinen werden hauptsächlich zu Ölsardinen verarbeitet, man bekommt sie aber auch frisch oder tiefgefroren. Größere Sardinen nennt man Plichard. Ideal zum Grillen.
Schellfisch ähnelt dem Kabeljau, sein Fleisch ist jedoch etwas heller und noch feiner im Geschmack. Ideal zum Kochen oder Pochieren.
Schollen (Goldbutt) (1) kommen mit der dunklen und weißen Hautseite oder nur mit weißer Haut auf den Markt. Ihr Fleisch ist mager und sehr eiweißreich. Ideal zum Braten, Ausbacken oder Pochieren.
Seelachs (Köhler) (8) ist mit dem Kabeljau verwandt. Es gibt ihn frisch, gefroren und geräuchert. Ideal zum Braten, Ausbacken und Kochen.
Seeteufel (Angler, Lotte, Baudroie) hat einen riesigen, häßlichen Kopf, jedoch zartes und grätenfreies Fleisch. Es gibt ihn frisch, auch enthäutet und geräuchert. Ideal zum Braten und Grillen.
Seezunge hat zartes, weißes Fleisch. Die besten Seezungen wiegen zwischen 400 und 600 g. Ideal zum Pochieren, Grillen und Braten.
Steinbutt gehört neben der Seezunge zum Feinsten, was das Meer zu bieten hat. Man erkennt ihn an den steinähnlichen Verkrustungen an der dunklen Seite. Ideal zum Braten, Grillen, Kochen, Ausbacken und Pochieren.
Thunfische (9) können bis zu 2,5 m lang und 300 kg schwer werden. Ihr Fleisch ist fest, sehr aromatisch und ähnelt im Geschmack dem Kalbfleisch. Es gibt sie frisch, tiefgefroren, geräuchert und in der Konserve. Ideal zum Grillen, Braten und Kochen.

1
2
3
4
5
6
7
8
9
10

SÜSSWASSERFISCHE

Aale wandern vom Meer in die Flüsse und zum Laichen wieder zurück ins Meer. Ihr Fleisch ist fest und grätenfrei, aber sehr fettreich. Am besten schmecken Aale mit einem Gewicht von 1 kg. Aal gibt es geräuchert, frisch (grüner Aal), in Gelee oder in der Konserve.

Barsch wird bis zu 50 cm lang und 2 bis 3 kg schwer. Kleine Barsche heißen in der Schweiz Egli. Ideal für alle Zubereitungsarten, am besten jedoch zum Braten.

Forellen sind mit dem Lachs verwandt. Man unterscheidet: Bachforellen, die kleinsten und aromatischsten Forellen, Lachsforellen, deren Fleisch durch besonderes Futter rosa wird; Regenbogenforellen, die ihren Namen ihren in allen Regenbogenfarben schillernden Seitenlinien verdanken und Meerforellen, die bis zu 1 m groß werden (nur junge, kleine Seeforellen liefern wohlschmeckendes Fleisch).

Hecht hat weißes, grätenreiches Fleisch. Junge, grüngefärbte Hechte nennt man Grashechte. Am besten schmecken 2 Jahre alte Fische von 1,5 bis 2,5 kg. Ideal zum Braten, Grillen, Ausbacken, Kochen, Pochieren, zur Zubereitung einer Farce oder von Klößchen.

Karpfen schmecken am besten in den Herbst- und Wintermonaten. Spiegelkarpfen erkennt man an ihren wenigen großen Schuppen, der Schuppenkarpfen hat mehr, aber sehr gleichmäßig verlaufende Schuppen, Lederkarpfen sind fast schuppenlos.

Lachse laichen in Flüssen, wandern dann aber in den Atlantik oder in den Pazifik. Immer häufiger werden sie jedoch auch in Farmen gezüchtet. Die einzelnen Lachsarten, wie der teure Königslachs, der saftige, helle Ostseelachs oder der dunkelrote Grönlandlachs unterscheiden sich in Größe, Farbe und Qualität. Es gibt sie geräuchert, frisch und trockengebeizt. Ideal zum Pochieren und Braten.

Renken und **Felchen** gehören zur Familie der Lachse und werden bevorzugt gebraten, gegrillt und geräuchert.

Saibling hat lachsfarbenes Fleisch. Es gibt den Bachsaibling und den Seesaibling. Ideal zum Pochieren, Kochen und Braten.

Zander (Schill, Fogosch) wird etwa 50 cm lang, gehört zur Barschfamilie und hat zartes, sehr saftiges Fleisch. Ideal für alle Zubereitungsarten.

Foto 1

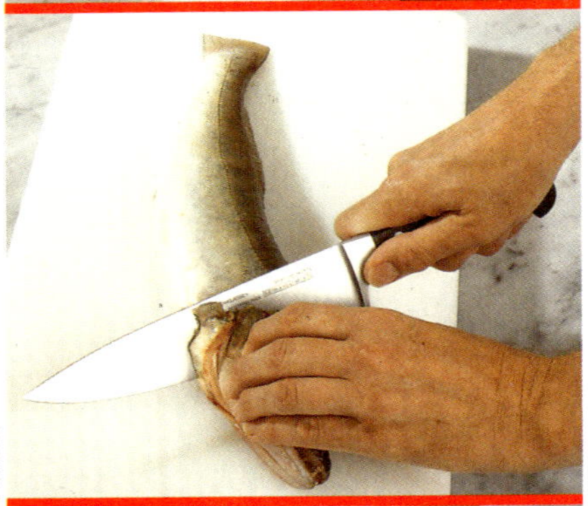
Foto 2

Foto 3

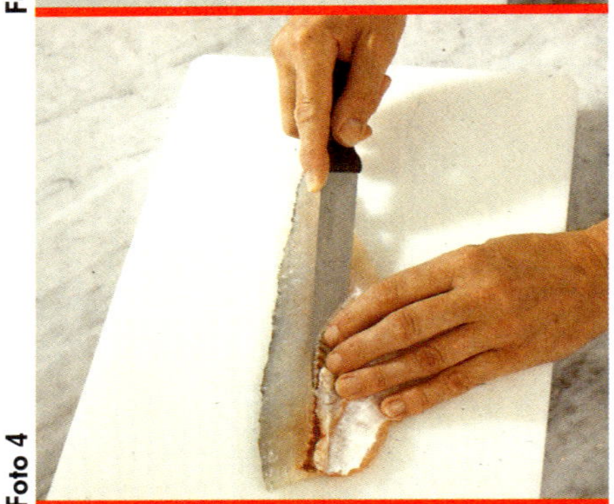
Foto 4

Foto 5

PRAKTISCHE TIPS

Rundfisch schuppen

1. Mit einer Fischschere die Bauch-, Rücken- und Schwanzflossen des ausgenommenen Fisches abschneiden.
2. Ein Küchenbrett schräg in das Abwaschbecken stellen. Den Fisch so auf das Brett legen, daß der Schwanz nach unten zeigt.
3. Mit dem Rücken eines kräftigen Messers oder mit einem Fischschupper die Schuppen vom Schwanz zum Kopf hin „abkratzen" (Foto 1).
4. Den Fisch waschen.

Rundfisch filetieren

1. Den Bauch aufschneiden, dabei die Galle nicht verletzen, und die Innereien entfernen. In den meisten Fällen kann man jedoch bereits ausgenommenen Fisch kaufen. Mit einer Schere die Flossen entfernen und den Kopf keilförmig abschneiden (Foto 2).
2. Den Fisch (hier ein Zander) flach auf ein Brett legen. Mit einem scharfen Messer vom Kopf zum Schwanz hin an der Mittelgräte entlang das oben liegende Filet von den Gräten lösen (Foto 3).
3. Den Zander wenden und das zweite Filet von den Gräten herunterschneiden. Die Filets mit der Hautseite auf ein Brett legen und mit einem flachen Schnitt die Bauchgräten entfernen (Foto 4).
4. Das Fleisch am Schwanzende mit einem Messer von der Haut lösen. Die Haut mit einer Hand festhalten und mit einem flach gehaltenen Messer das Filet von der Haut herunterschneiden (Foto 5).

Plattfische abziehen und filetieren

1. Am Schwanz die Haut quer bis auf die Gräten einschneiden (Foto 6). Die Haut mit dem Messer losschaben.
2. Dann die Haut mit einem Tuch fassen und vom Schwanz zum Kopf abziehen (Foto 7).
3. Mit einer Fischschere die Flossensäume und den Kopf abschneiden (Foto 8).
4. Innereien entfernen (Foto 9), Fisch waschen.
5. Mit einem scharfen, biegsamen Messer, auf der weißen Hautseite beginnend, das Fleisch zwischen den Filets bis auf die Gräten durchschneiden (Foto 10).
6. Mit flachen Schnitten von der Mitte her die Filets von den Gräten herunterschneiden (Foto 11). Filets gründlich waschen und trockentupfen.

Foto 6

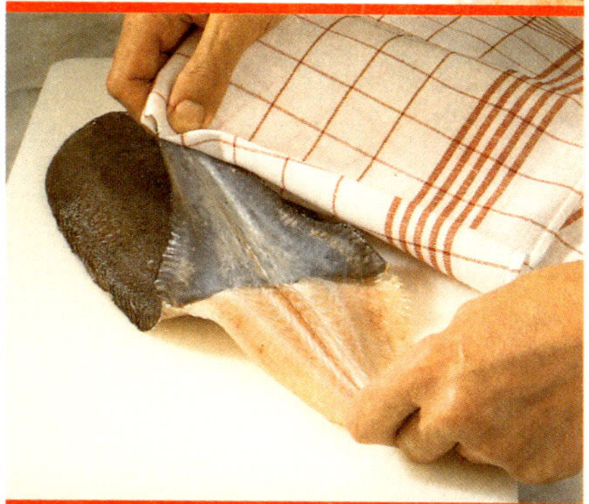

Foto 7

Foto 8

Foto 9

Foto 10

Foto 11

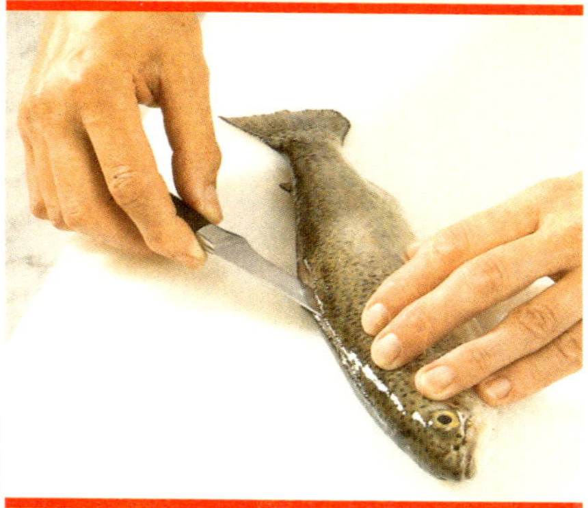

Foto 12

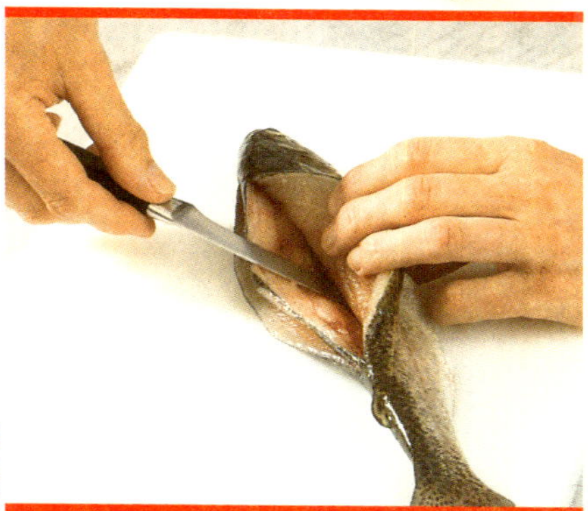

Foto 13

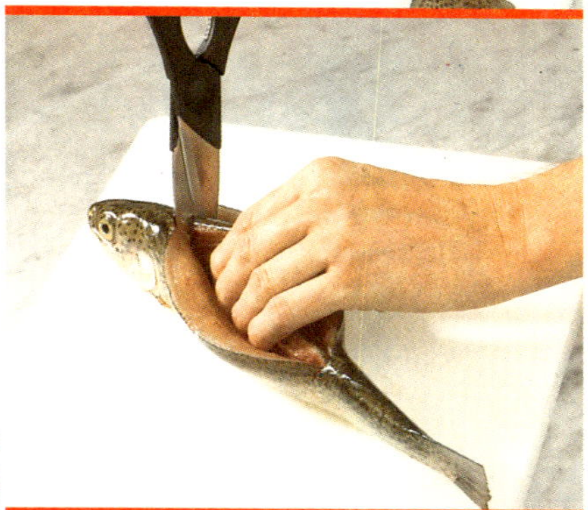

Foto 14

Foto 15

Rundfische mit einer Farce füllen

1. Die Fische dürfen noch nicht ausgenommen sein. Von den Rundfischen (hier Forellen) mit der Fischschere alle Flossen abschneiden. Fische auf ein Brett legen. Das Fleisch links und rechts der Mittelgräte vom Kopf bis zur Fettflosse (vor der Schwanzflosse) einschneiden (Foto 12).
2. Die Messerspitze zur Gräte richten und das Fleisch von den Rücken- und den Bauchgräten lösen (Foto 13). Die Mittelgräte auf Höhe der Fettflosse und hinter dem Kopf durchschneiden (Foto 14) und herausnehmen.
3. Die Innereien entfernen. Fisch auswaschen, innen trockentupfen, salzen und pfeffern.
4. Forellen nur mit so viel Farce füllen, daß ihre natürliche Form erhalten bleibt.
5. Pergamentpapierstreifen in der Breite der Rückeneinschnitte zuschneiden, mit Butter bestreichen und die Forellen darin einschlagen (Foto 15). Auf den Seiten liegend garziehen lassen (Seite 152).

Forellen vor dem Vorbereiten am besten 12 Stunden auf Eis legen. Zum Füllen eignen sich auch Hecht, Lachs oder Zander.

MEERES-FRÜCHTE

EDLER KERN IN HARTER SCHALE

Sie gehören zum Feinsten und Edelsten, was das Meer zu bieten hat, sind ausgesprochen vielseitig in der Zubereitung und stehen, was die Inhaltsstoffe betrifft, den Fischen in keiner Weise nach. Ihr einziger Nachteil: sie sind nicht gerade billig. Meeresfrüchte werden in Krusten- und Schalentiere unterteilt. Die Krustentiere kommen meist frisch, gekocht, gefrostet oder in der Konserve auf den Markt. Schalentiere gibt es bis auf wenige Ausnahmen meist frisch oder tiefgekühlt.

DIE KRUSTENTIERE

Flußkrebse (2) sind rar und sehr teuer. Der wohlschmeckendste ist der etwa 120 g schwere und 25 cm lange Edelkrebs. Am häufigsten im Angebot findet man den Galizierkrebs. Er hat eine weichere Kruste und kleinere Scheren als der Edelkrebs.
Hummer erkennt man an den zwei unterschiedlich ausgebildeten Scheren: eine kräftige, große Fangschere, die meistens rechts sitzt, und eine kleine Schere mit scharfen Zähnen. Die besten Hummer wiegen 500 bis 600 g. Feinschmecker schätzen besonders „Helgoländer" und „Norweger". Amerikanische Hummer, die vor den Küsten Kanadas gefangen werden, haben einen weicheren Panzer als ihre europäischen Artgenossen.
Kaisergranate (Scampi) sind eng mit dem Hummer verwandt, nur etwa 25 cm groß und haben weißes, festes Fleisch.
Languste hat im Gegensatz zum Hummer keine Scheren und wiegt zwischen 500 g und 2 kg. Nur ihr Hinterleib enthält Fleisch. Frische Langusten erkennt man am gekrümmten Schwanz.
Nordseekrabben (3), gehören zur großen Garnelenfamilie. Sie werden bis zu 8 cm lang und übertreffen geschmacklich alle anderen Garnelenarten. Da sie leicht verderben, werden sie schon an Bord gekocht.
Riesengarnelen (4) (King Prawns) können bis zu 30 cm lang werden und haben einen schmalen, nach hinten recht spitz zulaufenden Schwanz. Sie kommt roh oder vorgekocht als Kühl- oder Tiefkühlware auf den Markt. Es gibt Seewassergarnelen und Süß- oder Brackwassergarnelen, wobei die Seewassergarnelen feiner im Geschmack sind.
Taschenkrebse (1) sind wahre Delikatessen, das beste Fleisch sitzt in den kräftigen Scheren.
Tiefseegarnelen werden auch als Shrimps, Grönland- oder Nordmeerkrabben angeboten.

DIE SCHALENTIERE

Austern stammen fast vorwiegend von Zuchtbänken. Man unterscheidet die flachschalige Auster, die nach ihrer Herkunft benannt wird, von der Portugaises (5). Aus Amerika stammen die Blue point und die Virginia, aus Dänemark die Limfjord, aus England die Navites und Whitestable, aus Frankreich die Belon und Marennes und aus Holland die Imperial. Austern werden meist roh gegessen, schmecken aber auch pochiert, gebraten und ausgebacken sehr gut. Sie werden bei uns meist in den kühlen Monaten angeboten.
Jakobs- oder Pilgermuscheln haben eine gewölbte Schale. Das Innere besteht aus dem orangeroten, Corail genannten Rogen und dem weißen Muskelfleisch. Jakobsmuscheln schmecken von November bis März am besten. Zum Öffnen wird die Muschel über Dampf oder auf dem Herd erwärmt. Die Schalen öffnen sich dann wesentlich leichter.
Mies- oder Pfahlmuscheln (6) werden von September bis April frisch angeboten. Sie können gekocht, gebraten und mariniert werden. Bei frischen Muscheln darauf achten, daß beide Schalenhälften fest aneinanderhaften. Sie müssen frisch nach Meer riechen.

Darüber hinaus werden viele Muschelsorten, wie z. B. Samtmuscheln (7), Trogmuscheln (8), Teppichmuscheln (Vongole) oder Venusmuscheln (9) verwendet.

PRAKTISCHE TIPS
– Muscheln, die schon vor dem Kochen offen sind, oder solche, die sich beim Kochen nicht öffnen, dürfen auf keinen Fall verzehrt werden. Sie sind bereits tot und können ungenießbar sein. Deshalb unbedingt wegwerfen.
– Sehr schwere Muscheln sind meistens voller Schlamm, sie ebenfalls wegwerfen.
– Frische, gekochte Muscheln sind von leicht oranger Farbe. Nicht einwandfreie Muscheln können dunkelgefärbt oder ganz blaß sein.
– Gekochte Muscheln möglichst schnell verzehren und immer im Fond aufbewahren. Sie verderben sehr schnell.

1
2
6
8
7
4
9
3
5

PRAKTISCHE TIPS

Miesmuscheln waschen und entbarten

1. Muscheln sortieren. Alle Muscheln mit beschädigten Schalen und solche, die sehr schwer sind, oder geöffnete Muscheln, die sich auf Fingerdruck nicht schließen, wegwerfen.
2. Die Muscheln unter fließendem kaltem Wasser mit einer harten Bürste gründlich säubern. Kalkablagerungen mit einem Küchenmesser abschaben (Foto 1).
3. Den Bart (die Haftfäden) mit einem kleinen Küchenmesser oder mit Zeigefinger und Daumen greifen und herausziehen (Foto 2).

Krabben oder Garnelen auslösen

1. Die Krabbe geradebiegen (Foto 3).
2. Den Schwanzteil mit einer Vierteldrehung vom Kopf lösen und die Schale abziehen (Foto 4).

Garnelenschwänze aus den Krusten lösen

1. Die Garnelenkrusten mit beiden Händen an der Unterseite anfassen und auseinanderziehen (Foto 5).
2. Das Fleisch vorsichtig aus den Krusten herausnehmen.
3. Mit einem scharfen Küchenmesser an der Rückseite den dunklen Darm entfernen (Foto 6).

Bei Garnelen sollte man die Krusten nur entfernen, wenn das Fleisch für eine Farce benötigt wird oder das Rezept die Zubereitung ohne Krusten zwingend vorschreibt. Denn in der Kruste gegart, ob gekocht, gegrillt oder gebraten, bleibt das Fleisch saftiger und zarter.

Kalmare vorbereiten

1. Den Kalmar sorgfältig waschen und die dünne, fast transparente Haut abziehen (Foto 7).
2. Die Fangarme (Tentakel) fest in die Hand nehmen und aus dem Körper herausziehen. Sie über den Augen vom Kopf abschneiden, aber so, daß die einzelnen Arme noch miteinander verbunden bleiben (Foto 8).
3. Die Kauwerkzeuge herausdrücken (Foto 9) und entfernen.
4. Aus dem Körper das durchsichtige Fischbein herausziehen (Foto 10).
5. Die verwertbaren Teile, die Fangarme und den Rumpf, waschen.

– In manchen Rezepten wird die schwarze Tinte des Kalamars benötigt. Man muß dann aufpassen, daß der Tintensack beim Herausziehen der Fangarme nicht verletzt wird.

Foto 1

Foto 2

Foto 3

Foto 4

Foto 5

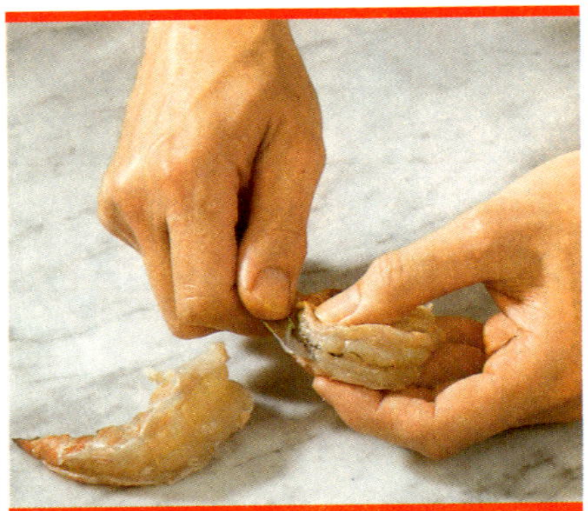
Foto 6

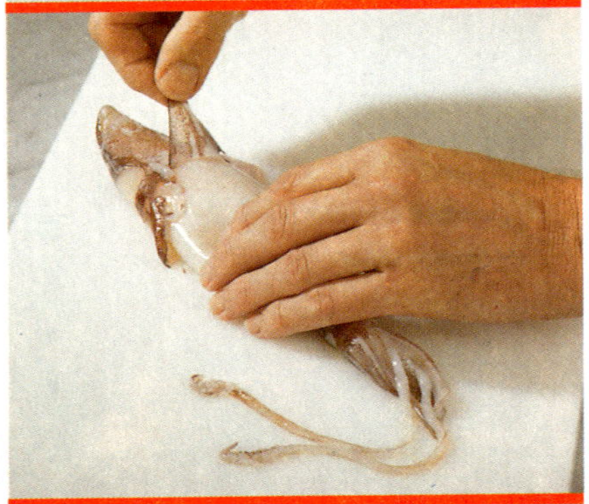
Foto 7

Foto 8

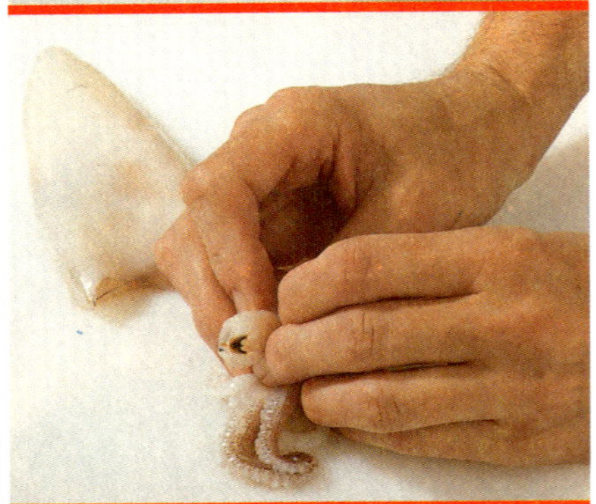
Foto 9

Foto 10

GEFLÜGEL

HÄHNCHEN, WACHTELN UND VIEL MEHR

Seit Jahrhunderten hat Geflügel seinen festen Platz auf dem Speisezettel. Doch nicht alles, was Federn hat, zählt auch zum Geflügel. Diese Bezeichnung trifft strenggenommen nur auf Hähnchen, Huhn, Truthahn und -henne, Ente, Gans und Haustaube zu. Wildvögel, wie Fasan, Rebhuhn und Wachtel, gehören zum Federwild.

HAUSGEFLÜGEL

Hähnchen (Poulets) sind 5 bis 6 Wochen alte Tiere beiderlei Geschlechts und wiegen bratfertig etwa 750 bis 1100 g. Ein Tier reicht für 2 Portionen. Vom Hähnchen werden auch Einzelteile angeboten.

Poularden wiegen bratfertig 1150 bis 1500 g, reichen für 4 Portionen und sind 10 bis 12 Wochen alt. Man erkennt sie an einem biegsamen Brustbein. Bresse-Poularden werden in Frankreich nach besonderen Richtlinien gezogen. So leben sie zum Beispiel im Freiland und fressen Körnerfutter. Ihr Fleisch ist besonders würzig und kräftig. Ebenso gut schmecken die gelblichen Maispoularden, die mit Mais gefüttert werden. Auch Poularden gibt es in Teilstücken, wie Brüste, Keulen und Geflügelklein.

Junge Hähne sind 8 bis 9 Wochen alte Tiere mit einem Mindestgewicht von 1800 g.

Kapaune sind kastrierte männliche Hähnchen, die besonders langsam wachsen und bratfertig dann 1500 bis 2000 g wiegen.

Suppenhühner sind 12 bis 15 Monate alte Legehennen, die je nach Rasse 1 bis 2 kg auf die Waage bringen. Je schwerer sie sind, desto größer ist die Fleischausbeute. Ein Suppenhuhn ergibt etwa 6 Portionen.

Stubenküken sind bis zu 4 Wochen alt und nicht schwerer als 500 g sind.

Enten werden mit einem Bratgewicht von 1,8 bis 2,5 kg angeboten, „junge Enten" sind etwa 1,5 bis 2 kg schwer. Die bekanntesten Fleischenten sind die Pekingenten und die Barbarieenten. Wesentlich fettarmer sind die etwa 1,6 kg schweren Flugenten. Eine Durchschnittsente ergibt etwa 4 Portionen. Auch von Enten gibt es Teilstücke.

Gänse sind frisch überwiegend in den Monaten November, Dezember und Januar auf dem Markt. Angeboten werden drei Arten: „Junge Gänse" schlüpfen im Frühjahr und laufen bis zum Frühherbst auf der Weide. Die letzten Wochen werden sie gemästet. Sie wiegen 3 bis 4 kg. Eine 4 kg schwere Gans reicht für 8 Personen. „Frühmastgänse" werden schnell in acht Wochen gemästet und sind mit 2 bis 3 kg leichter. „Gänse" wiegen 4 bis 7 kg und sind äußerst fettreich. „Hafermastgänse" werden vorwiegend mit Hafer gefüttert, sind fettärmer und fleischiger und wiegen 3 bis 6 kg.

Truthahn oder Puter ist mit 12 bis 25 kg das „Schwergewicht" unter dem Hausgeflügel. Es werden sowohl Hennen als auch Hähne angeboten. Babyputen sind etwa 3 Monate alte, gemästete Tiere; sie wiegen 2 bis 3 kg. Von solch einem Tier werden 6 Personen satt. Das Fleisch wird auch in küchenfertigen Teilen angeboten.

Tauben haben bratfertig ein Gewicht von 300 bis 500 g, werden etwa 10 Wochen alt und haben zartes, weißes Fleisch. Man rechnet 1 Taube pro Person.

Perlhühner ähneln im Geschmack eher dem Wild- als dem Hausgeflügel. Junge Perlhühner erkennt man an der biegsamen Brustbeinspitze. Ein Perlhuhn wiegt 800 bis 1000 g und ergibt 2 bis 4 Portionen.

WILDGEFLÜGEL

Zu Wildgeflügel zählen alle freilebenden Vögel, die gejagt werden, aber auch solche, die mittlerweile in Freigehegen gezogen werden.

Fasane werden heute zum Teil in Freigehegen gezüchtet. Während der Jagdzeit von Oktober bis Mitte Januar werden die Tiere küchenfertig oder bereits ausgenommen im Federkleid angeboten. Ganzjährig gibt es sie bratfertig tiefgefroren. Junge Hähne haben ein Gewicht von etwa 1000 g und reichen für 2 bis 3 Personen. Hennen sind etwas leichter.

Rebhühner werden von Anfang September bis Ende November gejagt. Die taubengroßen Vögel wiegen 350 bis 400 g und ergeben 1 bis 2 Portionen. Man bekommt sie frisch im Federkleid oder tiefgefroren.

Wachteln wiegen 160 bis 250 g und kommen fast immer aus Zuchtfarmen. Junge Wachteln haben hellgelbe Beine, die Hennen sind schwerer als die Hähne. Wachteln werden vorwiegend frisch oder tiefgefroren angeboten. Für 1 Portion rechnet man 1 bis 2 Wachteln.

Wildenten gibt es frisch in der Zeit von September bis Januar, tiefgefroren allerdings das ganze Jahr über. Die bekanntesten Wildentenarten sind die Stock- und Krickenten. Sie wiegen etwa 800 g und reichen für 2 bis 3 Portionen.

DIE RICHTIGE LAGERUNG VON GEFLÜGEL

Frischgeflügel sofort nach der Ankunft zu Hause in den Kühlschrank legen und spätestens nach 36 Stunden verarbeiten. Tiefgefrorenes Geflügel kann im Gefriergerät bis zum Verfallsdatum gelagert werden. Selbsteingefrorenes Geflügel ist wegen der fehlenden Schockfrostung nicht so lange lagerfähig. Fettreiche Enten und Gänse halten sich 4 bis 6 Monate, alle anderen Geflügelsorten können für 6 bis 8 Monate eingefroren werden.

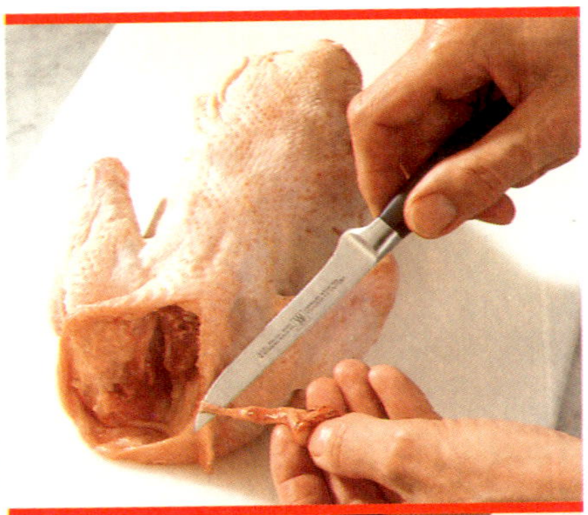
Foto 1

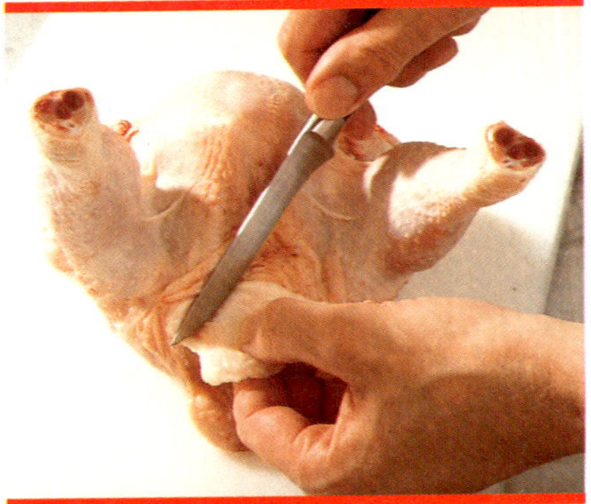
Foto 2

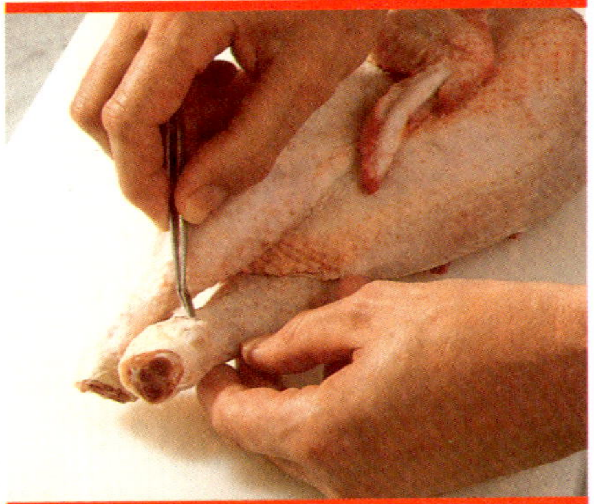
Foto 3

Foto 4

Foto 5

DIE RICHTIGE VORBEREITUNG

– Tiefgefrorenes Geflügel muß vor der Zubereitung aufgetaut werden. Dazu entfernt man die Folie, legt das Tier in eine Schüssel und stellt es am besten in den Kühlschrank. Hier taut es zwar langsamer auf, trocknet aber auch nicht aus. Die Auftauzeit beträgt bei einem Hähnchen etwa 16 Stunden.

– Geflügel immer ganz auftauen lassen und auf jeden Fall die Auftauflüssigkeit weggießen, sie kann Salmonellen enthalten. Geschirr, Bretter, Messer und die Hände, mit denen das Geflügel bei der Vor- und Zubereitung in Berührung gekommen ist, sorgfältig mit heißem Wasser und Spülmittel reinigen. Das aufgetaute Geflügel innen und außen gründlich abspülen, Innereien vorher herausnehmen. Die Haut mit Küchenkrepp trockentupfen und das Geflügel dann nach Wunsch zubereiten.

– Ganz wichtig: Geflügel und Geflügelteile immer gut durchgaren. Dies bedeutet, daß eine Kerntemperatur von mindestens 80 bis 90°C erreicht werden muß. Geflügel ist gar, wenn sich das Fleisch von den Beinknochen leicht ablöst und der austretende Saft hell und klar ist.

– Geflügel gart gleichmäßiger und bleibt besser in Form, wenn man es bindet (bridiert). Bei Suppenhühnern steckt man die Unterschenkel in die Bauchhaut (Seite 168).

– Um zu verhindern, daß das Fleisch von magerem Geflügel, wie Fasan, beim Braten austrocknet, belegt man es vor dem Garen mit Speckscheiben. Der Fachmann nennt das bardieren. Die Speckscheiben werden mit Küchengarn festgebunden (Seite 172).

Geflügel vorbereiten

1. Die Innereien und die Lungenreste aus der Poularde nehmen. Die Luftröhre und die Speiseröhre herausschneiden (Foto 1).
2. Die Drüsen und das Fett in der Innenseite der Halshaut entfernen (Foto 2).
3. Eventuell noch vorhandene Federn oder Kiele mit einer Pinzette herausziehen (Foto 3).
4. Die Härchen über einer Gasflamme absengen oder Salz in eine Auflaufform geben, mit Spiritus tränken und ihn anzünden. Dann die Härchen über der Flamme absengen (Foto 4).
5. Wird das Geflügel anschließend gekocht, es gut waschen (Foto 5). Wird es gebraten, ist dies unnötig.

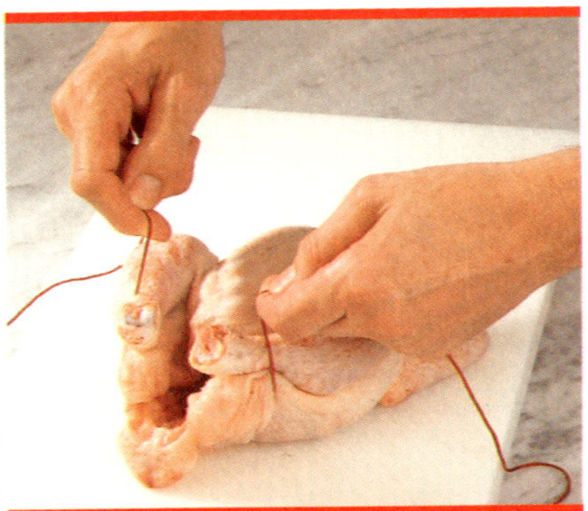
Foto 6

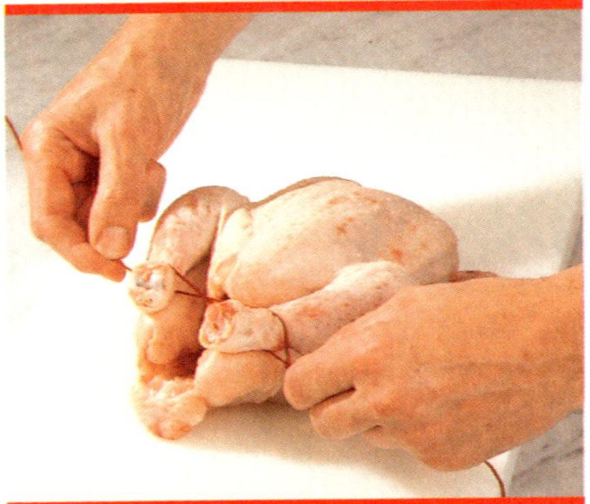
Foto 7

Foto 8

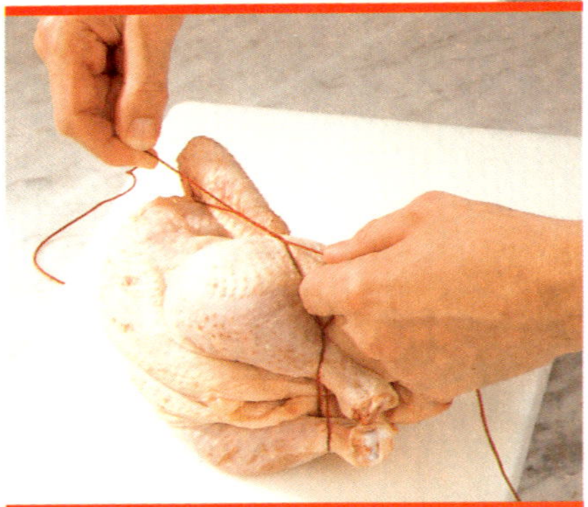
Foto 9

Foto 10

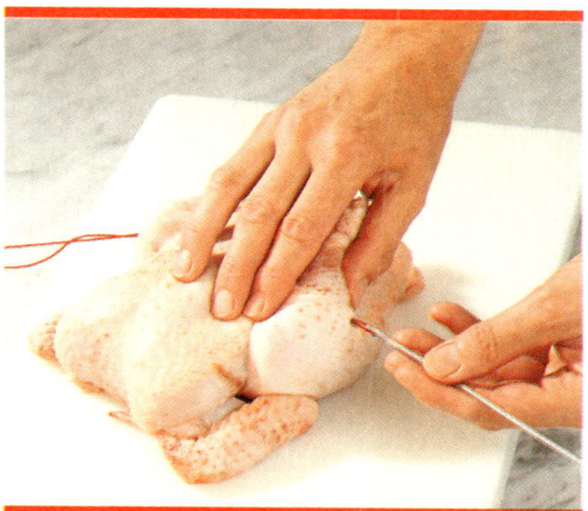
Foto 11

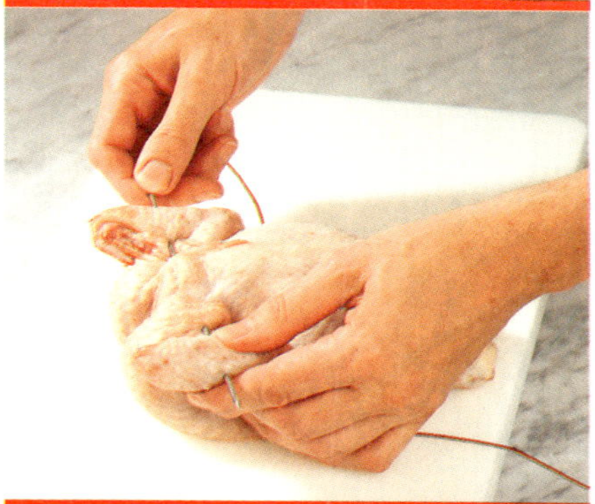
Foto 12

Foto 13

Foto 14

Foto 15

Eine Poularde bridieren (binden)

A) Methode ohne Nadel:

1. Küchengarn unter dem Rücken der Poularde auf der Höhe der Unterschenkel durchführen (Foto 6).
2. Über der Bauchöffnung das Küchengarn kreuzen und kurz hinter den Gelenkknochen um die Unterschenkel schlingen (Foto 7).
3. Das Garn seitlich zu den eingewinkelten Flügeln führen, so daß sich die Garnenden treffen (Foto 8).
4. Das Küchengarn dreimal hintereinander verschlingen, anziehen und verknoten (Foto 9). Dabei darf es nur so weit angezogen werden, daß die natürliche Form des Geflügels nicht verändert wird. Ein zu straff gebundenes Küchengarn behindert das Garwerden der Keulen beim Braten.

B) Binden mit der Nadel:

1. Mit einer Bridiernadel die Unterschenkel in der Mitte und die Bauchhaut durchstechen (Foto 10) und die Schnur durchziehen (Foto 11).
2. Die Flügelspitzen nach innen drehen. Mit der Nadel durch die Flügel stechen, dabei gleichzeitig die Halshaut am Rückgrat befestigen (Foto 12).
3. Die Poularde auf die Seite legen und die Schnur dreimal verknoten.

Ein Hähnchen vierteln

1. Das Hähnchen auf den Rücken legen. Ein Schlagmesser im Bauchraum entlang des Rückgratknochens bis hin zur Halsöffnung durchschieben (Foto 13). Das Messer fest am Griff fassen und mit dem Hähnchen hochheben. Mit voller Kraft auf ein Schneidbrett schlagen (Foto 14).
2. Vom gespaltenen Hähnchen den Rückgratknochen und die Flügel in der Mitte des Oberarmflügels abschlagen (Foto 15).
3. Das Hähnchen mit den Brüsten auf das Brett legen. Mit dem Messer den Gabelknochen durchtrennen und den Brustbeinknochen herausdrükken (Foto 16). Die Brüste mit einem Längsschnitt auseinanderschneiden (Foto 17).
4. Die Hähnchenhälften mit den Knochen nach unten auf das Brett legen. Mit einem kräftigen Schnitt die Keulen von den Brüsten trennen (Foto 18).
5. Die Beckenknochen mit einem Ausbeinmesser von den Keulen abschneiden (Foto 19). Die Keulen mit einer Schnur so zusammenbinden, daß der Unterschenkel am Oberschenkel anliegt (Foto 20).

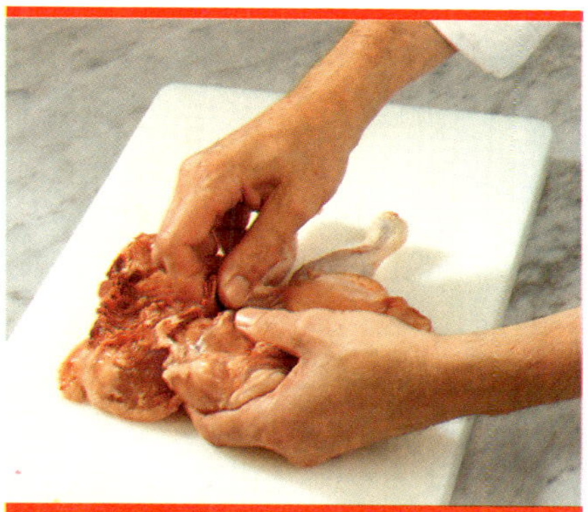
Foto 16

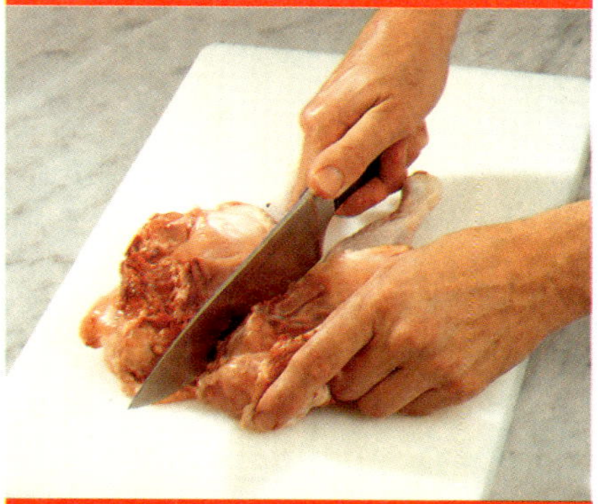
Foto 17

Foto 18

Foto 19

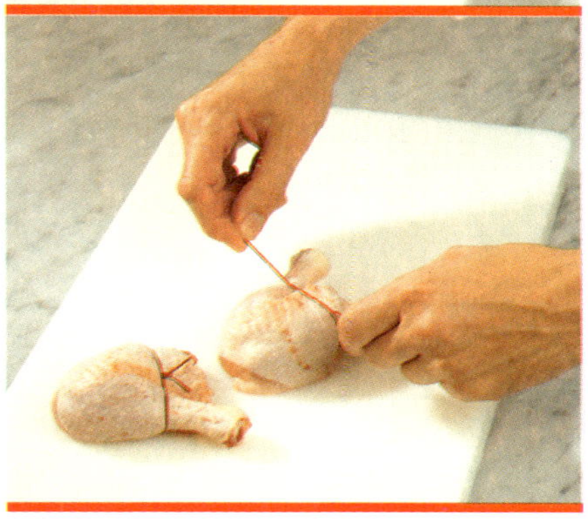
Foto 20

FLEISCH UND WILD

WENIGER IST MEHR

Fleisch ist seit Urzeiten eines unserer wichtigsten Nahrungsmittel. Und auch heute noch haben ein knuspriger Braten, ein saftiges Steak oder eine würzige Roulade einen hohen Stellenwert auf unserem Speisezettel. Auch aus ernährungsphysiologischer Sicht nimmt Fleisch in einer ausgewogenen Ernährung einen wichtigen Platz ein. So versorgt es uns mit hochwertigem, leicht verdaulichem tierischem Eiweiß, Vitaminen, vor allem aus der B-Gruppe und Mineralstoffen wie Phosphor und Eisen. Zwar enthält Fleisch auch Fett, doch wer Kalorien sparen will, kann das sichtbare Fett nach dem Braten ja auch wegschneiden.
Fleisch vom Wild ist etwas Besonderes. Schön, daß man es heute überall und fast das ganze Jahr hindurch bekommt. Es ist sehr eiweißreich, fettarm und wegen seiner zarten Faser besonders leicht und bekömmlich. Man unterscheidet bei Wild zwischen Federwild (siehe Kapitel Geflügel) und Haarwild.

SCHWEINEFLEISCH

Für die Qualität des Schweinefleisches sind Alter, Rasse und Mästung des Tieres entscheidend. Das bei uns angebotene Schweinefleisch stammt in der Regel von etwa 7 Monate alten Tieren. Qualitativ hochwertiges Fleisch ist blaßrot bis rosarot, feinfaserig und leicht durchwachsen. Da es bereits nach 48 Stunden ausreichend abgehangen ist, sollte es nach dem Einkauf möglichst bald zubereitet werden.
Hier die wichtigsten Teile vom Schwein:
Schinken (Keule, Schlegel) besteht aus 4 Teilstücken: Aus der mageren Ober- und Unterschale werden Schnitzel geschnitten, Nuß und Hüfte (Schinkenspeckstück) eignen sich gut für Geschnetzeltes oder als große Braten.
Schulter (Bug, Blatt, Schaufel, Vorderschinken) gibt es mit Knochen, Fett und Schwarte als preiswerten, deftigen Schweinebraten. Aus der knochenlosen und entschwarteten Schulter kann man Gulasch, Ragouts und Rollbraten und Hackfleisch zubereiten. Es gibt sie auch leicht geräuchert für das badische Schäufele.
Nacken (Kamm, Hals) ist kräftig durchwachsen und wird „wie gewachsen", „ausgelöst" oder in Scheiben (als Nackenkotelett) angeboten. Er ist ideal für Schweinepfeffer, Gulasch, Ragout, Schmorgerichte und Geschnetzeltes. Die Scheiben lassen sich grillen oder braten. Gepökelt und leicht geräuchert gibt es Kamm als Nackenkasseler.
Dicke Rippe (Brust, Brustspitze) ist etwas grobfaserig und läßt sich gut füllen und zu Gulasch und Eintöpfen verarbeiten.
Stielkoteletts werden aus dem vorderen Kotelettstrang geschnitten. Filetkoteletts stammen aus dem hinteren Teil. Im Ganzen oder ausgelöst ergibt das Kotelettstück einen leckeren Braten, gepökelt und leicht geräuchert das Kasseler bzw. die Kasseler Rippchen.
Filet (Lende) ist das teuerste Stück vom Schwein. Es ist ideal für Medaillons und für Fondue oder auch als Braten.
Bauch (Wammerl) gibt es ebenfalls frisch oder gepökelt, mit und ohne Knochen. Er kann gefüllt, gebraten oder gekocht werden.
Eisbein (Haxe, Schinkenbein) gibt es frisch oder gepökelt. Man unterscheidet zwischen Vorder- und Hintereisbein. Beides kann gegrillt, gebraten, geschmort und gekocht werden.

RINDFLEISCH

Rindfleisch wird wie folgt unterschieden: Färsenfleisch kommt von weiblichen Tieren, die noch nicht gekalbt haben. Es ist zart, saftig und von kräftiger roter Farbe. Ochsenfleisch stammt von kastrierten, männlichen Tieren. Es schmeckt kräftig-aromatisch, ist rot und leicht marmoriert. Jungbullenfleisch ist hellrot, ohne Marmorierung und sehr mager. Eine Spezialität, die es nur im Herbst gibt, ist das Weidemastochsenfleisch. Es ist ausgeprägt marmoriert, sehr saftig und aromatisch.
Je nach Teilstück muß Rindfleisch bis zu 4 Wochen in Kühlhäusern reifen, schlachtfrisches Rindfleisch bleibt beim Kochen zäh. Hier die wichtigsten Teile vom Rind:
Nacken (Kamm, Hals) ist stark mit Fettadern durchzogen, deshalb ideal für Eintöpfe, Suppen, Gulasch.
Fehlrippe (Siegel- oder Zungenstück) ist sehr saftig und eignet sich als Sauer- und Schmorbraten, als Gulasch, als Ragout und für Hackfleisch.
Hohe Rippe (Hochrippe) ist fein marmoriert, aromatisch und daher ideal zum Braten, Grillen, Kochen und Schmoren.
Roastbeef unterscheidet man zwischen dem hohen Roastbeef und dem flachen Roastbeef. Im Ganzen und mit Knochen ergibt es besonders saftige Braten. Aber auch die meisten Steaks werden aus diesem Fleischstück geschnitten.

Brust wird mit und ohne Knochen, frisch oder gepökelt angeboten und ergibt ein kerniges Kochfleisch. Rinderbrust zerfällt in den Brustkern, der den Brustbeinknochen enthält. Die Nachbrust mit weniger Knochen ist meist magerer.
Bauchlappen (Lappen, Dünnung) wird vorwiegend zum Kochen verwendet. Er ergibt zudem eine kräftige Brühe.
Filet (Lende) ist das feinste Stück vom Rind. Weil es ausgesprochen zart ist, wird es hauptsächlich kurzgebraten. Das dickere Ende des Filets heißt Filetkopf, das dünn auslaufende Ende Filetspitze.
Schulter (Bug) wird in drei Teile zerlegt: Der Dicke Bug ergibt Sauer- und Schmorbraten, Rouladen und Gulasch. Schaufelstück und das Falsche Filet sind preiswerte Braten- und Schmorstücke.
Querrippe (Flach- und Spannrippe) eignet sich vor allem zum Kochen. Sie ergibt, da sie stark mit Fett durchwachsen ist, deftige Brühen und Fonds.
Keule besteht aus vier Teilen: Oberschale, Unterschale (Schwanzstück), Kugel und Blume (Hüfte). Die Unterschale (Schwanzrolle) und die Kugel liefern zarte Rouladen, aus der Blume und der Oberschale lassen sich Kurzbratstücke herstellen. Die Spitze von der Unterschale und Hüfte wird auch als sehr gutes Kochfleisch (Tafelspitz) verwendet.
Hüfte (Blume) ist leicht marmoriert und deshalb hervorragend zum Braten und Schmoren geeignet. Außerdem werden aus der Hüfte Rouladen geschnitten.
Bürgermeister- oder Pastorenstück liefert die besten Schmorbraten, Sauerbraten und Gulasch, Rouladen und Fleischfondue.
Ochsenbein und -schwanz schmecken kräftig und sind ideal zum Schmoren, Kochen und für Brühen.

KLEINES STEAK-ABC

Beefsteak wird meistens aus der Keule geschnitten, wiegt 200 bis 300 g und ist 2 bis 3 cm dick.
Chateaubriand ist ein doppeltes Filetsteak, etwa 5 cm dick.
Entrecôte ist eine dicke Scheibe Roastbeef, 150 bis 200 g schwer.
Filetsteak stammt aus dem Filet, ist etwa 3 bis 4 cm dick und 150 bis 200 g schwer.
Filet mignon ist ein kleines, rundes Steak aus der Filetspitze.
Hüftsteak wird aus der Hüfte geschnitten, ist etwa 2 bis 3 cm dick und 150 bis 180 g schwer.
Porterhouse-Steak stammt aus dem Roastbeef, ist 4 bis 5 cm dick und etwa 1000 g schwer.
Rumpsteak ist eine 2 bis 3 cm dicke Scheibe aus dem Roastbeef oder der Hüfte mit einem Fettrand. Es wiegt 150 bis 200 g.
Sirloin-Steak wiegt etwa 400 g, ist 3 cm dick und stammt aus dem Roastbeef mit Knochen.
T-Bone-Steak ist ein ungefähr 4 cm dickes und 800 bis 1000 g schweres Steak.
Tournedos stammen aus dem Filet, wiegen etwa 150 g und sind 3 bis 4 cm dick.

KALBFLEISCH

Kalbfleisch gilt als ganz besondere Delikatesse. Es kommt von Tieren, die nicht älter als 6 Monate sind. Das Fleisch ist zart und feinfaserig, rosa bis hellrot und fettarm sowie mild im Geschmack. Hier die wichtigsten Stücke:
Keule (Schlegel) ist das fleischreichste Stück. Sie besteht aus Oberschale, Unterschale, kleiner Nuß (Hüfte) und großer Nuß (Hüfte). Aus der Keule werden saftige Braten, Röllchen und auch das Wiener Schnitzel geschnitten.
Rücken besteht aus dem Sattel und dem Kotelettstück. Im Ganzen ergibt er einen feinen Festtagsbraten. Der Kalbsnierenbraten wird aus dem Stück des Rückens geschnitten, in dem sich die kurzen Rippen befinden, mit dem darunter im Fett eingebetteten Filet und den Nieren. Daneben werden aus dem Rücken Kalbsrückensteaks geschnitten.
Filet liegt unter dem Nierenstück im Rücken. Man kann es im Ganzen oder als Medaillons braten. Zudem ist es ideal für Fondue oder Geschnetzeltes.
Schulter (Bug) ist ein ausgezeichnetes Bratenstück. Der dicke oder flache Bug ergibt feine Ragouts. Das Schulterfilet eignet sich bestens für Braten, Geschnetzeltes und Frikassees.
Brust läßt sich zu Frikassee verarbeiten oder für Braten verwenden. Das magere, preiswerte Fleisch aus der Brustspitze eignet sich zum Kochen und zum Schmoren.
Dünnung (Lappen, Bauch) wird meistens als Rollbraten, manchmal auch gefüllt angeboten.
Hals (Nacken, Stich) wird sehr oft mit Knochen verkauft. Man kann Gulaschfleisch oder Nackenkotelett daraus schneiden oder ihn auch nur kochen.
Haxen schmecken gegrillt, gebraten und geschmort.

LAMMFLEISCH

Lammfleisch wird nach wie vor zu selten auf den Tisch gebracht. Und das ist schade. Denn gerade Lamm läßt sich ausgesprochen vielseitig und schmackhaft zubereiten. Am zartesten ist das fast weiße Fleisch von Milchlämmern, die nicht älter als 6 Monate sind und ausschließlich mit Milch gefüttert wurden. Mastlammfleisch stammt von etwa 10 bis 12 Monate alten Lämmern, die im Stall oder auf der Weide gehalten wurden. Hier folgen nun die wichtigsten Teilstücke:

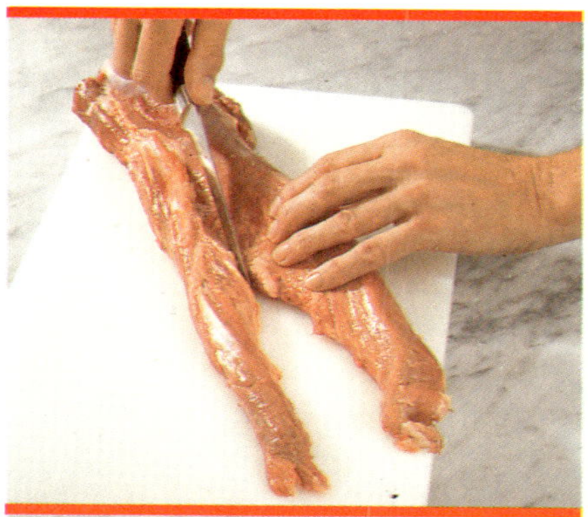
Foto 1

Foto 2

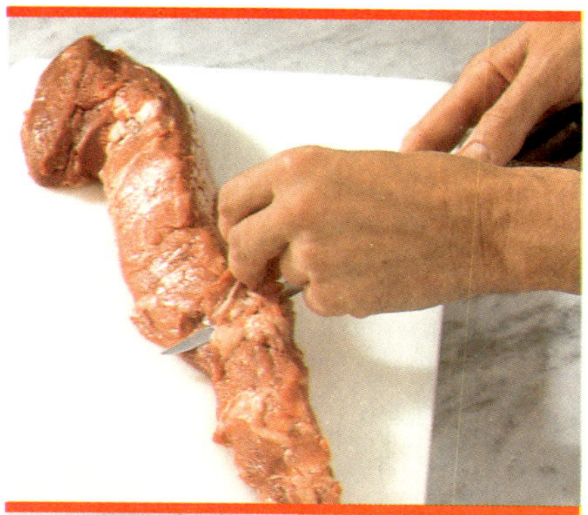
Foto 3

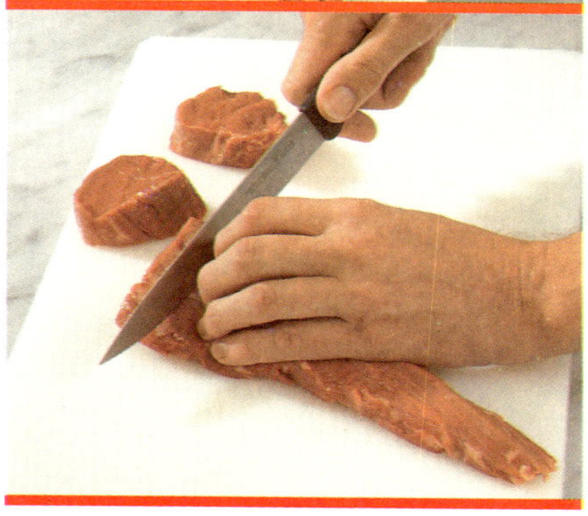
Foto 4

Foto 5

Foto 6

Lammkeule wird meist ganz und mit Knochen gebraten. Das zarte Fleisch eignet sich aber auch zum Kurzbraten und zum Grillen.
Schulter (Bug) ist mit einer Fettschicht umgeben, die sorgfältig entfernt werden muß. Aus der Schulter lassen sich kräftige Braten und Schmorgerichte zubereiten.
Rücken kann im Ganzen gebraten werden, oder man schneidet daraus Lammkoteletts. Der ausgelöste Sattel des Rückens eignet sich gut für Rollbraten. Aus diesem Stück werden auch die Lammchops und Lammnüßchen geschnitten.
Brust ist ideal für Suppen und Eintöpfe. Sie kann aber auch gefüllt, gerollt und gebraten werden.
Hals (Nacken, Kamm) ist leicht von Fettadern durchzogen, der Fachmann nennt dies marmoriert, und daher bestens geeignet für Ragouts, Eintöpfe und Stews.

HACKFLEISCH

Ob als Hamburger oder als Falscher Hase, als Hackepeter oder als Tatar: Hackfleisch ist weltweit ein beliebtes Lebensmittel. Hier die verschiedenen Sorten:
Tatar (Beefsteakhack) wird aus fettarmem, sehnenfreiem Rindfleisch hergestellt. Sein Fettgehalt darf höchstens 6 Prozent betragen.
Rinderhackfleisch wird aus entsehntem Rindfleisch hergestellt und darf maximal 20 Prozent Fett enthalten.
Gemischtes Hackfleisch besteht je zur Hälfte aus grobentfettetem Schweinefleisch und aus entsehntem Rindfleisch. Der Fettgehalt beträgt höchstens 30 Prozent.
Schweinehackfleisch ist meist grob entfettet und enthält maximal 35 Prozent Fett.
Mett oder Hackepeter wird mit Zwiebeln und Gewürzen zubereitet. Es ist grob gewolft und hat einen Fettgehalt von etwa 35 Prozent.

DIE RICHTIGE AUFBEWAHRUNG VON FLEISCH

Frisches Schweinefleisch sollte möglichst bald nach dem Einkauf verwendet werden. Bis zur Zubereitung lagert man es am besten in einer abgedeckten Glas- oder Porzellanschüssel im Kühlschrank. Man kann es auch in eine Marinade legen, dadurch wird es etwas länger haltbar und zugleich mürber. Hackfleisch sollte gleich am Tag des Einkaufs zubereitet werden. Rindfleisch kann dagegen 3 bis 4 Tage im Kühlschrank „nachreifen", Lammfleisch 2 bis 3 Tage.

DIE RICHTIGE VORBEREITUNG

Fleisch, das zerkleinert wird, sollte man vorher waschen und mit einem Küchentuch gut trockentupfen. Ehe es dann gebraten oder gekocht wird, sollte es pariert, also geputzt werden. Bei einem Kalbsfilet macht man das folgendermaßen:
1. Vom Kalbsfilet die dünne Haut und vorhandenes Fett entfernen. Mit einem Ausbeinmesser den Seitenstrang abtrennen (Foto 1).
2. Die obenliegende Sehne am Filetkopf mit dem Messer flach unterstechen. Vom Filetkopf bis zur Filetspitze die Sehne durch flache Schnitte entfernen (Foto 2).
3. Auf der Unterseite des Filets eventuell vorhandene Knochenhäute und auch Fettreste wegschneiden (Foto 3).
4. Aus dem Kalbsfilet können nun Medaillons geschnitten werden (Foto 4). Soll das Kalbsfilet im Ganzen gebraten oder angebraten und dann in Teig eingeschlagen werden, sollte man vorher die schmale Spitze abschneiden, da sie sonst zu schnell gar wird.

Fleisch schnetzeln

1. Das Fleisch dazu parallel zur Faser in große Stücke schneiden (Foto 5).
2. Die Stücke quer zur Faser in feine Scheiben schneiden (Foto 6).

INNEREIEN

Zu den Innereien zählen alle inneren Organe der Schlachttiere. Sie enthalten wertvolle Mineralstoffe, wie Kalzium, Eisen, Kalium, Natrium und Phosphor sowie die Vitamine des A- und des B-Komplexes, Vitamin C und Niacin.

Bries (Milcher, Milkenbröschen oder Schweser) ist die Thymusdrüse von Lamm und Kalb. Das Bries besteht aus zwei Teilen, wobei der große mit einem Gewicht von 500 g von Kennern bevorzugt wird. Bries kann gebraten, gekocht, geschmort, gedünstet, gegrillt und gebacken werden. Vor der Zubereitung muß man es jedoch 2 Stunden wässern, damit sich alle Blutreste lösen. Dann wird das Bries überbrüht und abgeschreckt.

Herz wird meistens gebraten, gekocht oder geschmort. Kalb und Lamm liefern das zarteste Herz.

Hirn (Bregen, Brägen) von Schwein und Rind wandert vornehmlich in die Wurst, das vom Kalb dagegen gilt als ausgesprochene Delikatesse. Hirn genauso wie Bries vor der Zubereitung wässern, blanchieren und abschrecken.

Leber ist umso zarter, je jünger die Tiere sind. Kalbsleber ist hellbraun, mild und saftig. Rinderleber ist größer und braunrot, schmeckt kräftig, aber oft leicht bitter. Schweineleber ist dunkelbraun, leicht porös und herzhaft. Leider selten findet man die würzige, zarte Lammleber.

Lunge wird vorwiegend im süddeutschen Raum verwendet. Für Spezialitäten wie „Lungenhaschee“ nimmt man Kalbslunge. Rinder- und Schweinelunge werden zur Wurstherstellung verwendet.

Nieren je jünger die Tiere, desto zarter die Nieren. Die braunroten Kalbsnieren wiegen zwischen 350 und 550 g und sind besonders schmackhaft und saftig. Die 750 bis 1000 g schweren Rindernieren haben eine rötlichbraune Farbe. Wesentlich kleiner und auch leichter sind die rosaroten Schweinenieren mit nur 130 bis 150 g und die saftigen, 60 g schweren Lammnieren. Nieren sollte man vor der Zubereitung in Milch einlegen und zum Braten nicht zu dünn schneiden, da sie sonst trocken und hart werden.

Zunge von Rind, Kalb, Schwein und Lamm gibt es frisch, gepökelt, geräuchert und gekocht zu kaufen. Eine Rinderzunge wiegt 1 bis 2 kg, eine Kalbszunge 500 bis 600 g, eine Schweinezunge etwa 350 und eine Lammzunge 200 g.

TIP

Innereien sollten spätestens 12 Stunden nach der Schlachtung zubereitet werden.

WILD

Hier die bekanntesten Haarwildarten:

Rehwild gilt als edelstes Wild, denn das Fleisch von Rehböcken, Rehricken und Kitzen ist besonders zart und fein. Hals und Brust lassen sich zu Gulasch und zu Ragouts verarbeiten. Keule und Schulter ergeben Braten und Schmorfleisch, aber auch Rouladen, Steaks und Schnitzel. Aus dem Rehrücken werden Braten, Rehnüßchen oder Medaillons geschnitten.

Rotwild ist der Überbegriff für Hirsche. Besonders schmackhaft ist das Fleisch von jungen Tieren. Die besten Teile, Rücken und Keule, sollten im Ofen gebraten werden. Hirschblatt (aus dem Schulterbereich) eignet sich zum Schmoren. Steaks und Rouladen werden aus der Keule geschnitten.

Wildschwein- oder Schwarzwildfleisch stammt von jungen Tieren, Frischlingen oder Überläufern und ist dann wirklich zart. Ältere Tiere sollten vor der Zubereitung gebeizt werden. Der Rücken eignet sich ganz oder in Teilen zum Braten oder Schmoren, ebenso die Keule, aus der sich aber auch Rouladen und Steaks schneiden lassen. Die Schulter gilt als besonderes Bratenstück. Bauch, Brust und Hals liefern Fleisch für Ragouts und andere Schmorgerichte.

Hase und Wildkaninchen gehören zu den preiswerten Wildarten. Am besten schmecken die Tiere, die nicht älter als 8 Monate sind. Das Fleisch von Hasen ist braunrot und hat einen ausgeprägten Eigengeschmack, das von Wildkaninchen ist dagegen graurötlich und schmeckt etwas süßlich. Rücken und Keulen lassen sich gut in der Pfanne oder im Ofen braten. Hasenklein eignet sich prima für Ragouts und Hasenpfeffer.

DIE RICHTIGE VOR- UND ZUBEREITUNG

– Keulen und Rücken von Rehen, Hirschen, Wildschweinen, Hasen und Kaninchen müssen vor der Zubereitung gehäutet werden: Mit einem langen, spitzen und scharfen Messer wird die sehnige Haut flach eingeschnitten und mit dem Messer in etwa 3 cm breiten Streifen abgelöst.
– Wer den charakteristischen Wildgeschmack abmildern möchte, kann das Wildbret einige Tage in eine Marinade oder vor der Zubereitung einige Stunden in Buttermilch legen.
– Wild ist wegen seines geringen Fettgehalts sehr trocken. Deshalb sollte man es mit Speckscheiben umwickeln (bardieren).
– Wild grundsätzlich nicht rosa braten, denn Krankheitserreger werden erst durch hohe Temperaturen im Fleischkern vernichtet.

MILCH

UND MILCH-PRODUKTE

FITMACHER AUS DER NATUR

Milch ist nicht nur für Babys gesund, sie enthält auch fast alle wichtigen Nährstoffe, die der Organismus eines Erwachsenen braucht, um fit und gesund zu bleiben: hochwertiges Eiweiß, leichtverdauliches Milchfett, die Vitamine A, E und K und die der B-Gruppe sowie sehr viel Kalzium (wichtig für Knochen und Zähne).

MILCH

Rohmilch ist die Milch, die der Bauer an die Molkerei liefert.
Vorzugsmilch ist die gereinigte und gekühlte Rohmilch. Sie enthält die Nähr- und Aufbaustoffe, muß aber innerhalb von 2 bis 3 Tagen verbraucht sein.
Pasteurisierte Vollmilch ist in der Molkerei kurz erhitzt (pasteurisiert) worden, damit eventuelle Krankheitserreger vernichtet werden. Es gibt sie mit dem natürlichen Fettgehalt der Milch von 3,5 bis 4 Prozent, oder aber der Fettgehalt wird von der Molkerei eingestellt: bei Vollmilch auf etwa 3,5 Prozent, bei fettarmer Milch auf 1,5 oder 1,8 Prozent, bei Magermilch (entrahmter Milch) auf maximal 0,3 Prozent.
H-Milch ist ultrahocherhitzte Milch, keimfrei und ungeöffnet bis zu 6 Wochen haltbar. Es gibt sie als Vollmilch, fettarm und fettfrei.
Kondensmilch entsteht, wenn man der Milch durch Verdampfen Wasser entzieht. Sie wird mit einem Fettgehalt von höchstens 1 Prozent, mit 4 bis 4,5 Prozent, 7,5 bis 10 Prozent und mindestens 15 Prozent bei Kaffeesahne angeboten. Sie ist ohne Kühlung 1 Jahr haltbar.
Milchpulver wird durch Verdampfen der gesamten Milchflüssigkeit gewonnen. Es hält sich 6 bis 12 Monate.

DIE „SAUREN" MILCHPRODUKTE

Wird Trinkmilch mit speziellen Milchsäurekulturen „geimpft", entsteht eine Fülle von wertvollen Sauermilchprodukten.
Dickmilch wird entweder aus Vollmilch, entrahmter oder fettarmer Milch hergestellt. Ihr Fettgehalt liegt damit zwischen 0,3 (entrahmt) und 10 Prozent (Sahnedickmilch). Ist sie dicklich und löffelfest, heißt sie Dickmilch, ist sie aber nur leicht sämig, wird sie Schwedenmilch genannt.
Buttermilch entsteht bei der Verbutterung von Sahne. Die erfrischend säuerlich schmeckende Milch kann bis zu 10 Prozent Wasser oder bis zu 15 Prozent entrahmte Milch oder Magermilchpulver enthalten. Angeboten werden Sauer- und Süßrahmbuttermilch. „Reine Buttermilch" darf weder Fremdwasser noch Magermilch oder Magermilchpulver zugesetzt sein. Sie ist dickflüssiger. Buttermilch stellt das ideale Diätgetränk dar, denn sie hat höchstens 1 Prozent Fett.
Joghurt wurde ursprünglich aus Ziegen-, Schaf- oder Büffelmilch hergestellt. Heutzutage nimmt man pasteurisierte Kuhmilch, gibt bestimmte Milchsäurebakterien hinzu und läßt sie wirken. Joghurt wird in vier verschiedenen Fettstufen (Vollmilch, fettarmer Joghurt, Magermilchjoghurt und Sahnejoghurt), trinkflüssig oder stichfest hergestellt und mit verschiedenen Fruchtzusätzen angeboten.
Kefir, herb-frisch und kohlensäurehaltig, wird aus Frischmilch unter Zusatz spezieller Kefirpilzkulturen hergestellt. Es gibt fettarmen Kefir, Vollmilchkefir, Sahnekefir und alle Fettstufen auch noch mit Fruchtzubereitungen.

DIE „SAHNIGEN" MILCHPRODUKTE

Sahne erhält man, wenn man mit Hilfe einer Zentrifuge den nach oben steigenden Fettanteil der Milch vom wässrigen Anteil trennt.
Schlagsahne (Schlagrahm) hat einen Fettgehalt von mindestens 30 Prozent und wird beim Schlagen steifer als Rahm. Es gibt auch „Schlagsahne extra" mit einem Fettgehalt von mindestens 36 Prozent.
Saure Sahne (Sauerrahm) ist frische, mit Milchsäurebakterien versetzte Sahne. Ihr Fettgehalt schwankt zwischen 10 und 28 Prozent. Je höher der Fettgehalt, desto besser lassen sich damit heiße Saucen verfeinern. Das Milcheiweiß flockt dann nämlich nicht so schnell aus.
Schmand heißt der löffelfeste Sauerrahm mit mindestens 20 Prozent Fett.
Crème fraîche ist ein Sauerrahm mit mindestens 30 Prozent Fett. Es gibt ihn natur, mit Kräutern, mit Knoblauch und mit Meerrettich. Crème fraîche flockt beim Kochen nicht aus.

Crème double ist eine hochprozentige süße Sahne mit einem Fettgehalt von mindestens 42 Prozent. Sie ist löffelfest.

DIE „STREICHFÄHIGEN" MILCHPRODUKTE

Sie kann rund oder eckig, gesalzen oder ungesalzen, aus Süß- oder aus Sauerrahm hergestellt sein – ihre Zusammensetzung ist jedoch immer gleich:

Butter muß aus mindestens 82 Prozent Fett bestehen und darf nicht mehr als 16 Prozent Wasser enthalten. Der Verbraucher kann zwischen drei Sorten wählen: Süßrahmbutter wird direkt aus dem Rahm der frischen Milch gemacht und hat einen milden, sahnigen Geschmack. Sie flockt beim Erhitzen nicht aus und bindet gut. Sauerrahmbutter wird aus gesäuertem Rahm hergestellt, der mit Milchsäurebakterien versetzt ist. Sie hat ein kräftiges, nußartiges Aroma. Gesalzene Butter ist meist eine Süßrahmbutter, die aus Geschmacksgründen leicht gesalzen wurde.

Zudem wird nach Handelsklassen unterschieden, die auf der Packung vermerkt sein müssen. Die qualitativ beste Butter ist die Markenbutter, gefolgt von der Molkereibutter. Außerdem gibt es noch eine Vielzahl von Butterzubereitungen, wie Kräuter-, Knoblauch- und Grillbutter.

Butterschmalz ist das reine Butterfett ohne Wasser und Eiweißanteil. Es kann hoch erhitzt werden, spritzt nicht und eignet sich zum Braten, Fritieren, Backen und Kochen.

Milchhalbfett ist ein Produkt aus Butter und Sahne, das nur 39 bis 41 Prozent Milchhalbfett, aber 52 bis 57 Prozent Wasser enthält. Zum Braten und zum Backen ist es ungeeignet.

PRAKTISCHE TIPS

– Milch und Milchprodukte bewahrt man am besten im Kühlschrank auf. Dort halten sie sich je nach Sorte von 2 Tagen bis zu 1 Jahr.

– Sahne nach dem Einkaufen sofort in den Kühlschrank stellen und verschlossen aufbewahren. Schlagsahne muß beim Schlagen kalt sein, sonst wird sie nicht steif.

– Butter sollte man nie zu hoch erhitzen, weil sonst die in ihr enthaltenen Eiweißteilchen verbrennen und die Butter braun wird.

KÄSE

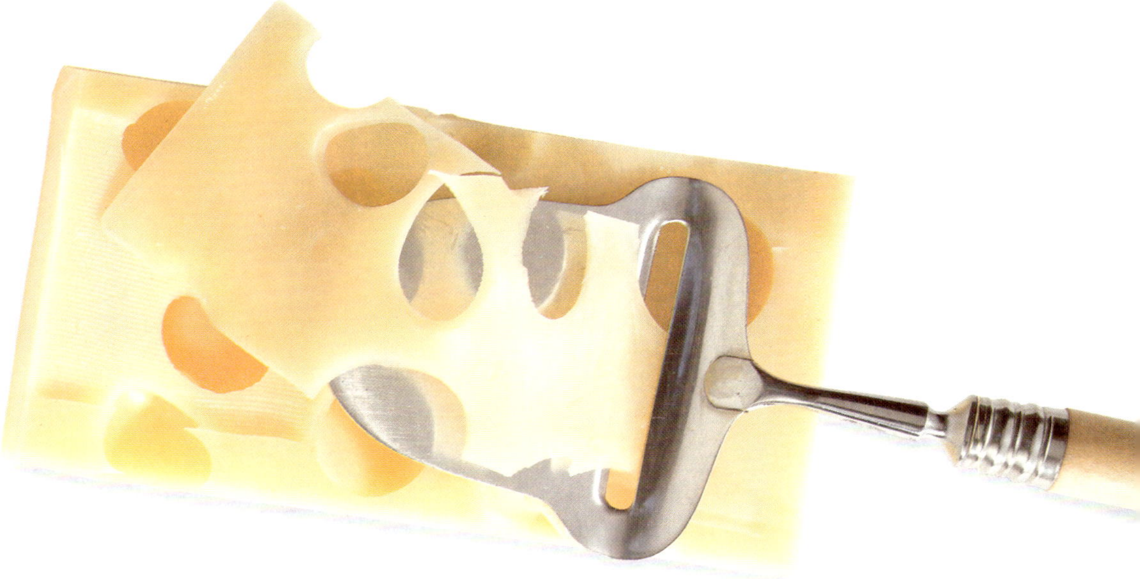

MEHR ALS 3000 SORTEN

So viele soll es auf der ganzen Welt geben. Deshalb beschränken wir uns hier auch auf die Käsesorten, die sich zum Backen, Überbacken und Kochen gut eignen.

Käse wird hauptsächlich aus Kuhmilch, aber auch aus Ziegen-, Schafs- und Büffelmilch hergestellt. Er enthält hochwertiges Eiweiß und Fett, lebenswichtige Mineralstoffe, wie Kalzium und Phosphor, und die Vitamine A, B, D und E. Etwas verwirrend ist die Fettgehaltsangabe bei Käse. Steht auf der Verpackung zum Beispiel „60 % Fett i.Tr.", so bezieht sich diese Angabe auf den Fettgehalt der Trockenmasse. Weil die meisten Käsesorten rund 50 Prozent Wasser enthalten, kann man also die angegebene Fettmenge in der Regel halbieren und hat dann einen Richtwert für den einzelnen tatsächlichen Fettgehalt.

Doch nun zu den Käsesorten:

Beaufort ist ein französischer Hartkäse mit 50 % Fett i.Tr. und mit kleinen runden Löchern. Er schmilzt sehr gut, ist daher ideal zum Überbacken verschiedener Gerichte.

Cantal, ein französischer Hartkäse mit 45 % Fett i.Tr., schmeckt leicht bitter und schmilzt hervorragend.

Edelpilzkäse ist ein halbfester Schnittkäse mit blauem Innenschimmel. Diese Sorten werden aus Kuhmilch, aus Schafsmilch oder aus einer Milchmischung hergestellt. Ideal zum Würzen von Saucen.

Emmentaler ist ein Rohmilchkäse mit mindestens 45 % Fett i.Tr., den man gut zum Überbacken verwenden kann.

Fontina, ein italienischer Schnittkäse, kommt aus dem Aostatal. Er hat 45 % Fett i. Tr. und wird gerne in Saucen verarbeitet.

Greyerzer (Gruyere) ist ein Hartkäse (45 % Fett i. Tr.)aus der Schweiz mit wenigen, erbsengroßen Löchern. Er schmeckt pikant. Ideal zum Überbacken und zum Würzen.

Mozzarella wird aus Kuh- oder aus Büffelmilch hergestellt und handgeformt. Der Frischkäse hat einen Fettgehalt von 40 % Fett i.Tr. und ist für Pizza und Pasta geradezu ideal.

Parmesan ist der typische Hartkäse aus Italien, der sehr gut zum Reiben geeignet ist. Er schmilzt jedoch schlecht und wird daher nur zum Bestreuen von Nudel- und anderen Gerichten verwendet.

Pecorino, auch ein italienischer Hartkäse, wird vorwiegend aus Schafsmilch hergestellt. Er findet sich mit und ohne Pfeffer im Angebot, hat 45 % Fett i.Tr. und ist ideal zum Reiben und zum Hobeln.

Provolone ist ebenfalls ein typischer italienischer Reibkäse. Er hat einen Fettgehalt von 45 % Fett i. Tr.

Sbrinz, ein Hartkäse aus roher Kuhmilch, hat 45 % Fett i. Tr., er läßt sich hobeln, schneiden und reiben und schmilzt gut.

Schichtkäse besteht aus fettarmen und fettreichen Schichten. Er ähnelt dem Quark, ist aber im Geschmack etwas saurer. Ideal zum Backen und für Desserts.
Speisequark (Topfen) ist ein Frischkäse, der in unterschiedlichen Fettstufen, vom Magerquark bis zum Sahnequark mit 60 % Fett i. Tr., im Handel ist.

PRAKTISCHE TIPS

– Für das Überbacken (Gratinieren) eignen sich besonders fettreiche Käsesorten. Zum Schmelzen nur vollfette, mittelalte Käsesorten nehmen.

– Käse kühl und luftig, am besten im Keller oder in einer gut durchlüfteten Speisekammer aufbewahren.

EIER

UNENTBEHRLICH IN DER KÜCHE

Eier enthalten viel Kalzium, Phosphor, Eisen und Natrium und reichlich Vitamin A, B1 und B2 sowie hochwertiges tierisches Eiweiß. Leider sind sie wegen ihres Cholesteringehaltes etwas in Verruf gekommen. Man sollte wegen des Cholesterins nicht mehr als 1 Ei pro Tag essen.
Aus der Küche sind Eier kaum wegzudenken. Sie können gekocht, pochiert, gebraten oder eingelegt werden. Außerdem sind sie unentbehrlich für das Lockern, Eindicken und Binden von Speisen.
Eier werden nach Güte- und Gewichtsklassen sortiert, die auf der Packung angegeben sind.

HÜHNEREIER

Güteklasse A: Das Ei ist frisch, hat eine saubere, unverletzte Schale und eine kleine Luftkammer. Das Eiweiß ist klar, durchsichtig und dickflüssig.
Güteklasse B: Eier zweiter Wahl. Sie tragen einen roten Stempel.
Güteklasse C: Diese Eier werden fast ausschließlich in der Lebensmittelindustrie verarbeitet.
Güteklasse Extra: Die Eier sind nicht älter als 7 Tage, die Luftkammer ist beim Durchleuchten der Eischale kaum sichtbar.
Nach Gewichtsklassen werden die Eier so eingeteilt, daß in Klasse 1 die schwersten (70 g und mehr) und in Klasse 7 die leichtesten (unter 45 g) zu finden sind. Die Eier der Klassen 3 und 4 (etwa 55 bis 65 g) verwendet man meist zum Kochen und zum Backen, die größeren dagegen als Frühstückseier.
Die Farbe der Schale ist kein Qualitätsmerkmal, sondern lediglich von der Hühnerrasse abhängig.

ANDERE EIERSORTEN

Enteneier sind größer als Hühnereier und dürfen nur hartgekocht oder durchgebraten verwendet oder zum Backen genommen werden. Eier, die nicht ausreichend erhitzt sind, enthalten Salmonellen.
Gänseeier können etwa bis zu 200 g schwer werden und schmecken sehr intensiv.
Möweneier darf man nur bis zum 15. Juni sammeln und sollte sie mindestens ¼ Stunde kochen.
Wachteleier stammen ausschließlich von Zuchtwachteln. Es gibt sie frisch oder gekocht. Sie wiegen etwa 10 g und können wie Hühnereier verarbeitet werden.

PRAKTISCHE TIPS

Der Frischetest

– Legen Sie das Ei in ein Glas mit kaltem Wasser. Bleibt es liegen, ist es frisch, richtet es sich auf, ist es 1 bis 2 Wochen alt, schwimmt es dagegen oben, ist es zu alt, um in Topf oder Pfanne zu wandern.
– Auch am aufgeschlagenen Ei erkennt man, ob es frisch ist: dann nämlich ist das Eigelb stark gewölbt, fast kugelig. Das Eiweiß zerfließt nicht. Ist das Ei älter als 2 Wochen, sieht das Eigelb flach aus, das Eiweiß ist wäßrig und läuft auseinander.
– Eier halten sich im Eierfach des Kühlschranks mindestens 3 Wochen, bei Zimmertemperatur allerdings nur 1 Woche. Sie können ohne Schale als Eimasse oder getrennt in Eigelb und Eiweiß eingefroren werden.

Eigelb und Eiweiß voneinander trennen

1. Das Ei gegen eine harte Schüsselkante schlagen (Foto 1), in beide Hände nehmen.
2. Eine Schalenhälfte wegziehen, das Eigelb sollte in der anderen Hälfte bleiben, das Eiweiß fällt in die Schüssel. Nun das Eigelb von der einen in die andere Schalenhälfte gleiten lassen, bis das gesamte Eiweiß abgetropft ist (Foto 2).

Eiweiß steif schlagen

Eiweiß am besten mit dem Schneebesen aufschlagen. Dies dauert zwar länger als mit dem Handrührgerät, der Schnee wird aber fester. Steifgeschlagener Eischnee zieht Spitzen, wenn man mit dem Schneebesen hindurchfährt (Foto 3).

Foto 1

Foto 2

Foto 3

FETTE, ÖLE, ESSIGE

NICHT NUR FÜR SALATE

Ganz ohne Fett kann kein Mensch leben. Unser Körper braucht es als Energiespender und um die fettlöslichen Vitamine aufnehmen zu können, als Lieferant wichtiger Fettsäuren, wie der Linolsäure, und als Bausubstanz für die Körperzellen. Neben tierischem Fett wie Butter (Seite 43) spielen vor allem pflanzliche Fette, wie Margarine und Öl, in der Küche eine große Rolle.

MARGARINE

Sie wird vorwiegend aus pflanzlichen Ölen hergestellt und mit Aromastoffen und Vitaminen angereichert.

Haushaltsmargarine gehört zu den einfachen Sorten, enthält mindestens 80 Prozent Fett, ist formbeständig, streichfähig und darf beim Erhitzen nicht spritzen.

Pflanzenmargarine muß zu mindestens 97 Prozent aus pflanzlichen Fetten bestehen. Sie enthält mindestens 15 Prozent Linolsäure. Stammt der Fettanteil zu mindestens 97 Prozent aus nur einer einzigen Pflanze, so kann die Margarine auch entsprechend bezeichnet werden, zum Beispiel „Margarine aus reinem Sonnenblumenöl".

Diätmargarine enthält mindestens 40 Prozent ungesättigte Fettsäuren, ist streng kochsalz- oder natriumarm und eignet sich nicht zum Erhitzen.

Halbfettmargarine darf nur halb soviel Fett wie die üblichen Sorten enthalten. Aufgrund ihres hohen Wasseranteils ist sie zum Backen und Braten ungeeignet.

PLATTENFETTE

Das sind die idealen Fette für das Braten und das Fritieren, da sie Temperaturen zwischen 180 und 280°C schadlos überstehen. Zu den Plattenfetten gehören Kokosfett, Palmkernfett und Palmfett. Sie bleiben auch ohne Kühlung bei normalen Zimmertemperaturen fest, schmelzen erst beim Erhitzen und werden zumeist in flachen, eckigen Formen oder Platten angeboten.

SPEISEÖLE

Sie werden durch Pressung von Ölsaaten, Samen, Kernen, Nüssen, Pflanzen und Früchten gewonnen. Kaltgepreßte oder kaltgeschlagene Öle sind teuer und nur begrenzt haltbar, allerdings sind sie auch am wertvollsten. Raffinierte Öle sind dagegen preiswerter, länger haltbar und geschmacksneutral, dafür fehlen ihnen aber auch viele wichtige Inhaltsstoffe. Steht auf dem Etikett nur „Salat-, Speise- oder Tafelöl" handelt es sich meistens um Ölmischungen.

Diätöl ist besonders hochwertig und reich an Linolsäure.

Distelöl (Safloröl) wird aus den Samen der Färberdistel gewonnen, ist hell- bis goldgelb, ausgeprägt im Geschmack und ideal für Salatsaucen.

Erdnußöl schmeckt sehr mild und eignet sich zum Braten, zum Kochen und für asiatische Gerichte.

Kürbiskernöl ist dunkelgrün, besonders bekömmlich und hat einen nußähnlichen Geschmack. Ideal für Salate.

Maiskeimöl ist goldgelb, geschmacksneutral und hervorragend zum Backen, Braten, Dünsten und für Salatsaucen geeignet.

Olivenöl gewinnt man in drei Pressungen, wobei die erste Pressung (extra oder extra virgine) die wertvollste ist. Sie sollte nur für kalte Speisen verwendet werden.

Sesamöl ist hell und sehr aromatisch. Am besten nur wie eine Gewürzsauce tropfenweise verwenden.

Sojaöl und **Sonnenblumenöl** sind hell und geschmacksneutral. Sehr gut für Salate und zum Kochen und Backen geeignet.

Traubenkernöl ist dunkelgrün, klar und sehr aromatisch. Ideal für Salatsaucen.

Walnußöl schmeckt nußartig und paßt sehr gut zu Krustentieren und zu Salatsaucen.

ESSIG

Essig entsteht durch Vergären von Alkohol oder durch Verdünnen der Essigsäure mit Wasser. Je nach verwendetem Rohstoff gibt es folgende Essigsorten mit unterschiedlichem Aroma:

Apfelessig wird aus Apfelwein hergestellt und ist mild.

Weinessig ist ein Verschnitt aus Wein- und Branntweinessig.

Reiner oder echter Weinessig wird entweder aus weißem oder rotem Wein hergestellt.

Tafelessig wird meistens aus Branntwein gewonnen.

Balsamicoessig (Aceto balsamico) hat Trebbiano-Trauben aus der Umgebung der norditalienischen Stadt Modena als Grundlage. Er reift viele Jahre in Fässern und hat einen unverwechselbaren Geschmack.

Sherryessig stammt von den spanischen Jerezweinen. Er ist sehr aromatisch, ideal für Fleisch, Geflügel, aber nicht für Fisch. Sparsam dosieren.

Essigessenz wird chemisch hergestellt und hat einen Säuregehalt von 15,5 bis zu 25 Prozent. Sie darf nur stark verdünnt verwendet werden.

KRÄUTER IN ÖL UND ESSIG

Den Geschmack frischer Kräuter können Sie ganz einfach in den Winter retten, und das nur mit etwas Essig oder aber Öl:

Kräuteröl

Für das Öl gewaschene und getrocknete Kräuter in eine Flasche geben, Öl zugießen, Flasche fest verschließen und alles 3 bis 4 Wochen durchziehen lassen. Dann das Öl durch ein feines Tuch filtern, in eine sterile Flasche füllen und kühl aufbewahren.

Kräuteressig

Etwa 200 g gewaschene und leicht getrocknete Kräuter oder Kräutermischungen in ein gut verschließbares Glas geben, 1 Liter Weinessig daraufgießen und zwei bis drei Wochen durchziehen lassen. Danach den Essig abfiltern und in Flaschen füllen. Auf diese Weise können Sie auch Essig aus Schalotten, Chilischoten und Zitrusschalen zubereiten. Das Aroma wird verstärkt, wenn man den Essig mit den Gewürzzutaten aufkocht.

PRAKTISCHE TIPS

– Öl wird schnell ranzig. Angebrochene Flaschen oder Dosen kühl und dunkel aufbewahren und schnell verbrauchen. Kaltgepreßte Öle halten sich 5 bis 6 Wochen, raffiniertes Öl dagegen angebrochen etwa 6 Monate.

– Essig kühl und dunkel lagern. Nicht pasteurisiert hält er sich nur kurze Zeit, pasteurisiert dagegen bis zu 3 Jahren. Tafelessig kann bis zu 6 Jahren gelagert werden.

KRÄUTER

FRISCH UND AROMATISCH

Kräuter sind aus einer gesunden, abwechslungsreichen Küche nicht wegzudenken: Sie sind bei den meisten Gerichten das berühmte Tüpfelchen auf dem „i". Freilandkräuter sind kräftiger in der Farbe und im Geschmack und reicher an Vitaminen und Mineralstoffen als Treibhausware. Wer also ein sonniges Plätzchen im Garten, auf dem Balkon oder der Fensterbank hat, sollte sich seine Kräuter selber ziehen.

Basilikum (9) hat einen sehr intensiven Geschmack. Es paßt zu Tomaten und grünen Bohnen, zu Krustentieren, Fisch, Fleisch und Geflügel. Basilikum nicht hacken, sondern fein schneiden und am besten nur frisch verwenden.

Beifuß (19) hat ein kräftiges Aroma, deshalb damit sparsam umgehen. Es würzt fette Gänse- und Entenbraten und deftiges Gemüse.

Bohnenkraut (4) (Pfefferkraut) paßt zu allen Bohnengerichten, zu Tomaten, Gurken und zu Lammfleisch.

Borretsch (5) (Gurkenkraut) unterstreicht sehr fein gehackt den Geschmack von grünen Salaten, Bohnengemüse sowie Gurken, Suppen und Kräutersaucen. Borretsch darf nicht mitgekocht werden.

Dill (21) paßt mit seinem leicht bitteren, würzigen Geschmack vorzüglich zu Fisch, Schalen- und Krustentieren, Salaten und Gurkengerichten.

Estragon (16) verleiht Saucen, Salaten, hellen Fleisch- und Fischgerichten die würzige Note. Verwendet werden nur die Blätter.

Kerbel (8) würzt frisch gehackt Cremesuppen, Quark, feines Gemüse, helles Fleisch und Eiergerichte.

Knoblauch (10) schmeckt sehr würzig. Oft genügt schon ein wenig Saft aus der zerdrückten Zehe, um Lamm- und Schweinefleisch, Hackfleisch, Tomaten, Fischsuppen und Saucen zu aromatisieren. Bei Salaten reicht es, wenn man die Schüssel mit einer angeschnittenen Zehe leicht ausreibt.

Liebstöckel (20) (Maggikraut) hat einen leicht bitteren Nachgeschmack und sollte deshalb in Suppen, Gemüsegerichten, Salaten und Salatsaucen nur sparsam verwendet werden. Es eignet sich gut zum Einfrieren.

Majoran (1) entwickelt sein Aroma am besten während der Blütezeit. Es ist getrocknet das typische Wurstgewürz.

Minze (15) hat einen kräftigen frischen Geschmack. Sie paßt gut zu Salaten, Lammfleisch und Desserts.

Oregano (17) (wilder Majoran) paßt zu allen italienischen Spezialitäten wie Pizza und Pasta und ist schärfer im Geschmack als Majoran, deshalb sparsam verwenden.

Petersilie ist ein Universalküchenkraut. Es gibt glatte (11) und krause (13), wobei die glatte (13) kräftiger schmeckt.

Pimpinelle (18) schmeckt leicht gurkenähnlich. Die fein gezahnten Blättchen passen gut zu Quark- und Eiergerichten, zu Fisch, Gemüse und Salaten. Pimpinelle möglichst frisch verwenden, niemals kochen.

Portulak (3) hat ein frisches, an Brunnenkresse erinnerndes Aroma. Er würzt Blatt-, Gurken- und Tomatensalate, aber auch Saucen und Suppen. Portulak nach dem Blühen nicht mehr verarbeiten.

Rosmarin (14) schmeckt aromatisch-pikant und leicht bitter. Am besten geben die grünen Nadeln ihr Aroma ab, wenn sie längere Zeit mitgeschmort werden. Rosmarin eignet sich für Lamm, Rind und Geflügelgerichte, für Zucchini- und Tomatenspeisen.

Salbei (6) hat sehr würzige, leicht bitter schmeckende dicke Blätter. Er paßt zu Quark, Tomaten- und Fischsalaten, zu frischem Aal, zu Geflügel und Innereien. Salbei wird entweder in ganzen Blättern oder fein geschnitten, aber immer sparsam verwendet.

Schnittlauch (12) schmeckt zu Quark, Eiern, Gemüse- und Kartoffelgerichten. Fein schneiden und niemals mitkochen.

Thymian (7) schmeckt intensiv und paßt gut zu kräftigen Fleisch- und Kohlgerichten, zu Tomaten- und Kartoffelspeisen sowie zu Suppen, Saucen und zu Gegrilltem.

Zitronenmelisse (2) hat ein zitronenartiges Aroma. Die fein gehackten Blätter schmecken in Salaten, Fisch- und Fleischgerichten, Suppen und Saucen, aber auch in Süßspeisen.

PRAKTISCHE TIPS

Kräuter hacken

Die frischen Kräuter kurz waschen, trockenschleudern oder auf einem Tuch sorgfältig trocknen. Dann die Kräuter auf einem Brett mit einem Schlag- oder Wiegemesser fein hakken. Ein Holzbrett sollte immer mit etwas Wasser benetzt werden, damit der Kräutersaft von den Holzfasern nicht aufgesaugt wird. Kräuter nach dem Hacken niemals ausdrücken. Nur so viele Kräuter hacken, wie auch benötigt werden.

Kräuter einfrieren

Kräuter waschen, sorgfältig trockentupfen und fein hacken. Portionsweise in kleine, gut verschließbare Plastikbehälter geben und möglichst schnell einfrieren.

Die Lagerung

Kräuter so frisch wie möglich verarbeiten. In einem Frischhaltebeutel im Gemüsefach des Kühlschrankes halten sich gewaschene und trockengetupfte Kräuter einige Tage.

Die richtige Dosis

Weniger ist oft mehr, deshalb nicht mehr als zwei Kräutersorten im Salat verwenden. Gut zusammen passen Estragon, Kerbel, Petersilie und Schnittlauch. Schlecht vertragen sich Kerbel und Kresse, Majoran und Thymian, Oregano und Thymian.

1 Majoran
2 Zitronenmelisse
3 Portulak
4 Bohnenkraut
5 Borretsch
6 Salbei
7 Thymian
8 Kerbel
9 Basilikum
10 Knoblauch
11 glatte Petersilie
12 Schnittlauch
13 krause Petersilie
14 Rosmarin
15 Minze
16 Estragon
17 Oregano
18 Pimpinelle
19 Beifuß
20 Liebstöckel
21 Dill

GEWÜRZE

WOHLGERÜCHE AUS DEM ORIENT

Es gab Zeiten, da waren die Preise für Gewürze so „gepfeffert", daß sich nur die Reichen so etwas leisten konnten. Heute greifen wir ganz selbstverständlich zum Gewürzfäßchen, denn ganz gleich, ob als Vorspeise oder Dessert, ob süß oder salzig – es gibt kaum etwas, das man mit feinen Gewürzen nicht noch eine Prise schmackhafter machen kann.

Anis (1) als ganze Körner oder gemahlen, wird meist in der Weihnachtsbäckerei verwendet. Sparsam dosiert würzt es aber auch Milchsuppen, Apfelkompott, Obstsalate und Gemüsegerichte.
Cayennepfeffer (12) ist das Pulver aus den kleinen, sehr scharfen Chilischoten (Chilies).
Curry (3) ist eine Mischung aus vielen, zum Teil recht scharfen Gewürzen. Es paßt zu Geflügel, Reisgerichten, zu Suppen und Saucen. Curry wird beim Kochen leicht bitter.
Fenchelsamen (10) sind unentbehrlich für die Weihnachtsbäckerei, aber auch für Suppen und Fisch.
Gewürznelken (7) eignen sich zum Marinieren von Fleisch- und Fischgerichten, für Kompott und Desserts. Zum Marinieren und für Kompott ganze Nelken, für Desserts Pulver nehmen.
Ingwer (20) schmeckt sehr scharf. Ingwer gibt es frisch, getrocknet, kandiert und im Sirup. Er eignet sich für süßsauer eingelegte Früchte und Reisgerichte.
Kapern (8) sind salzig oder sauer eingelegte Knospen des Kapernstrauches. Je kleiner, desto feiner sind sie. Sie passen zu Fleisch, Fisch und Gemüse.
Kardamom (16) gibt es ganz oder gemahlen. Es würzt Puddinge, Aufläufe, Kompott, Schmor- und Bratgerichte.
Koriander (14), das typische Pfeffer- und Honigkuchengewürz, ist für fernöstliche Gerichte unverzichtbar.
Kreuzkümmel (23) (Cumin) ähnelt im Aussehen dem Kümmel, schmeckt aber etwas schärfer. Ganz oder gemahlen würzt er indonesische und südamerikanische Gerichte.
Kümmel (6) hat einen herben, würzigen Geschmack und macht viele Gerichte bekömmlicher. Schmeckt zu Kohlgemüse, Eintöpfen und Quark.
Kurkuma (9) ist eine Verwandte des Ingwers: Sie gibt Curry die gelbe Farbe und paßt zu allem Exotischen.
Lorbeerblätter (21) sind herb und bitter, deshalb wird immer nur ein Stück mitgekocht. Sie würzen Fleisch-, Fisch- und Wildgerichte, Beizen und Marinaden.
Macis (17), auch Muskatblüte genannt, ist der Samenmantel, der die harte Muskatnuß umgibt. Sie schmeckt milder und aromatischer, als diese.
Muskat (22) sollte man immer nur in sehr geringen Mengen verwenden. Paßt zu Kartoffelgerichten und vielen Gemüsen.
Paprika (2) gibt es in verschiedenen Schärfegraden: Delikateßpaprika (sehr mild), Edelsüßpaprika (mild), und Rosenpaprika (sehr scharf). Paprika nie ins heiße Fett geben.
Pastetensalzgewürz kann man selbst herstellen. man benötigt je 5 g schwarzen Pfeffer und milden Paprika, je 10 g Koriander, gerebelten Majoran, Nelkenpulver, Macis, Piment und Wacholderbeeren, je 15 g weißen Pfeffer und Lorbeer sowie je 20 g Thymian und Basilikum (gerebelt), Muskat und getrocknete Steinpilze. Die trockenen Gewürze zusammen fein mahlen, mit 250 g Salz mischen und luftdicht in einem dunklen Glas aufbewahren. Für 500 g Pastetenfarce benötigt man 8–10 g (ca. 2 TL) Pastetensalz.
Pfeffer (5) entwickelt nur frisch gemahlen seine Würzkraft. Es gibt grünen, weißen und schwarzen Pfeffer. Schwarzer Pfeffer würzt feurig-scharf, weißer ist milder.
Piment (19) (Allgewürz) schmeckt nelkenähnlich und paßt zu süßen und pikanten Gerichten.
Safran (13) gibt es ganz oder gemahlen zu kaufen. Er schmeckt mild und färbt intensiv gelb. Ideal für Süßspeisen, Reis, Kuchen und Fischsuppen.
Senfkörner (4) nimmt man zum Beizen und zum Einlegen von Gemüse.
Sternanis (18) schmeckt nach Anis, Fenchel und Lakritze, würzt Schweinefleisch und Geflügelgerichte.
Vanilleschoten (24) kauft man in Glasröhrchen verpackt. Vanille ist ein typisches Süßspeisengewürz.
Wacholderbeeren (15) würzen alle Arten von Beizen, Marinaden, Sud, Suppen, Saucen und Sauerkraut.
Zimt (11) gibt es als ganze Stange (Kaneel) oder gemahlen, ist rotbraun, kräftig-würzig und leicht herb im Geschmack. Er paßt zu Kuchen und Desserts, aber auch zu Reis, Geflügel und Kalbfleisch.

1 Anis
2 Paprika
3 Curry
4 Senfkörner
5 Pfeffer
6 Kümmel
7 Gewürznelken
8 Kapern
9 Kurkuma
10 Fenchelsamen
11 Zimt
12 Cayennepfeffer
13 Safran
14 Koriander
15 Wacholderbeeren
16 Kardamon
17 Macis
18 Sternanis
19 Piment
20 Ingwer
21 Lorbeerblätter
22 Muskat
23 Kreuzkümmel
24 Vanilleschoten

WÜRZMITTEL UND CO.

AROMATISCH UND PIKANT

Neben den klassischen Gewürzen gibt es eine Fülle von getrockneten und flüssigen Gewürzmischungen, Pasten und Saucen. Hier ein Überblick über die bekanntesten. Auch das Salz rechnen wir übrigens zu dieser Kategorie von Lebensmitteln.

WÜRZMITTEL

Gewürzmischungen sind fertig gemischte Gewürze spezieller Geschmacksrichtungen, zum Beispiel „ungarisch" für Gulasch. Mischungen aus Gewürzen und mit mindestens 40 Prozent Kochsalz nennt man Gewürzsalze.
Glutamat steigert den Eigengeschmack vieler Speisen und ist in den meisten Streuwürzen enthalten.
Ketchups bestehen aus reifen Tomaten, Zucker, Essig und Spezialgewürzen. Es gibt Ketchups mit Curry, mit Zwiebeln und natürlich den reinen Tomatenketchup.
Relishes bestehen aus Gemüsestückchen und Gewürzen. Ideal zu kaltem Fleisch und Gegrilltem.
Sambal ist eine würzige Paste für fernöstliche Gerichte. Sambal Oelek ist sehr scharf, Sambal Badjak hingegen etwas milder.
Sojasauce wird aus der Sojabohne hergestellt. Chinesische Sojasauce ist dickflüssig, leicht salzig, indonesische dagegen dünnflüssig und süß, japanische dünn und würzig.
Speisesenf ist eine pikante Würzcreme aus Senfkörnern, Wein- und Branntweinessig, Zucker, Salz und Gewürzen. Je höher der Anteil an braunen Senfkörnern, desto schärfer ist der Senf. Delikateßsenf (mild) und Tafelsenf (mittelscharf) sind ideal für Senfsaucen und passen gut zu Würstchen, scharfer und extrascharfer Senf würzt fettes Fleisch, Käse und pikante Saucen. Süßer Senf ist eine bayerische Spezialität und wird vorwiegend zu Weißwürsten, aber auch zu Leberkäse gegessen. Dijonsenf ist extrascharf und schmeckt fruchtig, Bordeauxsenf ist grobkörnig und sehr würzig. Der grobkörnige, mittelscharfe Rotisseursenf verliert auch bei starker Erhitzung sein Aroma nicht. Daneben gibt es noch eine Fülle weiterer Senfspezialitäten wie Estragonsenf oder Champagnersenf.
Streuwürzen können anstelle von Salz verwendet werden.
Suppenpasten sind eingedickte Fleisch-, Geflügel- oder Gemüsebrühen, angereichert mit Fett, Gewürzen und Salz. Es gibt sie in Würfel gepreßt, gekörnt oder als Instantpulver.
Tabascosauce ist ein Extrakt von Chilies, also sehr scharf, und darf nur tropfenweise verwendet werden.
Tomatenmark wird aus reifen Tomaten, die passiert und eingedickt werden, hergestellt. Es gibt es einfach, doppelt und dreifach konzentriert.
Worcestershiresauce ist eine englische Würzsauce aus Sojabohnen, Malzessig, Zucker, Tamarindenmus, Sirup, Salz, Chilies, Nelken und anderen Zutaten. Auch sie sollte nur tropfenweise für Suppen, Saucen, Ragouts und Fischgerichte verwendet werden.

KOCHSALZ UND CO.

Salz ist das älteste Würzmittel und war einst kostbare Handelsware. Heute gehen wir jedoch oft zu verschwenderisch damit um. Der tägliche Bedarf eines erwachsenen Menschen liegt zwischen 4 und 6 g Salz, wir essen aber 15 bis 20 g und schaden damit unserer Gesundheit. Salz wird aus unterirdischen Salzlagern, durch Auslaugen von Steinsalzlagern und aus dem Meerwasser gewonnen. Im Handel werden folgende Sorten angeboten:
Meersalz ist reich an Spurenelementen. Man bekommt es gereinigt und ungereinigt, grobkörnig oder gemahlen.
Siede- oder Salinensalz entsteht in Salinen durch Eindampfen. Es ist entweder grobkörnig oder besonders fein gemahlen (Speise- oder Tafelsalz).
Steinsalz gibt es gemahlen, gesiebt und gereinigt. Es wird unter Tage abgebaut.
Jodiertes Speisesalz ist Kochsalz, dem Natrium- oder Kaliumjodad zugesetzt worden ist. Es eignet sich zur Verhütung und zur Behandlung von Jodmangel.

FONDS

Die Zubereitung von Fonds ist zwar nicht schwer, aber relativ zeitaufwendig. Geschmacklich sind sie jedoch den gekauften vorzuziehen. Wer jedoch keine Zeit hat, kann auf die im Handel angebotenen verschiedenen Fonds zurückgreifen. Allerdings sollte man sie dann etwas einkochen lassen, sie sind für viele Zubereitungen zu dünn.

ZUCKER UND SÜSSUNGSMITTEL

GELIERMITTEL

Gelatine ist ein farb- und geschmacksloser Gelierstoff, der aus Tierknochen und -häuten gewonnen wird. Es gibt sie gemahlen oder in Blättern, farblos und rot eingefärbt. Blattgelatine läßt sich besser dosieren als Gelatinepulver. Man rechnet auf ½ Liter Flüssigkeit etwa 4 bis 6 Blatt Gelatine. Blätter oder Pulver immer zuerst in kaltem Wasser einweichen, bis sie gequollen sind (Foto 1). Dann kurz ausdrücken und erhitzen, damit sie sich auflösen. Das geht am besten in etwas heißer Flüssigkeit, im Wasserbad (Foto 2), aber auch bei kleinster Hitze auf der Kochstelle. Gelatine darf jedoch nicht kochen, sonst verliert sie die Gelierfähigkeit.
Agar-Agar ist im Gegensatz zur Gelatine ein pflanzliches Produkt, das aus Algen gewonnen wird. Man bekommt es in Pulverform.
Die Gelierkraft ist größer als die der Gelatine. Vorsicht, Agar-Agar nicht mit Milchprodukten aufkochen.

Foto 1

Foto 2

WAHRE GAUMENSCHMEICHLER

Zucker – vor 150 Jahren noch eine kostbare Rarität – gehört heute zu den Grundnahrungsmitteln. Ob zum Backen, Würzen oder Einmachen, Zucker fehlt in keiner Küche. Dabei unterscheidet man zwei Qualitäten. Weißzucker ist ein einfacher Zucker mit einem relativ hohen Mineralstoffanteil. Raffinade dagegen ist ein Zucker von höchster Reinheit und bester Qualität. Hier nun ein Überblick über die Vielfalt an Zucker und anderen Süßungsmitteln:

Würfelzucker wird aus Raffinade oder Kandisfarin gepreßt.
Puderzucker ist ein sehr fein gemahlener Zucker. Er wird zum Bestäuben und zum Glasieren von Gebäck verwendet.
Hagelzucker ist granulierte Raffinade, deshalb grobkörnig. Ideal zum Bestreuen von Gebäck und Desserts.
Einmachzucker ist grobkörnige Raffinade, ideal zum Einmachen.
Gelierzucker wird zur Zubereitung von Gelees, Konfitüren und Marmeladen verwendet. Er besteht aus Raffinade, der Obstpektine und Weinstein- oder Zitronensäure zugesetzt wurden.
Kandis besteht aus feinsten Zuckerlösungen, es gibt ihn braun und weiß, als Würfel, Stange oder gekrümelt.
Vanillezucker wird aus echter gemahlener Vanilleschote und Raffinade hergestellt.
Vanillinzucker besteht aus künstlichem Vanillearoma und Zucker.
Brauner Zucker (Farinzucker) ist ein feinkörniger Spezialzucker.
Künstliche Süßstoffe wie Saccharin oder Cyclamat sind rein synthetisch hergestellt, 30 bis 500 mal so süß wie Weißzucker und dabei kalorienfrei.
Zuckeraustauschstoffe wie Fruchtzukker, Sorbit, Xylit werden aus pflanzlichen Grundstoffen gewonnen. Sie sind weitgehend hitzebeständig, können wie Zucker verwendet werden und haben auch den gleichen Kaloriengehalt.
Sirup versüßt nicht nur Brote und Pfannkuchen, er verfeinert auch Bratensaucen und Kuchen. Rübensirup wird aus Zuckerrüben gewonnen und hat einen Gesamtzuckergehalt von 62 Prozent. Ahornsirup wird aus dem Saft des Ahornbaumes gewonnen und hat einen Zuckergehalt von 67 Prozent.
Honig war für lange Zeit das einzige Süßungsmittel. Blütenhonige, wie Akazien-, Heide-, Klee-, Linden- und Rapshonig, sind dickflüssig, weiß- bis hellgelb und schmecken süßer als Honigtauhonige (Tannen- oder Fichtenhonig).

PRAKTISCHE TIPS

– Säuerliches Gemüse, wie Tomaten, brauchen immer eine Prise Zucker, um den Geschmack zu heben.
– Kühl, trocken und dunkel gelagert hält sich Honig viele Monate. Honigglas oder -dose immer gut verschließen, da Honig Feuchtigkeit anzieht und sehr geruchsempfindlich ist.

OHNE SIE LÄUFT NICHTS

Gute Küchengeräte sind genauso wichtig wie frische Zutaten. Denn ohne diese Geräte gelingen auch der saftigste Braten und die raffinierteste Sauce nicht. Töpfe und Pfannen aus strapazierfähigem Material sind daher eine gute Investition. Die Form und Größe der gewählten Kochgeschirre wird ganz von der Größe des Haushaltes, von den Kochgewohnheiten und nicht zuletzt vom Geldbeutel bestimmt. Folgende Grundausstattung sollte vorhanden sein:

TÖPFE UND PFANNEN

Kochtöpfe (Foto 1) zum Kochen von Brühen, Saucen, Suppen, Fleisch, Geflügel, Reis, Nudeln und Kartoffeln gibt es in den unterschiedlichsten Größen. Für den Anfang reichen ein kleiner Kochtopf mit Deckel von 1 ½ l Inhalt, ein mittelgroßer Kochtopf mit Deckel von 2 ½ bis 3 l Inhalt und ein großer Kochtopf mit Deckel und 5 l Inhalt. In Kochtöpfen mit Siebaufsatz (Foto 2) können Fisch, Gemüse, Geflügel und Kartoffeln besonders schonend im Dampf gegart werden.
Schmortöpfe Foto (3) werden gebraucht, um Fleisch oder Gemüse anzubraten und dann in wenig Flüssigkeit zu garen. Ihre Griffe sollten hitzebeständig sein, ihre Deckel gut schließen.
Bräter (Foto 4) werden für Braten und Schmorgerichte benötigt. Wichtig sind auch hier hitzebeständige Griffe und festschließende Deckel. Bräter sind rund oder oval, verschieden groß und hoch.

Stielkasserollen (Foto 5) haben senkrechte Seitenwände. Man braucht sie, um Gemüse in Butter zu schwenken oder um Saucen zu reduzieren.
Daneben gibt es noch eine Fülle von **Spezialtöpfen** für „fortgeschrittene Köche", wie zum Beispiel Spargel- und Spaghettitöpfe, Fischkessel (Foto 6), in denen Fische im ganzen gekocht werden können und **Sauteusen** (Foto 8: hinten), um Saucen zu reduzieren.
Pfannen sind unentbehrlich, wenn man Fleisch oder Fisch kurz brät oder Pfannkuchen und Bratkartoffeln zubereitet. Und für viele Gerichte gibt es sogar spezielle Pfannen. Etwa 12 cm Durchmesser und einen flachen Rand hat die Crêpepfanne (Foto 7: rechts). Die Omelettpfanne (Foto 7: links) dagegen hat einen hochgezogenen, gewölbten Rand und einen Durchmesser von 16 bis 24 cm. Pfannen zum Fleischbraten (Foto 8: vorne) gibt es ebenfalls in verschiedenen Größen. Wichtig: die Pfannengröße sollte immer zu der zu bratenden Fleischmenge passen. Das Fleisch darf nicht gequetscht in der Pfanne liegen, aber auch nicht so, daß es zuviel Platz hat. Handgeschmiedete Pfannen oder Pfannen mit verstärktem Boden sind besonders gut geeignet. Pfannen für Bratkartoffeln oder für Pfannkuchen sollten einen leicht gewölbten, hochgezogenen Rand haben, so kann das Bratgut einfacher geschwenkt werden, ohne daß es aus der Pfanne fällt. Bratpfannen zum Braten für große Geflügel- oder Fleischstücke sind meistens rechteckig und bestehen häufig aus emailliertem Eisen oder Edelstahl.

Kunststoffbeschichtete Pfannen (Foto 9) sind ideal, wenn man fettarm braten will. Allerdings kann man die Pfannen nicht hoch erhitzen, das schadet der Beschichtung.
Es sollten daher immer zwei Pfannen in der Küche sein, eine mit Antihaftbeschichtung für schonendes Braten und eine schwere Pfanne für kräftiges Braten.
Schnellkochtöpfe (Foto 10) sind für alle, die Zeit sparen wollen, eine nützliche Errungenschaft. Man kann sie zum Kochen, Dünsten, Dämpfen und Schmoren, aber auch zum Auftauen, Entsaften und Sterilisieren benutzen. Ihr großer Vorteil: bis zu 70% kürzere Garzeiten und bis zu 40% Stromeinsparung. Im Schnellkochtopf, auch Dampfdrucktopf genannt, werden Speisen mit Dampfdruck unter Ausschluß des Luftsauerstoffes gegart. Durch den hermetischen Topfverschluß entsteht ein geringer Überdruck und Siedetemperaturen von über 100°C. Schnellkochtöpfe gibt es in den unterschiedlichsten Materialien und Größen. Alle Markenschnellkochtöpfe sind für Gas und Elektroherde und auch für die modernen Glaskeramikkochfelder geeignet. Zusätzliche Kocheinsätze ermöglichen das gleichzeitige, aber getrennte Garen verschiedener Lebensmittel. Außerdem gibt es auch Schnellbratpfannen mit Korbeinsätzen zum Fritieren und Dämpfen.

DAS RICHTIGE MATERIAL

Bei der Wahl der Töpfe und Pfannen sind nicht nur Größe und Verwendungszweck, sondern ebenso auch das Material von großer Bedeutung:
Töpfe und Pfannen aus Edelstahl (18/10 = Chrom/Nickel) speichern durch ihre plangeschliffenen Kompensböden die Hitze sehr gut (energiesparend). Zudem sind diese Töpfe pflegeleicht, rostfrei und säurebeständig. Achten Sie darauf, daß die Böden möglichst abgerundete Kanten haben. In Edelstahltöpfen kann Gemüse auch tropfnaß ohne weitere Flüssigkeitszufuhr gegart werden, vorausgesetzt, der Topf hat einen gutschließenden Deckel und die Hitzezufuhr kann in kleinen Stufen reguliert werden. Beim Braten muß der Topf oder die Pfanne erst so weit aufgeheizt werden, daß ein Wassertropfen auf dem Boden abperlt. Das Öl erhitzen und dann erst das Fleisch braten. Das Fleisch erst wenden, wenn die Zellen geschlossen sind und sich eine Kruste gebildet hat.

Foto 1

Foto 2

Foto 3

Foto 4

Foto 5

Foto 6

Foto 7

Foto 8

Foto 9

Foto 10

Generell kann man Edelstahltöpfe und -pfannen für alle Herdtypen und Garmethoden verwenden. Für Induktionsherde sind sie allerdings nur dann geeignet, wenn dies vom Hersteller ausdrücklich erwähnt wird und sie einen Kompensboden aus ferromagnetischem Material haben.
Eisengeschirr ist sehr rost- und säureanfällig, verformt sich leicht und ist für Keramikkochfelder nur bedingt geeignet. Allerdings sind Pfannen aus Eisen, die einen handgeschmiedeten oder verstärkten Boden haben, ideal zum Braten. Eisengeschirr nach Gebrauch gut abtrocknen und leicht einölen.
Gußeisen ist ein schlechter Wärmeleiter, porös, rost- und säureanfällig und sehr schwer. Vor dem Gebrauch müssen Gußeisentöpfe mehrmals mit Öl eingerieben und so weit erhitzt werden, bis blauer Rauch aufsteigt. Auch hier gilt: Nach jedem Spülen Töpfe und Pfannen immer gut abtrocknen und leicht einölen.
Kupfertöpfe und -pfannen werden innen verchromt, versilbert oder verzinnt. In versilbertem und verzinntem Geschirr kann nur gekocht, aber nicht gebraten werden. Kupfer ist zudem sehr teuer und pflegeintensiv.
Glasgeschirr sollte keinen zu großen Temperaturschwankungen ausgesetzt werden. Es deshalb nie vom Ofen in kaltes Wasser oder vom Kühlschrank auf die heiße Herdplatte setzen und auch nie direkt auf die Gasflamme stellen. Es gibt allerdings auch feuer- und frostfestes Glasgeschirr, das gegen all diese Unwegsamkeiten unempfindlich ist.
Porzellan und Keramik ist zum Backen und Kochen auf Elektro- und Gasherden (mit Schutzgitter) verwendbar. Es darf, wie das Glasgeschirr, keinen hohen Temperaturschwankungen ausgesetzt werden, es sei denn, es ist feuerfest. Dieses Material wird auch für Auflaufformen verwendet. Zwei bis drei Formen in unterschiedlicher Größe sollten in jedem Haushalt sein. Die typische Souffléform hat gerade, hohe Wände und ist rund.

PRAKTISCHER TIP
Achten Sie beim Topfkauf immer darauf, daß die Deckel zwar fest schließen, aber dennoch leicht sind und sich bei Druck von selbst heben. Schwere Deckel können einen Überdruck im Topf erzeugen.

MESSER, SCHÄLER,

SCHNEEBESEN UND SIEBE

DAS RICHTIGE HANDWERKSZEUG

Diese Arbeitsgeräte gehören zu den wichtigsten Handwerkszeugen im Küchenalltag. Man braucht sie täglich, deshalb sollten sie funktionstüchtig und stabil sein. Es lohnt sich, teures, hochwertiges Gerät zu kaufen, denn es hält weitaus länger als Billigware.

Messer (1–18) sollten aus rostfreiem, gehärtetem Stahl, der geschmiedet und nicht gestanzt ist, sein. Die Griffe müssen fest in der Hand liegen, der Stahl muß mindestens bis zur Hälfte in die Verkleidung hineinreichen und durch wenigstens drei Nieten mit ihr verbunden sein. Pflegeleicht sind Kunststoffgriffe, Holzgriffe liegen aber auch dann fest in der Hand, wenn sie naß sind. Ganz wichtig: Gute Messer niemals in der Spülmaschine spülen, die Klingen schlagen sonst leicht an. Aufbewahrt werden Messer so, daß sich die Klingen nicht berühren, am besten in einem Messerblock.
Schneebesen (33) braucht man, um Flüssigkeiten gleichmäßig zu verrühren, oder um Sahne und Eiweiß steif zu schlagen. Sie sollten aus Metall sein und gut im Stiel befestigte, elastische Drahtschlaufen haben, die sich beim Rühren der Form des Gefäßes anpassen können.
Siebe (32) aus Edelstahl sind rostfrei, leicht zu reinigen, hygienisch, weil sich keine Lebensmittelreste festsetzen können, und lange haltbar. Beim Haarsieb sollten die Netzteile fest verbunden sein und sich auf Druck nicht verbiegen. Siebe am besten gleich nach Gebrauch unter heißem Wasser abspülen und das Restwasser aus den Löchern schütteln, ehe man sie abtrocknet. Die Siebe möglichst an der Luft hängend aufbewahren, damit sie noch etwas nachtrocknen können.
Und nun zeigen wir Ihnen, was Sie an Messern, Schälern und Sieben im Haushalt gebrauchen können:
Ausbeinmesser (3), um Fleisch und Geflügelfleisch vom Knochen zu lösen
Buntmesser (4), ein Messer mit besonderem Wellenschliff, zum Schneiden von gekochtem Gemüse wie rote Bete, Sellerie, Karotten und Gurken
Filetiermesser (13) zum Filetieren von Rund- und Plattfischen
Fleisch- oder Tranchiermesser (13) zum Aufschneiden von rohem und gebratenem Fleisch, Schinken, Wurst, Geflügel und Fisch
Gemüsemesser (7) um Gemüse sowie Zwiebeln in Scheiben, Stäbchen oder Würfel zu schneiden
Hackmesser (11) (Hackbeil) zum Hakken von Knochen. Man kann es aber auch zum Flachklopfen von Fleisch und Fisch verwenden
Kullen-, Lachs- oder Schinkenmesser (17 und 18) zum Schneiden von Räucherlachs, Aal sowie rohem und gekochtem Schinken; es eignet sich aber auch sehr gut zum Feinschneiden von rohem Fleisch und Fisch
Office- oder Spickmesser (5 und 6) zum Schälen und Schneiden von Gemüse
Palette oder Pfannenmesser (1) zum Wenden von Fleisch, Fisch und Gemüse und zum Glattstreichen von Cremes und Farcen
Schlagmesser (16) zum Spalten von Fisch, Krustentieren und Knochen sowie zum Hacken von Kräutern
Kleines Schlag- oder Küchenmesser (15) zum Halbieren kleinerer Fische, zum Schneiden von Fleisch, zum Schneiden und Putzen von Gemüse und zum Hacken von Kräutern
Tortenmesser (2) zum Aufschneiden von Tortenböden, Torten und Gebäck; kann auch als Lachsmesser verwendet werden
Tournier- oder Schälmesser (8) zum Schälen von Gemüse und Kartoffeln, zum Formen und Zuschneiden (tournieren) von Gemüse und Kartoffeln
Wellenschliff- oder Brotmesser (14) zum Schneiden von Brot und Tomaten
Wetzstahl (10) zum Schärfen und Abziehen der Messer
Schäler (9) zum Schälen von Gemüse und Kartoffeln
Sparschäler (12) zum Schälen von Spargel und Obst

Juliennereißer (29) oder **Zestenmesser** (30) zur Herstellung von sehr feinen Zitrusschalenstreifen
Ananasausstecher (26) zum Ausstechen des holzigen Ananasstrunks
Apfelausstecher (28) zum Ausstechen der Kerngehäuse von Äpfeln
Olivenausstecher (21) zum Ausbohren von olivgroßen Kugeln bei Gemüse und Kartoffeln
Pariser Ausstecher (20) (Kugelausstecher) zum Ausbohren von Gemüse- und Kartoffelkugeln
Perlausstecher (19) zum Ausstechen von Gemüse und Kartoffeln für Suppen- und Saucengarnituren
Runde und gezackte Ausstecher (24) zum Garnieren und Ausstechen von Gemüse, Obst und Plätzchen
Knoblauchpresse (27) zum Zerdrücken von geschälten Knoblauchzehen
Bridier- oder Bindenadel (25) zum Binden (Bridieren) von Geflügel und zur Garprobe von Fleisch
Universalschere (22), die auch als Fischschere benutzt werden kann
Teigrädchen (23) zum Ausrädeln von Teigen und Nudeln
Fischschupper (31) zum Entfernen der Schuppen
Käsereibe (40) zum Reiben von Käse
Reibeisen (40) zum Reiben von Gemüse, Kartoffeln, Obst und Zitrusschalen
Muskatreibe (41) zum Reiben von Muskatnüssen
Röstireibe (40) zum Raspeln von Kartoffeln, Äpfeln und anderem Gemüse
Holzlöffel (36) zum Umrühren
Schaumlöffel (38) zum Abschöpfen des Schaums auf Brühen, Suppen oder Saucen und zum Herausnehmen von Fleisch, Gemüse, Fisch aus dem Topf
Saucenlöffel (37) zum Schöpfen der Saucen und zum Begießen des Bratens
Fleischgabeln (42) zum Wenden von Fleisch und Fisch und zur Garprobe
Gummispachtel (34) (Gummischaber) oder Plastikspachtel zum Auskratzen von Schüsseln und Töpfen
Metallspachtel zum Umrühren von gebundenen Saucen und Suppen während des Kochens. Wird auch bei der Herstellung von Kraftbrühen gebraucht
Haarsieb (32) zum Passieren von Saucen und Suppen
Sieblöffel (35) zum Herausnehmen von gegartem Gemüse, Teigwaren
Spritzbeutel (39) zum Spritzen von Ornamenten aus Sahne, Creme oder Teig

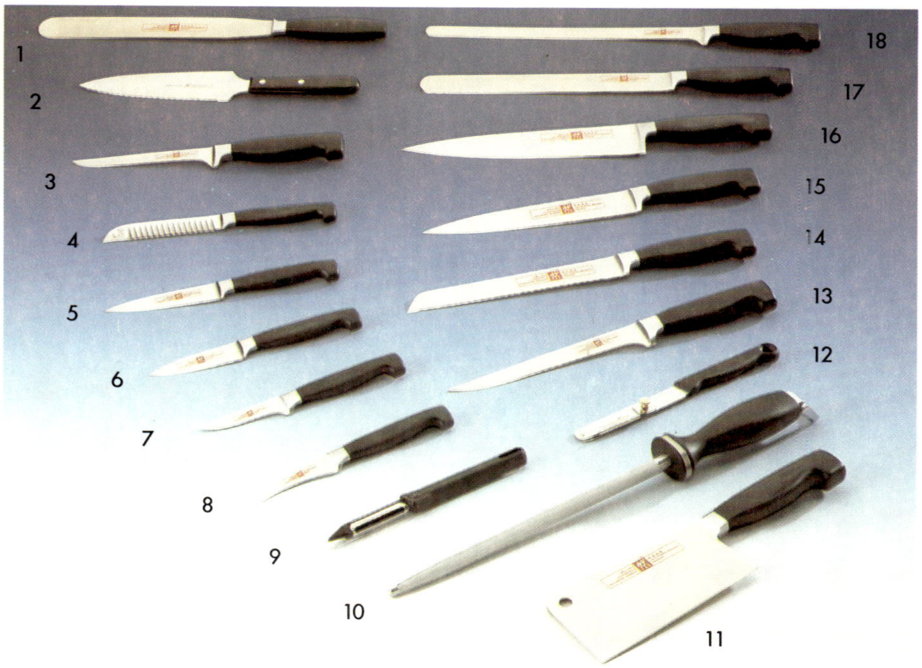

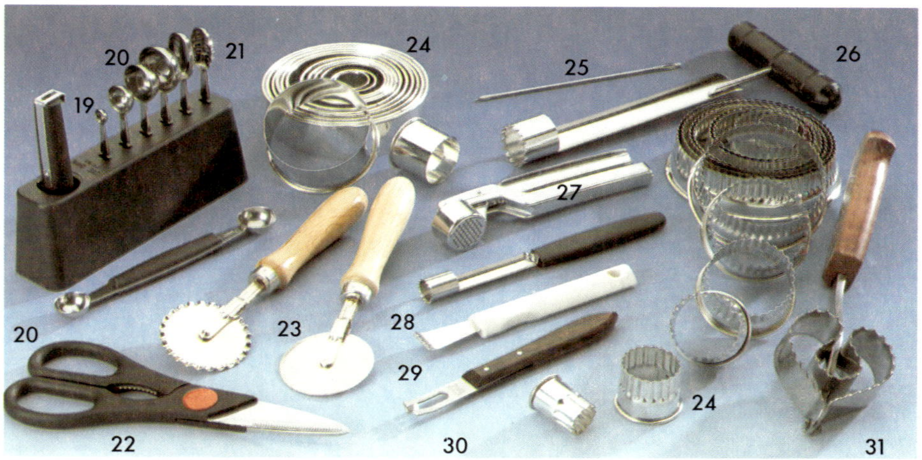

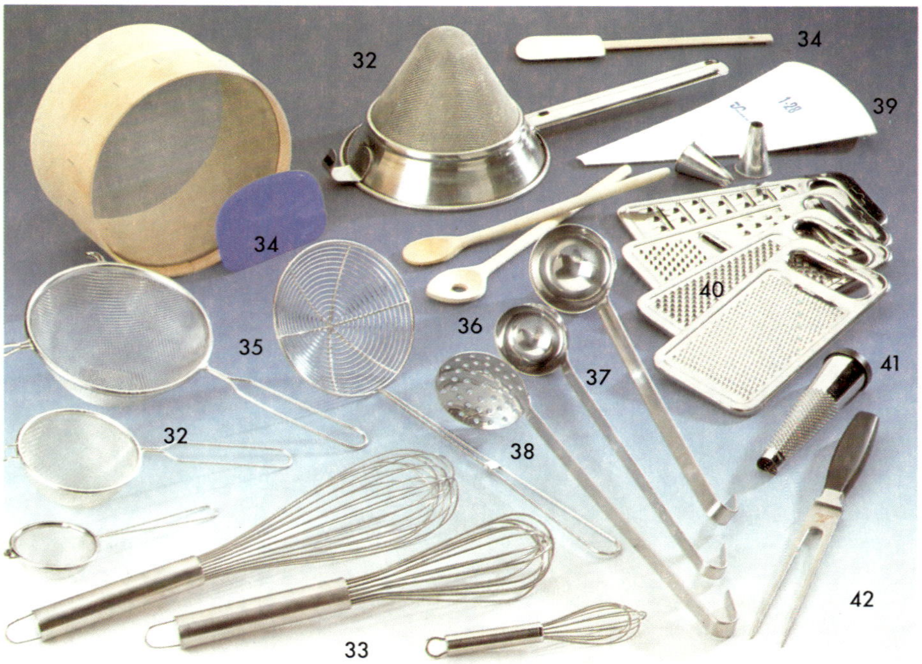

HEINZELMÄNNCHEN DER KÜCHE

Neben dem bereits erwähnten Handwerkszeug, das man fast täglich braucht, gibt es natürlich noch eine Fülle weiterer Küchengeräte, die zwar ganz hilfreich sind und auch eine Menge Zeit ersparen können, deren Anschaffung man aber genau bedenken sollte. Denn sie sind nicht gerade billig und nehmen auch eine Menge Platz in Anspruch. Hier ein Überblick über die wichtigsten:

Universalküchenmaschinen sind – wie ihr Name schon sagt – äußerst vielseitig einsetzbar. Mit dem Mixaufsatz kann püriert, gehackt und gemixt werden. Durch den Fleischwolf können Fisch, Fleisch, Gemüse und kalte, gekochte Kartoffeln gedreht werden. Mit der Anschlagmaschine knetet man Teige und schlägt Eiweiß und Sahne steif. Mit dem Schnitzelwerk werden Obst und Gemüse zerkleinert. Daneben gibt es weitere Zusatzgeräte wie Hobel, Kaffee- und Getreidemühle, Mixer, Zitruspresse und sogar eine Schleifvorrichtung. Die Anschaffung einer Universalküchenmaschine lohnt sich auf jeden Fall für einen großen Haushalt. Küchenmaschinen arbeiten alle nach dem gleichen Prinzip und unterscheiden sich nur in den Drehzahlen wesentlich voneinander. Sie haben ein waagerecht liegendes Messer, das sich in einer Plastiktrommel dreht. Mit einer Maschine mit hoher Drehzahl kann man exakter und sauberer arbeiten. Das ist vor allem bei Farcen wichtig.

KÜCHEN-GERÄTE

Elektrische Handrührgeräte sind eine handlichere Alternative zur großen Küchenmaschine. Mit ihnen kann man Teige kneten, Massen, Eiweiß und Sahne aufschlagen. Butter und Eier schaumig rühren und Mayonnaise zubereiten. Zur Grundausstattung gehören fast immer zwei Knethaken, zwei Quirle und eine Wandhalterung. Das Gerät sollte griffbereit und in der Nähe einer Steckdose angebracht werden. Neben der Grundausstattung gibt es noch Sonderzubehör wie einen Passier- und Schneidstab, Rührbecher, Gemüseschnitzler, Dosenöffner, Messerschärfer oder Elektromesser. Ein Handrührgerät sollte leicht sein und gut in der Hand liegen. Kaufen Sie nur Zusatzteile, die Sie wirklich brauchen!

Kartoffelpressen (1) sind ideal, um heiße, gekochte Kartoffeln durchzudrücken.
Fleischwölfe sind wegen der vielen Vorsatzteile universell zu benutzen. Vorsätze gibt es unter anderem für Spritzgebäck, zum Formen von Kroketten oder Füllen von Wursthäuten, zum Reiben und zum Beerenpressen. Messer und Lochscheibe des Fleischwolfs müssen gut getrocknet werden.
Rohkostreiben haben zwei oder mehrere Reibtrommeln. So kann man große Portionen Kartoffeln für Reibekuchen oder Klöße schnell reiben oder auch Nüsse, Schokolade und ähnliches gut zerkleinern.
Getreidemühlen lohnen sich für den, der viel, gern und häufig Müslis ißt und mit Getreide kocht. Es gibt sie von Hand betrieben und elektrisch. Bei Komplettgeräten ist das Mahlwerk fest mit dem Motor verbunden. Je nach Funktion unterscheidet man zwischen Mühlen mit Scheibenmahlwerk und Kegelmahlwerk. Beide Mahlwerke gibt es aus Stein, Stahl oder Keramik.
Zitruspressen (2) sind ideal zum Entsaften von Apfelsinen, Zitronen und Grapefruits. Es gibt sie handbetrieben oder elektrisch. Bei der elektrischen Zitruspresse beträgt die Saftausbeute 65 bis 80 Prozent. Beim Kauf sollte man darauf achten, daß das Gerät nicht zu viele zu reinigende Teile hat, die außerdem leicht auseinandergenommen werden können.
Nudelmaschinen (3) sind nur zu empfehlen, wenn man häufiger Nudeln selber macht.
Raviolibretter (4) können nützlich sein, wenn man häufiger Teigtaschen selbst machen möchte, denn mit ihnen spart man enorm viel Zeit.
Schlagkessel (5) mit dem passenden Ring bieten einen festen Stand, zum Beispiel beim Schlagen von Eischnee, Sahne und Mayonnaisen.
Eismaschinen werden für die Zubereitung von Sorbets und Eiscreme genommen. Sie rentieren sich aber nur bei häufigem Gebrauch.
Verschiedene Formen (auf dem Foto rechts unten) sind für manche Zubereitungen nützlich. Dazu zählen Terrinen- und Pastetenformen. Cremes und Süßspeisen sehen hübsch aus, wenn man sie in kleine Förmchen füllt und dann stürzt, geeignet sind auch sogenannte Timbalförmchen. Die halbrunde Parfaitform kann für Parfait, aber auch für Süßspeisen verwendet werden.

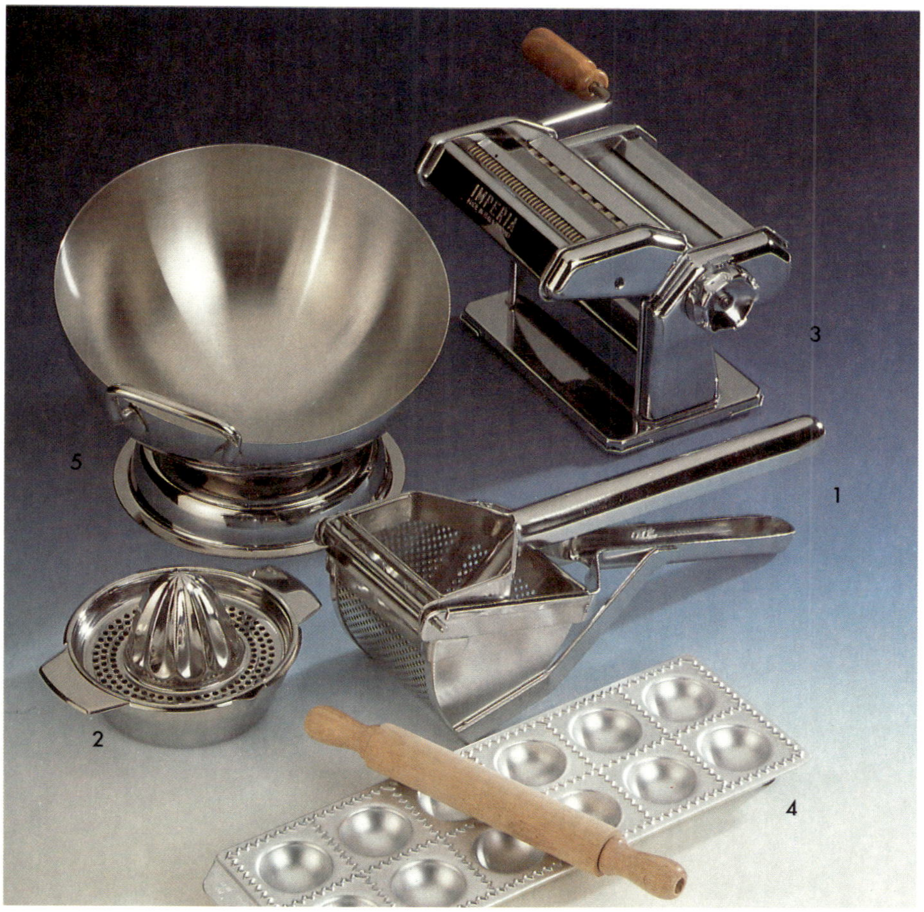

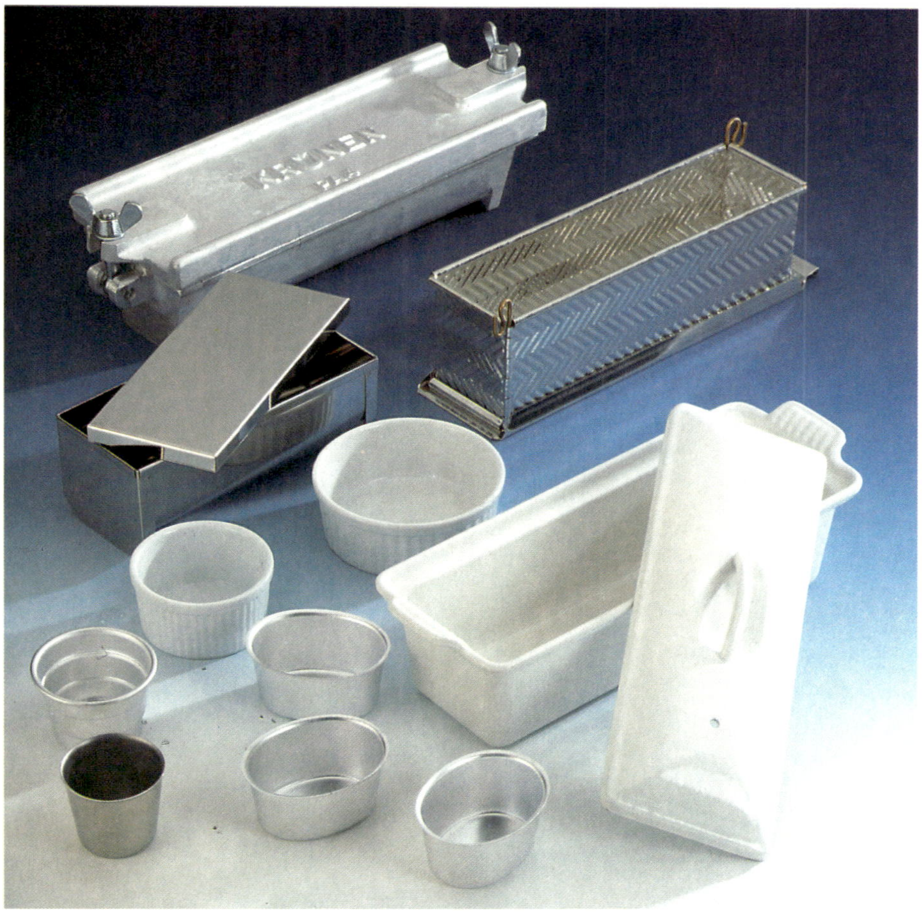

HERDE

DAS BESTE STÜCK

Ohne ihn liefe fast nichts in der Küche, es sei denn, wir wollen uns von Rohkost ernähren. Herde gibt es maßgeschneidert für jede Küche, als Standard- oder Unterbaugerät, in unterschiedlicher Ausstattung und mit verschiedenen Funktionen.

DER ELEKTROHERD

Er hat fest eingebaute Kochplatten oder Kochzonen aus Glaskeramik. Entscheidet man sich für Kochplatten, so sollte man darauf achten, daß der Herd zwei normale Platten, eine Automatik- und eine Schnellkochplatte besitzt. Die Plattendurchmesser sind mit 14,5 cm, 18 cm und 22 cm gut gewählt. Die Automatikplatte sollte mit einem stufenlosen Regelschalter und die Schnellkochplatte mit einem Überhitzungsschalter ausgestattet sein. Glaskeramikkochfelder sind aus kratz- und schlagfestem Material. Unter der Platte befindet sich die eigentliche Heizquelle, die stufenlos regulierbar ist. Der Vorteil der Glaskeramikkochfelder: man kann auch den Raum zwischen den Kochzonen gut nutzen, indem Topf und Pfanne bequem zur Seite geschoben werden. Und wenn nicht gekocht wird, dient das Kochfeld als zusätzliche Arbeitsfläche. Zudem sind Keramikfelder leicht zu reinigen. Zum Elektroherd gehört natürlich auch der Backofen, in dem man nicht nur backen und braten, sondern auch kochen und dünsten, einkochen und meistens auch grillen kann. Bei Backöfen unterscheidet man mehrere Systeme:

Backofen mit Ober-/Unterhitze sind die bekanntesten Ausführungen. Hier wirkt die Hitze von oben und unten auf das Back- und Bratgut ein. Es wird jeweils nur ein Blech oder ein Rost auf eine Schiebeleiste geschoben. Bei manchen Modellen kann man Ober- und Unterhitze getrennt schalten. Zum Braten von Fleisch und Geflügel mit Ober- und Unterhitze arbeiten.
Umluft- oder Heißluftbacköfen erzeugen die Hitze durch Heizkörper, die sich entweder ober- und unterhalb der Verkleidung befinden oder um den Ventilator im Backofen herum geführt werden. Der Ventilator ist durch ein sogenanntes Luftleitblech verdeckt, das mit zahlreichen Löchern versehen ist. Durch dieses wird die Luft angesaugt, durch den Heizkörper erhitzt und wieder in den Innenraum geblasen. Der Ventilator verteilt die erhitzte Luft und wälzt sie bis zu fünfzigmal pro Minute um. Durch die gleichmäßige Hitze im gesamten Backraum kann auf verschiedenen Ebenen, also mit mehreren Blechen, gleichzeitig gegart werden. Bei Heißluftherden kann Ober- oder Unterhitze zugeschaltet oder auch ganz von Umluft auf Ober- und Unterhitze umgeschaltet werden.
Backöfen mit kombinierter Ausstattung vereinen die Vorteile vom Backofen mit Ober- und Unterhitze mit denen des Umluftbackofens. Man kann also je nach Rezept und Bedarf das günstigste System wählen. Ist ein Grill eingebaut, kann man sogar ohne Drehspieß „umluftgrillen". Und das bei geschlossener Backofentür. Zusätzlich verfügen einige Geräte über eine Wasserschublade und über eine manuelle Dampfeinspritzung. Vor allem beim Backen von Blätterteig und Brandteig sowie Broten ist die Zugabe von Dampf ausgesprochen hilfreich. Bei Backöfen mit integriertem Mikrowellenteil kann man die Ober- und Unterhitze sowie den Umluftbetrieb allein oder zusammen mit dem Mikrowellenteil einschalten beziehungsweise dieses allein als Mikrowellengerät nutzen. Moderne Backöfen sind zudem mit allen nur erdenklichen technischen Raffinessen ausgerüstet. So wird man optisch und akustisch über wesentliche Abläufe informiert. Kochabläufe können programmiert werden, das eingebaute Bratthermometer informiert ständig über die Kerntemperatur des Bratens.

DER GASHERD

Gas gilt nicht nur als umweltfreundliche Energie, es ist auch beim Kochen sehr praktisch. Denn man hat, im Gegensatz zum Elektroherd, der einige Zeit zum Aufheizen braucht, sofort eine sehr hohe Hitzezufuhr. Stellt man den Herd ab, ist allerdings auch keine Restwärme zum Nachgaren mehr vorhanden. Die neue Gasherdgeneration erlaubt eine sehr präzise Wärmedosierung. Der Brenner kann so eingestellt werden, daß er stufenlos zwischen 80 und 2400 Watt reguliert werden kann. Dies ermöglicht es, die Lebensmittel schonend, auch ganz ohne Zugabe von Wasser oder Fett zu garen. Neben Gasherden mit offenen Flammen gibt es auch solche mit Keramikplatten. Sie arbeiten mit Zweikreis-Infrarotbrenner, verfügen über einen Thermostat sowie über einen Restwärmeanzeiger. Zudem sind sie in zwei Kochbereiche eingeteilt, in eine Ankoch- und eine Weiterkochzone. Bei den Gasbacköfen gibt es unterschiedliche Ausführungen: die einfachen, konventionellen Backöfen haben nur Unterhitze. Die neuen, modernen Gasbacköfen haben eine Brat- und Backautomatik, die über ein Kernthermometer gesteuert wird. Ist die gewünschte Temperatur erreicht, schalten sich die Öfen automatisch ab. Außerdem verfügen sie über Ober- und Unterhitze, über ein Umluftsystem und zum Teil auch über einen Infrarotgrill.

SO REINIGT MAN DEN BACKOFEN

Nach alter Methode müssen Backöfen mit Spülmittellaugen oder Spezialreinigungssprays gesäubert werden. Schneller und einfacher geht es jedoch, wenn der Backofen eine Selbstreinigungsvorrichtung hat. Diese kann nach katalytischem oder prolytischem Prinzip arbeiten.
Bei der katalytischen Reinigung sind die Innenwände des Ofens mit auswechselbaren Spezialemailleblechen ausgestattet. Das Emaille enthält chemische Wirkstoffe, die in Verbindung mit Luftsauerstoff und bei Temperaturen von 200 bis 300°C Verschmutzungen zersetzen. Das Reinigen erfolgt während der normalen Benutzung. Beim prolytischen Verfahren ist ein gesonderter Reinigungsgang erforderlich, um die Nahrungsmittelreste zu beseitigen. Bei hohen Temperaturen verbrennen die Schmutzpartikel zu Asche, die leicht zu entfernen ist.

PRAKTISCHE TIPS

– Braten sollten Sie immer mit Ober- und Unterhitze, Aufläufe und Soufflés dagegen können auch mit Umluft gebacken werden.
– Die Backtemperaturen liegen für den Umluftherd immer etwa 30°C unter den Temperaturen, die bei Ober- und Unterhitze benötigt werden. Die Angaben im Buch beziehen sich auf Backöfen mit Ober- und Unterhitze.

Elektrobackofen	Gasherd
150°C/160°C	Stufe 1
175°C/180°C	Stufe 2
200°C	Stufe 3
220°C/225°C	Stufe 4
240°C	Stufe 5
250°C	Stufe 6

MIKROWELLEN-GERÄTE

SCHNELLE KÜCHENHELFER

Seit Jahren versucht eine neues Garverfahren in unseren Küchen Fuß zu fassen. Den Durchbruch schaffte die Mikrowelle jedoch erst in letzter Zeit. Der Grund: die Geräte wurden technisch um vieles verfeinert, sind sicherer und präsentieren sich nun als schnelle „Küchenhelfer", die nicht nur Zeit, sondern auch Arbeit und Energie sparen.
Mikrowellen werden von einem Sender, dem Magnetron, erzeugt und in den Garraum abgegeben. Sie durchdringen die Lebensmittel und bringen deren Wassermoleküle kräftig in Bewegung. Durch diese Bewegung reiben sie sich aneinander, und Reibung erzeugt bekanntlich Wärme. Die Speisen werden so in kurzer Zeit erwärmt und gegart. Teller oder Schüssel bleiben aber kalt oder werden durch die Speisen lauwarm.
Mikrowellengeräte gibt es als Tisch- oder Einbaugeräte; sie sind mit vielen technischen Raffinessen ausgestattet. Viele haben mehrere Leistungsstufen. Damit kann erwärmt, gegart und aufgetaut werden – immer genau dem Lebensmittel und Zubereitungszweck angepaßt. Empfehlenswert sind mindestens drei bis vier Leistungsstufen oder eine stufenlose Leistungseinteilung. Mit dem Zeitschalter wird die Gardauer eingeschaltet. Ist sie erreicht, schaltet sich das Gerät automatisch ab. Bei einigen Geräten können damit auch Programmkombinationen gewählt werden, die dann automatisch nacheinander ablaufen, zum Beispiel ankochen und dann weiterkochen. Automatikprogramme sind festgelegte Programme zum Garen und zum Auftauen. Die Speisen werden in das Gerät hineingegeben und das entsprechende Programm wird eingestellt. Zu einigen Geräten gibt es als Zubehör ein Speisenthermometer, das für die Zubereitung von Fleisch, Suppen und Getränken sehr vorteilhaft ist. Verhältnismäßig neu sind Kompakt- und Kombinationsgeräte, in denen sich die Vorteile der Mikrowelle nutzen lassen, man aber auch mit konventioneller Ober- und Unterhitze (mit und ohne Umluft) braten und schmoren und manchmal auch grillen kann.

DAS ALLES KANN DIE MIKROWELLE

Um es gleich vorweg zu nehmen: einen Elektro- oder Gasherd kann und wird die Mikrowelle nie ersetzen. Als Zusatzgerät hat sie jedoch ganz entscheidende Vorteile:
Auftauen geht nirgendwo so schnell wie in der Mikrowelle. So ist zum Beispiel 1 kg tiefgeforenes Fleisch in etwa 40 Minuten, ein Brathähnchen von 1 kg in etwa 25 Minuten aufgetaut. Zudem haben die Lebensmittel beim Auftauen in der Mikrowelle weniger Gewichtsverlust, weil weniger Flüssigkeit austritt, als wenn sie an der Luft auftauen würden. Besonders gut kann man Obst in der Mikrowelle auftauen.
Aufwärmen: Hier spart man nicht nur Zeit, sondern auch den Abwasch, denn das vorgekochte Essen kann gleich auf dem Teller angerichtet werden. Je nach Bedarf wird es aus dem Kühlschrank genommen und in 2 bis 3 Minuten in der Mikrowelle erwärmt. Das ist ideal, wenn mehrere Essensteilnehmer zu sehr unterschiedlichen Zeiten essen.
Erhitzen lassen sich vor allem Getränke oder Dosensuppen in kürzester Zeit.
Kochen kann man Suppen, Eintöpfe, Kartoffeln und Fleisch in der Mikrowelle wesentlich schneller als auf dem Herd. Allerdings gilt immer, daß die Zeitersparnis nur bei kleinen Mengen zu Buche schlägt und daß das Gericht nicht immer genauso schmeckt wie bei einem konventionellen Garverfahren. Für 250 g Kartoffeln beträgt die Garzeit sechs bis sieben Minuten, die doppelte Menge braucht auch die doppelte Zeit. Ideal zum Garen in der Mikrowelle sind Gemüse und Fisch, weil sie nicht nur schön zart bleiben, sondern auch durch die kurze Garzeit den größten Teil ihrer Vitamine behalten.
Auch manch komplizierte Sauce läßt sich in der Mikrowelle hervorragend zubereiten. Kartoffeln, Gemüse und Fisch sollten während der Zubereitung abgedeckt werden, am besten mit dafür vorgesehenen Deckeln, umgedrehten Tellern oder Mikrowellenfolie.
Braten gelingen am besten im konventionellen Backofen. Denn im Mikrowellengerät werden sie nicht knusprig braun. Eine Ausnahme bilden die Geräte mit eingebautem Grill oder Backofen. Selbst mit Bräunungsgeschirr sieht Gebratenes blaß aus. Deshalb auch Kurzgebratenes lieber weiterhin in der Pfanne oder unter dem Grill braten.
Schmelzen von Schokolade, Butter und Kuvertüre ist ein Kinderspiel für die Mikrowelle.
Einkochen ist in der Mikrowelle kein Problem, vorausgesetzt, man will nur ein paar Gläser Marmelade kochen.

HINWEISE ZUM REZEPTTEIL

DAS RICHTIGE MIKROWELLENGESCHIRR
Zum Garen im Mikrowellengerät eignen sich am besten Glas, Porzellan (ohne Goldrand), Keramik, Steingut und hitzebeständiger Kunststoff. Zudem gibt es spezielles Mikrowellengeschirr, in dem Speisen eingefroren und dann in der Mikrowelle erwärmt werden können. Auch Mikrowellenfolie, Bratfolie und Kochbeutel kann man verwenden. Nicht geeignet sind dagegen Metalltöpfe, Alufolie, Bleikristall und Kannen mit Metallring.

PRAKTISCHE TIPS
– Rohe oder gekochte Eier in der Schale platzen beim Erhitzen im Mikrowellengerät. Deshalb lieber im Topf kochen.
– Lebensmittel mit fester Schale wie Tomaten, Paprikaschoten und Würstchen sollten vor dem Garen angeritzt werden, damit sie nicht aufplatzen.
– Schneiden Sie Gemüse, Fleisch und andere Zutaten in gleich große Stücke. Sie garen so gleichmäßig.

AUFTAUEN

	Menge (g)	650-Watt-Gerät (Watt)	Bemerkung	Standzeit (min.)
Fleisch				
Rindfleisch	1000	25 (195)	zwischendurch wenden	10
Steak	200	4 (195)	zwischendurch wenden	–
Kalbfleisch	1000	25 (195)	zwischendurch wenden	10
Schweinefleisch	1000	25 (195)	zwischendurch wenden	10
Schweineschnitzel	200	4½ (195)	zwischendurch wenden	10
Schweinekotelett (1 Stück)	200	3 (195)	1 x wenden	6
Gulasch	500	10 (195)	zwischendurch umrühren	5
Hackfleisch/Tatar	500	10 (195)	nach je 2–3 Min. die aufgetaute Hackmasse entnehmen, zwischendurch wenden	–
Geflügel				
Hähnchen	1000	18 (195)	Flügel und Keulenspitzen mit Alufolie bedecken, zwischendurch wenden	10
Ente	1500	30 (195)	Flügel und Keulenspitzen mit Alufolie bedecken, zwischendurch wenden	15
Fisch				
Fischfilet	450	7 (195)	zwischendurch wenden	5
Fisch im Stück	800	10 (195)	zwischendurch wenden	10
Brot (Bei ganzen Broten in der Mitte einen „Eiskern" lassen und an der Luft weiter auftauen lassen) (Standzeit)				
Brötchen	2 Stück	¾ (195)		–
Toastbrot (3 Scheiben)	75	¾ (195)	fächerförmig ausbreiten, zwischendurch 1 x wenden	–
Vollkornbrot in Scheiben	250	1¼ (650)	fächerförmig ausbreiten, zwischendurch 1 x wenden	–
Graubrot in Scheiben	250	1 (650)	fächerförmig ausbreiten, zwischendurch 1 x wenden	–
Milchprodukte				
Butter	250	2 (195)	zwischendurch wenden	5
Käse in Scheiben	125	2 (195)	nur antauen lassen	10
Obst				
Erdbeeren/Johannisbeeren	250	3 (195)	zwischendurch wenden	5
Erdbeeren/Johannisbeeren	500	5 (195)	zwischendurch wenden	5
Himbeeren	250	5 (195)	zwischendurch wenden	5
Pflaumen/Kirschen/Aprikosen	250	3 (195)	zwischendurch wenden	5

Im Mittelpunkt des Rezeptteils stehen die Grundrezepte, die besonders aufbereitet und gestaltet sind. In ihnen werden die wichtigsten Vorbereitungstechniken und Garmethoden, die man für eine gute Küche braucht, ausführlich erklärt. Schwierige Schritte sind zusätzlich abgebildet. Beherrscht man die Grundrezepte, ist es leicht, sie abzuwandeln. Wie, dafür finden Sie teilweise Beispiele im Anschluß an das Grundrezept. Häufig kommen weitere Zutaten hinzu, andere hingegen werden ausgetauscht, das Gericht wird anders angerichtet oder die Zubereitung selbst ändert sich ein wenig. In allen Fällen jedoch sind die Variationen nur kurz beschrieben und beziehen sich immer auf das vorhergehende Rezept. Fortgeschrittenen Hobbyköchen genügt dies häufig. Newcomern sei jedoch empfohlen, zuerst an Hand der Grundrezepte die Basistechniken zu erlernen oder das zu den Variationen gehörende Rezept genau zu studieren.

Noch ein Wort zu den Vorbereitungstechniken. Im allgemeinen stehen sie beim betreffenden Rezept. Einige jedoch werden für viele Rezepturen und Lebensmittel gebraucht und sind deshalb im warenkundlichen Teil der Einleitung ausführlich beschrieben. Der entsprechende Seitenverweis steht in der Zubereitungsbeschreibung.

In den Rezepten selbst sind die Zutaten in der Reihenfolge ihrer Verwendung aufgelistet. Die angegebenen Mengen beziehen sich auf die ungeputzte Rohware, es sei denn, es ist ausdrücklich anders angegeben.

Die Zubereitungszeit beinhaltet sowohl die Vorbereitungszeit als auch die Garzeit. Ausnahmen bestätigen die Regel, zum Beispiel bei Fonds, die extrem lange auf dem Herd sieden müssen, ohne daß die Köchin/der Koch danebenstehen muß. Quellzeiten, Zeiten zum Kühlen etc. sind nicht in der Zubereitungszeit enthalten und extra ausgewiesen. Nehmen Sie die angegebenen Zeiten, vor allem die Vorbereitungszeiten, nur als Richtwerte. Wenn möglich sind die Rezepte für kleine Haushalte, also für 2 Personen konzipiert. Dies gelingt nicht in allen Fällen, mancher Aufwand lohnt sich für kleine Mengen nicht, manche Zubereitungen gelingen nicht optimal. Bleiben also Reste, können sie in der Regel problemlos 1 bis 2 Tage aufbewahrt oder eingefroren werden. Sind dabei Besonderheiten zu beachten oder kann das Gericht Basis für eine neue Zubereitung sein, so finden Sie entsprechende Hinweise beim Rezept.

Eßlöffel- und Teelöffelangaben (EL und TL) gehen immer von gestrichenen Maßen aus. Die Kalorienangaben beziehen sich meist auf 1 Portion.

Die Backtemperaturen gelten für einen normalen Elektroherd mit Ober- und Unterhitze; wer mit Umluft arbeiten möchte, reduziert die Temperaturen um 20 bis 30 Prozent.

Vorspeisen sind so etwas wie die Ouvertüre eines Menüs: Sie stimmen die Gäste ein und lassen doch noch Zeit für die Fortsetzung bereits begonnener Gespräche, sie stillen den ersten Hunger – oder wecken den Appetit –, und sie lenken die Aufmerksamkeit auf die folgenden Gänge, ganz gleich, ob ein eher kurzes, bodenständiges Mahl bevorsteht oder ein langes, festliches Menü mit fünf, sechs oder mehr Gängen. Kurz: Vorspeisen sind in besonderer Weise Appetitanreger und Augenschmaus, sollten aber behutsam dosiert werden, denn Köchin oder Koch haben ja schließlich noch mehr „auf der Pfanne".

VORSPEISEN

Entstanden ist die Sitte, vor dem opulenten Hauptgericht ein paar gaumenkitzelnde Kleinigkeiten zu servieren, im mittelalterlichen Italien. Katharina von Medici war es dann, die diese Gepflogenheit auch am französischen Königshof einführte, von wo aus sie schließlich weltweit in Mode kam und üblich wurde. Ob man nun auf deutsch Vorspeise sagt oder etwas weltmännischer Hors d'œuvre, Antipasti, Appetizer oder Entrada – die kleinen, liebevoll zubereiteten kulinarischen Kunstwerke, die erwartungsvollen Gästen serviert werden, müssen pikant abgeschmeckt, nicht zu umfangreich und aus Zutaten hergestellt sein, die im folgenden Menü keine auffällige Rolle mehr spielen, auch als Beilage nicht.

Was man als „Anregung" servieren kann? Auf den folgenden Seiten finden Sie viele Ideen für Vorspeisen, die weitgehend gut vorbereitet werden können, so daß Sie auch selbst noch Zeit fürs Tischgespräch finden.

CANAPES

Canapés sind Gaumenschmeichler, die sehr gut zu einem Glas Sekt oder zu einem Aperitif passen. Hauptmerkmal ist eine kleine Scheibe Brot, auf der allerlei feine Cremes oder andere Zutaten dekorativ angerichtet werden.

EIERCANAPES

FÜR 6 CANAPES
4 hartgekochte Eier
1 EL Butter
1 EL Mayonnaise
1 TL Schnittlauchröllchen
Salz
frisch gemahlener weißer Pfeffer
3 Scheiben Toastbrot
Butter zum Bestreichen
6 dünne Scheiben Salatgurke
3 Radieschen

ZUBEREITUNGSZEIT
ca. 20 Minuten

KALORIEN
Pro Stück ca. 120 kcal

SO WIRD'S GEMACHT

1. Drei Eier schälen, halbieren, die Eigelbe herausnehmen und zusammen mit der Butter durch ein feines Sieb streichen. Die Mayonnaise sowie den Schnittlauch dazugeben, mit Salz und Pfeffer würzen und die Creme glattrühren.

2. Aus jeder Toastbrotscheibe zwei runde Canapés ausstechen und diese dünn mit Butter bestreichen. Das vierte Ei schälen und mit dem Eischneider in Scheiben schneiden.

3. Jedes Canapé mit einer Salatgurken- und einer Eischeibe belegen. Die Eiercreme rosettenförmig darauf spritzen.

4. Die Radieschen putzen, waschen, halbieren und jede Hälfte in sechs Scheiben schneiden. Die Eigelbrosetten kronenförmig mit den halben Radieschenscheiben garnieren.

CANAPES MIT GERÄUCHERTER PUTENBRUST UND KUMQUATS

FÜR 6 CANAPES
6 Kumquats
4 EL Orangensaft
1 cl Orangenlikör
3 Scheiben Toastbrot
Butter zum Bestreichen
Salz
frisch gemahlener weißer Pfeffer
6 Scheiben geräucherte Putenbrust

ZUBEREITUNGSZEIT
ca. 20 Minuten

KALORIEN
Pro Stück ca. 60 kcal

SO WIRD'S GEMACHT

1. Vier Kumquats waschen und grob hacken. Mit dem Orangensaft und dem Orangenlikör so lange kochen, bis die Kumquatsauce gebunden ist, dann abkühlen lassen.

2. Aus jeder Toastbrotscheibe zwei runde Canapés ausstechen. Dünn mit Butter bestreichen und mit Salz und Pfeffer würzen.

3. Die Putenbrustscheiben zu kleinen Tütchen formen und auf die Canapés setzen. In die Tüte die Kumquatsauce füllen.

4. Zwei Kumquats in Scheiben schneiden und die Canapés damit garnieren.

THUNFISCHCANAPES

FÜR 6 CANAPES
3 Scheiben Toastbrot
Butter zum Bestreichen
Salz
frisch gemahlener weißer Pfeffer
160 g Thunfisch (Dose)
4 EL Mayonnaise
1 hartgekochtes Ei
3 schwarze Oliven
1 Dillzweig

ZUBEREITUNGSZEIT
ca. 20 Minuten

KALORIEN
Pro Stück ca. 160 kcal

SO WIRD'S GEMACHT

1. Aus jeder Toastbrotscheibe zwei runde Canapés ausstechen. Diese dünn mit Butter bestreichen und mit Salz und Pfeffer würzen.

2. Den Thunfisch mit der Mayonnaise im Mixer pürieren, mit Salz und Pfeffer würzen.

3. Das Ei schälen, mit dem Eischneider in Scheiben schneiden. Auf jedes Toastbrotcanapé eine Eischeibe legen und das Thunfischmus rosettenförmig darauf spritzen.

4. Jedes Canapé mit einer Olivenhälfte und mit etwas Dill garnieren.

KÄSECANAPES

FÜR 6 CANAPES
3 Scheiben Pumpernickel oder 6 kleine runde Pumpernickeltaler
Butter zum Bestreichen
80 g Bavaria blu (Blauschimmelkäse)
50 g Magerquark
Salz
frisch gemahlener weißer Pfeffer
6 weiße Trauben
1 kleines Stückchen Tomatenfleisch oder rote Paprikaschote

ZUBEREITUNGSZEIT
ca. 20 Minuten

KALORIEN
Pro Stück ca. 105 kcal

SO WIRD'S GEMACHT

1. Aus jeder Scheibe Pumpernickel zwei runde Canapés ausstechen oder kleine Pumpernickeltaler verwenden und sie mit Butter bestreichen.

2. Den Käse durch ein feines Sieb drücken. Mit dem Magerquark glattrühren und mit Salz und Pfeffer würzen. Die Käsecreme rosettenartig auf die Pumpernickelcanapés spritzen.

3. Die Weintrauben waschen, auf die Käsecreme setzen und die Canapés mit der Paprikaschote garnieren.

CANAPES MIT FRISCHKÄSE UND COGNACROSINEN

FÜR 6 CANAPES
30 g Rosinen
2 cl Cognac
90 g Doppelrahmfrischkäse
40 g Quark (40% Fett i. Tr.)
Salz
mildes Paprikapulver (Delikateß)
6 Crackers
6 blaue Weintrauben

ZUBEREITUNGSZEIT
ca. 20 Minuten

KALORIEN
Pro Stück ca. 135 kcal

SO WIRD'S GEMACHT

1. Die Rosinen mit dem Cognac aufkochen und wieder abkühlen lassen.

2. Den Käse mit dem Quark glattrühren und mit Salz und Paprikapulver würzen.

3. Zwei Drittel der Käsecreme kranzförmig auf die Crackers spritzen. In die Mitte die Rosinen setzen und sie mit der restlichen Käsecreme zuspritzen. Die Canapés mit wenig Paprikapulver bestreuen und mit je einer blauen, gewaschenen Weintrauben garnieren.

SCHINKENCANAPES

Vollkorncanapés mit Butter bestreichen, kleine Schinkenscheiben zusammenrollen und darauf legen. Die Canapés mit Spargelspitzen, die mit Salz, Pfeffer, Zucker und einigen Tropfen Essig gewürzt sind und mit 1 kleinen Kerbelzweig garnieren.

KRESSECRACKERS

Crackers mit Butter bestreichen, mit Pfeffer bestreuen. Grobgehackte Gartenkresse darauf verteilen und Hüttenkäse mit Schnittlauch darauf setzen. Mit Radieschenscheiben garnieren.

RÄUCHERLACHS-CANAPES

Geröstete Toastbrotcanapés mit Butter und frisch geriebenem Meerrettich bestreichen. Dünne, zu Rosetten geformte Räucherlachsscheiben darauf setzen und mit je 1/2 gekochten Wachtelei, etwas Ketakaviar und 1 Dillzweig garnieren.

FRÜHLINGSCANAPES

Toastbrotcanapés mit Butter bestreichen und mit Salz und Pfeffer würzen.
Mit je 1 Gurken-, Tomaten- und Eischeibe belegen und darauf 1 zu einem Ring gerollte Sardelle legen. In jeden Ring 1 quer halbierte, gefüllte Olive setzen.

COCKTAILS

Die Palette dieser feinen Vorspeisensalate ist groß, denn mit Meeresfrüchten, Fisch, Fleisch, Geflügel, Obst und Gemüse lassen sich immer wieder neue Varianten zusammenstellen. Die hier vorgestellte Auswahl zeigt, wie man auf leichte Art ein Menü eröffnen kann.

AVOCADO-SCAMPI-COCKTAIL

FÜR 2 PORTIONEN
4 Scampischwänze (à 50 g)
Salz, Kümmel
1 kleine reife Tomate
1 kleine reife Avocado
6 Chicoréeblätter
1 EL Tomatenketchup
1 TL Tomatensaft
frisch gemahlener weißer Pfeffer
1 Prise Zucker
einige Tropfen Zitronensaft

für die Cocktailsauce:
1 EL Mayonnaise
1 EL Tomatenketchup
1 TL Weinbrand
½ TL feingehackter Dill
Cayennepfeffer
1 EL geschlagene süße Sahne

zum Garnieren:
2 Dillzweige

ZUBEREITUNGSZEIT
ca. 25 Minuten

KALORIEN
Pro Portion ca. 270 kcal

SO WIRD'S GEMACHT

1. Die Scampischwänze in kochendes, mit Salz und Kümmel gewürztes Wasser legen und es aufkochen lassen. Den Topf vom Herd ziehen und die Scampischwänze im Sud erhalten lassen. Anschließend das Schwanzfleisch auslösen und den dunklen Darm entfernen (Seite 30).

2. Von der Tomate den Blütenansatz entfernen. Die Tomate mit kochendem Wasser überbrühen, enthäuten, sechsteln und entkernen. Die Avocado längs halbieren und den Stein herausnehmen. Zwei Drittel des Avocadofleisches mit einem Kugelausstecher ausstechen.

3. Einen Scampischwanz halbieren und für die Garnitur beiseite legen. Das restliche Fleisch schräg in Scheiben und vier gewaschene Chicoréeblätter in Streifen schneiden.

4. Das Scampi-, das Tomaten- und das Avocadofleisch sowie die Chicoréestreifen auf einen flachen Teller geben. Das Tomatenketchup und den Tomatensaft mit Salz, Pfeffer, Zucker sowie Zitronensaft würzen und verrühren. Mit den Salatzutaten mischen.

5. Den Cocktail in den Avocadoschalen oder in zwei Sektschalen anrichten. Aus der Mayonnaise, dem Tomatenketchup, dem Weinbrand und dem Dill eine Cocktailsauce zubereiten und mit Salz und Cayennepfeffer würzen. Die Sahne mit einem Gummispachtel locker darunterziehen und die Sauce über die Cocktails verteilen.

6. Mit den restlichen zwei gewaschenen Chicoréeblättern, den Scampischwanzhälften und den Dillzweigen garnieren.

GEFLÜGELCOCKTAIL

FÜR 2 PORTIONEN
1 gebratene Hähnchenbrust (ca. 130 g)
1 reife Tomate
8 Champignons
1 ½ EL Chilisauce
Salz, frisch gemahlener weißer Pfeffer
etwas Zitronensaft

für die Cocktailsauce:
1 EL Mayonnaise
½ EL Crème double
1 EL Chilisauce
2 Blätter Pfefferminze
¼ TL frisch geriebener Meerrettich

zum Garnieren:
2 Blätter Friséesalat
2 Blätter Pfefferminze

ZUBEREITUNGSZEIT
ca. 25 Minuten

KALORIEN
Pro Portion ca. 175 kcal

SO WIRD'S GEMACHT

1. Die Hähnchenbrust in feine Scheiben schneiden. Die Tomate mit kochendem Wasser überbrühen, enthäuten, vierteln, entkernen und grob würfeln. Die Champignons waschen und in feine Scheiben schneiden.

2. Die vorbereiteten Zutaten in der mit Salz, Pfeffer und wenig Zitronensaft verrührten Chilisauce marinieren.

3. Aus der Mayonnaise, der Crème double, der Chilisauce und den feingehackten Pfefferminzblättern eine Sauce zubereiten. Mit Salz, Pfeffer und dem Meerrettich abschmecken.

4. Den gewaschenen und trockengetupften Friséesalat in zwei gekühlte Cocktailgläser geben. Den Geflügelcocktail darauf setzen und mit der Sauce bedecken. Mit den Pfefferminzblättern garnieren.
(auf dem Foto Seite 69: links)

SPARGELCOCKTAIL

FÜR 2 PORTIONEN
10 gekochte grüne Spargelstangen (Seite 220)
4 EL Spargelsud (Seite 220)
2 EL Weißweinessig
Salz
frisch gemahlener weißer Pfeffer
1 Prise Zucker

für die Cocktailsauce:
1 EL Crème fraîche
2 EL Joghurt
etwas Weißweinessig
1 EL feingehackte Kräuter (Kerbel, Petersilie u.a.)

zum Garnieren:
2 Salatblätter
einige Kerbelzweige

ZUBEREITUNGSZEIT
ca. ¼ Stunde
Marinierzeit: ca. ½ Stunde

KALORIEN
Pro Portion ca. 60 kcal

SO WIRD'S GEMACHT

1. Den Spargel in etwa 4 cm lange Stücke schneiden.

2. Den Spargelsud mit dem Weißweinessig, Salz, Pfeffer und etwas Zucker würzen. Die Spargelstücke darin etwa ½ Stunde im Kühlschrank marinieren.

3. Die Crème fraîche und den Joghurt verrühren, mit wenig Weißweinessig, Salz und Pfeffer würzen und die Kräuter dazugeben.

4. Den marinierten Spargel abtropfen lassen und vier Köpfe für die Garnitur beiseite legen. Je ein gewaschenes und trockengetupftes Salatblatt in ein Cocktailglas legen und den Spargel darauf verteilen. Mit der Kräutersauce bedecken und mit den Spargelspitzen und Kerbelzweigen garnieren. (auf dem Foto oben: rechts)

TOMATENCOCKTAIL

Das Fleisch von 4 enthäuteten (Seite 13) Tomaten mit einer Marinade aus 4 Eßlöffeln Tomatensaft, etwas Worcestershiresauce, Tabascosauce, Salz, Pfeffer, Zucker und 3 feingeschnittenen Basilikumblättern mischen und etwa 1 Stunde kalt stellen. Mit Basilikumblättern garnieren.

MATJESCOCKTAIL

2 Matjesfilets in etwa 5 mm breite Streifen schneiden. 12 weiße Weinbeeren vierteln, entkernen und mit den Matjesfiletstreifen, 2 Eßlöffeln rotem Portwein und ¼ Teelöffel gehacktem Dill etwa ½ Stunde im Kühlschrank marinieren lassen. Den Cocktail auf Salatblättern anrichten und mit Sahnemeerrettichrosetten (Seite 273), Weintrauben und Dillzweigen garnieren.

MELONENCOCKTAIL

1 kleine Cavaillonmelone schälen, entkernen und in dünne Scheiben schneiden. 1 kleine eingelegte Ingwerpflaume in feine Streifen schneiden, mit den Melonenscheiben, 1 Eßlöffel Ingwersirup sowie 2 Eßlöffeln rotem Portwein etwa ½ Stunde im Kühlschrank marinieren. Mit Zitronenmelisse garnieren.

CARPACCIO

Dies ist eine leichte, typisch italienische Vorspeise aus hauchdünnen, rohen marinierten Rinderfiletscheiben. Achten Sie beim Umgang mit dem rohen Fleisch besonders darauf, daß die Kühlkette nicht zu lange unterbrochen wird.

FÜR 2 PORTIONEN
100 g Rinderfilet
1 EL Zitronen- oder Limonensaft
2 EL kaltgepreßtes Olivenöl
Salz
frisch gemahlener schwarzer Pfeffer
2 EL geriebener Parmesan (ca. 15 g)
Salatblätter zum Garnieren

ZUBEREITUNGSZEIT
ca. 25 Minuten
Marinierzeit:
ca. ½ Stunde

KALORIEN
Pro Portion ca. 190 kcal

DAS PASST DAZU
Toastbrot oder französisches Stangenbrot, Butter

SO WIRD'S GEMACHT

1. Das Filet im Tiefkühlfach leicht anfrieren lassen. Anschließend in hauchdünne Scheiben schneiden (am besten geht das mit der Brotschneidemaschine, oder man läßt das Filet vom Metzger schneiden).

2. Die Filetscheiben auf einer flachen Platte auslegen. Den Zitronensaft mit dem Olivenöl mischen und die Scheiben damit gut bestreichen.

3. Das Fleisch mit Klarsichtfolie abgedeckt im Kühlschrank etwa ½ Stunde marinieren.

4. Die marinierten Filetscheiben auf zwei Tellern anrichten, mit Salz und Pfeffer würzen. Den Parmesan über das angerichtete Carpaccio streuen und es mit den geputzten Salatblättern garnieren.

VARIATIONEN
Das Rindercarpaccio kann man mit weißen Trüffelscheiben, gehackten Kräutern oder feingehackten Schalotten servieren.

RINDERFILET MIT MOZZARELLA

Dafür etwa 50 g Rinderfilet und 60 g Mozzarella in sehr dünne Scheiben schneiden und in einer Marinade aus 1½ Eßlöffeln Schalotten- oder Rotweinessig, ½ Teelöffel feingeschnittenen Schalotten und 2 Eßlöffeln kaltgepreßtem Olivenöl wie beim „Carpaccio" durchziehen lassen.
Mit gehacktem Basilikum, Salz und schwarzem Pfeffer würzen und mit Eichblattsalat und Oliven garnieren.

KALBSFILET MIT BASILIKUM

100 g Kalbsfilet in dünne Scheiben schneiden und mit einer Marinade aus 1 Eßlöffel Limonensaft, einer Spur Knoblauch und 2 Eßlöffeln Olivenöl bestreichen.
½ Teelöffel gehacktes Basilikum darüberstreuen und das Kalbsfilet wie das „Carpaccio" durchziehen lassen.
Die Kalbsfiletscheiben mit weißem Pfeffer und Salz würzen und mit dünnen Limonenscheiben und Basilikumblättern garnieren.

KALBSFILET MIT JAKOBSMUSCHELN

Etwa 50 g frisches Kalbsfilet und 60 g frische Jakobsmuscheln in sehr dünne Scheiben schneiden und mit einer Marinade aus 1½ Eßlöffeln Zitronensaft, ½ Teelöffel feingehacktem Estragon und 3 Eßlöffeln kaltgepreßtem Olivenöl bestreichen. Wie das „Carpaccio" durchziehen lassen.
Anschließend anrichten, mit Salz und weißem Pfeffer würzen und mit dünnen Zitronenscheiben, Sahnemeerrettich, Salat- und Estragonblättern garnieren.

LACHSTATAR MIT DILL

Fein geschnitten wie das Fleisch beim Tatar, so wird hier frischer roher Lachs serviert. Aber auch andere edle Fischsorten, wie zum Beispiel Steinbutt, lassen sich auf diese Art zubereiten.

FÜR 2 PORTIONEN
150 g Lachsfilet
Salz
frisch gemahlener weißer Pfeffer
¼ TL feingehackter Dill
1 TL kalt gepreßtes Olivenöl

für die Senfsauce:
½ TL scharfer Senf
1 ½ EL Zitronensaft
1 EL feingewürfelte Schalotten
½ Knoblauchzehe
frisch gemahlener schwarzer Pfeffer
2 EL kaltgepreßtes Olivenöl

zum Garnieren:
2 Feldsalatsträußchen
einige Dillzweige

ZUBEREITUNGSZEIT
ca. ½ Stunde

KALORIEN
Pro Portion ca. 280 kcal

DAS PASST DAZU
Vollkorntoast und gesalzene Butter

SO WIRD'S GEMACHT

1. Das Lachsfilet in sehr kleine Würfel schneiden. Mit Salz und Pfeffer würzen, den Dill und das Olivenöl daruntermischen.

2. Das Tatar in zwei Portionen teilen und mit geölten Händen zu runden Medaillons formen. Mit einem Messerrücken eindrücken.

3. Für die Sauce den Senf mit dem Zitronensaft, den Schalotten und der durchgepreßten Knoblauchzehe mischen. Mit Pfeffer und Salz würzen und das Olivenöl darunterrühren.

4. Die Feldsalatsträußchen zerteilen, waschen, abtropfen lassen und auf zwei Tellern anrichten, die Lachstatarmedaillons in die Mitte setzen und mit der Sauce beträufeln. Mit Dillzweigen garnieren.
(auf dem Foto rechts: oben)

STEINBUTT-TATAR IM LACHSMANTEL

100 g frisches Steinbuttfilet fein würfeln, mit Salz und weißem Pfeffer würzen und ½ Teelöffel feine Schnittlauchröllchen daruntermischen.
Das Tatar in 4 dünn geschnittene Räucherlachsscheiben einrollen.
1 ½ Eßlöffel geschlagene süße Sahne, 1 Teelöffel frisch geriebenen Meerrettich und 2 feingewürfelte Radieschen mischen und mit weißem Pfeffer, Salz und Zitronensaft abschmecken.
Die Sahne auf ein hartgekochtes, halbiertes Ei streichen. Die Tatarröllchen mit dem Ei, 2 Radieschenröschen, 2 gefüllten Oliven und etwas Kresse anrichten.

MARINIERTER LACHS MIT SENFRAHM

Eine leichte Zitronenmarinade unterstreicht den feinen Geschmack des Lachses, der Senfrahm setzt angenehm-pikante Akzente. Doch wichtig ist vor allem, daß der Fisch ganz frisch ist und wirklich dünn geschnitten wird.

FÜR 2 PORTIONEN
120 g frischer Lachs, in dünne Scheiben geschnitten

für die Marinade:
1 ½ EL Zitronensaft
2 EL kalt gepreßtes Olivenöl
Salz
frisch gemahlener Pfeffer

für den Senfrahm:
1 ½ EL scharfer Senf
½ TL grobkörniger Senf
2 EL süße Sahne
Zucker
½ TL feingehackter Estragon

zum Garnieren:
6 Estragonblätter
einige Salatblätter

ZUBEREITUNGSZEIT
ca. ¼ Stunde
Marinierzeit: ca. ½ Stunde

KALORIEN
Pro Portion ca. 235 kcal

DAS PASST DAZU
Toastbrot oder Brioche (Seite 252)

SO WIRD'S GEMACHT

1. Die Lachsscheiben auf einen flachen Teller legen.

2. Den Zitronensaft mit dem Olivenöl verrühren.

3. Zuerst eine Lachsseite damit bestreichen, dann die Scheiben wenden und die andere Seite bestreichen. Den Lachs mit Klarsichtfolie abdecken und dann etwa ½ Stunde kalt stellen.

4. Für den Senfrahm die beiden Senfsorten mit der Sahne glattrühren, mit Salz, Zucker und Pfeffer abschmecken und den Estragon hinzugeben.

5. Die Lachsscheiben auf zwei Tellern anrichten. Mit Salz und Pfeffer bestreuen und mit Estragon- und Salatblättern garnieren. Den Senfrahm getrennt dazu reichen.
(auf dem Foto rechts: unten)

MARINIERTER STEINBUTT

120 g sehr dünn geschnittenes frisches Steinbuttfilet auf beiden Seiten mit einer Marinade aus 2 Eßlöffeln Limonensaft und 2 Eßlöffeln kaltgepreßtem Olivenöl bestreichen. Mit ½ Teelöffel feingehacktem Dill bestreuen und wie den „Marinierten Lachs" durchziehen lassen.
Anschließend anrichten, mit Salz und weißem Pfeffer bestreuen und mit dünnen Limettenscheiben, Dillsträußchen und Radieschenröschen garnieren.

MARINIERTE JAKOBSMUSCHELN

Von 6 Muscheln den orangefarbenen Rogen und die Schließmuskelreste sorgfältig entfernen.
Die Muscheln sorgfältig waschen, trockentupfen und in sehr dünne Scheiben schneiden. Mit einer Marinade aus je 2 Eßlöffeln Limonensaft und kaltgepreßtem Olivenöl einstreichen und mit gehacktem Kerbel bestreuen. Wie den „Marinierten Lachs" durchziehen lassen.
1 ½ Eßlöffel geschlagene Sahne mit Salz, weißem Pfeffer und etwas Zitronensaft abschmecken, 1 Eßlöffel Sevruga- oder Ketakaviar darunterziehen.
Die marinierten Muschelscheiben anrichten, mit Meersalz und weißem Pfeffer bestreuen und mit einigen Salatblättern, Limonenscheiben und Kerbelzweigen sowie mit der Kaviarsahne garnieren.

GRUNDREZEPT

WILDPASTETE

Der Pastetenteig wird hier mit einer klassischen Fleischfarce gefüllt. Die Masse läßt sich jedoch auch für eine Terrine verwenden.

FÜR 15 PORTIONEN
für die Farce:
110 g Wildfleisch ohne Haut und Sehnen (Reh, Hirsch oder Hase)
110 g Schweinefleisch ohne Fett und Sehnen
200 g fetter, grüner Speck (ohne Schwarte)
Pastetensalzmischung (Seite 50)
frisch gemahlener weißer Pfeffer
6 fein zerstoßene Wacholderbeeren
¼ TL abgeriebene Schale einer unbehandelten Orange

für die Einlage:
250 g Wildrückenfilets
2 TL Öl
4 cl Weinbrand
80 ml Wildjus (Seite 257) oder klare Bratensauce (Fertigprodukt)
5 zerdrückte Wacholderbeeren
1 Knoblauchzehe
80 g gepökelte, gekochte Zunge
80 g grobgehackte Pistazien

zum Auskleiden der Form:
etwas Butter für die Form
450 g Pastetenteig (Seiten 246 und 247)
1 Eigelb
1 EL süße Sahne

zum Ausgießen der Pastete:
ca. 300 ml Madeiragelee (Seite 81)

BESONDERES KÜCHENGERÄT
1 Pasteten- oder Kastenform (ca. 1 l Inhalt)

ZUBEREITUNGSZEIT
ca. ½ Stunde
Kühlzeit: ca. 1 Stunde
Backzeit:
ca. ¾ Stunden
Zeit zum Durchziehen:
ca. 2 Tage

KALORIEN
Pro Portion ca. 320 kcal

DAS PASST DAZU
feingeschnittener Sellerie mit Walnußstückchen und Trauben, Johannisbeersauce mit Ingwerstreifen (Seite 272)

WAS MACHE ICH MIT RESTEN?
Die Pastete kann etwa 6 Tage im Kühlschrank aufbewahrt werden.

SO WIRD'S GEMACHT

1. Das Wild- und das Schweinefleisch sowie den Speck in kleine Stücke schneiden. Im Kühlschrank dann etwa 1 Stunde gut durchkühlen lassen.

2. Das Fleisch und den Speck getrennt mit Pastetensalzmischung, Pfeffer, Wacholderbeeren und Orangenschale kräftig würzen. Das Fleisch in der Küchenmaschine (Cutter) fein zerkleinern, dann erst die Speckwürfel in kleinen Mengen mit der Küchenmaschine darunterrühren. (Bei Maschinen mit geringem Fassungsvermögen die Farce in zwei Partien zubereiten.) (Foto 1)

3. Für die Einlage die Wildrückenfilets (sie sollten um 2 cm länger sein als die Form) mit dem Pastetensalz und Pfeffer kräftig würzen. Im heißen Öl rundherum 2 Minuten anbraten. Zum Abtropfen und Auskühlen auf ein Gitter legen.

4. Das Öl aus der Pfanne gießen, den Bratensatz mit dem Weinbrand ablöschen. Den Jus oder die Bratensauce dazugießen, die Wacholderbeeren sowie den zerdrückten Knoblauch dazufügen und sirupartig einkochen lassen. Den Fond nun durch ein feines Sieb passieren (Foto 2) und die Rückenfilets darin wenden.

5. Die Pökelzunge würfeln und zusammen mit den Pistazien unter die Farce arbeiten.

6. Die Form mit der Butter ausstreichen.

7. Den Pastetenteig etwa 4 mm dick ausrollen. Die Größe der Form (Boden, Seitenwände und Deckel) darauf markieren und den Teig mit einem Teigrädchen ausschneiden (Foto 3).

8. Den Teig leicht mit Mehl bestäuben, zusammenfalten und in die Form legen. Nun wieder auseinanderklappen und mit einem bemehlten Teigrest fest am Boden und an den Seitenwänden andrücken (Foto 4). In den Ecken den Teig mit dem Daumen so weit ausdrücken, daß er danach überall gleich dick ist. Den überstehenden Rand bis auf 2 cm abschneiden.

9. Etwa die Hälfte der Farce in die Form füllen. In die Mitte die Filets mit dem Jus drücken. Mit der restlichen Farce zustreichen (Foto 5). Die Pastetenform mehrmals auf ein feuchtes, dickes Tuch stoßen, damit die Luft in der Farce entweicht.

10. Den Backofen auf 250°C vorheizen. Das Eigelb mit der Sahne mischen. Die überstehenden Teigränder über die Farce legen und mit dem Ei-Sahne-Gemisch einpinseln. Den Teigdeckel darauf legen und mit einem Löffelstiel oder einem Messer fest andrücken (Foto 6). Auch die überstehenden Ränder gut andrücken.

Foto 1

Foto 2

Foto 3

Foto 4

Foto 5

Foto 6

Foto 7

Foto 8

Foto 9

Foto 10

11. Mit einem kleinen runden Ausstecher zwei Löcher aus dem Deckel stechen. Die Oberfläche mit der Ei-Sahne-Mischung bestreichen. Zwei Teigringe ausstechen und um die Öffnungen legen. Die Pastete mit den Teigresten verzieren (Foto 7) und nochmals mit der Eimischung bestreichen.

12. Die Pastete ¼ Stunde bei 250°C im vorgeheizten Backofen anbacken, dann bei 200°C eine weitere ½ Stunde backen.

13. Die Pastete in der Form erkalten lassen. Zum Durchkühlen in den Kühlschrank stellen. Solange die Pastete noch in der Form ist, sie durch die Öffnungen mit dem flüssigen, aber kalten Madeiragelee ausgießen, um die beim Backen entstandenen Hohlräume auszufüllen (Foto 8). Zum Festwerden wieder kalt stellen.

TIP

Sollte die Teigkruste beim Backen Risse bekommen haben, müssen diese vor dem Ausgießen mit Gelee mit Butter zugestrichen werden (Foto 9).

WILDTERRINE

(Foto 10)

Für diese Variation sollte man die Zubereitung des Grundrezeptes gut beherrschen. Dafür die Farce der Pastete mit insgesamt 50 g grobgehackten Pistazien, Haselnüssen und gewürfeltem Schinken verfeinern. Die Farce in eine mit dünnen Speckscheiben ausgelegte Terrinenform (ca. ½ l Inhalt) einfüllen, wie es bei der Pastete beschrieben ist, die Form verschließen und die Terrine im Wasserbad bei 140°C etwa ½ Stunde garen. Im Wasserbad auskühlen lassen und 3 Tage im Kühlschrank ruhen lassen. Zum Stürzen der Terrine die Form bis zum Rand in heißes Wasser tauchen. Die Terrine ergibt 10 Portionen.

GRUNDREZEPT

LACHSTERRINE

Diese feine Fischterrine kann kalt oder warm serviert werden und schmeckt frisch am besten. Grundlage ist eine leichte Sahnefarce, die vielseitig verwendbar ist.

FÜR 10 PORTIONEN
für die Farce:
200 g Lachsfilet
200 g süße Sahne
Salz
Cayennepfeffer
frisch gemahlener weißer Pfeffer
1 Eiweiß

für die Einlage:
100 g Lachsfilet
30 g Räucherlachs, gewürfelt
½ EL feingehackter Dill

BESONDERES KÜCHENGERÄT
1 Terrinenform (ca. ½ l Inhalt)

ZUBEREITUNGSZEIT
Vorbereitungszeit: ca. ½ Stunde
Garzeit: ca. ½ Stunde

KALORIEN
Pro Portion ca. 130 kcal

DAS PASST DAZU
Salat aus Gurkenscheiben und geviertelten Tomaten in einer Vinaigrette (Seite 84), Dillsauce (Seite 85), Toastbrot und Butter

WAS MACHE ICH MIT RESTEN?
Die Terrine kann in der verschlossenen Form etwa 5 Tage im Kühlschrank aufbewahrt werden. Gut in Klarsichtfolie verpackt, kann sie, am besten in der Form, etwa für 4 Wochen eingefroren werden.

SO WIRD'S GEMACHT

1. Das Lachsfilet in kleine Stücke schneiden und kalt stellen. Die Sahne in ein flaches Gefäß gießen und im Gefrierfach anfrosten (Foto 1).

2. Die Lachsstücke mit Salz, Cayennepfeffer und weißem Pfeffer leicht würzen. In der Küchenmaschine (Cutter) fein pürieren. Zunächst das Eiweiß, dann löffelweise die Sahne mit der Küchenmaschine einarbeiten. Die Farce durch ein feines Rahmensieb streichen (Foto 2).

3. Für die Einlage das Lachsfilet in 6 mm große Würfel schneiden, mit Salz und Pfeffer würzen. Zusammen mit dem gewürfelten Räucherlachs und dem Dill unter die Farce ziehen. Den Backofen auf 120° C vorheizen.

4. Die Terrinenform faltenlos mit Klarsichtfolie auslegen und die Farce einfüllen (Foto 3). Die Form mehrmals auf ein dickes, feuchtes Tuch stoßen, damit noch eventuell vorhandene Hohlräume, die sich beim Einfüllen gebildet haben, beseitigt werden. Die Form gut verschließen.

5. Die Terrine im Wasserbad im vorgeheizten Backofen etwa ½ Stunde garen lassen (Foto 4). Die fertige Terrine aus dem Ofen nehmen und im kalten Wasserbad abkühlen lassen.

6. Kurz vor dem Servieren die Lachsterrine mit Hilfe der Klarsichtfolie aus der Form nehmen (Foto 5) und in etwa 5 mm dicke Scheiben schneiden.

TIP
Diese Farce kann auch zum Füllen von Seezungenfilets, Forellen, Hecht oder Zander verwendet werden (Foto 6, siehe dazu auch die Hinweise im einleitenden Teil des Buches).

Foto 1

Foto 2

Foto 3

Foto 4

Foto 5

Foto 6

Foto 7

Foto 8

Foto 9

Foto 10

GRUNDREZEPT

TIP
Sollten Sie keine Terrinenform haben, können Sie die Lachsterrine auch ohne Form zubereiten. Dazu die Farce fest in Klarsichtfolie einpacken, an den Enden gut zubinden (Foto 7) und in heißem Wasser schwimmend bei einer Temperatur von etwa 75°C (am besten mit einem Einmachthermometer kontrollieren) 20 bis 25 Minuten ziehen lassen.

LACHSTERRINE IN ZARTER HÜLLE

Auflaufförmchen oder Tassen ausbuttern und mit blanchierten Spinat-, Mangold- oder Lauchblättern auslegen. Die Farce einfüllen (Foto 8) und die Terrine im Wasserbad bei 140°C 10 bis 12 Minuten ziehen lassen (Foto 9). Warm mit Meerrettichsauce oder Kräutersauce (Seite 260) servieren.

FISCHKLÖSSCHEN

Die Farce ohne Einlage zubereiten. Mit einem Kaffeelöffel kleine Klößchen für Suppeneinlage oder für eine Garnitur oder ein Ragout abstechen. In leicht gesalzenem Wasser oder in einer milden Brühe ungefähr 5 Minuten ziehen lassen (Foto 10).

SAHNEFARCEN

Sahnefarcen, wie sie bei der Lachsterrine beschrieben wurden, können nach dem gleichen Prinzip und im gleichen Gewichtsverhältnis auch mit anderen Fischarten, mit Fleisch, Geflügel oder Krustentieren zubereitet werden. Für Fischfarcen sind folgende Arten besonders gut geeignet: Forelle, Hecht, Lachs und Zander, denn ihr Fleisch hat ein besonders gutes Bindevermögen. Abgerundet werden Fisch-, Krusten- und Schalentierfarcen mit Kräutern, wie Basilikum, Dill, Estragon, Kerbel, Petersilie und Schnittlauch.

GRUNDREZEPT

GEFLÜGELLEBER-MOUSSE

Dieses Rezept zeigt, worauf es bei einer Mousse aus Leber oder Fisch ankommt, damit man einen zarten, lockeren Schaum erhält, der auf der Zunge zergeht.

FÜR 4 PORTIONEN
100 g Hühnerleber
Salz
frisch gemahlener weißer Pfeffer
Butter zum Braten
1 ½ Blätter Gelatine
140 g süße Sahne
Selleriesalz
1 cl Weinbrand
1 cl roter Portwein

ZUBEREITUNGSZEIT
ca. 25 Minuten
Zeit zum Kühlen:
ca. 2 Stunden

KALORIEN
Pro Portion ca. 160 kcal

DAS PASST DAZU
geschälte Feigen, die in Butter angebraten und in Portwein gegart wurden, Toastbrot

WAS MACHE ICH MIT RESTEN?
Geflügellebermousse kann sehr gut als Brotaufstrich verwendet werden.

SO WIRD'S GEMACHT

1. Von der Hühnerleber Galle und Gallenflecken entfernen (Foto 1) und die Leber in Stücke schneiden. Sie mit Salz und Pfeffer würzen, in wenig Butter rasch rosa braten. Zum Abkühlen und Abtropfen auf ein Gitter legen.

2. Die Gelatine in kaltem Wasser einweichen, danach ausdrücken und mit 1 Eßlöffel süßer Sahne im heißen Wasserbad auflösen.

3. Die Geflügelleber mit der aufgelösten Gelatine im Mixer oder in der Küchenmaschine pürieren und durch ein feines Sieb streichen (Foto 2).

4. Das Leberpüree mit etwas Selleriesalz, dem Weinbrand und dem Portwein abschmecken und glattrühren (Foto 3). Das Püree kühl stellen.

5. Die restliche Sahne steif schlagen. Wenn das Leberpüree anfängt zu stocken, in mehreren Etappen die Sahne dazugeben. Das erste Drittel mit einem Schneebesen, den Rest mit einem Gummispachtel darunterziehen (Foto 4).

6. Die Lebermousse im Kühlschrank durchkühlen und fest werden lassen. Mit einem in lauwarmes Wasser getauchten Dessertlöffel acht „Eier" abstechen und sie anrichten.

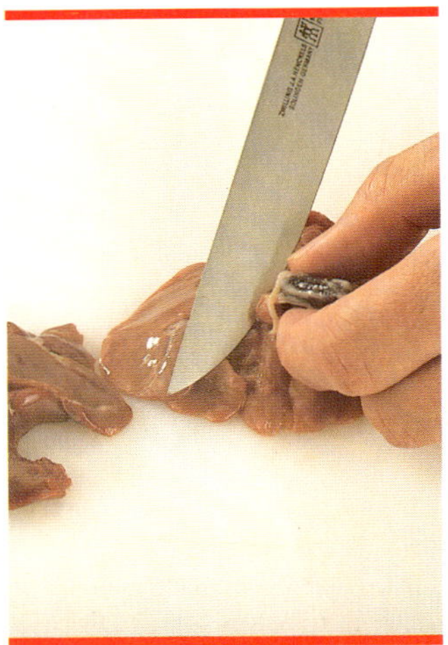

Foto 1

Foto 2

Foto 3

Foto 4

RÄUCHERFISCHMOUSSE

125 g Räucherfisch (Lachs oder Stör) mit 2 Blättern aufgelöster Gelatine und etwa 2 Eßlöffeln Sahne pürieren, durch ein feines Sieb streichen und mit Meerrettich, Pfeffer und, wenn nötig, mit Salz abschmecken. Die Mousse kalt stellen. Wenn sie zu stocken beginnt, 125 g geschlagene Sahne wie bei der „Geflügellebermousse" darunterziehen. Mit Klarsichtfolie abdecken und etwa 2 Stunden kalt stellen. Die Räucherfischmousse kann auch in eine kleine, etwa 300 ml fassende, mit Klarsichtfolie ausgelegte Form gefüllt werden. Nach dem Festwerden stürzen und in Scheiben schneiden. Mit Forellen- oder mit Lachskaviar garnieren.
Auch von anderen Räucherfischen kann eine Mousse zubereitet werden. Bei Forellen- oder Karpfenmousse müssen Sie allerdings die Sahnemenge um 25 g erhöhen, da das Fleisch dieser Fische kompakter ist.

AVOCADOMOUSSE

(Foto 8)

FÜR 4 PORTIONEN
200 g Blattspinat für die „Spinatmatte"
1 ½ Blätter Gelatine
135 g süße Sahne
25 g Apfel
120 g reifes Avocadofleisch
Salz
frisch gemahlener weißer Pfeffer

ZUBEREITUNGSZEIT
ca. 25 Minuten
Zeit zum Kühlen:
ca. 2 Stunden

KALORIEN
Pro Portion ca. 190 kcal

DAS PASST DAZU
Toastbrot oder französisches Stangenweißbrot und Butter
Meeresfrüchtesalat (Seite 93)

Foto 5

Foto 6

Foto 7

Foto 8

SO WIRD'S GEMACHT

1. Den Spinat putzen und waschen. Eine kleine Menge Spinat mit etwa 2 Eßlöffeln Wasser pürieren. Nach und nach den restlichen Spinat dazugeben. Den pürierten Spinat in einem Passiertuch ausdrücken und den Saft in einer Schüssel auffangen (Foto 5).

2. Die Schüssel mit dem Spinatsaft in ein heißes, aber nicht kochendes Wasserbad setzen und den Saft erhitzen, bis sich das Blattgrün (Chlorophyll) zusammenzieht (Foto 6). Der Saft darf auf keinen Fall zu heiß werden. Mit einem feinen Teesieb die „Spinatmatte" abschöpfen und abtropfen lassen (Foto 7).

3. Die Gelatine in kaltem Wasser quellen lassen, anschließend ausdrücken und mit 1 Eßlöffel Sahne im heißen Wasserbad auflösen. Den Apfel fein reiben.

4. Das Avocadofleisch mit Salz und Pfeffer würzen. Zusammen mit der Gelatine, dem Apfel und der „Spinatmatte" pürieren.

5. Das Avocadopüree durch ein feines Sieb streichen und kalt stellen. Die restliche Sahne steif schlagen. Wenn das Püree zu stocken beginnt, die Sahne wie bei der „Geflügellebermousse" beschrieben vorsichtig darunterziehen.

6. Die Mousse in kalt ausgespülte Förmchen füllen oder in der Schüssel lassen und glattstreichen. Mit Klarsichtfolie abdecken und zum Festwerden kalt stellen.

TIP
Die Spinatmatte ist ein natürlicher, geschmacksneutraler Farbstoff.

GRUNDREZEPT

GEMÜSE IN GELEE

Aspikgerichte wie dieses sind kalorienarme, erfrischende Vorspeisen, die besonders gern in den Sommermonaten serviert werden. Ihr Geschmack und ihre Qualität hängen ganz wesentlich vom verwendeten Gelee ab. Bereiten Sie dieses mindestens einen Tag vorher zu. Es läßt sich dann viel leichter verarbeiten.

FÜR 4 PORTIONEN
für das Weißweingelee:
60 g Lauch und Sellerie
4 weiße Pfefferkörner
½ kleine Knoblauchzehe
50 g mageres Rindfleisch, durch die grobe Scheibe des Fleischwolfs gedreht (Klärfleisch)
½ Eiweiß
375 ml Rinderbrühe (Seite 100) oder Rinderfond (aus dem Glas)
75 ml Weißwein
4 Blätter Gelatine
Salz

für die Gemüseeinlage:
60 g Karotte
60 g Sellerie
50 g grüne Bohnen
50 g frische Erbsen

BESONDERE KÜCHENGERÄTE
4 Förmchen (à 100 ml Inhalt)

ZUBEREITUNGSZEIT
Zubereitungszeit des Weißweingelees: ca. 1 Stunde
Quellzeit des Weißweingelees: mindestens 1 Tag
Zubereitungszeit des Gemüsegelees: ca. ¾ Stunden
Zeit zum Kühlen: ca. 2 Stunden

KALORIEN
Pro Portion ca. 60 kcal

WAS MACHE ICH MIT RESTEN?
Das Weißweingelee hält sich bei sehr sorgfältiger Zubereitung etwa 1 Woche im Kühlschrank. Wenn Sie Aspikgerichte lieben, machen Sie deshalb ruhig größere Mengen, je länger die Gelatine ausquellen kann, desto besser läßt sie sich später verarbeiten.

DAS PASST DAZU
Vinaigrette (Seite 84), frische Blattsalate (Seite 86), Bauernbrot und gesalzene Butter

SO WIRD'S GEMACHT

1. Das Gemüse schälen und sehr fein würfeln, die Pfefferkörner zerdrücken, die Knoblauchzehe schälen und ebenfalls zerdrücken. Das Klärfleisch mit dem Gemüse, den Pfefferkörnern, dem Knoblauch, dem Eiweiß und 3 Eßlöffeln Wasser kräftig mit der Hand durcharbeiten.
2. Mit der Brühe und dem Weißwein in einen Topf geben und unter ständigem Rühren mit einem Metallspachtel zum Kochen bringen und abschäumen. Die Hitzezufuhr reduzieren und das Ganze etwa ½ Stunde sieden lassen.
3. In der Zwischenzeit die Blattgelatine mit 3 Eßlöffeln Wasser begießen und quellen lassen.
4. Die Brühe mit Salz abschmecken. Kochendheiß durch eine Filtertüte direkt auf die gequollene Gelatine gießen (Foto 1). Umrühren, erkalten und fest werden lassen. Bis zur Verwendung im Kühlschrank aufbewahren.
5. Die Karotte und den Sellerie schälen und in 5 mm große Würfel, die Bohnen in gleich große Stücke schneiden. Die Karotten- und die Selleriewürfel in leicht gesalzenem Wasser bißfest garen und darin auskühlen lassen.
6. Die Bohnen und die Erbsen in gesalzenem Wasser bißfest garen und dann abschrecken.
7. Das Gemüse zuerst in einem Sieb, anschließend auf einem Tuch sorgfältig abtropfen lassen.
8. Das Gelee in heißes Wasser stellen und auflösen, dann in Eiswasser wieder kaltrühren.
9. Das Gemüse mit dem Gelee in einer Schüssel mischen. Die Schüssel in Eiswasser stellen und das Gemüsegelee mit einem kleinen Saucenlöffel vorsichtig kaltrühren, so daß sich nicht zu viele Bläschen bilden.
10. Die Förmchen mit kaltem Wasser ausspülen und das stockende Gemüsegelee hineinfüllen (Foto 2). Das Gelee im Kühlschrank durchkühlen lassen.
11. Zum Stürzen die Förmchen bis knapp unter den Rand ganz kurz in heißes Wasser tauchen. Das Gelee zuerst in die Hand stürzen (Foto 3), dann auf vier kalten Tellern anrichten.

HINWEIS
Für die Zubereitung der einzelnen Variationen sollten Sie das Grundrezept gut beherrschen.

Foto 1

Foto 2

Foto 3

Foto 4

Foto 5

Foto 6

Foto 7

Foto 8

Foto 9

Foto 10

GELEE-VARIATIONEN

Für Eier- oder Fischgerichte in Gelee benötigt man ein sehr helles Gelee (Foto 4, Mitte). Man läßt dann das Klärfleisch weg und verwendet statt dessen die doppelte Eiweißmenge.
Madeira-, Portwein- oder Sherrygelee (Foto 4, links) wird wie das Weißweingelee mit Klärfleisch zubereitet. Man kann jedoch noch Karotten dazugeben. Den Weißwein ersetzt man durch den jeweils entsprechenden Wein.
Um eine schöne Farbe zu erhalten, wird das Madeiragelee (Foto 4, rechts) häufig mit etwas Zuckercouleur gefärbt. Dem Portweingelee kann man noch 1 Eßlöffel Tomatenmark beifügen, das gibt ihm einen leicht rötlichen Farbton.

MEERESFRÜCHTE IN GELEE

(Foto 5)
Für 4 Portionen 1 gekochten Garnelenschwanz (50 g), je 50 g gekochte Jakobsmuscheln, Lachs- und Seezungenfilet in gleich große Stücke schneiden. Mit 1 Eßlöffel Tomatenfleischwürfel und ½ Eßlöffel gehackten Dill in eine Schüssel geben. Mit 200 ml aufgelöstem, kaltem Weißweingelee mischen und kaltrühren. Das Gelee in 4 Förmchen (100 ml Inhalt) füllen und im Kühlschrank etwa 2 Stunden kalt stellen. Das Gelee mit Salaten und einer grünen Sauce (Seite 271) servieren.

GEFLÜGEL IN ESTRAGONGELEE

(Foto 6)
Für 2 Portionen 2 Tarletteförmchen (mit je 120 ml Inhalt) mit einer dünnen Schicht aufgelöstem, kaltem, mit Estragon gewürztem Weißweingelee auskleiden (siehe „Spargelspitzen und Krevetten in Gelee“). Eine gekochte Hähnchenbrust (130 g) schräg in dünne Scheiben schneiden, leicht salzen und fächerartig in die Förmchen legen. Das restliche Gelee in Eiswasser kaltrühren. Nach und nach vorsichtig über das Geflügelfleisch gießen. Die Hähnchenscheiben dürfen dabei auf keinen Fall aufschwimmen. Das Gelee mindestens 2 Stunden kalt stellen.

SPARGEL UND KREVETTEN IN GELEE

(Foto 10)
Für 4 Portionen vier Förmchen (mit je 100 ml Inhalt) mit aufgelöstem, kaltem Weißweingelee auskleiden. Dazu die Förmchen bis zum Rand mit Weißweingelee füllen und in Eiswasser (es darf nur bis kurz unter den Rand reichen) setzen. Nach einigen Sekunden mit dem Finger fühlen, wie dick die Geleeschicht am Rand ist (Foto 7). Hat sie eine Stärke von etwa 2 mm erreicht, das noch flüssige Gelee im Inneren zum restlichen Gelee zurückgießen (Foto 8). Die ausgegossenen Förmchen für einige Sekunden wieder in das Eiswasser zurücksetzen (Foto 9), bis das Gelee an den Wänden ganz fest ist. Dann in den Kühlschrank stellen.
Auf den Boden eines jeden Förmchens 1 kleines Dillsträußchen legen. 12 gekochte Spargelspitzen und 60 g Krevetten darauf verteilen. Nach und nach mit dem restlichen, kalten Gelee auffüllen und zum Festwerden in den Kühlschrank stellen.

SALATE

Ebenso wie die Suppe dürfte der Salat zu den ganz ursprünglichen Formen menschlicher Ernährung gehören. Die „Sammler" unter unseren Vorfahren haben sich zunächst von wildwachsendem Obst und Beeren, von Wurzeln, Getreide und selbstverständlich auch von eßbaren Blättern ernährt.

Und irgendwann entdeckten sie auch die verschiedenen Möglichkeiten, das „Rohmaterial" geschmacklich ein wenig interessanter anzurichten. Heute jedenfalls wird Salat nicht mehr nur aus Blättrigem zusammengestellt: ob üppig und schüsselfüllend, mit zahlreichen Zutaten und feinsten Marinaden oder auf gute Hausfrauenart angerichtet – Salate gehören zu den wichtigsten Bestandteilen unserer Ernährung. Inzwischen gibt es einen regelrechten Salatkult, eine Salatkultur.

Es sollte kein Tag vergehen, an dem wir unseren Vitaminbedarf nicht weitgehend mit Salat decken. Dabei ist es ganz gleich, ob wir ihn zur Hauptmahlzeit erhöhen und mit vielerlei „festen" Bestandteilen wie gebratenen Fleischstückchen, etwas Fisch oder anderem anreichern oder ob er selbstbewußter – möglichst erster – Gang in einem Menü wird. Eines sollte man allerdings nicht tun: ihn zur Beilage „degradieren" und bescheiden neben den Hauptgang stellen.

GRUNDREZEPT

VINAIGRETTE

Das hier vorgestellte Grundrezept läßt sich, wie alle anderen Salatsaucen auch nach Belieben variieren, je nachdem ob sie zu Blatt- und Gemüsesalaten oder eher zu sättigenden Varianten mit Fleisch, Fisch oder Hülsenfrüchten passen sollen.

FÜR 2 PORTIONEN
1 EL weißer oder roter Weinessig
Salz
½ TL scharfer Senf (vorzugsweise Dijonsenf)
3 EL Öl
frisch gemahlener weißer Pfeffer
1 EL feingehackte Kräuter (Petersilie, Schnittlauch, Kerbel)

ZUBEREITUNGSZEIT
ca. 5 Minuten

KALORIEN
Pro Portion ca. 135 kcal

PASST ZU
Fleisch-, Fisch- und Käsesalaten, zu Spargel- und Tomatensalat, zu Partysalaten und zu Eiersalat

SO WIRD'S GEMACHT
1. Den Essig zusammen mit etwas Salz und dem Senf in einer Schüssel so lange verrühren, bis sich das Salz aufgelöst hat.

2. Das Öl langsam unter Rühren dazugießen.

3. Die Vinaigrette mit Pfeffer würzen und mit den Kräutern mischen.

TIPS
– In der klassischen französischen Küche wird der Senf oft weggelassen. In der provenzalischen Küche gibt man ihn zusammen mit etwas zerdrücktem Knoblauch dazu.
– Bei der Zubereitung dieser oder ähnlicher Salatsaucen ist es wichtig, den beschriebenen Zubereitungsablauf genau einzuhalten. Verrühren Sie zum Beispiel zuerst das Öl mit Salz, kann sich dieses nicht auflösen und somit der Sauce keinen Geschmack geben.

VINAIGRETTE MIT ZWIEBEL ODER KNOBLAUCH
Die klassische Vinaigrette läßt sich auf einfache Art abwandeln, zum Beispiel mit feingewürfelten Zwiebeln, Schalotten oder mit zerdrücktem Knoblauch.

MEERRETTICH-VINAIGRETTE
Etwas frisch geriebenen Meerrettich hinzufügen (paßt besonders gut zu Siedfleischsalaten).

GEMÜSE-VINAIGRETTE
Sehr kleine Gemüsewürfel hineingeben, zum Beispiel von geschälten Tomaten, ungeschälten Zucchini oder Staudensellerie.

SARDELLEN-VINAIGRETTE
Gehackte Sardellen, Kapern und Cornichons in die Vinaigrette geben.

VINAIGRETTE MIT EI
Ein gehacktes, hartgekochtes Ei hinzufügen.

NUSSVINAIGRETTE
Walnußöl und gehackte Walnußkerne in die Vinaigrette geben.

ITALIENISCHE SAUCE
Für diese beliebte Salatsauce etwas Salz auf einen Eßlöffel geben, 1 Eßlöffel Essig daraufgießen und dann beides mit der Gabel über einer Schüssel so lange verrühren, bis sich das Salz ganz aufgelöst hat. Dies ist die original-italienische Methode, man kann aber auch das Salz und den Essig direkt in der Schüssel verrühren.
Die Essig-Salz-Mischung mit 2 Eßlöffeln Olivenöl gut verrühren und mit Pfeffer würzen.

VARIATIONEN
Ergänzen Sie die Sauce durch
– feingewürfelte Schalotten oder Zwiebeln, feingeschnittene Frühlingszwiebeln
– eine zerdrückte Knoblauchzehe
– durch verschiedene feingehackte Kräuter
– durch wenig zerdrückten Roquefort- oder Ziegenkäse
– durch ½ Eßlöffel Honig und 1 Spritzer Sojasauce
– ½ Teelöffel scharfen Senf.

CREMEDRESSING

Die Verbindung aus Ei und Öl gibt diesem Dressing die cremige Konsistenz. Abgeschmeckt wird es mit Senf, Zucker, einer Prise Worcestershiresauce.

FÜR CA. 375 MILLILITER (8 PORTIONEN)
½ Eigelb
½ TL Salz
1 TL scharfer Senf (vorzugsweise Dijonsenf)
50 ml Weißweinessig
1 TL Zitronensaft
¼ l kaltgepreßtes Sonnenblumenöl oder Rapsöl
50 ml warme Rinderbrühe (Seite 100) oder Fleischbrühe (aus Fertigprodukt)
frisch gemahlener weißer Pfeffer
½ TL Zucker
1 TL Worcestershiresauce

ZUBEREITUNGSZEIT
ca. 10 Minuten

KALORIEN
Pro Portion ca. 35 kcal

PASST ZU
Blattsalaten, zu Chicorée, zu Fenchel- und Geflügelsalaten, zu Salaten mit Garnelen, Crab meat (Krebsfleisch) oder Champignons

WAS MACHE ICH MIT RESTEN?
Diese Salatsauce oder ein Rest davon läßt sich in einem gut verschließbaren Gefäß, zum Beispiel in einer Mineralwasserflasche, 1 bis 2 Wochen im Kühlschrank aufbewahren.

SO WIRD'S GEMACHT
1. Das halbe Eigelb zusammen mit Salz, Senf, Essig und Zitronensaft in einer Schüssel so lange verrühren, bis sich das Salz aufgelöst hat. Alles in einen Mixer geben und kurz bei höchster Stufe durchmixen.

2. Das Öl in kleinsten Portionen unter Rühren dazugießen. Die warme Brühe dazugeben und alles nochmals gut durchmixen.

3. Das Dressing mit Pfeffer, (3 bis 4 Umdrehungen aus der Mühle), Zucker und Worcestershiresauce gut abschmecken.

JOGHURTSAUCE

Diese leichte, kalorienarme Sauce aus Joghurt, Senf und etwas Öl kann auf vielfältige Weise variiert werden.

FÜR CA. 375 MILLILITER (8 PORTIONEN)
375 g Joghurt
½ EL scharfer Senf (vorzugsweise Dijonsenf)
1 EL Sonnenblumen- oder Traubenkernöl
1 EL Zitronensaft
1 EL Fleischbrühe (aus Fertigprodukt)
Salz
frisch gemahlener weißer Pfeffer

ZUBEREITUNGSZEIT
ca. 5 Minuten

KALORIEN
Pro Portion ca. 45 kcal

PASST ZU
Blattsalaten, gemischten Salaten, Spargel- und Fenchelsalaten

WAS MACHE ICH MIT RESTEN?
Diese Sauce oder ein Rest davon hält sich in einem gut verschlossenen Gefäß im Kühlschrank 3 bis 4 Tage.

SO WIRD'S GEMACHT
1. Den Joghurt mit dem Senf verrühren. In einen Mixer geben und auf höchster Stufe kurz durchmixen.

2. Das Öl, den Zitronensaft und die Brühe unter Rühren dazugeben.

3. Die Sauce mit Salz und Pfeffer würzen.

TIP
Wenn Sie die Joghurtsauce mit Zwiebeln oder Knoblauch variieren möchten, geben Sie diese erst unmittelbar vor dem Gebrauch dazu, sonst verändert sich während des Aufbewahrens der Geschmack der Sauce nachteilig.

VARIATIONEN
– Nach Belieben Kräuter dazugeben.
– Mit wenig Curry- oder Paprikapulver abschmecken.
– Das Öl durch 1 Eigelb ersetzen. Zwar erhöht das Eigelb oder das Öl den Fett- und damit den Kaloriengehalt der Sauce, doch wird sie dadurch leichter gebunden und schön sämig. Bevorzugen Sie sehr kalorienarme Variationen, sollten Sie beides weglassen.
– Den Joghurt durch Dickmilch oder saure Sahne ersetzen oder 50 g Joghurt gegen 50 g Magerquark austauschen.

DILLSAUCE
½ Eßlöffel Dillspitzen dazugeben (sehr fein zu Fisch- und Spargelsalaten oder zu Partysalaten mit Räucherlachsstreifen).

GRUNDREZEPT

BLATTSALAT

Viele neue Salatzüchtungen und auch längst vergessene Sorten gesellten sich in den letzten Jahren zu den bekannten Blattsalaten. Das große Angebot macht es möglich, einen bunten Salatteller immer wieder anders zusammenstellen.

FÜR 2 PORTIONEN
½ kleiner Kopfsalat oder Friséesalat
50 g Feldsalat
1 Staude roter Chicorée (italienischer Chicorée, Cicorino rosso, ersatzweise weißer Chicorée)
Salz
2 EL Gartenkresse
Italienische Salatsauce (Seite 84)
frisch gemahlener weißer Pfeffer

ZUBEREITUNGSZEIT
ca. 20 Minuten

KALORIEN
Pro Portion ca. 150 kcal

WAS MACHE ICH MIT RESTEN?
Ein fertig angemachter Salat läßt sich nicht aufbewahren. Die geputzten und sehr gut trockengeschleuderten Salatblätter halten sich jedoch problemlos 3 bis 4 Tage in einer Plastiktüte im Gemüsefach des Kühlschranks.

SO WIRD'S GEMACHT

1. Beim Kopfsalat oder beim Friséesalat die Blätter vom Strunk lösen. Zähe, grüne Blätter entfernen. Die einzelnen Feldsalatröschen von den kleinen Wurzeln und den gelben Außenblättern befreien.

2. Die äußeren Blätter der Chicoréestaude entfernen und den Strunk keilförmig herausschneiden. Die Staude in einzelne Blätter zerteilen.

3. Die Salate einige Minuten in wenig gesalzenes, kaltes Wasser legen. Das Salz tötet eventuell vorhandenes Ungeziefer ab. Die Kresse separat waschen.

4. Die Salate und die Kresse aus dem Wasser nehmen, in eine Salatschleuder geben und gut trockenschleudern. Sind die Salate sehr sandig, müssen sie mehrmals gewaschen werden.

5. Die Kopfsalat- oder die Friséesalat-, die Feldsalat- und die Chicoréeblätter in kleinere Stücke teilen. Die Salatsauce zubereiten. Unmittelbar vor dem Servieren Salat und Kresse in einer großen Schüssel vorsichtig mit der Sauce mischen und, wenn nötig, noch mit etwas Pfeffer nachwürzen.

TIPS
– Es ist sehr wichtig, daß die Salatblätter sehr gut trockengeschleudert werden, damit wirklich das gesamte Wasser entfernt wird. Wenn das nicht geschieht, verwässert die Salatsauce.
– Die Größe und damit das Gewicht der Salatköpfe schwankt häufig je nach Jahreszeit und Herkunft. Rechnen Sie pro Portion insgesamt 50 bis 75 g geputzten Blattsalat.

VARIATIONEN
– Salate je nach jahreszeitlichem Angebot verwenden, zum Beispiel Löwenzahn, Portulak, neben rotem Chicorée andere italienische Blattsalate, zarte Spinatblätter, Chinakohl oder Eisbergsalat.
– Zur Abwechslung Joghurtsauce oder Cremedressing (Seite 85) verwenden.
– Kleine Weißbrotwürfel in Butter goldgelb rösten (Croûtons), nach Belieben mit dem Saft einer Knoblauchzehe beträufeln und sie zusammen mit ausgebratenen Speckwürfelchen unter den Salat mischen.
– Walnußöl, etwas Senf, Sherryessig und zerdrückten Knoblauch für die Sauce verwenden und eventuell Croûtons (siehe oben) oder gehackte Walnüsse über den Salat streuen (paßt sehr gut zu Löwenzahn, Kopfsalat oder Feldsalat).
– Im Frühjahr nur zarten Kopfsalat und Kresse verwenden und die Salatschüssel mit einer angeschnittenen Knoblauchzehe ausreiben. Für die Sauce Rotweinessig und Haselnußöl nehmen. Mit Radieschen garnieren und mit gerösteten Haselnußscheibchen bestreuen.
– Zu einer Vorspeise avanciert ein einfacher Blattsalat, wenn man ihn mit kurzgebratener Geflügelleber, mit Scampi oder Garnelen belegt. Diese Beilagen sollten immer lauwarm sein.

GRUNDREZEPT

GEMISCHTER SALAT

Man sollte ihn nur aus Zutaten von bester Qualität zubereiten, und das ist auch der Grund, warum sich ein gemischter Salat mit jeder Saison ändert. Entscheiden Sie erst bei Ihrem Gemüsehändler oder auf dem Wochenmarkt, welche Gemüsesorten und welche Salate Sie verwenden möchten.

FÜR 2 PORTIONEN
1 reife Tomate
50 g verschiedene Blattsalate
Salz
½ Stange Staudensellerie
½ kleine Fenchelknolle
1 kleine rote Zwiebel oder
1 Frühlingszwiebel
50 g gekochte weiße oder rote Bohnenkerne (Seite 22, eventuell auch aus der Dose)
100 g bißfest gekochte, grüne Bohnen (Seite 215)
½ rote, grüne oder gelbe Paprikaschote
3 Basilikumblätter oder etwas Kerbel

<u>für die Sauce:</u>
Italienische Salatsauce (Seite 84)
½ TL Senf
½ Knoblauchzehe nach Belieben

ZUBEREITUNGSZEIT
(ohne Kochzeit für das Gemüse) ca. 25 Minuten

KALORIEN
Pro Portion ca. 245 kcal

SO WIRD'S GEMACHT

1. Die Tomate waschen und den Stielansatz entfernen. Die Tomate vierteln und kurz abtropfen lassen oder ausdrücken, damit sie später im Salat nicht zuviel Flüssigkeit abgibt.

2. Die Blattsalate putzen, in leicht gesalzenem Wasser waschen und dann gut trokkenschleudern.

3. Die Selleriestange in Scheibchen schneiden. Von der Fenchelknolle äußere harte Blätter entfernen und den Fenchel in feine Streifen schneiden.

4. Die Zwiebel schälen oder von der Frühlingszwiebel die Wurzeln abschneiden. Die Zwiebel in feine Scheiben oder die Frühlingszwiebel in sehr dünne Ringe schneiden.

5. Die Bohnenkerne und die grünen Bohnen gut abtropfen lassen.

6. Die halbe Paprikaschote waschen und in sehr feine Streifen schneiden. Die Basilikumblätter zerzupfen oder die Kerbelblättchen von den Stielen abstreifen.

7. Die Sauce zubereiten, mit etwas Senf und der geschälten und zerdrückten Knoblauchzehe abschmecken.

8. Die vorbereiteten Blattsalate und das Gemüse vor dem Servieren mit der Sauce in einer großen Schüssel vorsichtig mischen.

TIP
Wenn man den Salat besonders gut machen will, kann man auch die Kerne der Tomaten aus den Vierteln entfernen oder die Tomaten mit heißem Wasser überbrühen und enthäuten.

VARIATIONEN
– Anstelle des Olivenöls eine andere Ölsorte verwenden.
– Die Salatzutaten je nach Saison zusammenstellen. Im Frühjahr zum Beispiel die Bohnen durch gekochten Spargel ersetzen, im Winter Feldsalat und Kirschtomaten verwenden, da die großen Tomaten aus den Treibhäusern häufig kein gutes Aroma haben.
– Rohe oder gekochte und in Scheiben geschnittene Champignons unter den Salat mischen.
– Blattsalate weglassen und dafür abgetropften und zerzupften Thunfisch (aus der Dose) auf dem Salat verteilen.
– 25 g feingeschnittene schwarze oder grüne Oliven unter den Salat mischen.

NIZZASALAT

Salade niçoise, wie dieser Salat in Frankreich heißt, wird gern zusammen mit knusprigem Baguette als Vorspeise serviert. An heißen Sommertagen ist er aber auch ideal als erfrischende, leichte Mittagsmahlzeit.

FÜR 2 PORTIONEN
2 mittelgroße Tomaten
Salz
1 hartgekochtes Ei
4 Sardellenfilets oder
50 g Thunfisch (Dose)
½ kleine Salatgurke
½ grüne Paprikaschote
2 Frühlingszwiebeln
½ Knoblauchzehe

für die Vinaigrette:
1 EL Weinessig
3 EL kaltgepreßtes Olivenöl
frisch gemahlener weißer Pfeffer
2 Basilikumblätter

zum Garnieren:
25 g schwarze Oliven

ZUBEREITUNGSZEIT
ca. 20 Minuten

KALORIEN
Pro Portion ca. 270 kcal

DAS PASST DAZU
französisches Stangenbrot und Butter

SO WIRD'S GEMACHT

1. Die Tomaten waschen, vierteln, auf einen Teller legen und mit wenig Salz bestreuen.

2. Das Ei längs halbieren oder vierteln. Die Sardellenfilets in drei Teile schneiden oder den Thunfisch mit einer Gabel zerpflücken.

3. Die halbe Gurke schälen und in dünne Scheiben schneiden. Die halbe Paprikaschote in feine Streifen schneiden.

4. Von den Frühlingszwiebeln die grünen Teile abschneiden und beiseite legen.

5. Die Zwiebeln längs halbieren, größere vierteln. Den Stielansatz längs mit einem Messer mehrmals einschneiden. Bei Verwendung größerer Frühlingszwiebeln, diese fein schneiden.

6. Eine große Salatschüssel mit der halben Knoblauchzehe ausreiben. Alle Salatzutaten mit Ausnahme der Tomaten und des Eies hineingeben.

7. Die Tomatenschnitze leicht ausdrücken oder abtropfen lassen und ebenfalls in die Schüssel geben.

8. Nun wenig Salz mit dem Essig verrühren. Das Olivenöl dazugeben und die Vinaigrette pfeffern.

9. Die Basilikumblätter in Streifen schneiden und hinzufügen. Die Vinaigrette vorsichtig mit den Salatzutaten mischen und den Salat bis zum Servieren kalt stellen.

10. Den Salat kurz vor dem Servieren mit dem Ei und den Oliven garnieren.

TIP
Man kann die Salatzutaten auch auf einer Platte nebeneinander anrichten und mit der Vinaigrette begießen.

GRIECHISCHER SALAT

Den Salat wie den Nizzasalat zubereiten, aber Sardellen oder Thunfisch weglassen. Ihn dafür mit wenig Zitronensaft abschmecken. Etwa 100 g griechischen Schafskäse (Feta) in Würfel schneiden, in der Vinaigrette etwa 1 Stunde marinieren und auf dem Salat verteilen. Den Salat mit frisch gehacktem Oregano und frisch gemahlenem Pfeffer bestreuen.

CHAMPIGNONSALAT MIT KORIANDER-GEMÜSE-DRESSING

Zart gegarte Champignonscheiben sind die Basis dieses feinen Salates, den man zusammen mit knusprigem Toast zum Beispiel als Vorspeise genießen kann.

FÜR 2 PORTIONEN
150 g sehr frische Champignons
1 ½ EL Zitronensaft
1 TL Distel- oder Maiskeimöl

<u>für das Dressing:</u>
1 TL Korianderkörner
3 EL Distel- oder Maiskeimöl
2 Radieschen
50 g Weißes vom Lauch
½ kleine Schalotte
Salz
1 Msp. scharfer Senf (vorzugsweise Dijonsenf)
frisch gemahlener weißer Pfeffer

<u>zum Garnieren:</u>
1 kleine Staude Chicorée
1 EL gehackte Petersilie
2 Kirschtomaten

ZUBEREITUNGSZEIT
ca. 35 Minuten

KALORIEN
Pro Portion ca. 165 kcal

DAS PASST DAZU
Vollkornbrot mit Butter

SO WIRD'S GEMACHT

1. Die Champignons putzen und sandige Stilenden abschneiden. Die Pilze gut waschen und in 2 bis 3 mm dicke Scheiben schneiden. Sie dann sofort mit ½ Eßlöffel Zitronensaft mischen, damit sie sich nicht verfärben.

2. Das Öl in einer beschichteten Pfanne erhitzen. Die Champignons hineingeben und unter ständigem Rühren in etwa 2 Minuten garen. Sie dann aus der Pfanne nehmen.

3. Für das Dressing die Korianderkörner in einem Mörser fein zerstoßen. Etwas Distelöl darübergießen und alles etwa ¼ Stunde durchziehen lassen.

4. Die Radieschen und den Lauch putzen und waschen. Die halbe Schalotte schälen. Alles sehr fein würfeln.

5. Den restlichen Zitronensaft (1 EL) mit etwas Salz mischen. Die Koriander-Öl-Mischung durch ein feines Sieb gießen und zusammen mit dem restlichen Öl sowie mit dem Senf, dem Zitronensaft und Pfeffer gut verrühren.

6. Die Chicoréeblätter vom Strunk lösen, waschen, gut abtropfen lassen und sternförmig auf Tellern anrichten. Die Champignons mit dem Dressing und der Petersilie mischen und mit Pfeffer würzen. Den Salat in die Mitte auf die Teller geben.

7. Das Ganze mit quer halbierten Kirschtomaten garnieren.

TIP
Champignons sollten, wie im Rezept beschrieben, kurz gebraten oder überbrüht werden, sie sind dann bekömmlicher.

VARIATIONEN
– Je 1 Wachtelbrust braten, halbieren und noch lauwarm auf jeden Salatteller geben. Dann wird dieser Salat zu einer schönen Vorspeise.
– Wenn erhältlich, den Koriander durch frische Korianderblätter ersetzen, die gehackt in das Dressing gemischt werden.
– Die Champignonscheiben mit gewürfeltem Geflügelfleisch oder mit überbrühten Soja- oder Mungbohnensprossen mischen.

SALAT MIT SPROSSEN UND SAMEN

Keimlinge und Sprossen sind wahre Vitaminbomben, die man leicht selbst ziehen kann (Seite 22). Vor allem in den Wintermonaten, wenn keine Blattsalate aus dem Freiland zur Verfügung stehen, bieten sie guten Ersatz.

FÜR 2 PORTIONEN
100 g gemischtes Salatgemüse (Chicorée, Kopfsalat, Friséesalat, Salatgurke, Staudensellerie, Radieschen, Karotte)
½ kleine Knolle rote Beten (Randen; ca. 100 g)
75 g Sojabohnen- oder Mungbohnensprossen oder andere Sorten
1 TL Sonnenblumenkerne
1 TL Kürbiskerne
1 TL Sesamsamen
125 ml Cremedressing (Seite 85)

ZUBEREITUNGSZEIT
ca. ½ Stunde

KALORIEN
Pro Portion ca. 235 kcal

SO WIRD'S GEMACHT

1. Das Salatgemüse putzen und in Stücke schneiden. Salate putzen und zerteilen. Die halbe rote Bete schälen und zuerst in dünne Scheiben, dann in feine Streifen (Julienne) schneiden.

2. Die Sprossen mit kochendem Wasser überbrühen, dann abgießen und abtropfen lassen.

3. Die Kerne und Samen in einer Pfanne ohne Fettzugabe hellgelb rösten.

4. Das Salatgemüse zusammen mit den Sprossen auf Teller verteilen.

5. Das Cremedressing zubereiten und darübergeben. Den Salat mit den Kernen und den Sesamsamen bestreuen.

TIP
Die Sprossen müssen aus hygienischen Gründen kurz überbrüht werden.

SALAT AUS ROTEN BETEN

Aus gekochtem Gemüse lassen sich gut köstliche Salate zubereiten, die sich problemlos einige Zeit im Kühlschrank frisch halten. Sie bieten auch die Möglichkeit, Gemüsereste zu verwerten.

FÜR 2 PORTIONEN
250 g rote Beten (rote Rüben, Randen)
1 kleine Zwiebel

<u>für die Vinaigrette:</u>
(Vinaigrette Seite 84)
1 TL Dillspitzen
½ TL Kümmel
Salz, weißer Pfeffer

ZUBEREITUNGSZEIT
ca. ¼ Stunde

KALORIEN
Pro Portion ca. 175 kcal

WAS MACHE ICH MIT RESTEN?
Der Salat oder ein Rest davon hält sich im Kühlschrank 1 bis 2 Tage lang frisch.

SO WIRD'S GEMACHT

1. Die roten Beten waschen und in reichlich Salzwasser in etwa 50 Minuten fest kochen (zur Garprobe mit der Gabel einstechen; im Dampfdrucktopf benötigen die Beten etwa ¼ Stunde, um weich zu werden). Die Beten abschrecken und die Haut abziehen. Die Knollen schälen, in feine Scheiben schneiden und in eine Schüssel geben.

2. Die Zwiebel halbieren und in sehr feine Würfel schneiden. Mit den roten Beten mischen.

3. Die Vinaigrette zubereiten und mit Dillspitzen, Kümmel, Salz und Pfeffer pikant abschmecken.

4. Die Vinaigrette vorsichtig unter die roten Beten mischen und den Salat mindestens 1 Stunde bei Zimmertemperatur durchziehen lassen.
(auf dem Foto oben rechts)

TIP
Der Rote-Bete-Saft färbt sehr stark. Die Hände kann man leicht mit Zitronensaft wieder reinigen.

VARIATIONEN
– Den Salat mit kleingeschnittenen Matjes mischen und als Vorspeise servieren.
– 1 kleine Orange filetieren (Seite 19) und mit den roten Beten mischen, dann Dill und Kümmel weglassen.

BLUMENKOHLSALAT MIT KAROTTEN

½ Blumenkohl (ca. 500 g) in Röschen teilen. 250 g zarte Karotten schälen und in dünne Scheiben schneiden. Das Gemüse im Dampf garen (Seite 214). Cremedressing oder Joghurtsauce (Seite 85) zubereiten. Die Blumenkohlröschen in die Mitte auf zwei Teller geben, die Karottenscheiben darum herumlegen und die Sauce über den Blumenkohl geben. Etwas gehackten Kerbel oder Schnittlauchröllchen darüberstreuen.

SELLERIESALAT

1 kleine geschälte Sellerieknolle in Salzwasser bißfest garen, sie dann abkühlen lassen und in feine Streifen schneiden. Sie sofort mit etwas Zitronensaft beträufeln, damit sie sich nicht verfärben. Cremedressing oder Joghurtsauce (Seite 85) zubereiten und vorsichtig unter die Selleriestreifen ziehen.

BLUMENKOHL-ROMANESCO-SALAT

Gekochtes Gemüse und frische Blattsalate lassen sich gut kombinieren, wie dieses Rezept zeigt. Der besondere Pfiff: eine aparte Basilikummayonnaise.

FÜR 2 PORTIONEN
175 g Blumenkohl
175 g Romanesco (grüner Blumenkohl)
50 g Blattsalat (Kopfsalat, Friséesalat, Chicorée oder Cicorino)
3 EL Italienische Salatsauce (Seite 84)

für die Basilikummayonnaise:
1 Eigelb
1 Msp. scharfer Senf
1 TL Weißwein- oder Sherryessig
⅛ l Sonnenblumenöl
1 EL Fleischbrühe (aus Fertigprodukt)
1 EL gehacktes Basilikum
2 Basilikumblätter nach Belieben

ZUBEREITUNGSZEIT
ca. ½ Stunde

KALORIEN
Pro Portion ca. 595 kcal

SO WIRD'S GEMACHT

1. Den Blumenkohl und den Romanesco in Röschen zerteilen. Die Röschen in einen Siebeinsatz legen und zugedeckt im Dampf 5 bis 8 Minuten garen. Das Gemüse sollte noch knackig sein.

2. Den Blattsalat putzen, waschen, gut trockenschleudern und in Streifen schneiden. Die Italienische Salatsauce zubereiten.

3. Für die Mayonnaise alle Zutaten, außer Basilikum, mit dem Pürierstab oder im Mixer so lange verschlagen, bis eine cremige Mayonnaise entsteht. Das gehackte Basilikum darunterziehen.

4. Die Blattsalatstreifen mit der Italienischen Salatsauce mischen und anrichten. Die noch lauwarmen Blumenkohl- und Romanescoröschen darauf verteilen und sie mit der Mayonnaise überziehen. Nach Belieben mit Basilikumblättern garnieren. (auf dem Foto unten links)

VARIATIONEN
– Statt des Romanescos kann man Brokkoli verwenden. Der zartgrüne Romanesco ist allerdings dekorativer.
– Man kann in die Mayonnaise ½ Teelöffel Tomatenpüree und 1 Prise Zucker rühren. Sie paßt dann auch gut zu Chicorée- und Fenchelsalat sowie zu Fisch, Garnelen und Scampi.
– Auf den Salat gekochte Scampi, Garnelen oder Fisch legen.

SPARGELSALAT MIT DILLVINAIGRETTE

Aus weißem oder grünem Spargel lassen sich besonders feine Vorspeisensalate zubereiten, die man noch durch Räucherlachs, Shrimps oder zarte Hähnchenbrust ergänzen kann.

FÜR 2 PORTIONEN
300 g gekochter weißer oder grüner Spargel (Seite 220)
50 g Blattsalat (Friséesalat, Kopfsalat oder Kresse)

für die Vinaigrette:
1 EL Rotweinessig
Salz
3 EL kaltgepreßtes Olivenöl oder Sonnenblumenöl
1 TL Zitronensaft
frisch gemahlener weißer Pfeffer
1 Prise Zucker
1 EL gehackter Dill

ZUBEREITUNGSZEIT
ca. ¼ Stunde

KALORIEN
Pro Portion ca. 145 kcal

DAS PASST DAZU
knuspriges Stangenbrot oder mit Butter bestrichene Toasts

SO WIRD'S GEMACHT

1. Die untere Hälfte der gekochten Spargelstangen schräg in etwa 3 cm lange Stücke schneiden. Die Spargelspitzen längs halbieren.

2. Den Blattsalat in einzelne Blättchen zerteilen, sie waschen und gut trockenschleudern.

3. Den Essig mit etwas Salz verrühren. Das Öl unter ständigem Rühren dazugeben und dann den Zitronensaft daruntermischen.

4. Die Vinaigrette mit Pfeffer und einer Prise Zucker abschmecken und den Dill dazugeben. Die Spargelstücke mit zwei Dritteln der Vinaigrette mischen und auf Tellern anrichten.

5. Die Spargelspitzen in der restlichen Vinaigrette wenden und darüberlegen. Den Spargelsalat mit Salatblättern garnieren.
(auf dem Foto: oben)

SPARGELSALAT MIT HÄHNCHENBRUST

100 g Hähnchenbrust (roh) in eine Schüssel legen. Je 1 Teelöffel Sojasauce und trockenen Sherry oder Sake (Reiswein) mischen, über das Fleisch gießen und es etwa ½ Stunde durchziehen lassen.
Ein Stück Schale einer unbehandelten Zitrone in feine Streifen schneiden, sie 1 bis 2 Minuten in kochendem Wasser blanchieren und dann abtropfen lassen.
Nun das Hähnchenfleisch in einen mit Öl ausgefetteten Siebeinsatz legen und zugedeckt in 3 bis 5 Minuten im Dampf garen. Es dann etwas abkühlen lassen.
Inzwischen 200 g gekochten Spargel, wie beschrieben, schneiden.
Je 2 Eßlöffel Sojasauce und trockenen Sherry oder Sake (Reiswein) mit je 1 Teelöffel Dijonsenf und Zitronensaft verrühren. Den Spargel mit der Sauce mischen und auf Tellern anrichten. Das Hähnchenfleisch leicht schräg in Scheiben schneiden und auf dem Salat anrichten. Ihn mit Zitronenstreifen garnieren.
Servieren Sie diesen Salat als leichtes Hauptgericht.

MEERESFRÜCHTE-SALAT

In den Küchen der Mittelmeerländer, in denen die Meeresfrüchte eine besondere Rolle spielen, entstand dieses Rezept. Der aus Tintenfisch, Muscheln und Scampi zubereitete Salat eignet sich gut als Vorspeise.

FÜR 2 PORTIONEN
200 g mittelgroße vorbereitete Tintenfische (Pulpo, Seite 30)
Salz
250 g Miesmuscheln
100 g Scampischwänze, ohne Kruste

für die Sauce:
3 EL kaltgepreßtes Olivenöl
½ EL Weinessig
Saft von 1 Zitrone
frisch gemahlener weißer Pfeffer

außerdem:
1 ½ Knoblauchzehen
1 EL gehackte, wenn möglich glattblättrige Petersilie
2 Petersilienblättchen

ZUBEREITUNGSZEIT
ca. 1 ½ Stunden (mit dem Schnellkochtopf ca. 50 Minuten)
Zeit zum Durchziehen: 1 bis 2 Stunden

KALORIEN
Pro Portion ca. 310 kcal

DAS PASST DAZU
frisches Stangenbrot

SO WIRD'S GEMACHT

1. Die Tintenfische in mundgerechte Stücke schneiden, in einen Topf geben und mit Wasser bedecken. Etwas Salz hinzufügen und zugedeckt in etwa 1 Stunde garen (im Schnellkochtopf in 20 Minuten).

2. Die Miesmuscheln unter kaltem, Wasser gründlich abbürsten (Seite 30) und auf einen Siebeinsatz legen. Die Muscheln so lange im Dampf garen, bis sich die Schalen öffnen (etwa 5 Minuten). Ungeöffnete Muscheln unbedingt entfernen.

3. Die Scampischwänze ebenfalls in einem Siebeinsatz im Dampf, je nach Größe, in 2 bis 3 Minuten garen. Sie erkalten lassen und dann in kleine Stücke schneiden.

4. Aus den Zutaten für die Sauce nach Anweisung zur Italienischen Sauce (Seite 84) eine Vinaigrette zubereiten.

5. Den Knoblauch mit dem Wiegemesser fein hacken und mit der Petersilie mischen.

6. Das Muschelfleisch bis auf das von zwei Muscheln aus den Schalen lösen. Die zwei ganzen Muscheln für die Garnitur beiseite legen.

7. Alle Meeresfrüchte mit der Sauce mischen und 1 bis 2 Stunden abgedeckt im Kühlschrank durchziehen lassen.

8. Den Salat dann auf Tellern anrichten, mit Pfeffer aus der Mühle und mit der Knoblauch-Petersilien-Mischung bestreuen. Mit je einem Petersilienblatt und einer ganzen Muschel garnieren.
(auf dem Foto: unten)

TIP
Für diesen Salat eignen sich besonders die italienischen Tintenfische, deren Fangarme mit Saugnäpfen versehen sind.
Je nach Größe und Zartheit müssen sie mehr oder weniger lange gekocht werden.

SALAT MIT PUTENBRUST UND WACHTELEIERN

Diesen Salat können Sie auch als leichtes Hauptgericht servieren. Reichen Sie dazu getoastetes Weißbrot und Butter.

FÜR 2 PORTIONEN
50 g dünne grüne Bohnen
50 g grüne Erbsen (evtl. tiefgekühlte)
50 g Maiskörner (Dose)
5 Kirschtomaten
⅛ l Geflügelbrühe (Seite 100) oder Geflügelfond (aus dem Glas)
125 g Putenbrust (Truthahnbrust)
1 TL Butter
4 Wachteleier
Salz
frisch gemahlener weißer Pfeffer

für die Sauce:
½ TL Balsamessig (Aceto balsamico)
1 EL Sherry- oder Weißweinessig
1 ½ EL Haselnuß- oder Sonnenblumenöl
1 TL gehackter Kerbel

ZUBEREITUNGSZEIT
ca. 1 Stunde

KALORIEN
Pro Portion ca. 285 kcal

SO WIRD'S GEMACHT

1. Die grünen Bohnen waschen, die Enden abschneiden und die Bohnen entfädeln. Diese etwa 5 Minuten in Salzwasser kochen.

2. Die grünen Erbsen hinzufügen und bei geringer Hitzezufuhr weitere 5 Minuten kochen lassen. Das Gemüse anschließend abgießen.

3. Die Maiskörner in einem Sieb abtropfen lassen. Die Kirschtomaten quer halbieren und leicht salzen.

4. Die Geflügelbrühe oder den Geflügelfond aufkochen lassen, die Putenbrust hineingeben und bei sehr geringer Hitzezufuhr in etwa ½ Stunde garen. Sie in der Brühe erkalten lassen.

5. Inzwischen die Sauce zubereiten. Dafür die beiden Essigsorten mit wenig Salz und Pfeffer verrühren. Das Öl hinzufügen und die Sauce mit dem Schneebesen so lange schlagen, bis sie sämig ist. Die Hälfte des Kerbels dazugeben.

6. Die Bohnen, die Erbsen und die Maiskörner mit der Sauce mischen und auf Tellern anrichten.

7. Die Butter in einer Pfanne erhitzen. Die Wachteleier aufschlagen und wie Spiegeleier darin braten. Aufpassen, daß sie nicht zu fest werden, das geht sehr schnell. Die Eier mit Salz und Pfeffer würzen.

8. Den Salat mit den Wachteleiern und den halbierten Kirschtomaten oder den Tomatenachteln garnieren. (auf dem Foto rechts: oben)

VARIATIONEN
– Je nach Saison kann die Zusammenstellung der Zutaten variiert werden, so passen zum Beispiel auch Zuckerschoten, Spargel oder zarter Spinat sehr gut.
– Den Salat anstatt mit Wachteleiern mit Mangoschnitzen garnieren und mit gerösteten Sesamsamen bestreuen.
– Den Salat in große ausgehöhlte Tomaten füllen, dann die im Rezept angegebenen Tomaten weglassen.

THAISALAT MIT LIMETTENDRESSING

Ein Salat für die Liebhaber exotischer Gerichte und für all diejenigen, die gern einmal etwas Neues ausprobieren und ihre Gäste mit einer außergewöhnlichen Vorspeise überraschen möchten.

FÜR 2 PORTIONEN
2 Riesengarnelenschwänze in der Kruste
Salz
50 g gemischte Blattsalate
1 mittelgroße Tomate
4 Basilikumblätter
4 Pfefferminzblätter

für das Dressing:
1 Limette
½ zerdrückte Knoblauchzehe
½ EL Sojasauce
1 EL Erdnußöl
½ TL gehacktes Basilikum
1 kleines Stück frische Ingwerwurzel (ca. 15 g)
1 kleines Stück rote, scharfe Pfefferschote (Chili)
frisch gemahlener weißer Pfeffer

ZUBEREITUNGSZEIT
ca. ½ Stunde

KALORIEN
Pro Portion ca. 155 kcal

SO WIRD'S GEMACHT

1. Etwa ¼ l Wasser aufkochen lassen, wenig Salz hinzugeben und die Garnelenschwänze darin etwa 1 Minute kochen. Sie dann herausnehmen.

2. Die Salatblätter putzen, waschen und gut trockenschleudern. Die Tomate waschen, den Stielansatz entfernen und die Tomate achteln.

3. Nun für das Dressing den Limettensaft mit dem Knoblauch, der Sojasauce sowie 1 Teelöffel Wasser mischen.

4. Tropfenweise das Öl unter die Sauce rühren und das gehackte Basilikum hinzufügen.

5. Das Ingwerwurzelstück schälen und in sehr kleine Würfelchen schneiden.

6. Die Pfefferschote längs halbieren, die Kerne entfernen und ebenfalls sehr fein würfeln. Beides zum Dressing geben und es mit Salz und Pfeffer abschmecken.

7. Die Krusten der Garnelen jeweils an der Bauchseite aufschneiden und entfernen. Das letzte Glied der Kruste mit dem Schwanz daranlassen. Die Garnelen längs bis zum Schwanz hin aufschneiden und den Darm herausziehen.

8. Die Salatblätter mit den Basilikum- und den Pfefferminzeblättern, den Tomatenachteln und dem Dressing gut mischen und mit den Garnelen anrichten. (auf dem Foto rechts: unten)

SALAT MIT PUTENBRUST UND WACHTELEIERN / THAISALAT

LINSENSALAT

Die Zubereitung von Salaten aus Hülsenfrüchten ist etwas zeitaufwendiger, da sie quellen müssen, bevor man sie gart und den Salat zubereitet.

FÜR 2 PORTIONEN
100 g getrocknete Linsen
1 Schalotte oder 1 kleine Zwiebel
½ Knoblauchzehe
1 kleiner Zweig Bohnenkraut
½ Lorbeerblatt
1 kleines Stück Knollensellerie (25 g)
½ kleine Karotte
Salz
frisch gemahlener weißer Pfeffer

für die Sauce:
1 Msp. scharfer Senf (vorzugsweise Dijonsenf)
1 TL Sherry- oder Weinessig
2 EL Sonnenblumenöl
1 Schalotte oder ½ kleine Zwiebel
½ zerdrückte Knoblauchzehe
1 EL gehackte Petersilie

ZUBEREITUNGSZEIT
ca. 1 ½ Stunden
Quellzeit: ca. 12 Stunden

KALORIEN
Pro Portion ca. 250 kcal

SO WIRD'S GEMACHT

1. Die Linsen in abgekochtem, lauwarmem Wasser oder in Mineralwasser über Nacht quellen lassen.

2. Am nächsten Tag die Schalotte oder die Zwiebel und die halbe Knoblauchzehe schälen. Zusammen mit dem Bohnenkraut, dem halben Lorbeerblatt und ½ l Wasser in einen Topf geben und alles aufkochen lassen.

3. Die Linsen abgießen, ebenfalls in den Topf geben und sie etwa ¾ Stunden im offenen Topf kochen lassen. Währenddessen ab und zu den sich bildenden Schaum abschöpfen.

4. Den Sellerie und die halbe Karotte schälen, beides in winzige Würfel schneiden. Zu den Linsen geben und alles 15 bis 20 Minuten weiterkochen lassen. Die Linsen sollen weich sein, dürfen aber nicht zerfallen.

5. Das Ganze etwa 5 Minuten vor Ende der Garzeit mit Salz und Pfeffer würzen.

6. Die Linsen abgießen, die Zwiebel, die halbe Knoblauchzehe, das halbe Lorbeerblatt und das Bohnenkraut entfernen. Die Linsen leicht abkühlen lassen.

7. Inzwischen eine Salatschüssel mit einer angeschnittenen Knoblauchzehe ausreiben. Den Senf mit etwas Salz und Pfeffer sowie mit dem Essig mischen. Das Öl unter Rühren dazugießen.

8. Die Schalotte oder die halbe Zwiebel fein würfeln und zusammen mit dem zerdrückten Knoblauch zur Sauce geben.

9. Die Linsen noch lauwarm mit der Sauce und der Petersilie mischen.

TIPS
– Die Garzeit hängt von der Sorte und der Qualität der Linsen ab. Am besten prüft man sie nach etwa 1 Stunde Garzeit.
– Hübsch sieht es aus, wenn die Linsen mit Blattsalat angerichtet werden.

BOHNENSALAT

Etwa ½ l Wasser aufkochen lassen und noch heiß über 150 g getrocknete weiße oder rote Bohnen gießen. Sie darin über Nacht quellen lassen.
Die Bohnen am nächsten Tag zusammen mit dem restlichen Einweichwasser aufsetzen und etwa 1 Stunde oder im Schnellkochtopf etwa 20 Minuten kochen. Die Bohnen anschließend salzen, 1 kleinen Zweig Bohnenkraut dazugeben und alles nochmals ½ Stunde kochen lassen.
Inzwischen ½ grüne Paprikaschote waschen und in feine Streifen schneiden. Italienische Salatsauce (Seite 84) zubereiten, sie mit 1 kleinen gehackten Zwiebel, ½ zerdrückten Knoblauchzehe und etwas scharfem Senf mischen.
Die Bohnen abgießen, das Bohnenkraut entfernen und die Bohnen etwas abkühlen lassen. Sie noch lauwarm mit der Sauce mischen und den Salat mindestens 1 Stunde im Kühlschrank durchziehen lassen. Die Paprikastreifen unter den Salat mischen und ihn mit Tomatenachteln und Friséesalatblättern garnieren.

REISSALAT MIT LAUCH

Reis- und Nudelsalate haben vor allem als Partysalate Karriere gemacht. Sie eignen sich auch hervorragend dafür, Reste auf köstliche Weise zu verwerten.

FÜR 2 PORTIONEN
1 kleine Stange Lauch
1 TL Butter
200 g gekochter Langkorn- oder Vollkornreis (Seite 142)
Italienische Salatsauce (Seite 84, mit Sonnenblumenöl zubereitet)
Salz
frisch gemahlener schwarzer Pfeffer
einige Salatblätter

ZUBEREITUNGSZEIT
ca. 1/4 Stunde

KALORIEN
Pro Portion ca. 505 kcal

SO WIRD'S GEMACHT
1. Den Lauch putzen, nur die hellen, zarten Teile verwenden und sie in sehr dünne Ringe schneiden.

2. Die Lauchringe in der Butter kurz andünsten, sie dann 1 bis 2 Minuten weiterdünsten und dabei öfter wenden. Etwa 1 Eßlöffel Wasser hinzufügen und den Lauch in etwa 5 Minuten bei geringer Hitzezufuhr garen.

3. Die Lauchringe mit dem Reis mischen. Die Salatsauce zubereiten und darunterheben. Den Salat nach Belieben mit etwas Salz und Pfeffer nachwürzen. Den Salat mit einigen gewaschenen Salatblättern anrichten.

TIP
Dieser Salat bietet eine gute Möglichkeit, Reisreste zu verwerten. Auf dieselbe Weise können Sie auch Nudelsalat zubereiten.

VARIATIONEN
– Anstelle des Lauchs oder zusätzlich kann man Maiskörner, gewürfelte Paprikaschote, kleingeschnittene Tomaten, geraffelte Karotten, grobgehackte Mandeln oder Walnüsse unter den Reis oder die Nudeln mischen.
– Auch Schinken- oder Orangenwürfelchen, grobgehackte Gewürzgurken, frische Gurken oder Zucchini, Fleischstücke oder Meeresfrüchte passen dazu.

SIEDFLEISCHSALAT

Haben Sie Reste von gekochtem oder gebratenem Fleisch und wissen nicht so recht, wie Sie sie verwerten sollen? Kein Problem – in einem Salat schmecken sie köstlich!

FÜR 2 PORTIONEN
200 g gekochtes oder gebratenes Fleisch vom Rind, Lamm, Kalb oder Geflügel, evtl. gemischt mit Zunge
1 hartgekochtes Ei
1 Gewürzgurke
½ rote Paprikaschote
1 – 2 Frühlingszwiebeln oder 1 kleine rote Zwiebel
1 EL gehackte Kräuter (Thymian, Rosmarin, Basilikum)

für die Sauce:
½ TL scharfer Senf (vorzugsweise Dijonsenf)
1 EL frisch geriebener Meerrettich
Salz, frisch gemahlener weißer Pfeffer
1 EL Rotweinessig
2 EL Sonnenblumen- oder Traubenkernöl

für die Garnitur:
einige Salatblätter

ZUBEREITUNGSZEIT
ca. ½ Stunde

KALORIEN
Pro Portion ca. 300 kcal

DAS PASST DAZU
Pellkartoffeln oder Bauernbrot

SO WIRD'S GEMACHT
1. Das Fleisch von eventuell vorhandenem Fett befreien und es in feine Scheiben schneiden.

2. Das Ei schälen und in Scheiben schneiden.

3. Die Gewürzgurke ebenfalls in Scheiben und die halbe Paprikaschote in feine Streifen schneiden.

4. Für die Sauce den Senf, den Meerrettich, etwas Salz und den Essig gut verrühren. Das Öl daruntermischen und die Sauce mit Pfeffer kräftig würzen.

5. Die Frühlingszwiebeln putzen und in dünne Ringe schneiden.

6. Das Fleisch mit der Sauce, den gehackten Kräutern und den Zwiebelringen gut mischen und mit den Salatblättern anrichten

SUPPEN UND EINTÖPFE

Die Suppe dürfte so alt wie der Kochtopf sein. Das heißt also, sie ist vermutlich die älteste Form einer zubereiteten Mahlzeit überhaupt. Lange Zeit war sie auch die wichtigste Rezeptur auf unseren Küchenzetteln, später geriet sie jedoch angesichts üppigerer Tafelfreuden in den Geruch eines Arme-Leute-Essens.

Völlig zu Unrecht! Denn was kann man nicht alles für herrliche Suppen zaubern. Jeder Rohstoff, jedes Lebensmittel, jedes Gewürz oder Kräutlein ist dazu geeignet, in einer Suppe eine Haupt- oder Nebenrolle zu übernehmen. Und dann die Arten der Zubereitung, wenn man an Brühen, Consommés, Eintöpfe und Kaltschalen denkt. Sie können dünn und klar sein oder cremig, ja dick, pikant oder mild, meist heiß, aber auch lauwarm oder sogar kalt. Jedes Land, ja jede Landschaft kennt ganz eigene Rezepte. Denken Sie nur an die badische Grünkernsuppe, die italienische Tomatensuppe, die Gazpacho aus Andalusien und die Vichysoisse aus Frankreich. Gelegentlich ist ein sättigender, herzhafter Eintopf das einzige, was auf den Tisch kommt. Oft sind Suppen aber auch Teil einer wohlkomponierten Menüfolge. Dabei gilt die Regel: bei kurzen Menüs zu Beginn, bei langen eher in der Mitte.

Ohne Suppen jedenfalls wären wir um eine der vielfältigsten Gaumenfreuden ärmer.

GRUNDREZEPT

RINDERBRÜHE

Grundbrühen, wie diese aus Rindfleisch oder Rinderknochen, sind die Basis jeder guten Küche. Sie werden zur Zubereitung von Suppen und Saucen benötigt.

FÜR CA. 2 LITER
1 kg Rinderknochen
oder 500 g Rinderknochen und
400 g Rindfleisch
400 g Gemüse (Lauch, Karotten und Knollensellerie)
1 mittelgroße Zwiebel
2 Knoblauchzehen
etwas frische Petersilie
10 weiße Pfefferkörner

ZUBEREITUNGSZEIT
ca. 25 Minuten
Kochzeit: 5 bis 6 Stunden

KALORIEN
Pro Liter ca. 60 kcal

WAS MACHE ICH MIT RESTEN?
Die Rinderbrühe läßt sich ohne Probleme 2 bis 3 Tage im Kühlschrank aufheben.

TIPS ZUM EINFRIEREN
Die Brühe kann sehr gut in kleinen Mengen eingefroren werden. Sie hält sich etwa ½ Jahr.

SO WIRD'S GEMACHT

1. Die Knochen in einen Topf legen und so viel kaltes Wasser angießen, daß sie bedeckt sind. Den Topf abdecken und das Wasser bei starker Hitze schnell zum Kochen bringen. (Rindfleisch nur waschen.)

2. Die Knochen abseihen. Erst mit heißem, dann mit kaltem Wasser so lange abspülen, bis das abfließende Wasser klar ist.

3. Nun die Knochen (oder Knochen und Fleisch) wieder in den Topf geben. Mit Wasser bedecken und dieses aufkochen lassen. Den aufsteigenden Schaum abschöpfen.

4. Die Brühe bei geringer Hitzezufuhr 5 bis 6 Stunden sieden lassen. (Wird Fleisch mitgekocht, es herausnehmen, sobald es weich ist – zur Probe mit einer Gabel hineinstechen.)

5. Das Gemüse, die Zwiebel und die Knoblauchzehen schälen. Die Petersilie waschen. Den Knoblauch und die Pfefferkörner zerdrücken. Alles 1 Stunde vor Ende der Kochzeit in die Brühe geben.

6. Die Brühe durch ein Passiertuch oder ein feines Sieb gießen. Das Fett von der Oberfläche abheben und die Brühe auskühlen lassen.

KALBSBRÜHE (KALBSFOND)

Statt der Rinderknochen 1,2 kg Kalbsknochen nehmen und die Brühe auf dieselbe Art wie die Rinderbrühe zubereiten. Nach etwa 3 Stunden Kochzeit 400 g geputztes und gewaschenes Gemüse (Weißes vom Lauch, Karotten und Sellerie), 1 mittelgroße Zwiebel, 1 Knoblauchzehe und 1 Thymianzweig dazufügen und die Brühe 1 Stunde weitersieden lassen.

GEFLÜGELBRÜHE (GEFLÜGELFOND)

Die Brühe wird mit 600 g Geflügelknochen (auch Flügel und Hälse) und ½ Suppenhuhn (oder 2 Keulen) und so viel warmem Wasser aufgesetzt, daß das Geflügel bedeckt ist. Knochen und Fleisch blanchieren, dann die Brühe wie die Rinderbrühe zubereiten.
Nach ¾ Stunden 1 kleine geputzte Lauchstange, 1 mittelgroße geschälte Karotte, 2 Bleichselleriestangen, 1 kleine Knoblauchzehe und 1 kleinen Thymianzweig hinzufügen. Das Huhn in der Brühe unter dem Siedepunkt etwa 1 ½ Stunden ziehen lassen.

GEMÜSEBRÜHE

Für 1 l Brühe 3 Karotten, 1 kleinen Knollensellerie, 2 Lauchstangen, 1 Zwiebel und 2 Knoblauchzehen zusammen mit 1 Gewürznelke, 3 bis 5 Pfefferkörnern, etwas Petersilie, einige Sellerieblätter, 1 Thymian- und 2 Kerbelzweigen in 1 ¼ l Wasser geben und alles 1 Stunde kochen lassen. Die Brühe durch ein Sieb gießen. Im Schnellkochtopf kann die Kochzeit auf ½ Stunde verkürzt werden.

GRUNDREZEPT

FISCHBRÜHE (FISCHFOND)

Diese Brühe kann mit einer Fisch- oder einer Gemüseeinlage serviert oder als klare Suppe gereicht werden. Sie ist zudem Grundlage für Fischkraftbrühen, sowie für diverse Fischsuppen oder -saucen.

FÜR CA. 1 LITER
700 g Fischgräten (von Seezungen, Glatt- oder Steinbutt)
1 kleine Lauchstange
100 g weiße Champignons oder Champignonstiele
1 kleine Zwiebel
½ EL Öl
150 ml Weißwein
40 g Knollensellerie
1 kleine Knoblauchzehe
5 weiße Pfefferkörner
1 Thymianzweig
¼ Lorbeerblatt

ZUBEREITUNGSZEIT
ca. 1 ¼ Stunden
Kochzeit: ca. ½ Stunde

KALORIEN
Pro Liter ca. 60 kcal

WAS MACHE ICH MIT RESTEN?
Im Kühlschrank hält sich die Brühe mit Klarsichtfolie abgedeckt etwa 3 Tage, eingefroren bis zu ½ Jahr.

SO WIRD'S GEMACHT

1. Die Fischgräten sorgfältig von Kiemen, Blutresten und Innereien säubern. Die Gräten mit der Fischschere oder einem größeren Messer grob zerkleinern (Foto 1), unter fließendem kaltem Wasser gut abspülen bis das Wasser klar läuft, oder in kaltem Wasser wässern (Foto 2), dabei das Wasser mehrmals wechseln. Sie müssen ganz sauber sein, sonst wird die Brühe grau. Die Gräten zum Abtropfen in ein Sieb legen.

2. Den Lauch und die Champignons putzen und beides waschen, die Zwiebel schälen. Alles in feine Scheiben schneiden und im Öl andünsten. Die Gräten dazugeben und etwa 2 Minuten mitdünsten (Foto 3).

3. Den Weißwein in mehreren Portionen angießen, ihn dabei jedesmal wieder einkochen lassen. Mit 1,2 l Wasser auffüllen, es zum Kochen bringen, die Hitzezufuhr reduzieren und den Schaum abschöpfen (Foto 4).

4. Den Sellerie und den Knoblauch schälen. Den Knoblauch und die Pfefferkörner zerdrücken. Sellerie, Thymian, Knoblauch, Pfefferkörner und Lorbeerblatt zur Brühe geben und sie etwa ½ Stunde sieden lassen.

5. Die Fischbrühe durch ein Passiertuch oder eine große Kaffeefiltertüte gießen und mit einem Filterpapier entfetten (Foto 5).

Foto 1

Foto 2

Foto 3

Foto 4

Foto 5

GRUNDREZEPT

KRAFTBRÜHE

Dies ist die klassische Kraftbrühe, auch Consommé genannt. Mit ihrer klaren, goldgelben Farbe und dem kräftigen Geschmack bildet sie den idealen Auftakt zu einem festlichen Menü.

FÜR CA. 1 LITER (6 PORTIONEN)
200 g mageres bindegewebsreiches Rindfleisch (Hals oder Hesse)
120 g Gemüse (Weißes vom Lauch, Karotte und Knollensellerie)
etwas Petersilie
6 Pfefferkörner
1 kleine Knoblauchzehe
1 Eiweiß
1 ½ l entfettete Rinderbrühe (Seite 100)
Salz
geriebene Muskatnuß

ZUBEREITUNGSZEIT
ca. ½ Stunde
Kochzeit: ca. 2 Stunden

KALORIEN
Pro Portion ca. 70 kcal

DAS PASST DAZU
Stangenweißbrot und Blätterteiggebäck (Seite 250)

WAS MACHE ICH MIT RESTEN?
Die Kraftbrühe kann, mit Klarsichtfolie abgedeckt, etwa 3 Tage im Kühlschrank aufbewahrt werden. Im Sommer schmeckt sie auch sehr gut kalt.

SO WIRD'S GEMACHT

1. Das Rindfleisch zuerst in Streifen schneiden und dann durch die grobe Scheibe des Fleischwolfs drehen (Foto 1).

2. Das Gemüse putzen und in etwa ½ cm große Würfel, die Petersilie in kleine Stücke schneiden.

3. Das Fleisch, das Gemüse und die Petersilie in einen hohen Topf geben. Die Pfefferkörner und den geschälten Knoblauch zerdrücken. Beides mit dem Eiweiß und 4 Eßlöffeln kaltem Wasser zu dem Fleisch geben.

4. Alle Zutaten mit der Hand so lange kneten, bis eine breiige, kompakte Masse (Kläransatz) entsteht (Foto 2).

5. Mit der kalten Rinderbrühe auffüllen. Alles zum Kochen bringen, dabei häufig mit einem Metallspachtel sehr gut umrühren, damit sich der Kläransatz nicht am Topfboden absetzt (Foto 3).

6. Die Hitzezufuhr verringern, den Schaum mit einem Schaumlöffel abschöpfen (Foto 4).

7. Die Kraftbrühe etwa 2 Stunden sieden lassen. Verdunstet die Brühe zu stark, etwas kaltes Wasser dazugießen.

8. Die Kraftbrühe vom Herd nehmen, mit Salz und Muskatnuß abschmecken.

9. Etwa ¼ Stunde ruhen lassen, anschließend durch ein Passiertuch oder eine Filtertüte passieren.

10. Die Kraftbrühe einige Minuten stehen lassen, das Fett mit Hilfe einer Filtertüte oder eines Löschblattes von der Oberfläche absaugen (Foto 5). Die Kraftbrühe wieder erhitzen und in heißen Suppentassen servieren.

VARIATIONEN

Die Kraftbrühe läßt sich mit frischen Tomaten oder mit Tomatenmark, Safran, Currypulver oder Kurkuma, Sherry, Madeira oder Portwein sowie mit Spargelschalen, die vor dem Klären dazugegeben und dann mitgekocht werden, leicht verändern.

Kraftbrühen werden häufig „pur“ oder mit Einlagen aus Eigelb, Eierstich, Klößchen aus Fleisch, Mark, Mehl oder Grieß (Seite 106 und 107) serviert.

GEFLÜGELKRAFTBRÜHE

400 g zerkleinerte Geflügelknochen und Abschnitte (Hühnerklein) in ½ Eßlöffel Öl goldbraun anrösten und zum Abtropfen auf ein Sieb geben.

Den Kläransatz (siehe Kraftbrühe) mit 1 ½ l Geflügelbrühe zum Kochen bringen und abschäumen.

Die Geflügelknochen vorsichtig dazugeben und in der Kraftbrühe etwa 1 ½ Stunden ziehen lassen. Anschließend mit Salz und Muskatnuß würzen, passieren und entfetten.

Foto 1

Foto 2

Foto 3

Foto 4

Foto 5

KRAFTBRÜHEN VON FASAN, PERLHUHN, ENTE, LAMM ODER WILD

Diese Kraftbrühen können im Prinzip wie die Geflügelkraftbrühe zubereitet werden. Die Entenkraftbrühe würzt man zusätzlich noch mit etwas Beifuß. Kraftbrühen von Fasan und Wild bekommen durch 5 zerdrückte Wacholderbeeren, Lammkraftbrühe durch etwas Kümmel und einige Rosmarinnadeln den besonderen Geschmack.

Bei Wildkraftbrühen kann ein Teil des Klärfleisches aus Wildfleisch bestehen.

Füllen Sie mit der jeweiligen Brühe auf. Ist sie nicht zur Hand, kann man sich auch mit einer Rinderbrühe behelfen. Die angerösteten Knochen geben der Kraftbrühe genügend Aroma und Farbe.

GRATINIERTE INGWERKRAFTBRÜHE

Etwa 800 ml Kraftbrühe erhitzen.

Für die Legierung 3 Eigelbe mit 20 g frisch geriebenem Ingwer, 200 g süßer Sahne und 100 ml Kraftbrühe verrühren. Im heißen Wasserbad mit einem Schneebesen cremig schlagen und in die heiße Kraftbrühe einrühren.

1 Eigelb und 10 g frisch geriebenen Ingwer unter 150 g geschlagene Sahne mischen.

Die Kraftbrühe in 6 heiße Suppentassen füllen, die Ingwersahne darauf verteilen und die Suppe unter dem vorgeheizten Grill goldgelb überbacken. Sofort servieren.

KLARE OCHSEN-SCHWANZSUPPE

Dieser Klassiker der Suppenküche besitzt einen kräftigen, aromatischen Geschmack. Die Suppe wird immer in kleinen Tassen serviert und gerne im Rahmen eines festlichen Menüs gereicht.

FÜR CA. 1 LITER (6 PORTIONEN)

für die Ochsenschwanzbrühe:
1 kg Ochsenschwanz (oder ½ kg Ochsenschwanz und ½ kg Rinderknochen)
½ EL Öl
2 Zwiebeln
1 mittelgroße Karotte
1 EL Tomatenmark, doppelt konzentriert
1 Knoblauchzehe
8 weiße Pfefferkörner
1 kleines Kräutersträußchen (aus Basilikum, Petersilie, Salbei und Thymian)

für den Kläransatz:
150 g mageres, durch die grobe Scheibe des Fleischwolfs gedrehtes Rindfleisch
200 g Gemüse (Lauch, Karotten und Knollensellerie)
1 Eiweiß
6 Basilikumblätter
1 kleiner Thymianzweig
¼ Lorbeerblatt
6 weiße Pfefferkörner
1 Knoblauchzehe

außerdem:
100 ml Sherry
Salz, weißer Pfeffer
Cayennepfeffer

ZUBEREITUNGSZEIT
Vorbereitungszeit: ca. 50 Minuten
Kochzeit: 4 bis 5 Stunden
Klärzeit: ca. 1 ½ Stunden

KALORIEN
Pro Portion ca. 120 kcal

DAS PASST DAZU
Blätterteiggebäck (Seite 250)

WAS MACHE ICH MIT RESTEN?
Die Suppe hält sich im Kühlschrank bis zu 3 Tage.

SO WIRD'S GEMACHT

1. Den Ochsenschwanz in den Gelenken durchtrennen, am besten vom Metzger durchtrennen lassen. Das Fett entfernen und die Stücke im heißen Öl anbraten.

2. Das Gemüse schälen und in grobe Würfel schneiden. Zu dem Ochsenschwanz geben und mitrösten, bis es Farbe angenommen hat. Das Tomatenmark dazugeben und mitrösten. Das Ganze mit wenig Wasser ablöschen, dann dieses wieder völlig einkochen lassen. Den Vorgang drei- bis viermal wiederholen, bis die Ochsenschwanzstücke und das Gemüse glänzend überzogen sind.

3. Das Bratfett abgießen, die Ochsenschwanzstücke in einen passenden Topf geben und mit kaltem Wasser bedecken. Dieses zum Kochen bringen, die Hitzezufuhr reduzieren und die Suppe 4 bis 5 Stunden sieden lassen. Während dieser Zeit öfters abschäumen.

4. Etwa 1 Stunde bevor das Fleisch gar ist, den Knoblauch schälen und zerdrükken, die Pfefferkörner ebenfalls zerdrücken, beides mit dem Kräutersträußchen in die Brühe geben. Die Ochsenschwanzstücke sofort herausnehmen, wenn sie weich sind. Zur Garprobe sticht man das Fleisch mit einer Gabel an.

5. Die Brühe wenn nötig auf etwa 1 ½ Liter einkochen lassen, durch ein feines Tuch passieren, erkalten lassen und dann das Fett abheben.

6. Das Fleisch von den Knochen ablösen, in eine Schüssel geben, mit einem Teller abdecken und diesen gut beschweren. Das Fleisch so gepreßt erkalten lassen.

7. Für den Kläransatz das Gemüse putzen und fein würfeln. Das Rindfleisch mit dem Gemüse, dem Eiweiß und 4 Eßlöffeln Wasser zu einer kompakten Masse verkneten. Basilikum, Thymian und Lorbeerblatt hinzufügen. Die Pfefferkörner zerdrücken, die Knoblauchzehe schälen und ebenfalls zerdrücken. Pfefferkörner, Knoblauch und Ochsenschwanzbrühe zum Kläransatz geben.

8. Alles zum Kochen bringen, dabei mit einem Metallspachtel ständig rühren. Die Hitzezufuhr reduzieren und die Suppe etwa 1 ½ Stunden sieden lassen. Von Zeit zu Zeit dabei abschäumen.

9. Den Sherry in die Ochsenschwanzsuppe gießen und diese nochmals erhitzen. Die Suppe vom Herd nehmen und einige Minuten stehen lassen. Durch ein feines Tuch oder einen Kaffeefilter passieren.

10. Die Suppe mit Salz, Pfeffer und 1 Prise Cayennepfeffer abschmecken.

11. Das gepreßte Ochsenschwanzfleisch in kleine Würfel schneiden und einen Teil davon in die Suppe geben. Die Suppe nochmals erhitzen und in vorgewärmten kleinen Suppentassen anrichten.

VARIATIONEN
Die klare Ochsenschwanzsuppe kann auch mit kleinen Gemüsewürfeln oder gekochten Perlgraupen serviert werden.

TIP
Ist die gekochte Ochsenschwanzbrühe bereits klar und kräftig genug, kann man auf das Klären verzichten.

GRUNDREZEPT

GEFLÜGEL-CREMESUPPE

Dies ist eine klassische Grundzubereitung, die phantasievoll abgewandelt werden kann, wie die Variationen zeigen.

FÜR 4 BIS 6 PORTIONEN
30 g Butter
50 g Weißes vom Lauch
30 g Knollensellerie
30 g Mehl
1,2 l Geflügelbrühe (Seite 100)
125 g süße Sahne
Salz
frisch gemahlener weißer Pfeffer
100 g gekochtes Geflügelfleisch

ZUBEREITUNGSZEIT
ca. 3/4 Stunden

KALORIEN
Pro Portion ca. 190 kcal (4 Portionen)

SO WIRD'S GEMACHT
1. Die Butter erhitzen, ohne daß sie Farbe annimmt. Lauch und Sellerie putzen, fein würfeln, hinzufügen und etwa 3 Minuten andünsten, jedoch keine Farbe annehmen lassen.

2. Das Mehl darüberstäuben, gut umrühren und 2 Minuten anschwitzen lassen. Den Topf vom Herd nehmen. Die Geflügelbrühe erhitzen, dazugießen. Alles mit dem Schneebesen glattrühren.

3. Die Suppe unter ständigem Rühren zum Kochen bringen, abschäumen, die Hitzezufuhr reduzieren und die Suppe 25 Minuten köcheln lassen.

4. Die Sahne zur Suppe geben und diese aufkochen lassen. Salzen und pfeffern.

5. Alles durch ein feines Sieb passieren, das Geflügelfleisch fein würfeln, in die Suppe geben und sie nochmals erhitzen.

VARIATIONEN
– Cremesuppen lassen sich auch mit anderen Mehlsorten wie Hafer-, Gersten-, Mais- oder Reismehl binden. Statt der Geflügelbrühe kann man auch Kalb-, Lamm-, Rinder- oder Gemüsebrühe nehmen.
– Aus der Cremesuppe wird eine Samtsuppe, wenn man sie mit 2 Eigelben und 100 g süßer Sahne legiert, jedoch reichen dann 20 g Mehl zum Binden aus.

CHAMPIGNON-CREMESUPPE

Statt des Knollenselleries 200 g in Scheiben geschnittene Champignons nehmen und die Suppe auf dieselbe Art wie die Geflügelcremesuppe, aber mit nur 20 g Mehl zubereiten. Statt der Geflügelbrühe Kalbsbrühe (Seite 100) verwenden. Die Suppe aber nicht durch ein Sieb passieren, sondern mit dem Mixer pürieren und zum Schluß nochmals 100 g in Scheiben geschnittene rohe Champignons hineingeben.

GRÜNKERNSUPPE

Diese Suppe wie die Geflügelcremesuppe zubereiten, aber statt des Weizenmehls Grünkernmehl nehmen und Rinderbrühe (Seite 100) statt der Geflügelbrühe verwenden. Die Suppe mit Salz und geriebener Muskatnuß abschmecken und je nach Belieben passieren. Als Einlage schmecken Mark- oder Grünkernklößchen, geröstete Brotwürfel oder kleingeschnittenes Gemüse sehr gut.

SPARGEL-CREMESUPPE

Etwas weniger Lauch und Sellerie als bei der Geflügelcremesuppe nehmen und die Geflügelbrühe durch Kalbsbrühe (Seite 100) oder Spargelsud ersetzen. 300 g Spargelabschnitte oder -schalen mitkochen und die Suppe anschließend pürieren und passieren. Mit Salz, Zucker und Muskatnuß abschmecken.
Als Einlage 150 g gekochten und in Stücke geschnittenen Spargel in die Suppe geben.

GRUNDREZEPT

SUPPENEINLAGEN

Die Vielfalt der Suppeneinlagen ist unüberschaubar groß, und die Wahl fällt nicht immer leicht. Manche Einlagen wie Flädle oder Eierstich unterstreichen zurückhaltend den Geschmack der Suppe, andere hingegen, wie die verschiedenen Klößchen, setzen selbst neue geschmackliche Akzente.

EIERSTICH

FÜR CA. 4 PORTIONEN
1 großes Ei
80 ml Milch
Salz
frisch gemahlener weißer Pfeffer
geriebene Muskatnuß
etwas Butter zum Einfetten der Form

ZUBEREITUNGSZEIT
Vorbereitungszeit:
ca. 50 Minuten

KALORIEN
Pro Portion ca. 40 kcal

SO WIRD'S GEMACHT

1. Das Ei gut verquirlen, die Milch aufkochen und langsam unter das Ei rühren.

2. Die Eiermilch mit Salz, Pfeffer und wenig Muskatnuß würzen und durch ein Sieb passieren.

3. Ein kleines Förmchen (oder eine kleine Tasse) mit etwas Butter vollständig auspinseln und die Eiermilch einfüllen.

4. Den Backofen auf 140° C vorheizen. Das Förmchen in die mit Wasser gefüllte Fettpfanne stellen. Die Eiermilch im vorgeheizten Backofen in etwa 40 Minuten stocken lassen.

5. Den Eierstich mit einem Messer vom Formenrand lösen, das Förmchen stürzen und den Eierstich herausgleiten lassen. Ihn in Würfel schneiden.

MARKKLÖSSCHEN

FÜR CA. 4 PORTIONEN
90 g frisches, entrindetes Weißbrot
60 g Rindermark
1 Ei (60 g mit Schale)
Salz
frisch gemahlener weißer Pfeffer
geriebene Muskatnuß
½ EL feingehackte Petersilie

ZUBEREITUNGSZEIT
ca. ½ Stunde
Kühlzeit: ca. 40 Minuten

KALORIEN
Pro Portion ca. 200 kcal

SO WIRD'S GEMACHT

1. Das Weißbrot in dünne Streifen schneiden. Das Rindermark in Stücke schneiden. Das Ei darüberschlagen.

2. Mit Salz, Pfeffer und Muskatnuß würzen, alles vorsichtig mischen und durch die feinste Scheibe des Fleischwolfes drehen.

3. Die Petersilie hinzufügen, alles kräftig verrühren und für etwa 40 Minuten kühl stellen.

4. Einen Tisch mit Mehl bestäuben, darauf die kalte Klößchenmasse mit bemehlten Händen zu dünnen Rollen formen. Sie in Stücke schneiden und daraus Kugeln drehen. Diese nochmals kalt stellen.

5. Die Markklößchen in kochendem Salzwasser etwa 5 Minuten garen. Sie sind fertig, wenn sie an der Oberfläche schwimmen.

FLEISCHKLÖSSCHEN

FÜR CA. 4 PORTIONEN
100 g mageres Kalbfleisch, gut gekühlt
120 g süße Sahne
Salz
frisch gemahlener weißer Pfeffer

ZUBEREITUNGSZEIT
ca. 20 Minuten

KALORIEN
Pro Portion ca. 120 kcal

SO WIRD'S GEMACHT

1. Das Fleisch sehr gut kühlen, die Sahne anfrieren lassen. Das Fleisch kleinschneiden. Mit Salz und Pfeffer würzen und in der Küchenmaschine fein zerkleinern.

2. Die Sahne löffelweise mit der Küchenmaschine unter das Fleisch arbeiten.

3. Die Farce durch ein feines Sieb streichen.

4. Mit einem Teelöffel in kochendes Salzwasser Klößchen abstechen (Foto unten) und diese 5 Minuten gar ziehen lassen.

GRÜNKERN-KLÖSSCHEN

FÜR CA. 4 PORTIONEN
⅛ l Milch
20 g Butter
Salz
frisch gemahlener weißer Pfeffer
geriebene Muskatnuß
50 g Grünkerngrieß
1 Eigelb
1 Ei

ZUBEREITUNGSZEIT
ca. 20 Minuten

KALORIEN
Pro Portion ca. 110 kcal

SO WIRD'S GEMACHT

1. Die Milch mit der Butter aufkochen lassen. Mit Salz, Pfeffer und Muskatnuß würzen.

2. Den Grünkerngrieß unter Rühren einrieseln lassen.

3. So lange rühren, bis die Grießmasse dick geworden ist und sich vom Topf löst.

4. Zuerst das Eigelb, dann das Ei unter den Grieß rühren und diesen nochmals aufkochen lassen.

5. Mit einem Teelöffel kleine Klößchen in kochendes Salzwasser abstechen und 5 Minuten ziehen lassen. Sie sind fertig, wenn sie an der Oberfläche schwimmen.

FLÄDLE

FÜR CA. 4 PORTIONEN
50 g Mehl
70 ml Milch
1 Ei
Salz
½ EL Schnittlauchröllchen
10 g Butter zum Ausbacken

ZUBEREITUNGSZEIT
ca. 20 Minuten
Ruhezeit: ca. ½ Stunde

KALORIEN
Pro Portion ca. 90 kcal

SO WIRD'S GEMACHT

1. Das Mehl mit der Milch glattrühren. Das Ei und etwas Salz daruntermischen.

2. Den Teig durch ein feines Sieb passieren, den Schnittlauch dazugeben und das Ganze etwa ½ Stunde ruhen lassen.

3. Aus dem Teig in einer schwach gebutterten Pfanne kleine Pfannkuchen ausbakken (siehe dazu Seite 127) und sie abkühlen lassen.

4. Die Pfannkuchen erst in 4 cm breite Stücke, diese dann in feine Streifen (Flädle) schneiden.

MUSKATKLÖSSCHEN

FÜR CA. 4 PORTIONEN
90 ml Muskatellerwein
1 TL abgeriebene Schale von einer unbehandelten Orange
¼ TL geriebene Muskatnuß
2½ Blätter Gelatine
2 Eier
30 g Zucker
½ TL Zitronensaft
Salz
40 g süße Sahne

ZUBEREITUNGSZEIT
ca. ½ Stunde
Ruhezeit: ca. ½ Stunde

KALORIEN
Pro Portion ca. 105 kcal

PASST ZU
Kaltschalen (Seite 116 bis 117)

SO WIRD'S GEMACHT

1. Zuerst 60 ml Wein mit der Orangenschale und der Muskatnuß aufkochen lassen und passieren. Die Gelatine in etwas kaltem Wasser einweichen.

2. Dann die Eier trennen. Die Eigelbe mit der Hälfte des Zuckers, dem heißen Wein, Zitronensaft und Salz im warmen Wasserbad cremig schlagen, sie anschließend kaltschlagen.

3. Die Gelatine ausdrücken und im restlichen, erwärmten Wein auflösen. Unter die Eicreme mischen.

4. Die Eiweiße mit dem restlichen Zucker zu Schnee schlagen, die Sahne ebenfalls steif schlagen. Dann zuerst die Sahne und danach den Eischnee unter die Creme heben und diese für etwa ½ Stunde kalt stellen.

5. Einen Teelöffel in warmes Wasser tauchen und damit Klößchen abstechen.

VIELFÄLTIGE SUPPENEINLAGEN

Gemüse kann man als Einlage gleichermaßen für klare wie für gebundene Suppen verwenden. Artischocken, Karotten, Kohlrabi, Lauch, Sellerie und Rüben werden dazu in feine Streifen, Rauten oder Würfel geschnitten, oder mit einem Perlausstecher werden kleine Kugeln ausgestochen.
Für klare Suppen gart man das Gemüse entweder in wenig gesalzenem Wasser oder direkt in der Suppe.
Für gebundene Suppen kann das Gemüse erst in wenig Butter angedünstet und dann in der Suppe gegart werden.

Blumenkohl und Brokkoli werden in kleine Röschen zerteilt.
Auch Erbsen, zarte Zuckerschoten, Spargel, Weißkraut und Wirsing lassen sich als Einlage verwenden.
Teigwaren sind ebenfalls beliebte Suppeneinlagen: Faden- und Schleifennudeln, Makkaroni, Spaghetti oder auch gefüllte Teigwaren wie Maultaschen, Ravioli und Tortellini. Auch Reis ist eine klassische Einlage.
Käsebiskuit oder kleine, getoastete Brotscheiben mit Käse oder Rindermark überbacken eignen sich ebenfalls herrlich als Suppeneinlagen.

FÜR CA. 1 LITER SUPPE BENÖTIGT MAN ALS EINLAGE
150 bis 200 g Gemüse
– oder 45 g Grieß
– oder 50 g Reis
– oder 45 g Perlgerste
– oder 50 g Fadennudeln
– oder 60 g Nudeln

SCAMPISUPPE

Um dieser Suppe den typischen Geschmack zu verleihen, reichen die Krusten der Kaisergranate völlig aus. Sie sind ohne „Inhalt" jedoch nicht immer leicht zu bekommen. Fragen Sie Ihren Fischhändler danach. Ein wenig Scampifleisch wird lediglich als Einlage verwendet.

FÜR 4 BIS 6 PORTIONEN
500 g Scampikrusten oder Scampi (Kaisergranate)
1 mittelgroße Zwiebel
1 mittelgroße Karotte
30 g Butter
5 cl Weinbrand
70 g Tomatenmark, doppelt konzentriert
2 EL Mehl
¼ TL edelsüßes Paprikapulver
1 ¼ l Kalbsbrühe (Seite 100)
je 1 kleines Stück Lauch und Knollensellerie
2 kleine Knoblauchzehen
200 g süße Sahne
Salz
Cayennepfeffer
100 g gegartes Scampifleisch

ZUBEREITUNGSZEIT
ca. 1 Stunde

KALORIEN
Pro Portion ca. 225 kcal

SO WIRD'S GEMACHT

1. Die Scampikrusten oder die Scampi im Mörser grob zerstoßen oder mit dem Messer zerkleinern.

2. Die Zwiebel und die Karotte schälen und in ½ cm große Würfel schneiden. In der Butter andünsten. Die Krusten oder die Scampi dazufügen und anschwitzen, aber auf keinen Fall rösten. Mit dem Weinbrand ablöschen und das Tomatenmark dazugeben.

3. Das Mehl und das Paprikapulver darüberstreuen und kurz anschwitzen. Mit der Brühe auffüllen und alles unter Rühren aufkochen lassen. Dann den Schaum abschöpfen.

4. Die Hitzezufuhr reduzieren, den Lauch, den Sellerie und den Knoblauch schälen, zur Suppe geben und diese ungefähr ½ Stunde köcheln lassen.

5. Die Sahne hinzufügen und die Suppe mit Salz und wenig Cayennepfeffer abschmecken. Durch ein feines Sieb passieren.

6. Das Scampifleisch kleinschneiden und zur Suppe geben. Diese vorsichtig erhitzen, aber nicht mehr kochen.

VARIATIONEN
– So wie die Scampisuppe werden auch andere Krustentiersuppen aus Hummer, Krebs oder Languste zubereitet. Die Zutaten ändern sich nicht, nur der Weinbrand kann durch roten Portwein ersetzt werden.
– Kräuter wie Basilikum, Estragon und Thymian runden die Suppen harmonisch ab. Als Einlage schmecken statt der Scampi auch Artischockenwürfel und Spargelspitzen gut.
– Krustentiersuppen darf man niemals mit einer Fischbrühe auffüllen, denn wenn Krustentiere nach Fisch schmecken, ist das ein sicheres Zeichen dafür, daß sie nicht mehr frisch sind.
(auf dem Foto rechts: oben)

MUSCHELSUPPE MIT PERNOD

Ganz frische Muscheln stehen im Mittelpunkt dieser Suppe. Der Muschelsud wird legiert und anschließend mit Dillsahne verfeinert.

FÜR 4 BIS 6 PORTIONEN
für die Suppe:
1 kg Mies- oder Pfahlmuscheln
1 mittelgroße Zwiebel
¼ Lauchstange (weißer Teil)
25 g Butter
3 cl Pernod
200 ml trockener Weißwein
frisch gemahlener weißer Pfeffer
1 kleiner Thymianzweig
½ l Kalbsbrühe (Seite 101)

für die Legierung:
2 Eigelb
2 TL Speisestärke
200 g süße Sahne
Salz

außerdem:
100 g süße Sahne
2 EL feingehackter Dill
einige Dillzweige

ZUBEREITUNGSZEIT
ca. 1 Stunde

KALORIEN
Pro Portion ca. 350 kcal

SO WIRD'S GEMACHT

1. Von den Muscheln mit einem kleinen Küchenmesser den Bart entfernen. Die Muscheln unter fließendem, kaltem Wasser mit einer Bürste gründlichst säubern (siehe auch Seite 30).

2. Die Zwiebel schälen, den Lauch putzen und beides in feine Scheiben schneiden. Zwiebel und Lauch in der Butter andünsten. Die Muscheln hinzufügen, mit Pernod und Weißwein ablöschen und mit Pfeffer und Thymian würzen. Alles zugedeckt etwa 4 Minuten kochen lassen. Die Muscheln haben sich dann geöffnet.

3. Die Muscheln herausnehmen, die Brühe in den Sud gießen und beides etwa 10 Minuten kochen lassen, dann die Suppe durch ein Tuch passieren.

4. Die Eigelbe mit der Speisestärke und der Sahne glattrühren und zur Suppe geben. Die Suppe so lange erhitzen, bis sie leicht gebunden ist, dabei ständig mit einem Schneebesen rühren. Eventuell die Suppe mit etwas Salz abschmecken.

5. Die Sahne steif schlagen, zusammen mit dem Dill vorsichtig unter die Suppe heben. Das Muschelfleisch aus den Schalen nehmen und in die Suppe geben (geschlossene Schalen nicht gewaltsam öffnen!). Die Suppe heiß servieren.
(auf dem Foto rechts: unten)

TOMATENSUPPE

Die klassische Tomatensuppe darf in keiner guten Küche fehlen. Grundlage sind, wie sollte es anders sein, vollreife Tomaten und eine gute selbstgemachte Brühe.

FÜR 4 BIS 6 PORTIONEN
1½ Zwiebeln,
½ kleine Karotte
30 g Butter
250 g vollreife Tomaten
150 g Tomatenmark, doppelt konzentriert
1 EL Mehl
900 ml Kalbsbrühe (Seite 100)
1 Knoblauchzehe
je 1 kleines Stück Lauch und Knollensellerie
1 kleiner Thymianzweig
¼ Lorbeerblatt
150 g saure Sahne
Salz,
frisch gemahlener weißer Pfeffer
1 Prise Zucker

ZUBEREITUNGSZEIT
ca. 1 Stunde

KALORIEN
Pro Portion ca. 160 kcal (4 Portionen)

SO WIRD'S GEMACHT

1. Die Zwiebeln und die Karotte schälen, fein würfeln und in der erhitzten Butter andünsten. 150 g Tomaten waschen, kleinschneiden und mit dem Tomatenmark zum Gemüse geben. Einige Minuten mitdünsten.

2. Das Mehl darüberstäuben und anschwitzen. Die Brühe dazugießen, alles glattrühren und zum Kochen bringen.

3. Die Knoblauchzehe schälen und zerdrücken, den Lauch und den Sellerie würfeln und mit dem Thymian und dem Lorbeerblatt zur Suppe geben. Bei geringer Hitze etwa ½ Stunde kochen lassen.

4. Die Sahne dazugeben und die Suppe mit Salz, Pfeffer und Zucker nicht zu kräftig abschmecken.

5. Die Tomatensuppe durch ein feines Sieb passieren. Die restlichen Tomaten mit heißem Wasser überbrühen, enthäuten, in Würfel schneiden und in die Suppe geben.

PAPRIKASCHOTEN-SUPPE

Reife, sonnenverwöhnte gelbe Paprikaschoten und ein bißchen Safran verleihen dieser Gemüsesuppe das unverwechselbare Aroma.

FÜR 4 BIS 6 PORTIONEN
5 große gelbe Paprikaschoten
1 Zwiebel
25 g Butter
1 EL Zucker
2 EL Zitronensaft
1 Knoblauchzehe
je 1 kleiner Petersilien-, Rosmarin- und Thymianzweig
einige Safranfäden oder
1 Msp. Safranpulver
350 ml Kalbsbrühe (Seite 100)
250 g süße Sahne
Salz
frisch gemahlener weißer Pfeffer
6 Dillzweige

ZUBEREITUNGSZEIT
ca. 50 Minuten

KALORIEN
Pro Portion ca. 240 kcal (4 Portionen)

DAS PASST DAZU
marinierter Lachs oder marinierte Jakobsmuscheln (Seite 72 und 73)

SO WIRD'S GEMACHT

1. Die Paprikaschoten vierteln, entkernen, waschen und in kleine Stücke schneiden. Die Zwiebel schälen und fein würfeln. Das Gemüse in der Butter andünsten.

2. Den Zucker hinzufügen, leicht karamelisieren und mit dem Zitronensaft ablöschen. Die Knoblauchzehe schälen und zerdrücken. Mit den Kräutern, dem Safran und der Brühe zu den Paprikaschoten geben. Die Brühe aufkochen lassen.

3. Die Sahne nach etwa 5 Minuten dazugießen und die Suppe bei mittlerer Hitzezufuhr etwa 10 Minuten köcheln lassen.

4. Die Suppe mit Salz und Pfeffer abschmecken. Im Mixer pürieren und durch ein feines Sieb passieren.

5. Die Paprikaschotensuppe nochmals aufkochen lassen, anrichten und mit den Dillspitzen garnieren.

KALTE VICHYSSOISE

Das Geheimnis des großen Erfolgs sind bei dieser französischen Suppe beste Zutaten und eine verblüffend einfache, aber exzellente Zubereitung. Lauch, Kartoffeln, eine gute Brühe und etwas Sahne sind dafür unabdingbar. Das gilt sowohl für die warme als auch für die kalte Variante, die wir hier vorstellen.

FÜR 4 BIS 6 PORTIONEN
125 g Bleichsellerie
125 g Weißes vom Lauch
250 g mehligkochende Kartoffeln
3/4 l entfettete Kalbsbrühe (Seite 100)
Salz
weißer, frisch gemahlener Pfeffer
geriebene Muskatnuß
100 g süße Sahne
1 EL Schnittlauchröllchen

ZUBEREITUNGSZEIT
ca. 1 Stunde
Kühlzeit:
ca. 2 Stunden

KALORIEN
Pro Portion ca. 120 kcal (4 Portionen)

DAS PASST DAZU
Marinierter Lachs (Seite 72)

SO WIRD'S GEMACHT

1. Den Bleichsellerie und den Lauch putzen und waschen. Die Kartoffeln schälen und alles in kleine Stücke schneiden.

2. Zusammen mit der Brühe bei geringer Hitzezufuhr etwa 1/2 Stunde kochen, die Kartoffeln müssen beim Durchstechen weich sein.

3. Die Suppe mit Salz, Pfeffer und Muskatnuß abschmecken.

4. Im Mixer oder mit dem Mixstab pürieren und durch ein feines Sieb streichen. Die Suppe abkühlen lassen, dabei häufig umrühren. Die Sahne daruntermischen.

5. Die Suppe zum Durchkühlen in den Kühlschrank stellen. Kalt und mit den Schnittlauchröllchen bestreut servieren.

GAZPACHO

Diese kalt servierte sommerliche Gemüsesuppe kommt aus Andalusien und wird aus frischen reifen Gurken, Tomaten und Paprikaschoten zubereitet.

FÜR CA. 2 PORTIONEN
100 g Salatgurke
250 g vollreife Tomaten
je 75 g grüne und gelbe Paprikaschoten
1/2 Scheibe Weißbrot
1/2 mittelgroße Zwiebel
1 kleine Knoblauchzehe
2 TL Tomatenmark, doppelt konzentriert
1/2 EL Weißweinessig
1 EL kaltgepreßtes Olivenöl
100 ml Tomatensaft
Salz, frisch gemahlener schwarzer Pfeffer
1 Scheibe getoastetes Weißbrot
einige Basilikumblätter

ZUBEREITUNGSZEIT
ca. 3/4 Stunden
Kühlzeit: ca. 2 Stunden

KALORIEN
Pro Portion ca. 230 kcal

SO WIRD'S GEMACHT

1. Die Gurke schälen. Die Tomaten mit heißem Wasser überbrühen, enthäuten, vierteln und entkernen. Die Paprikaschoten halbieren, entkernen und waschen.

2. Von jeder Gemüsesorte knapp ein Fünftel in feine Würfel schneiden und für die Einlage beiseite stellen. Das restliche Gemüse in kleine Stücke schneiden. Die 1/2 Scheibe Weißbrot entrinden und in kaltem Wasser einweichen.

3. Das Brot ausdrücken, die Zwiebel schälen und fein würfeln. Brot, Zwiebel, Gemüsestücke und Tomaten mit der geschälten Knoblauchzehe, Tomatenmark, Essig und Öl fein pürieren.

4. Den Tomatensaft dazugießen und alles mit Salz und Pfeffer würzen. Die Gemüsewürfel dazugeben, die Suppe umrühren und für 2 Stunden kühl stellen.

5. Das restliche Weißbrot entrinden, fein würfeln. Die kalte Suppe anrichten, mit den Brotwürfeln und Basilikum bestreuen.

GEMÜSE-FISCH-EINTOPF

Ein Eintopf erhält seinen typischen Geschmack durch die vielen verschiedenen Gemüsesorten, die zusammen gegart werden. Das folgende Rezept ist leicht und vitaminreich.

FÜR 4 PORTIONEN
2 mittelgroße Karotten
1 mittelgroße Zwiebel
1 kleiner Knollensellerie (ca. 250 g)
1 Stange Lauch
1 Fenchelknolle
2 EL Butter
¼ l trockener Weißwein
½ l Fischbrühe (Seite 101)
Salz
frisch gemahlener weißer Pfeffer
4 mittelgroße Kartoffeln
600 g Fischfilets (Aal, Karpfen, Zander)
2 EL gehacktes Fenchelkraut oder Dill

ZUBEREITUNGSZEIT
ca. 1 Stunde

KALORIEN
Pro Portion ca. 450 kcal

DAS PASST DAZU
Toastbrot mit Knoblauchbutter

WAS MACHE ICH MIT RESTEN?
Da sich dieser Eintopf nicht aufheben läßt, sollte er immer nur in der benötigten Menge zubereitet werden. Für 2 Portionen können die vielen verschiedenen Gemüsesorten auf drei reduziert werden.

SO WIRD'S GEMACHT

1. Die Karotten, die Zwiebel und den Knollensellerie schälen und in feine Streifen schneiden. Den Lauch und den Fenchel ebenfalls putzen und in Streifen schneiden.

2. Das Gemüse in der Butter dünsten, aber keine Farbe nehmen lassen, und mit dem Weißwein ablöschen. Dann mit der Fischbrühe auffüllen und das Ganze mit Salz und Pfeffer würzen. Etwa 10 Minuten bei geringer Hitzezufuhr sieden lassen.

3. Die Kartoffeln schälen und in hauchdünne Scheiben schneiden, zum Eintopf geben und etwa 5 Minuten garen.

4. Die Fischfilets in Stücke schneiden und im Eintopf in etwa 3 Minuten gar ziehen lassen.

5. Den Eintopf nochmals abschmecken, anrichten und mit dem Fenchelkraut oder dem Dill bestreuen. (auf dem Foto unten)

IRISH STEW

Dieser Stew ist eine irische Spezialität, die in jedem Ort, ja fast in jeder Familie anders zubereitet wird. Hier ein Rezept, das auf unseren Geschmack zugeschnitten ist.

FÜR 4 PORTIONEN
800 g mageres Lammfleisch (Schulter oder Hals)
½ kg Zwiebeln
2 Knoblauchzehen
500 g Karotten
600 g Kartoffeln
1 große Stange Lauch
1 kleiner Weißkohlkopf
1 Thymianzweig
1 kleines Lorbeerblatt
Salz, schwarzer Pfeffer

ZUBEREITUNGSZEIT
ca. 1 ¾ Stunden

KALORIEN
Pro Portion ca. 445 kcal

DAS PASST DAZU
frisches Sauerteigbrot

WAS MACHE ICH MIT RESTEN?
Irish Stew hält sich sehr gut 2 bis 3 Tage im Kühlschrank und läßt sich problemlos einfrieren.

SO WIRD'S GEMACHT

1. Das Lammfleisch in etwa 40 g schwere Stücke schneiden. Die Zwiebeln schälen und vierteln, den Knoblauch schälen und hacken.

2. Die Karotten und die Kartoffeln schälen. Den Lauch putzen. Die Karotten in Scheiben, die Kartoffeln in Würfel und den Lauch in Ringe schneiden. Den Kohl putzen, vierteln und ihn in etwa 3 cm große Stücke schneiden.

3. Die Fleischstücke, die Zwiebeln, die Karotten, den Lauch und den Kohl in einen Topf schichten.

4. Den Knoblauch dazugeben und mit ¾ l Wasser bedecken. Das Ganze aufkochen lassen, abschäumen und die Hitzezufuhr reduzieren. Den Thymianzweig und das Lorbeerblatt hinzufügen und den Eintopf mit Salz und Pfeffer würzen. Nach etwa 35 Minuten Kochzeit die Kartoffeln dazugeben und den Eintopf nun nochmals etwa ½ Stunde garen. Zur Garprobe die Zutaten mit einer Gabel oder einem Küchenmesser anstechen. Den Thymian und das Lorbeerblatt entfernen.

5. Einige der gegarten Kartoffeln herausnehmen und mit der Gabel zerdrücken. Sie wieder in den Irish Stew geben, ihn so binden und nochmals abschmecken. (auf dem Foto rechts: rechts)

GEMÜSEEINTOPF

Hier schmeckt man, wie gut weiße Rüben und anderes Wurzelgemüse miteinander harmonieren. Kartoffeln und mageres Fleisch sind die sättigenden Zutaten.

FÜR CA. 4 PORTIONEN
800 g mageres Schweinefleisch (Schulter)
2 Kohl- oder Butterrüben
1 mittelgroßer Knollensellerie
3 mittelgroße Karotten
1 große Zwiebel
500 g Kartoffeln
1 große Stange Lauch
2 EL Butter
1 Knoblauchzehe
Salz
frisch gemahlener weißer Pfeffer
geriebene Muskatnuß
2 EL feingehackte Petersilie

ZUBEREITUNGSZEIT
ca. 1 3/4 Stunden

KALORIEN
Pro Portion ca. 435 kcal

DAS PASST DAZU
frisches Bauernbrot

WAS MACHE ICH MIT RESTEN?
Der Eintopf kann 3 bis 4 Tage im Kühlschrank aufbewahrt werden. Aufgewärmt schmeckt er noch besser.

SO WIRD'S GEMACHT
1. Das Fleisch in etwa 40 g schwere Würfel schneiden. Die Rüben, den Sellerie, die Karotten, die Zwiebel und die Kartoffeln schälen. Den Lauch putzen und längs halbieren. Das Gemüse waschen.

2. Die Rüben und den Sellerie in Stifte, die Karotten in Scheiben und den Lauch in breite Streifen schneiden. Die Zwiebeln fein und die Kartoffeln grob würfeln.

3. Das Fleisch in der erhitzten Butter andünsten, aber keine Farbe nehmen lassen. Die Zwiebel und das Gemüse bis auf die Kartoffeln dazufügen und mitdünsten.

4. Alles mit Wasser bedekken, dieses aufkochen lassen und abschäumen. Den Knoblauch schälen und dazudrücken. Den Eintopf bei geringer Hitzezufuhr etwa 1 1/4 Stunden ziehen lassen. Etwa 20 Minuten vor Ende der Garzeit die Kartoffeln dazugeben.

5. Zur Probe, ob Fleisch und Gemüse weich sind, sticht man mit einer Gabel hinein. Ist der Eintopf gar, ihn mit Salz, Pfeffer und Muskatnuß würzen und mit Petersilie bestreuen.
(auf dem Foto oben: links)

EINTÖPFE AUS HÜLSENFRÜCHTEN

Die Eintöpfe, die man heutzutage aus Hülsenfrüchten kocht, haben nicht mehr viel mit jenen unserer Großmütter gemein. Kürzere Garzeiten, frische Kräuter und weniger Fett sprechen für die folgenden Rezepte.

ERBSENEINTOPF

FÜR CA. 4 PORTIONEN
250 g grüne oder gelbe Trockenerbsen
60 g Frühstücksspeck
1 mittelgroße Zwiebel
200 g Gemüse (Karotten und Knollensellerie)
300 g Kartoffeln
1 TL feingehackter Majoran
Salz
frisch gemahlener weißer Pfeffer
1 EL feingehackte Petersilie

ZUBEREITUNGSZEIT
Vorbereitungszeit: ca. 40 Minuten
Quellzeit: ca. 10 Stunden
Kochzeit: ca. 1 ½ Stunden

KALORIEN
Pro Portion ca. 380 kcal

DAS PASST DAZU
frische Brötchen oder Sauerteigbrot

EINLAGEN
Im Eintopf Schweineohren mitkochen oder heiße Würstchen dazu servieren.

WAS MACHE ICH MIT RESTEN?
Dieser Eintopf schmeckt aufgewärmt sehr gut und hält sich etwa 2 Tage.

TIPS ZUM EINFRIEREN
Eintöpfe mit Hülsenfrüchten halten sich etwa 3 bis 4 Monate im Gefrierschrank. Sie werden durch den Gefriervorgang sogar leichter verdaulich.

SO WIRD'S GEMACHT

1. Die Erbsen waschen und etwa 12 Stunden in 1 ½ l kaltem Wasser quellen lassen.

2. Den Speck würfeln und ausbraten. Die Zwiebel, die Karotte und den Knollensellerie schälen und fein würfeln. Dann zu dem Speck geben und im Speckfett andünsten, jedoch keine Farbe nehmen lassen.

3. Die Erbsen mit dem Wasser dazugeben und etwa 1 Stunde köcheln lassen.

4. Die Kartoffeln schälen und würfeln, zusammen mit dem Majoran zum Eintopf geben und diesen weiterkochen lassen.

5. Den Erbseneintopf mit Salz und Pfeffer würzen, anrichten und mit der Petersilie bestreuen.
(auf dem Foto rechts: oben)

TIP
Hülsenfrüchte salzt man erst, wenn sie gar sind, denn durch das Salz werden sie überhaupt nicht oder nur sehr schwer weich. Hülsenfrüchte können sehr gut im Schnellkochtopf gekocht werden. Sie sparen dann etwa zwei Drittel der Kochzeit ein.

LINSENEINTOPF

Auf ähnliche Weise wie den Erbseneintopf kann man auch einen aus Linsen zubereiten. Allerdings werden diese auch ohne Vorquellen weich.
80 g Speck ausbraten, 200 g gewürfeltes Gemüse und 1 feingewürfelte Zwiebel darin andünsten. Je 1 EL Tomatenmark und 1 EL Mehl dazugeben und kurz anschwitzen. Mit 1 ½ l Rinderbrühe (Seite 100) auffüllen und 300 g mittelgroße Linsen dazugeben. Den Eintopf 1 Stunde bei geringer Hitzezufuhr köcheln lassen, nach ½ Stunde 300 g gewürfelte Kartoffeln dazugeben. Den Eintopf mit Salz und Pfeffer würzen und mit etwas Essig abschmecken.
(auf dem Foto unten)

LINSENEINTOPF MIT RÄUCHERAAL

Für 4 Portionen 50 g magere Speckwürfel anbraten, 250 g gewürfeltes Gemüse, je 1 feingewürfelte Zwiebel und Knoblauchzehe darin andünsten. 1 ½ Eßlöffel Tomatenmark und 1 Eßlöffel Mehl mitschwitzen lassen. 300 g rote Linsen und 1 ½ l Kalbsbrühe (Seite 100) dazugeben. 400 g Räucheraal filetieren und häuten. Die Gräten und die Haut sowie 1 Zweig Oregano in den Eintopf geben, alles aufkochen lassen und abschäumen. Nach etwa 20 Minuten 250 g gewürfelte Kartoffeln dazugeben. Den Eintopf ½ Stunde weiterkochen und dann mit Salz, Pfeffer und 1 Teelöffel Essig abschmekken. Die Gräten und die Haut aus dem Eintopf entfernen. Die Aalfilets quer in Streifen schneiden und in den Linseneintopf geben.
(auf dem Foto rechts: unten)

EINTOPF VON FRISCHEN WEISSEN BOHNEN

FÜR CA. 4 PORTIONEN
600 g frische weiße Bohnenkerne
2 l Rinderbrühe (Seite 100)
350 g Kartoffeln
2 Karotten
1 mittelgroße Stange Lauch
400 g Tomaten
200 g grüne Bohnen
200 g Zucchini
80 g Makkaroni
Salz, frisch gemahlener weißer Pfeffer

ZUBEREITUNGSZEIT
ca. 50 Minuten
Kochzeit: ca. 1 ¼ Stunden

KALORIEN
Pro Portion ca. 300 kcal

DAS PASST DAZU
geröstetes Toastbrot mit Knoblauch bestrichen, Pesto (Seite 264) und geriebener Käse

SO WIRD'S GEMACHT

1. Die weißen Bohnenkerne in der Brühe aufkochen lassen und bei geringer Hitzezufuhr etwa ½ Stunde sieden lassen. Die Kartoffeln schälen und in Würfel schneiden. Die Karotten schälen und in Scheiben schneiden, den Lauch putzen und in Ringe schneiden. Die Tomaten mit heißem Wasser überbrühen, enthäuten und entkernen, dann in Stücke schneiden.

2. Das Gemüse in die Suppe geben und sie dann weitere 50 Minuten kochen.

3. Die Bohnen putzen, waschen und in 3 cm lange Stücke brechen. Die Zucchini waschen und in Stifte schneiden. Die Makkaroni in große Stücke brechen. Alles etwa ¼ Stunde vor Ende der Kochzeit zum Eintopf geben.

4. Den Eintopf vor dem Servieren mit Salz und Pfeffer würzen.
(auf dem Foto links: Mitte)

KALTSCHALEN

Obwohl diese kalten, süßen Suppen gerne als Dessert gegessen werden, kann man einige davon sehr gut vor dem Hauptgang reichen.

RHABARBER-KALTSCHALE

FÜR CA. 2 PORTIONEN
300 g roter Rhabarber
ca. 50 g Zucker
125 ml frisch gepreßter Orangensaft
1 Prise Salz
7 g (1 knapper EL) Kartoffelstärke

ZUBEREITUNGSZEIT
ca. 25 Minuten
Kühlzeit: ca. 2 Stunden

KALORIEN
Pro Portion ca. 185 kcal

EINLAGE
Muskatklößchen (Seite 109)

SO WIRD'S GEMACHT

1. Den Rhabarber mit einem Messer schälen und ihn in kleine Stücke schneiden.

2. Die Rharbarberstücke mit zwei Dritteln des Zuckers und dem Orangensaft in ungefähr 5 Minuten weich kochen, dann durch ein feines Sieb drücken.

3. Nun ½ l Wasser mit 1 Prise Salz zum Kochen bringen, die mit wenig kaltem Wasser verrührte Stärke unter Rühren dazugeben.

4. Das Ganze unter häufigem Umrühren etwa 10 Minuten kochen lassen, bis die Stärke ausgequollen, klar und durchsichtig ist.

5. Die Stärke mit dem Rhabarbermus mischen. Dann die Kaltschale eventuell mit dem restlichen Zucker nachsüßen, auskühlen lassen und zugedeckt für 2 Stunden kühl stellen.

(auf dem Foto: links oben)

MELONEN-KALTSCHALE

FÜR CA. 2 PORTIONEN
1 reife Galiamelone (ca. 1 kg)
60 ml Weißwein
1 ½ EL Zitronensaft
1 EL Zucker
1 cl Orangenlikör
2 EL Sahne
25 g abgetropfte Senffrüchte
Zitronenmelisse zum Garnieren

ZUBEREITUNGSZEIT
ca. 35 Minuten
Kühlzeit: ca. 2 Stunden

KALORIEN
Pro Portion ca. 225 kcal

SO WIRD'S GEMACHT

1. Die Melone halbieren und die Kerne entfernen. Mit einem Pariser Löffel (kleiner Kugelausstecher) aus einem Teil des Melonenfleisches kleine Kugeln ausstechen und sie kühl stellen.

2. Das restliche Melonenfleisch (es sollte etwa noch ½ kg sein) aus den Schalen lösen.

3. Dieses Melonenfleisch mit dem Weißwein, dem Zitronensaft, dem Zucker und dem Orangenlikör im Mixer pürieren und 2 Stunden kalt stellen.

4. Die Sahne steif schlagen. Die Senffrüchte in kleine Würfel schneiden.

5. Die kalte Melonenmasse nochmals aufmixen und mit den Melonenkugeln und den Senffrüchten anrichten. Die Sahne mit einem Eßlöffel auf die Kaltschale setzen und diese mit der Zitronenmelisse garnieren.

(auf dem Foto: links unten)

BUTTERMILCH-KALTSCHALE

FÜR CA. 2 PORTIONEN
1 Eigelb
30 g Zucker
½ l Buttermilch
etwas Zitronensaft

ZUBEREITUNGSZEIT
ca. 10 Minuten
Kühlzeit: ca. 1 Stunde

KALORIEN
Pro Portion ca. 185 kcal

EINLAGEN
frische Beeren, filetierte Zitrusfrüchte, in Stücke geschnittenes, rohes oder gekochtes Steinobst, kleine Baisers oder Makronen

SO WIRD'S GEMACHT

1. Das Eigelb und den Zukker mit einem Schneebesen oder mit dem Handrührgerät cremig rühren.

2. Die Buttermilch unter die Eigelb-Zucker-Masse mischen. Mit dem Zitronensaft abschmecken und dann die Kaltschale für 1 Stunde kalt stellen.
(auf dem Foto: Mitte)

HIMBEER-KALTSCHALE

FÜR CA. 2 PORTIONEN
300 g Himbeeren
etwas Zitronensaft
ca. 30 g Zucker, je nach Säuregrad der Früchte
1 EL Sago (gekörnte Stärke)

ZUBEREITUNGSZEIT
ca. ½ Stunde
Kühlzeit: ca. 2 Stunden

KALORIEN
Pro Portion ca. 135 kcal

SO WIRD'S GEMACHT

1. Zuerst 250 g Himbeeren waschen und im Mixer pürieren und durch ein Sieb streichen. Die restlichen Himbeeren waschen und beiseite legen.

2. Dann 300 ml Wasser mit etwas Zitronensaft und dem Zucker aufkochen.

3. Den kalt abgespülten Sago in das heiße Wasser geben und unter Rühren etwa 10 Minuten kochen, bis er ausgequollen, klar und durchsichtig ist. Die Masse unter gelegentlichem Rühren erkalten lassen.

4. Die pürierten Himbeeren daruntermischen, die Kaltschale eventuell nachsüßen und für 2 Stunden kalt stellen.

5. Die Kaltschale mit den beiseitegelegten ganzen Himbeeren anrichten.
(auf dem Foto: rechts)

TIPS
– Bereitet man Fruchtkaltschalen aus Erdbeeren oder Himbeeren zu, sollte man diese nach Möglichkeit nicht mitkochen, denn die Beeren verlieren an Farbe und an Aroma. Stein- und Kernobst hingegen sollte immer mitgekocht und passiert werden.
– Wenn die Kaltschale mal zu stark angedickt wurde, so verdünnt man sie einfach mit Mineralwasser, Fruchtsaft oder Wein.

Ein Ei ist weltberühmt geworden: jenes nämlich, das der Seefahrer Christoph Kolumbus gefühlvoll, aber resolut auf die Tafel des spanischen Königs setzte, damit es auf der Spitze stehenblieb. (Wir wollen zum Vorteil der Zuschauer einmal annehmen, daß besagtes Ei hartgekocht war.)

Das Ei – ganz gleich, aus welchem Nest es stammt – gehört schon immer zu den Nahrungsmitteln, die der Mensch ohne viel eigenes Dazutun und perfekt verpackt für seinen Speisezettel vorsehen konnte: küchenfertig, durch die Schale weitgehend geschützt, wohlschmeckend und kräftigend, alles enthaltend, was für eine gesunde Ernährung notwendig ist.

Anders steht es mit dem Käse. Hier geht es nicht ohne Menschenhand, denn dieses Lebensmittel muß erst aus Kuh-, Schafs- oder Ziegenmilch in teils langwierigen Prozessen gewonnen werden. Dann freilich liegt eine Auswahl vor, die schier ins Unermeßliche zu gehen scheint. Kein Land, das nicht seine eigene Käsekultur hat. Dank der offenen Grenzen kommen viele Käsesorten aus dem Ausland zu uns, so daß wir an den Theken der Geschäfte oder auf dem Markt vor der Qual der Wahl stehen.

EIER UND KÄSE

GRUNDREZEPT

RUND UMS EI

Eier kochen, so mag man annehmen, ist kinderleicht. Aber gelingt es immer genau so, wie Sie es möchten? Sind die Eier wirklich hartgekocht, wie Sie sie zum Füllen oder zum Ostereierfärben brauchen? Hier sehen Sie wie's geht.

EIER KOCHEN
Eier aus dem Kühlschrank in lauwarmes Wasser legen, damit sie beim Eintauchen in kochendes Wasser nicht platzen.
Für 4 Eier etwa 1 l Wasser zusammen mit 2 Eßlöffeln Essig aufkochen lassen. Die Eier mit einem Eierstecher oder mit einer Nadel anstechen und dann vorsichtig in das kochende Wasser geben. Sie 3 bis 4 ½ Minuten (weich, auf dem Foto: Mitte) oder aber 6 bis 8 Minuten (wachsweich, auf dem Foto: links) oder 10 bis 12 Minuten (hartgekocht, auf dem Foto: rechts) kochen lassen. Die Eier nach dem Kochen unter fließendem, kaltem Wasser abschrecken, dann lassen sie sich leichter schälen. Die Eier anschließend erkalten lassen.

TIPS
– Prüfen Sie vor dem Kochen, ob die Schalen der Eier Risse haben, und verwenden Sie zum Kochen nur unbeschädigte.
– Wenn dem Kochwasser etwas Essig beigefügt wird, dann tritt, falls die Schale platzen sollte, nicht so viel Eiweiß aus.
– Eier lassen sich leichter schälen, wenn man nach dem Erkalten die Schalen leicht auf einer Tischplatte aufschlägt und die Eier dann in kaltes Wasser legt.
– Die Kochzeit für Eier ist je nach weiterem Verwendungszweck unterschiedlich: Eier für Salate oder Ostereier 8 bis 9 Minuten kochen lassen, dann bleiben die Eigelbe noch etwas weich.
Sollen die Eier gefüllt werden, sie 11 bis 12 Minuten kochen lassen, damit die Eigelbe fest werden und gut durch ein Sieb gedrückt werden können.
Eier, die anschließend noch in einer Sauce oder im Ofen weitergegart werden, 5 bis 6 Minuten kochen lassen, die Eigelbe sind dann wachsweich.

SPIEGELEIER

Als Spiegeleier bezeichnet man Eier, die in eine Pfanne geschlagen und gebraten werden.

GEFÜLLTE EIER

FÜR 4 PORTIONEN
6 – 8 hartgekochte Eier
80 g Speisequark
½ TL Senf
Salz
frisch gemahlener weißer Pfeffer

ZUBEREITUNGSZEIT
ca. ¾ Stunden

KALORIEN
Pro Portion ca. 185 kcal

SO WIRD'S GEMACHT
1. Die hartgekochten Eier schälen und längs halbieren.
2. An den Rundungen jeweils ein wenig des Eiweißes wegschneiden, damit die Eihälften einen besseren Stand haben.
3. Die Eigelbe vorsichtig aus den Eihälften lösen und mit einem Holzlöffel durch ein feines Sieb streichen.
4. Die Eigelbmasse zusammen mit dem Quark und dem Senf zu einer glatten Creme verrühren und sie mit Salz und Pfeffer würzen.
5. In einen Spritzbeutel eine große Sterntülle einsetzen, den Beutel oben einmal umschlagen und soviel der Masse hineinfüllen, daß der Beutel zur Hälfte gefüllt ist. Die Masse nun in die Eihälften spritzen.

MEERRETTICH-FÜLLUNG

Die Quarkmasse mit 1 Eßlöffel frisch geriebenem Meerrettich und ½ Teelöffel Zitronensaft mischen. Dann 2 Eßlöffel steifgeschlagene Sahne darunterheben und die Creme mit Salz und Pfeffer würzen.

RÜHREI

So einfach die Zubereitung auf den ersten Blick sein mag, ein wenig Übung braucht man schon, um ein lockeres, nicht trockenes Rührei zu braten.

FÜR 2 PORTIONEN
3 Eier
3 – 5 EL süße Sahne
Salz
frisch gemahlener weißer Pfeffer
2 EL Butter zum Braten
einige Butterflocken nach Belieben

ZUBEREITUNGSZEIT
7 – 8 Minuten

KALORIEN
Pro Portion ca. 295 kcal

SO WIRD'S GEMACHT

1. Die Eier in eine Schüssel aufschlagen und mit einer Gabel gut verrühren. Die Sahne hinzufügen (Foto 1) und die Eimasse mit Salz und Pfeffer würzen.

2. Die Butter in einer großen, möglichst beschichteten Pfanne bei geringer Hitzezufuhr erwärmen. Die Eimasse hineingießen und so lange ständig mit einem Holzlöffel rühren, bis die Masse leicht stockt, die Oberfläche aber noch feucht ist (Foto 2). Das Rührei darf nicht trocken werden.

3. Nach Belieben noch etwas Sahne hinzugeben und kurz weiterrühren (Foto 3).

4. Das Rührei sofort nach der Zubereitung auf leicht vorgewärmte Teller geben und nach Belieben einige Butterflocken darauf verteilen.

TIPS
– Die Butter darf nicht überhitzt und braun werden, weil sie dadurch unbekömmlich wird.
– Die Butter durch 1 bis 2 Eßlöffel Sahne ersetzen. Dadurch wird das Rührei besonders fein, aber auch ein wenig flüssiger.

KRÄUTERRÜHREI

(Foto 4)
Das Rührei mit Schnittlauchröllchen, gehacktem Dill oder Estragon bestreuen.

RÜHREI MIT KÄSE UND SCHINKEN

(Foto 5)
Vor dem Anrichten mit etwas gut schmelzendem Käse und mit leicht angeröstetem Schinken mischen.

Foto 1

Foto 2

Foto 3

Foto 4

Foto 5

GRUNDREZEPT

POCHIERTE EIER (VERLORENE EIER)

Ein pochiertes Ei ist nicht nur optisch, sondern auch geschmacklich eine schöne Alternative zum gekochten Ei. Und mit ein paar Beilagen wird daraus ein Hauptgericht.

FÜR 2 PORTIONEN
3 EL Essig
4 Eier

ZUBEREITUNGSZEIT
8 – 10 Minuten

KALORIEN
Pro Portion ca. 190 kcal

DAS PASST DAZU

– einige Knoblauch-Butter-Croûtons, das sind in Butter geröstete Brotwürfelchen, die mit etwas Knoblauchsaft beträufelt werden
– frischer Blattsalat (zum Beispiel aus Löwenzahn, jungem Spinat, Kopfsalat, Seite 86)
– Rahmspinat
– Toast mit Schinken, Käseschnitten (Seite 131), Rösti (Seite 236) oder Polentaschnitten (Seite 146)
– italienische Tomatensauce (Seite 265)

SO WIRD'S GEMACHT

1. Etwa 1 l Wasser aufkochen lassen und den Essig hinzufügen.

2. Jedes Ei einzeln in eine Tasse oder in eine kleine Schüssel aufschlagen, dabei darauf achten, daß das Eigelb ganz bleibt (Foto 1). Nun prüfen, ob das Ei frisch ist, es sollte einen festen, hohen Dotter haben.

3. Jedes Ei einzeln vorsichtig in das ziehende, nicht kochende Essigwasser gleiten lassen, dabei die Tasse sehr nah an die Wasseroberfläche halten (Foto 2). Die Eier dürfen einander im Topf nicht berühren.

4. Während des Garens die Eiweiße mit zwei Holzlöffeln immer wieder um die Eigelbe herumlegen, damit die pochierten Eier eine schöne Form erhalten (Foto 3).

5. Die Eier nach 3 ½ bis 5 Minuten vorsichtig mit einer Schaumkelle aus dem Wasser heben und auf ein angefeuchtetes Tuch oder auf mehrere Lagen Küchenpapier legen. Eiweißfransen an den Rändern mit einem Messer abschneiden (Foto 4).

TIPS

– Nicht mehr als drei bis vier Eier auf einmal ins Wasser geben. Wenn Sie mehr als vier Eier pochieren möchten, stellen Sie einen Topf mit etwa 70°C warmem Wasser bereit und geben die fertigen Eier dann zum Warmhalten hinein.
– Das Essigwasser, in dem die Eier pochiert werden, wird nicht gesalzen, dem warmen Wasser, das zum Warmhalten dient, kann man hingegen wenig Salz zusetzen.
– Zum Pochieren sehr frische Eier verwenden. Ältere ergeben flache pochierte Eier, und ihre Eiweiße stokken nur langsam und unregelmäßig.
– Man kann die Eier auch einzeln in eine Schöpfkelle schlagen und sie daraus ins Wasser gleiten lassen.
– Eier, die nach dem Pochieren noch kurz überbacken werden, zum Beispiel mit einer Sauce oder mit Käse, dürfen nur knapp 3 Minuten lang pochiert werden.
– Verlorene Eier kann man auch gut kalt servieren.
– Wer keinen Spaß an der im Rezept beschriebenen Zubereitung von verlorenen Eiern hat, kann die Eier auch in den Schalen 5 bis 6 Minuten lang kochen. Sie sind dann innen noch wachsweich. Dann die Eier abschrecken, schälen und wie die verlorenen Eier anrichten und garnieren.

Foto 1

Foto 2

Foto 3

Foto 4

GRUNDREZEPT

EIER IM FÖRMCHEN MIT SCHINKEN

Schinken, Sahne, Schnittlauch und Ei werden bei milder Hitze gegart und gehen eine harmonische Verbindung ein.

FÜR 2 PORTIONEN
1 EL Butter zum Ausfetten
2 Eier
Salz
frisch gemahlener weißer Pfeffer
1 EL Schnittlauchröllchen
50 g gekochter Schinken
2 EL süße Sahne

BESONDERE KÜCHENGERÄTE
2 kleine Soufflé- oder Portionsförmchen (ca. 100 ml Inhalt)

ZUBEREITUNGSZEIT
ca. ¼ Stunde

KALORIEN
Pro Portion ca. 255 kcal

SO WIRD'S GEMACHT
1. Zwei kleine Soufflé- oder Portionsförmchen gut mit der Butter ausfetten. Den Backofen auf 120°C vorheizen.

2. Den Schinken sehr fein würfeln und in die Förmchen geben. Jeweils 1 Eßlöffel Sahne darübergießen.

3. 1 Ei vorsichtig in jedes Förmchen schlagen. Mit Salz, Pfeffer und einem Teil der Schnittlauchröllchen bestreuen.

4. Eine Auflaufform mit einem zusammengefalteten Tuch auslegen und sie zur Hälfte mit heißem Wasser füllen.

5. Die Förmchen hineinstellen, die Auflaufform in den Ofen stellen und die Eier in etwa 8 Minuten garen. Die Eiweiße sollen gestockt sein. Sie können die Eier auch abgedeckt in der Auflaufform auf dem Herd garen.

6. Die Eier mit dem restlichen Schnittlauch bestreuen und in den Förmchen servieren.

VARIATIONEN
– Den Schinken weglassen und statt des Schnittlauchs 1 Eßlöffel gehackte Kräuter verwenden.
– Den Schinken durch wenig gehackte Oliven oder Sardellen ersetzen.

GRUNDREZEPT

OMELETTE

Es bedarf ein wenig Übung, eine Omelette so zuzubereiten, daß sie an der Unterseite glatt und nur zart gebräunt und oben noch ein wenig feucht ist. Die Mühe des Übens wird aber reich belohnt, wenn man dann eine köstliche Omelette genießen kann.

FÜR 2 PORTIONEN
4 Eier
1 EL Milch, süße Sahne oder Wasser
Salz
frisch gemahlener weißer Pfeffer
40 g Butter

ZUBEREITUNGSZEIT
ca. 10 Minuten

KALORIEN
Pro Portion ca. 375 kcal

SO WIRD'S GEMACHT

1. Die Eier in eine Schüssel aufschlagen und mit einer Gabel leicht verquirlen.

2. Die Milch, die Sahne oder das Wasser hinzufügen und alles mit Salz und Pfeffer würzen.

3. Die Hälfte der Butter in einer großen, möglichst beschichteten Pfanne schmelzen lassen. Die Eimasse hineingießen und bei mittelstarker Hitzezufuhr leicht anstocken lassen. Dabei ständig mit einer Gabel rühren, aber nicht die Bodenschicht der Omelette verletzen (Foto 1).

4. Wenn die Omelette oben noch feucht ist, die Pfanne vom Herd nehmen und die Omelette mit einer Gabel oder mit einem Spachtel an den dem Pfannenstiel gegenüberliegenden Rand der Pfanne schieben (Foto 2).

5. Die Pfanne während des Zusammenschiebens rütteln, so daß der vordere Rand der Omelette leicht eingeklappt wird (Foto 3).

6. Nun die restlichen 20 g Butter in Stückchen auf die Omelette legen und sie auf einen leicht erwärmten Teller stürzen. (Foto 4).

TIPS

– Sie können aus der im Rezept angegebenen Eimasse auf dieselbe Weise auch zwei dünnere Omeletten backen.
– Man sollte in einer Pfanne nicht mehr als vier Eier auf einmal zu einer Omelette backen. Möchten Sie für mehr als zwei Portionen Omeletten zubereiten, verwenden Sie zwei Pfannen.
– Omeletten sollten kaum Farbe nehmen, deshalb muß man rasch arbeiten und das leicht gestockte Ei sofort verrühren, damit sich das noch flüssige Ei in der Pfanne verteilen kann.
– Die Pfanne muß von der Herdplatte genommen werden, solange die Oberfläche der Omelette noch flüssig ist, weil die Eier durch die von der Pfanne gespeicherte Hitze nachgaren.
– Zutaten, wie Kräuter, Käse, Schinken, vorgedünstete Champignons und andere, können direkt unter die Eimasse gemischt werden. Feuchte Zutaten, wie Pilzragout, Tomaten, Füllungen aus Leber und andere, werden noch in der Pfanne, vor dem Stürzen, auf die Omelette gegeben.
– Wer ein wenig Kalorien sparen möchte, läßt die Butter, die am Schluß auf die Omelette gegeben wird, weg.

Foto 1

Foto 2

Foto 3

Foto 4

OMELETTE MIT ZWIEBELN

(Foto 5)
Eine mittelgroße Zwiebel oder 4 Schalotten oder 2 kleine Frühlingszwiebeln oder ¼ Stange Lauch fein würfeln und in Butter weichdünsten. Salzen, pfeffern und vor dem Stürzen auf der Omelette verteilen.

OMELETTE MIT ZUCCHINO UND TOMATEN

(Foto 6)
1 kleinen Zucchino sehr fein würfeln, 1 enthäutete Tomate entkernen und kleinschneiden. Beides zusammen mit einigen Rosmarinnadeln oder 3 in Streifen geschnittenen Basilikumblättern und 1 zerdrückten Knoblauchzehe 2 bis 3 Minuten in Butter dünsten. Die Füllung mit Salz und Pfeffer abschmekken und sie vor dem Stürzen auf die Omelette verteilen.

OMELETTE MIT GEFLÜGELLEBER

(Foto 7)
200 g Geflügelleber putzen, in feine Streifen schneiden und sie zusammen mit einer fein gewürfelten Zwiebel in Butter braten. Mit Salz, Pfeffer, Thymian und wenig gehackter Petersilie mischen und über die gestürzte Omelette verteilen.

FRITTATA

Diese italienische Variante wird im Prinzip wie eine Omelette, aber ohne Beigabe von Milch, Sahne oder Wasser zubereitet. Man backt die Frittata statt in Butter in Olivenöl. Man läßt sie sogar etwas anbacken, wendet sie mit Hilfe eines Tellers und backt sie noch kurz auf der Unterseite (Foto 8). Dadurch wird sie etwas trockener als eine Omelette. Die Frittata läßt sich variieren:
– Die Eimasse mit vorgedünstetem Spinat mischen.
– Basilikumblätter oder Pfefferminzblätter unter die Eimasse mischen.

Foto 5

Foto 6

Foto 7

Foto 8

GRUNDREZEPT

CREPES

Die französische Küche bereicherte unseren Speisezettel um den hauchdünnen Pfannkuchen – die Crêpes. Viele kennen sicher schon die süßen Varianten, aber auch pikant mit gedünstetem Gemüse gefüllt schmecken Crêpes einfach köstlich.

FÜR 2 PORTIONEN
25 g Mehl
ca. 70 ml Milch
1 Ei
1 Prise Salz
1 TL zerlassenes Butterschmalz

ZUBEREITUNGSZEIT
ca. ¼ Stunde
Ruhezeit des Teiges:
ca. 1 Stunde

KALORIEN
Pro Portion ca. 175 kcal

SO WIRD'S GEMACHT

1. Das Mehl mit einem Teil der Milch gut verrühren. Das Ei und eine Prise Salz hinzufügen und alles so lange kräftig durchrühren, bis ein glatter Teig entsteht (Foto 1).

2. Den Teig ½ bis 1 Stunde zugedeckt ruhen lassen. Danach nochmals gut durchrühren und so viel Milch dazugeben, daß ein dünnflüssiger Teig entsteht (Foto 2).

3. Dann eine kleine, möglichst beschichtete Pfanne mit Butterschmalz ausstreichen. Ein wenig Teig in die Pfanne gießen.

4. Die Pfanne hin und her bewegen, damit sich der Teig dünn und regelmäßig auf dem Pfannenboden verteilt (Foto 3).

5. Sobald die Unterseite etwas Farbe annimmt, die Crêpe mit dem Pfannenwender wenden (Foto 4) und die zweite Seite ebenfalls so lange backen, bis sie leicht Farbe nimmt. Eventuell noch etwas Butterschmalz hinzufügen. Auf diese Weise den ganzen Teig zu Crêpes verarbeiten.

TIPS

– Es geht schneller, wenn man zum Backen der Crêpes zwei Pfannen benutzt.
– Einen Teil der Milch kann man durch Wasser ersetzen, dadurch werden die Crêpes etwas knuspriger. Durch Hinzufügen von Sahne werden sie besonders zart.
– Für Crêpes, die mit Fruchtsaucen (Seite 295) süß gefüllt werden sollen, kann der Teig etwas flüssiger sein, damit die Pfannkuchen hauchdünn werden.
– Die Crêpes können während der Zubereitung in Aluminiumfolie gepackt im Ofen oder zwischen zwei Tellern auf Wasserdampf (die Teller über einen mit kochendem Wasser gefüllten Topf stellen) warmgehalten werden.

Foto 1

Foto 2

Foto 3

Foto 4

PFANNKUCHEN

Pfannkuchen, die „größeren Brüder“ der Crêpes, sind bei jung und alt beliebt. Kinder schwärmen wohl eher für die süßen Apfelpfannkuchen, sie sind aber sicher auch von unseren pikanten Variationen zu überzeugen.

FÜR 2 PORTIONEN
100 g weißes Weizenmehl oder Weizenvollkornmehl
ca. 250 ml Milch
2 Eier
1 Prise Salz
1 EL Butterschmalz

ZUBEREITUNGSZEIT
ca. 10 Minuten
Ruhezeit des Teiges:
ca. 1 Stunde

KALORIEN
Pro Portion ca. 370 kcal

SO WIRD'S GEMACHT

1. Das weiße Weizenmehl oder das Vollkornmehl mit der Milch verrühren. Die Eier und eine Prise Salz hinzufügen und alles zu einem glatten Teig verschlagen.

2. Den Teig abgedeckt etwa 1 Stunde ruhen lassen. Danach seine Konsistenz prüfen, da er durch das Aufquellen des Mehles zäher wird. Er sollte nur so dick sein, daß er beim Durchziehen eines Holzlöffels sofort wieder zusammenfließt. Eventuell noch etwas Milch hinzufügen.

3. Wenig Butterschmalz in einer möglichst beschichteten Pfanne erhitzen und etwas Teig hineingeben. Den Teig durch Bewegen der Pfanne gleichmäßig auf dem Pfannenboden verteilen. Eventuell entstandene Löcher mit etwas Teig verschließen.

4. Sobald der Pfannkuchen an der Unterseite goldgelb ist, ihn mit Hilfe eines Pfannenwenders wenden. Auf diese Weise den ganzen Teig zu Pfannkuchen verarbeiten.

PFANNKUCHEN MIT KRÄUTERN

(auf dem Foto oben: oben)
1 bis 2 Eßlöffel Kräuter (Schnittlauch, Petersilie, Kerbel) zum Teig geben.

PFANNKUCHEN MIT SCHINKEN

(auf dem Foto oben: Mitte)
50 g gehackten Schinken und ½ Eßlöffel Schnittlauch unter den Teig ziehen.

KÄSEPFANNKUCHEN

(auf dem Foto oben: unten)
Etwa 100 g geriebenen Käse (zum Beispiel Greyerzer) in den Teig rühren und ihn dann mit ein wenig Milch oder Wasser verdünnen.

PFANNKUCHEN MIT SPINAT

(auf dem Foto unten: oben)
100 g zarte Spinatblätter ohne Flüssigkeitszugabe in einem Topf kurz dünsten und danach ausgetretenes Wasser abgießen. Den Spinat gut auspressen, hacken und unter den Teig mischen.

APFELPFANNKUCHEN

(auf dem Foto unten: unten)
1 Apfel schälen, in feine Scheibchen schneiden und in einer Pfanne in Butter kurz andünsten. Ein wenig des Teiges darübergießen und ihn so lange backen, bis die Unterseite goldbraun ist. Den Pfannkuchen wenden und auch die zweite Seite goldbraun werden lassen.

TIP
Luftiger, aber auch dicker, werden die Pfannkuchen, wenn man die Eier trennt, die Eiweiße steifschlägt und erst kurz vor dem Ausbacken unter den Teig hebt.

KÄSESOUFFLE

Lockere Soufflés sehen herrlich appetitlich aus und sind recht einfach zuzubereiten. Aber Achtung! Die Ofentür muß während des Backens geschlossen bleiben, sonst fällt das Soufflé zusammen.

FÜR 2 PORTIONEN
Butter zum Ausfetten
15 g Butter
2 EL Weizenmehl
⅛ l Milch
Salz
frisch gemahlener weißer Pfeffer
2 Eiweiß
75 g geriebener Käse (z. B. Greyerzer)
2 Eigelb

BESONDERE KÜCHENGERÄTE
1 Souffléform (ca. ½ l Inhalt oder eine runde hohe Auflaufform)

ZUBEREITUNGSZEIT
ca. 1 Stunde

KALORIEN
Pro Portion ca. 370 kcal

SO WIRD'S GEMACHT

1. Eine Soufflé- oder eine Auflaufform mit Butter ausfetten. Den Backofen auf 190°C vorheizen.

2. Die 15 g Butter bei geringer Hitzezufuhr in einem Topf zerlassen. Das Mehl hinzufügen und unter ständigem Rühren darin so lange anschwitzen, bis die Mischung leicht schäumt, aber noch keine Farbe nimmt.

3. Nun die Milch dazugießen und alles unter ständigem Rühren mit dem Schneebesen so lange erhitzen, bis die Sauce bindet. Sie mit Salz und Pfeffer würzen. Den Topf von der Herdplatte ziehen und die Sauce erkalten lassen.

4. Inzwischen die Eiweiße zusammen mit einer Prise Salz steifschlagen.

5. Den Käse unter die kalte Sauce mischen, die Eigelbe hinzufügen und dann alles zu einer glatten Masse verschlagen.

6. Den Eischnee vorsichtig darunterziehen (Foto unten) und die Masse in die Form geben. Sie soll zu drei Vierteln gefüllt sein.

7. Mit einem Messer, etwa 1 cm vom Rand der Form entfernt, rundum durch die Masse fahren und so eine Kerbe ziehen.

8. Die Form in den Ofen stellen und das Soufflé in etwa 20 Minuten aufgehen lassen. Die Ofentemperatur dann auf 230°C erhöhen und das Soufflé in 8 bis 10 Minuten fertigbacken. (auf dem Foto rechts: oben)

TIP
Das Soufflé muß sofort serviert werden, weil es sehr rasch zusammenfällt.

KÄSESOUFFLE IN DER TOMATE

2 bis 3 große Tomaten sorgfältig aushöhlen, so daß nur noch ein etwa ½ cm breiter Rand bleibt. Sie in eine mit Butter ausgefettete Auflaufform stellen, die Tomaten bis etwa 1 cm unter dem Rand mit Käsemasse füllen und die Soufflés wie im Rezept beschrieben backen. (auf dem Foto rechts: Mitte)

KÄSEKRAPFEN

Goldgelbe, knusprig fritierte Käsekrapfen kann man als kleine Mahlzeit, zum Beispiel zusammen mit Tomatensauce, servieren. Sie sind aber auch als Snack ideal.

FÜR 2 PORTIONEN
100 ml Milch oder Weißwein
30 g Butter
Salz
frisch gemahlener Pfeffer
geriebene Muskatnuß
75 g Mehl
2 Eier
75 g geriebener herzhafter Hartkäse
Erdnußöl zum Ausbacken

BESONDERE KÜCHENGERÄTE
Friteuse oder Fritierpfanne

ZUBEREITUNGSZEIT
ca. 25 Minuten
Ruhezeit für den Teig: ca. 1 Stunde

KALORIEN
Pro Portion ca. 595 kcal

SO WIRD'S GEMACHT

1. Die Milch oder den Wein zusammen mit der in Stückchen geschnittenen Butter aufkochen lassen. Etwas Salz, Pfeffer und Muskat dazugeben.

2. Das Mehl auf ein Blatt Papier sieben. Das Papier an beiden Enden anheben und das Mehl auf einmal in die kochende Flüssigkeit geben.

3. Die Hitzezufuhr reduzieren und die Masse unter ständigem Rühren mit einem Holzlöffel so lange erhitzen, bis sich ein Teigkloß bildet, der sich vom Topfboden löst (Foto unten).

4. Den Topf vom Herd nehmen. Die Eier nacheinander hinzufügen, jedes Ei muß gut mit dem Teig verrührt werden, so daß eine glatte Masse entsteht. Der Teig soll so fest bleiben, daß man aus ihm Kugeln abstechen kann.

5. Den Teig etwa 5 Minuten lang abkühlen lassen, dann den Käse darunterziehen und den Teig abgedeckt für etwa 1 Stunde kühl stellen.

6. Das Erdnußöl in einer Fritierpfanne oder in einer Friteuse auf 180 bis 190°C erhitzen.

7. Von dem Teig mit einem mittelgroßen Löffel Kugeln abstechen, sie ins heiße Öl geben und so lange ausbakken, bis sie goldgelb sind. Die Krapfen auf Küchenpapier legen.

8. Die Käsekrapfen sofort servieren, eventuell im Backofen bei 60°C kurz warmhalten.
(auf dem Foto links: unten)

TIP
Für die Zubereitung dieser Krapfen kann man gut Käsereste verwenden. Weichkäse, der nicht gerieben werden kann, in winzig kleine Würfel schneiden.

KÄSEFONDUE

Käsefondue ist ideal, wenn Sie zusammen mit Ihrer Familie oder mit Freunden in gemütlicher Runde speisen möchten. Es ist rasch vorbereitet und kann durch Beilagen Ihrer Wahl ergänzt werden.

FÜR 4 PORTIONEN
600 g Hartkäse (z. B. Greyerzer)
500 g Weißbrot vom Vortag
1 Knoblauchzehe
300 ml trockener Weißwein
eventuell 1 TL Zitronensaft
2 TL Speisestärke
frisch gemahlener Pfeffer
geriebene Muskatnuß

BESONDERE KÜCHENGERÄTE
1 Fonduetopf
1 Rechaud mit Spiritusbrenner

ZUBEREITUNGSZEIT
ca. 25 Minuten

KALORIEN
Pro Portion ca. 1025 kcal

DAS PASST DAZU
– Jedem Gast ein Gläschen Kirschwasser servieren, in das man die Brotwürfel ganz eintaucht, bevor man sie durch die Käsesauce zieht.
– Blattsalat (Seite 86)

SO WIRD'S GEMACHT

1. Den Käse reiben oder in dünne Scheiben hobeln. Das Brot in Würfel mit etwa 2 cm Kantenlänge schneiden.

2. Den Fonduetopf mit der angeschnittenen Knoblauchzehe ausreiben. Ein Fonduerechaud (mit Spiritusbrenner) bereitstellen.

3. Den Käse zusammen mit dem Wein und, je nach Säuregehalt des Weins, mit dem Zitronensaft in den Fonduetopf geben und alles auf dem Herd unter ständigem Rühren bei mittelstarker Hitzezufuhr so lange erhitzen, bis der Käse gut geschmolzen ist.

4. Die Speisestärke mit wenig Wein oder Wasser glattrühren, zum Käse geben und alles so lange weiterkochen lassen, bis das Fondue bindet.

5. Das Fondue mit Pfeffer und Muskatnuß abschmecken. Einen Brotwürfel auf eine Fonduegabel stecken.

6. Den Fonduetopf auf den brennenden Rechaud auf den Tisch stellen und das Fondue ständig mit dem aufgespießten Brotstück umrühren, damit es sämig bleibt. Es sollte nicht kochen, sondern nur leicht köcheln.
Jeder taucht nun fest aufgespießte Brotwürfel in das Fondue.

TIPS
– Käse für Fondue darf weder zu alt noch zu jung sein. Zu junger Käse schmilzt nur schwer, bildet Klumpen und hat meistens zu wenig Aroma. Zu alter Käse sondert bei der Zubereitung Fett ab. Es ist am besten, wenn man für ein Käsefondue jungen, mittelalten und alten Käse mischt.
– Ein zu dünn geratenes Fondue kann mit etwas geriebenem Käse oder wenig angerührter Speisestärke sämiger gemacht werden. Ist es zu dick geraten, kann man etwas erhitzten Wein hinzufügen.

VARIATIONEN
Die Käsemischung bestimmt den Geschmack des Fondues. Die beliebtesten Schweizer Mischungen sind:
– 300 g Greyerzer gemischt mit 300 g Emmentaler
– 600 g Greyerzer verschiedener Altersstufen
– 300 g Greyerzer gemischt mit 300 g herzhaftem Bergkäse

KÄSESCHNITTEN

Für alle Liebhaber überbackener, kleiner Käsegerichte sind Käseschnitten genau das Richtige. Sie sind rasch zubereitet und vielseitig zu variieren.

FÜR 2 PORTIONEN
1 EL Butter
2 Scheiben Brot
150 g Emmentaler oder Greyerzer in dünnen Scheiben
frisch gemahlener Pfeffer

ZUBEREITUNGSZEIT
ca. 20 Minuten

KALORIEN
Pro Portion ca. 440 kcal

DAS PASST DAZU
grüner Salat, zum Beispiel Feld- oder Friséesalat

SO WIRD'S GEMACHT

1. Den Backofen auf 220°C vorheizen. Die Butter in einer Pfanne erhitzen und die Brotscheiben darin ganz kurz auf beiden Seiten anrösten.

2. Die Brotscheiben auf ein Backblech oder in eine Auflaufform legen und mit den Käsescheiben bedecken.

3. Das Blech oder die Form in den Ofen stellen und die Brote 10 bis 15 Minuten überbacken, bis der Käse schmilzt. Sie dann mit viel Pfeffer bestreuen und sofort servieren.
(auf dem Foto oben: links)

DELIKATE KÄSESCHNITTEN

4 Scheiben Toastbrot entrinden und nur auf jeweils 1 Seite mit Butter bestreichen. Mit der bestrichenen Seite nach unten in eine Auflaufform legen und mit 2 Eßlöffeln Weißwein beträufeln. Dann 150 g geriebenen Hartkäse mit 1 Ei, 100 ml Weißwein und ½ zerdrückten Knoblauchzehe mischen, mit Salz und Pfeffer würzen und über die Brotscheiben gießen.
Die Käseschnitten bei 200°C 7 bis 10 Minuten im Ofen überbacken. Sie sollten etwas aufgehen und nur hellgelb sein.
Servieren Sie dazu Weißwein, aber keinen Salat.
Sie können die Brote vor dem Begießen auch mit etwas Schinken, dünngeschnittenem und gebratenem Speck oder mit Tomatenscheiben belegen (auf dem Foto oben: Mitte) oder feingehackte Kräuter unter die Eimasse mischen.

KÄSESCHNITTEN MIT SCHINKEN UND EI

Zuerst 2 Schinkenscheiben kurz in der Butter anbraten, herausnehmen und dann die Brotscheiben im Fett rösten. Sie zuerst mit dem Schinken, dann mit den Käsescheiben belegen und wie im Rezept beschrieben überbacken. Inzwischen nach Belieben zwei Spiegeleier braten und vor dem Servieren daraufgeben (auf dem Foto oben: rechts).

Wie alt die Teigwaren eigentlich sind, das weiß niemand so genau. Doch aus einer etruskischen Abbildung aus dem 3. Jahrhundert vor Christi geht hervor, daß man schon damals Nudeln gegessen hat. (Literarische Beachtung fanden Nudeln übrigens schon in Satiren des altrömischen Dichters Horaz.) Im Grunde denkt man bei diesen Teigwaren wohl immer zuerst an Italien, und hier gibt es tatsächlich Dutzende von Formen – nicht nur Spaghetti. Zum Glück kommen viele Nudelsorten auch zu uns, und wir können sehr abwechslungsreiche Gerichte daraus zubereiten. Großen Spaß macht es übrigens, Nudeln selbst herzustellen. Das ist kinderleicht, und die entsprechenden Geräte gibt es fast in allen Fachgeschäften.

Außer Nudelgerichten gibt es noch eine Reihe anderer Zubereitungen auf Getreidebasis. So wollen wir die Gnocchi erwähnen, die Risottos, die sich äußerst vielseitig verändern lassen, oder die Polenta, jenen goldgelben Brei aus Maisgrieß, der speziell in Norditalien so beliebt ist. Aber auch Deutschland liefert Beiträge: Da sind vor allem die berühmten Spätzle, die man in Süddeutschland mit Geschick vom Brett in das köchelnde Wasser schabt. (Der Ungeübte nimmt wohl besser eine Spätzlepresse.) Immer aber sind Spätzle eine beliebte, saucenaufsaugende Beilage zu vielen Fleischgerichten.

NUDELN UND GETREIDE

GRUNDREZEPT

NUDELTEIG

Die Ursprünge der Nudel sollen in Asien liegen, was die Italiener zwar bestreiten, doch ist sie heute von keiner Speisekarte mehr wegzudenken. Mit Sauce, gefüllt oder pur, das Angebot an Gerichten mit Nudeln ist genauso vielfältig wie deren Formen. Am Anfang steht aber immer der klassische Nudelteig, den wir hier vorstellen.

FÜR 4 PORTIONEN
300 g Mehl
3 Eier
Salz

ZUBEREITUNGSZEIT
ca. 20 Minuten
Ruhezeit: ca. ½ Stunde

KALORIEN
Pro Portion ca. 295 kcal

WAS MACHE ICH MIT RESTEN?
Nudeln lassen sich problemlos 1 bis 2 Monate aufbewahren. Sie dazu sorgfältig ausbreiten und trocknen lassen, dann kühl, luftig und trokken lagern.

SO WIRD'S GEMACHT
1. Das Mehl auf ein Teigbrett sieben und eine Mulde hineindrücken.

2. Die Eier leicht verquirlen und in die Vertiefung geben. Nun die Eier rühren, dabei nach und nach das Mehl vom Rand her mit den Eiern verrühren (Foto 1), öfter mit etwas Salz bestreuen.

3. Sobald ein dicker Brei entstanden ist, das restliche Mehl mit dem Ei-Mehl-Brei verkneten (Foto 2). Der Teig sollte fest, aber nicht brüchig sein. Ist er zu weich, noch etwas Mehl dazugeben, ist er zu trocken, Wasser darunterkneten.

4. Den Teig in zwei bis drei gleich große Stücke teilen und jeden Teil noch etwas durchkneten. Zugedeckt etwa ½ Stunde bei Küchentemperatur ruhen lassen.

5. Den Teig auf einem bemehlten Teigbrett ausrollen (Foto 3) und leicht antrocknen lassen. Den ausgerollten Teig dreimal zusammenlegen und mit dem Messer quer in Streifen schneiden (Foto 4) oder mit dem Teigrädchen ausrollen.

TIP
Die Anschaffung einer Nudelmaschine lohnt sich vor allem dann, wenn man öfters Teigwaren selbst zubereiten möchte.
Den Teig dann wie beschrieben zubereiten. Nach dem Ruhenlassen ½ cm dick ausrollen und in Stücke schneiden, die in die Maschine passen. Die Walzen auf den größten Abstand einstellen und die Teigstücke durch die Maschine drehen (Foto 5). Diesen Vorgang mehrmals wiederholen, dabei den Walzenabstand langsam verringern. Wenn die Nudeln die gewünschte Dicke haben, mit dem speziellen Aufsatz die Platten in Streifen schneiden (Foto 6).

FEINER RAVIOLITEIG
Dieser Teig ist ein wenig feiner und läßt sich dünner ausrollen, so daß die Füllung besser zur Geltung kommt. 4 Eigelbe, 2 Eiweiße, Salz und 2 ½ Eßlöffel Olivenöl gut verrühren. Diese Mischung in die Mitte des Mehles geben und alles von außen nach innen zu einem glatten Teig verarbeiten. Wenn nötig, etwas lauwarmes Wasser dazugeben. Der Teig sollte fest und geschmeidig sein.

NUDELTEIG AUS VOLLKORNMEHL
(Foto 7)
Den Teig wie im Grundrezept „Nudelteig" beschrieben zubereiten, jedoch anstelle des hellen Weizenmehls Vollkornmehl nehmen. Da es mehr Ballaststoffe enthält, 2 Eier, 2 Eigelbe und 2 halbe Eierschalen voll Wasser dazugeben. Diesen Nudelteig länger kneten, damit er geschmeidig wird, und etwa 1 Stunde zugedeckt ruhen lassen, damit das Mehl gut ausquellen kann.

KRÄUTERNUDELN
1 EL feingehackte Kräuter (Basilikum, Kerbel oder glatte Petersilie) mit dem Ei unter das Mehl mischen.

BUNTE NUDELN
(Foto 8)
Der Teig kann leicht mit verschiedenen Zutaten gefärbt werden. Für grüne Nudeln den Teig mit Spinatmatte (Seite 79) färben, jedoch nur 2 Eier und 1 Eigelb nehmen. Für rote Nudeln 1 Ei durch 2 Eßlöffel Tomatenmark ersetzen, und für gelbe Nudeln 1 g Safran unter die Teigzutaten geben.

Foto 1

Foto 2

Foto 3

Foto 4

Foto 5

Foto 6

Foto 7

Foto 8

Foto 9

Foto 10

NUDELN KOCHEN UND SERVIEREN

Die Nudeln in viel Salzwasser „al dente“ kochen, das heißt, nur so lange, daß sie noch Biß haben. Frische, hausgemachte Nudeln benötigen nur 1 bis 2 Minuten, gekaufte Nudeln brauchen meist zwischen 10 und 20 Minuten. Auch frische, hausgemachte Vollkornnudeln müssen je nach Dicke etwas länger gekocht werden. Wichtig ist immer, daß Sie reichlich kochendes Salzwasser nehmen. Um zu vermeiden, daß die Nudeln aneinanderkleben, nehmen Sie etwa die zehnfache Menge der Nudeln an Wasser (also für 100 g Nudeln 1 l = 1000 ml Wasser) und geben einen Schuß Öl hinein.
Die Nudeln nach dem Kochen in ein Sieb geben, kurz abtropfen lassen und nach Belieben anrichten.

NUDELN MIT PFEFFERSCHOTEN

(Foto 9)

Sehr klein gewürfelte, entkernte, scharfe Pfefferschoten, zerdrückter Knoblauch und etwas gehackte glattblättrige Petersilie in 2 Eßlöffeln Olivenöl andünsten und unter die Teigwaren mischen. Dies paßt vor allem zu Spaghetti.

ÜBERBACKENE NUDELN

(Foto 10)

Nudeln oder Makkaroni in eine Auflaufform geben und mit einer Eiersahne oder einer Käsesauce (Seite 261) begießen, mit etwas Käse bestreuen, Butterflocken darauf setzen und die Nudeln überbacken.

GRUNDREZEPT

GEFÜLLTE NUDEL-TASCHEN (RAVIOLI)

Ravioli, Tortellini, Cannelloni und Lasagne führen die Liste der beliebtesten Nudelgerichte an. Und der Vielfalt in Form und Füllung sind keine Grenzen gesetzt. Hier die traditionelle Ricotta-Spinat-Füllung.

FÜR 4 PORTIONEN
300 g frische Spinatblätter
60 g Butter
2 Salbeiblätter
250 g italienische Ricotta
2 Eier
150 g geriebener Käse (Parmesan oder Sbrinz)
Salz
frisch gemahlener weißer Pfeffer
1 Knoblauchzehe
Nudelteig oder feiner Ravioliteig (Seite 134)

ZUBEREITUNGSZEIT
ca. 55 Minuten

KALORIEN
Pro Portion ca. 685 kcal

TIPS ZUM EINFRIEREN
Ravioli dazu flach auslegen, so daß sie nicht aneinanderkleben. Eventuell eine Folie dazwischenlegen und die Ravioli aufeinanderschichten. Die Teigtaschen können gefroren direkt in das heiße, aber nicht kochende Wasser gegeben werden.

SO WIRD'S GEMACHT

1. Die Spinatblätter verlesen, wenn nötig entstielen, waschen, gut ausdrücken und in der Hälfte der Butter kurz dünsten, bis sie zusammenfallen. Die Salbeiblätter waschen, hacken und kurz mitdünsten.

2. Die Ricotta in ein Küchentuch oder in ein kleines feines Sieb geben und gut auspressen.

3. Den Spinat, die Ricotta, die Eier und den Käse mischen. Mit Salz und Pfeffer und der geschälten, zerdrückten Knoblauchzehe abschmecken.

4. Den Teig mit dem Nudelholz oder mit der Nudelmaschine so dünn wie möglich ausrollen. Runde Plätzchen von 5 bis 6 cm Durchmesser ausstechen (Foto 1) und die Ränder mit Wasser einpinseln. Je 1 Eßlöffel Spinatfüllung daraufgeben (Foto 2). Die Ravioli zusammenfalten, die Ränder gut andrücken, damit keine Füllung auslaufen kann.

5. Die Ravioli in viel Salzwasser al dente kochen (mit Nudelteig 6 bis 8 Minuten, mit Ravioliteig etwa 3 Minuten) (Foto 3).

6. Die Ravioli abgießen und gut abtropfen lassen, auf einer vorgewärmten Platte anrichten und mit dem Parmesan bestreuen. Die restliche Butter erhitzen und über die Ravioli gießen.

Foto 1

Foto 2

Foto 3

Foto 4

Foto 5

TIP
Die Ravioli nach dem Formen auf ein leicht bemehltes Tuch legen. Wenn sie nicht sofort gekocht werden, etwas trocknen lassen, anschließend mit einer Folie bedecken und im Kühlschrank aufbewahren. Sie sollten aber spätestens nach ein paar Stunden gekocht werden.

VARIATION
Anstelle der runden Plätzchen kann man Teigplatten ausrollen und viereckige Ravioli abschneiden. Es gibt auch sogenannte Raviolibretter mit kleinen Unterteilungen. Man legt die Teigplatten locker darauf, gibt die Füllung anschließend in die Vertiefungen (Foto 4) und bedeckt die erste Platte mit einer zweiten. Danach kann man die Ravioli mit dem Wellholz auf den Holzleisten ausrädeln (Foto 5).

FLEISCHFÜLLUNG
(Foto 6)
Für diese klassische Füllung 200 g kleingehacktes Schweine- und 100 g kleingehacktes Kalbfleisch (oder 300 g Bratenreste) in heißem Olivenöl etwa 1 Minute anziehen lassen. 1 feingewürfelte Zwiebel dazugeben und kurz mitdünsten. Alles in eine Schüssel geben, mit 1 Ei und 50 g feingehacktem Schinken mischen und mit Salz, Pfeffer und wenig Muskat abschmecken.
Wer mag, kann noch 1 bis 2 Teelöffel Tomatenmark oder etwas gedünsteten Spinat oder Mangold unter die Fleischfüllung geben. Auch mit Rosmarin, Salbei oder Oregano kann sie abgeschmeckt werden.

PILZFÜLLUNG
(Foto 9)
30 g getrocknete Steinpilze in lauwarmem Wasser quellen lassen. Dann zusammen mit 250 g Champignons hacken. 3 feingewürfelte Schalotten in etwas Butter andünsten, die Pilze hinzufügen und so lange dünsten, bis die gesamte Flüssigkeit verdampft ist. Die Füllung mit 3 Eßlöffeln feingehackten Kräutern, Salz und Pfeffer würzen.

GEMÜSEFÜLLUNG
(Foto 7)
100 g kleingehackte Champignons, 100 g feingewürfelten Knollen- oder Staudensellerie und 100 g kleingeschnittenen Lauch zusammen mit einer kleingewürfelten Zwiebel in 1 Eßlöffel Olivenöl andünsten. 50 g blanchierte Sojasprossen und 1 Eiweiß dazugeben und nach Belieben mit 2 Eßlöffeln Sojasauce und 1 Prise Cayennepfeffer abschmecken.

NUDELROLLEN
(Foto 6)
Nudelteig oder feinen Ravioliteig (Seite 134) 2 mm dick ausrollen und in 8 cm breite und 12 cm lange Streifen schneiden. In die Mitte etwas Füllung geben und die Ränder mit Eigelb einpinseln. Die Streifen von der schmalen Seite her zusammenrollen und die Enden ähnlich wie ein Bonbon mit schmalen, kurz blanchierten Lauchstreifen zusammenbinden.

NUDELBEUTEL
(Foto 7)
Aus feinem Ravioliteig (Seite 134) große Kreise von 10 bis 12 cm Durchmesser ausstechen. Die Füllung in die Mitte geben, die Teigränder oben zusammenfassen und das ganze ähnlich wie ein kleines Beutelchen mit einem schmalen, kurz blanchierten Lauchstreifen zusammenbinden.

Foto 6

Foto 7

Foto 8

Foto 9

Foto 10

LASAGNE
(Foto 8)
Den Nudelteig (Seite 134) in 8 cm breite Streifen schneiden, sie sollen so lang wie die Auflaufform sein. Die Nudeln kurz wie Cannelloni aufkochen lassen, mit Tomaten- oder Bologneser Sauce (Seite 265 und 206) und Mornaysauce (Seite 261) in eine ausgefettete Auflaufform schichten. Die Lasagne bei 200°C überbacken. Sind die Saucen heiß, benötigt das Gericht etwa 20 Minuten, sind sie kalt, braucht es etwa ½ Stunde.

CANNELLONI
(Foto 9)
Zum Formen und Füllen dieser Teigwaren den Nudelteig (Seite 134) verwenden. Ihn in 12 bis 15 cm große Quadrate schneiden. Etwa 5 Stück in reichlich kochendes Salzwasser geben. Sobald die Teigplatten oben schwimmen, sie herausnehmen, gut abtropfen lassen und auf angefeuchtete Küchentücher legen. In die Mitte einer jeden Teigplatte 1 Eßlöffel Füllung geben und den Teig zusammenrollen. Die Cannelloni in eine ausgefettete Auflaufform legen und nach Belieben nur mit Käse und Butter oder mit einer Käse- (Seite 261) und einer Tomatensauce (Seite 265) überbacken. Anstelle der Cannelloni lassen sich auch Rigatoni füllen.

TORTELLINI
(Foto 10)
Für diese gefüllte Nudelvariante Nudelteig oder feinen Ravioliteig (Seite 134) 1 mm dick ausrollen und in 6 cm große Quadrate schneiden. In die Mitte etwas Füllung geben und die Quadrate zu Dreiecken falten. Die Ränder gut andrücken. Die beiden äußeren Ecken zur Mitte biegen und gut zusammendrücken. Die Tortellini auf ein bemehltes Tuch legen und 2 bis 3 Stunden trocknen lassen.

NUDELN MIT SAUCE

So gut frische Nudeln auch pur nur mit etwas Butter und Salz gemischt schmecken mögen, auf schöne Saucen mag so recht kaum einer verzichten. Die beliebtesten finden Sie hier, weitere Vorschläge bietet das Saucenkapitel ab Seite 254.

GRÜNE NUDELN MIT GORGONZOLA-ZABAIONE

FÜR 2 PORTIONEN
ca. 200 g grüner Nudelteig (Seite 134)
75 g Gorgonzola
75 g süße Sahne
1 großes Eigelb
60 ml Weißwein
Salz
frisch gemahlener weißer Pfeffer

ZUBEREITUNGSZEIT
ca. ½ Stunde

KALORIEN
Pro Portion ca. 640 kcal

SO WIRD'S GEMACHT

1. Den Nudelteig zubereiten, ausrollen und in Streifen schneiden. Anschließend die Nudeln in reichlich Salzwasser al dente kochen.

2. In der Zwischenzeit den Gorgonzola in kleine Stücke schneiden. Zusammen mit der Sahne in eine Pfanne geben und bei mittlerer Hitzezufuhr unter ständigem Rühren etwa 5 Minuten zu einer sämigen Sauce verkochen.

3. Die Eigelbe und den Weißwein im Wasserbad mit einem Schneebesen zu einer cremigen Masse aufschlagen. Den Eierschaum (Zabaione) unter die Käsesauce ziehen und sie mit Salz und Pfeffer würzen.

4. Die gekochten Nudeln abseihen und mit der Sauce mischen.

VARIATION
Geschälte Tomaten entkernen, in kleine Würfel schneiden, in Butter mit Basilikumstreifen kurz dünsten und die Nudeln damit garnieren.

NUDELN MIT RAHMSAUCE

FÜR 2 PORTIONEN
200 g roter Nudelteig (Seite 134)
1 kleines Salbeiblatt
125 g süße Sahne
25 bis 50 g frisch geriebener Parmesan
Salz, weißer Pfeffer

ZUBEREITUNGSZEIT
ca. ¼ Stunde

KALORIEN
Pro Portion ca. 575 kcal

SO WIRD'S GEMACHT

1. Den Nudelteig zubereiten, ausrollen, in Streifen schneiden und in reichlich Salzwasser al dente kochen.

2. In der Zwischenzeit das Salbeiblatt fein hacken und zusammen mit der Sahne bei mittlerer Hitzezufuhr einkochen, bis eine sämige Sauce entsteht. Den Parmesan langsam dazugeben und schmelzen lassen, die Sauce mit Salz und Pfeffer würzen.

3. Die Nudeln mit der Sauce mischen.

SPAGHETTI ALLA CARBONARA

FÜR 2 PORTIONEN
200 g Spaghetti
Salz
50 g magerer Speck oder Schinken
1 TL Olivenöl
1 großes Ei
1 EL frisch geriebener Parmesan
100 g süße Sahne
frisch gemahlener schwarzer Pfeffer
getrockneter Oregano

ZUBEREITUNGSZEIT
ca. ¼ Stunde

KALORIEN
Pro Portion ca. 685 kcal

SO WIRD'S GEMACHT
1. Die Spaghetti in reichlich Salzwasser al dente kochen. Eine Schüssel im Backofen aufheizen.

2. In der Zwischenzeit den Speck oder den Schinken kleinwürfeln und im heißen Olivenöl kurz anbraten.

3. Das Ei, den Parmesan und die Sahne verrühren und mit Salz, Pfeffer und Oregano abschmecken.

4. Die Spaghetti abseihen und mit dem Speck oder dem Schinken in der Bratpfanne gut mischen, aber nicht braten lassen. Dann in der sehr heißen Schüssel anrichten.

5. Die Eier-Käse-Sahne darübergießen und alles sofort mit zwei Gabeln mischen. Die Hitze der Spaghetti und der Schüssel genügt, um das Ei zu binden.

TIP
Am besten gelingt das Gericht für 2 Portionen, sollten Sie Spaghetti alla carbonara in größeren Mengen zubereiten, jeweils 2 Portionen hintereinander kochen.

NUDELN MIT GARNELEN

FÜR 2 PORTIONEN
200 g Nudeln (Seite 134)
8 große Garnelenschwänze in der Kruste
1 EL Olivenöl oder Butter
1 Spritzer Weißwein
½ TL Cognac
⅛ l Geflügelbrühe (Seite 100)
Salz, gemahlener Pfeffer
40 g frische kalte Butter

ZUBEREITUNGSZEIT
ca. ¾ Stunden

KALORIEN
Pro Portion ca. 590 kcal

SO WIRD'S GEMACHT
1. Die Nudeln in reichlich Salzwasser al dente kochen.

2. Die Garnelen schälen, halbieren und den dunklen Darm entfernen.

3. Die Krusten in ½ Eßlöffel Olivenöl leicht andünsten. Mit Weißwein und Cognac ablöschen, die Geflügelbrühe angießen. Die Brühe auf die Hälfte einkochen lassen, durch ein Sieb abgießen.

4. Die Garnelen leicht salzen und pfeffern, in dem restlichen Olivenöl oder der Butter bei geringer Hitzezufuhr kurz andünsten. Aus der Pfanne nehmen und den Bratensatz mit dem Krustenfond ablöschen, loskochen und den Fond bei großer Hitzezufuhr noch etwas einkochen lassen.

5. Die Butter, die sehr kalt sein muß, in kleine Würfel schneiden, stückchenweise unter die Sauce rühren und diese mit Salz und Pfeffer würzen.

6. Die Nudeln abseihen, mit der Sauce mischen und die Garnelen darauf anrichten.

TIP
Nach Belieben mit etwas Kerbel oder Basilikum garnieren.

NUDELN MIT FISCHFILETS

Anstelle der Garnelen kleine Fischfiletstücke nehmen und für die Sauce 1 kleingehackte Zwiebel andünsten.

GRUNDREZEPT

SCHWÄBISCHE SPÄTZLE

Diese schwäbische Spezialität ist längst über die Landesgrenzen hinaus bekannt. Heute sind bereits mehrere Spätzleformen auf dem Markt, bei den Schwaben finden aber nur die handgeschabten Anerkennung.

FÜR 4 PORTIONEN
125 g Mehl
2 Eier
Salz

BESONDERES KÜCHENGERÄT
Spätzlebrett, das ist ein Hackbrett, bei dem zwei Seiten leicht abgeflacht auslaufen

ZUBEREITUNGSZEIT
ca. 35 Minuten

KALORIEN
Pro Portion ca. 160 kcal

PASST ZU
allen Fleisch- und Wildgerichten, die mit einer Rahmsauce zubereitet werden

SO WIRD'S GEMACHT

1. Das Mehl in eine Schüssel sieben, mit den Eiern, 2 bis 4 Eßlöffeln Wasser und etwas Salz verrühren.

2. Den Spätzleteig mit der Hand so lange schlagen, bis er Blasen wirft (Foto 1), dann den Teig einige Minuten ruhen lassen. Reichlich Salzwasser aufkochen lassen, die Hitzezufuhr reduzieren, bis das Wasser nur noch siedet.

3. Wenig Teig auf ein mit Wasser befeuchtetes Spätzlebrett geben und mit einer nassen Palette glattstreichen (Foto 2).

4. Mit der Palette den Teig in möglichst dünnen Streifen in das siedende Wasser schaben (Foto 3). Die Palette dabei öfters ins Wasser tauchen und den Teig immer wieder glattstreichen.

5. Sobald die Spätzle an der Wasseroberfläche schwimmen, sie mit einem Schaumlöffel abschöpfen, kalt abschrecken und gut abtropfen lassen.

TIP
Spätzle gekonnt vom Brett zu schaben, bedarf einiger Übung und Geduld. Schneller und einfacher ist die Spätzleherstellung mit einer Spätzlepresse oder einem -hobel. Auch durch einen Seiher können die Spätzle gestrichen werden.

KRÄUTERSPÄTZLE
(Foto 4)
Den Teig wie im Grundrezept beschrieben zubereiten, jedoch etwas weniger Wasser nehmen. Mit ½ Teelöffel Spinatmatte (Seite 79) färben. 1 Eßlöffel feingehackte Kräuter unter den Teig ziehen.

Foto 1

Foto 2

Foto 3

Foto 4

Foto 5

GRUNDREZEPT

SEMMELKNÖDEL

In Semmelknödeln und Serviettenklößen wird altbackenes Brot verwendet. Resteverwertung also. Doch das Ergebnis kann sich sehen lassen, lockere Klöße, die sehr gut zu Saucengerichten passen.

FÜR 4 PORTIONEN
250 g altbackene Semmeln (Brötchen)
50 g Butter
250 ml Milch
1 Zwiebel
2 Eier
50 g Mehl
1 EL feingehackte Petersilie
Salz
geriebene Muskatnuß

ZUBEREITUNGSZEIT
ca. 50 Minuten
Quellzeit: ca. ¾ Stunden

KALORIEN
Pro Portion ca. 355 kcal

PASST ZU
Ragouts und Gulasch (Seiten 198 und 199), Schmorbraten (Seite 196) oder zu Pilzgerichten (Seite 228)

WAS MACHE ICH MIT RESTEN?
Die Semmelknödel in Scheiben schneiden und in Butter braten. Die gebratenen Scheiben mit verquirlten Eiern übergießen und die Eier stocken lassen.

SO WIRD'S GEMACHT

1. Die Semmeln in feine Scheiben schneiden. Ein Drittel davon in der Hälfte der Butter goldgelb rösten, dann wieder zu den restlichen Semmeln geben.

2. Die Milch erhitzen und darübergießen.

3. Die Zwiebel schälen, fein würfeln, in der restlichen Butter dünsten, jedoch keine Farbe nehmen lassen, und zu den Semmeln geben.

4. Die Semmelmasse mit den Eiern, dem Mehl und der Petersilie mischen, mit Salz und Muskatnuß abschmecken und die Semmeln etwa ¾ Stunden quellen lassen.

5. Von der Semmelmasse mit nassen Händen Knödel abdrehen und sie in siedendem Salzwasser in etwa 20 Minuten gar ziehen lassen.

TIP
Kochen Sie zuerst einen Probekloß. Ist dieser zu weich, noch etwas Semmelmehl zum Teig geben; ist er zu fest, noch etwas Milch unter den Teig arbeiten.

SERVIETTENKLOSS
250 g altbackenes Weißbrot in kleine Würfel schneiden. ¼ l Milch mit 30 g Butter aufkochen lassen und mit 4 Eiern verrühren. Die Flüssigkeit über die Brotwürfel gießen, 1 Eßlöffel gehackte Kräuter (Petersilie, Majoran) dazugeben, alles mischen, mit Salz und Muskatnuß abschmecken und ausquellen lassen.
Die Brotmasse zu einer Rolle von etwa 6 cm Durchmesser formen und sie fest in Klarsichtfolie einwickeln, an den Enden gut zubinden. Mit einer dicken Nadel mehrmals einstechen. Den Serviettenkloß in siedendes Salzwasser legen und halb zugedeckt in etwa 20 Minuten gar ziehen lassen. Kurz abschrecken, auswickeln und in etwa 1 ½ cm dicke Scheiben schneiden. Heiß servieren.

GRUNDREZEPT

GRUNDREZEPT

REIS KOCHEN

Reissorten gibt es viele, Kochmethoden auch. Welche man auswählt, richtet sich natürlich nach dem Geschmack, aber auch nach der Verwendungsmöglichkeit. Probieren Sie selbst die folgenden Methoden aus.

GEKOCHTER REIS

FÜR 2 PORTIONEN
125 g Langkornreis
Salz
eventuell 1 EL Butter

ZUBEREITUNGSZEIT
ca. 20 Minuten

KALORIEN
Pro Portion ca. 245 kcal

PASST ZU
allen Gerichten mit Sauce

WAS MACHE ICH MIT RESTEN?
Gekochter Reis kann ohne Probleme in einem Sieb in Wasserdampf oder zusammen mit 1 bis 2 Eßlöffeln Wasser in einem Topf erwärmt werden. Auch aufgebraten schmeckt der Reis sehr gut. Man kann dann zum Beispiel auch Lauchstreifen und verquirlte Eier daruntermischen und alles kurz braten lassen – die Eier sollen stocken, aber noch feucht sein – und mit Salz, Pfeffer und Sojasauce würzen. Auch Fleisch-, Fisch- und Geflügelreste, Meeresfrüchte, Gemüse oder Sprossen, Nüsse oder Mais passen sehr gut dazu.

SO WIRD'S GEMACHT
1. Reichlich Wasser mit etwas Salz aufkochen lassen. Den Reis in einem Sieb so lange unter fließendem kalten Wasser waschen, bis das Wasser klar läuft.

2. Den Reis in das kochende Wasser rieseln (Foto 1) und dann etwa ¼ Stunde kochen lassen. Abgießen und eventuell mit Butterflöckchen mischen.

TIP
Diese Kochmethode ist vor allem bei parboiled Reis zu empfehlen.

Auf dem Foto links:
1) Italienischer Reis
2) Siamreis
3) Wilder Reis
4) Patnareis
5) Vollkornreis
6) Chinareis
7) Rundkornreis
8) Langkornreis

PISTAZIEN- ODER MANDELREIS
Den Reis erkalten lassen, kurz vor dem Anrichten 1 Eßlöffel gehackte Pistazien oder Mandeln in 1 Eßlöffel Butter anziehen lassen. Den Reis unter Rühren erhitzen.

ZITRONENREIS
Den Reis mit ½ Eßlöffel Zitronensaft und ½ Teelöffel abgeriebener Schale einer unbehandelten Zitrone mischen. In wenig Butter unter Rühren erhitzen.

LAUCHREIS
150 g kleingewürfelten zarten Lauch in 1 Eßlöffel Butter andünsten. Mit ½ Eßlöffel Wasser begießen, salzen und pfeffern. Den Reis darin unter Rühren erhitzen.

PAPRIKAREIS
Den Reis wie den Lauchreis zubereiten, jedoch anstelle des Lauchs Paprikaschoten nehmen.

REIS MIT MAIS UND GRÜNEN ERBSEN
100 g grüne Erbsen (eventuell tiefgekühlte Ware) in wenig Butter kurz dünsten. 1 bis 2 Eßlöffel Wasser hinzufügen, die Erbsen 2 bis 3 Minuten garen lassen. 50 g Maiskörner (Dose) abtropfen lassen und mit dem Reis, den Erbsen und 1 Eßlöffel Butter mischen. Bei geringer Hitzezufuhr langsam unter Rühren erhitzen.

KREOLENREIS
(Foto 3)

Dies ist die klassische Garmethode für Reis, sie eignet sich vor allem für langkörnige Sorten. Der Reis wird gekocht und anschließend getrocknet. So ist er optimaler Begleiter eines Saucengerichts.

Den Reis gut waschen, bis das abfließende Wasser klar ist. Reichlich Wasser mit etwas Salz aufkochen lassen. Den Reis hineingeben und bei mittlerer Hitze 8 bis 10 Minuten garen lassen. Den Reis abgießen und in eine gebutterte Auflaufform geben. Mit Alufolie oder einem gebutterten Pergament- oder Backtrennpapier abdecken (Foto 2). Den Reis im Backofen bei 100°C etwa 12 bis 15 Minuten trocknen lassen. Anschließend mit Butterflöckchen mischen. Wer das Verfahren abkürzen möchte, kann den Reis nach dem Kochen mit Butter in einer Pfanne auf kleinstem Feuer unter Rühren trocknen lassen.

PILAWREIS

(Foto 5)

Pilawreis ist das Ergebnis der orientalischen Reiskochmethode. Er wird einerseits durch die Brühe würzig und aromatisch, andererseits verhindert das Dünsten der Reiskörner in der Butter, daß der Reis klebrig wird. Pilaw ist deshalb eine gute Beilage und eignet sich auch zum Füllen von Gemüse.
1 Eßlöffel Butter in einem feuerfesten Geschirr schmelzen lassen. Den Reis dazugeben und so lange dünsten, bis die Reiskörner glasig sind (Foto 4). 200 ml Rinderbrühe (Seite 100) oder Rinderfond (aus dem Glas) angießen und aufkochen. Die Form abdecken und den Reis im vorgeheizten Backofen bei 250°C etwa ¼ Stunde quellen lassen. Den Reis herausnehmen und mit einer Fleischgabel auflokkern. Dieser Reis bleibt in einem Wasserbad bis zu 2 Stunden warm.
Je nach Verwendung kann man zusammen mit dem Reis Zwiebelwürfel dünsten. Auch 100 g gemischte knakkig gedünstete Gemüsewürfel wie Karotten, Lauch, Sellerie und Zucchini können unter den Pilawreis gemischt werden. Salzen und pfeffern.

Foto 1

Foto 2

Foto 3

Foto 4

Foto 5

Foto 6

Foto 7

Foto 8

Foto 9

Foto 10

REISKOCHEN NACH CHINESISCHER ART

(Foto 8)

Diese Methode eignet sich für Langkornreis, chinesischen Siam- und Patnareis. Man erhält einen klebrigen Reis.
Den Reis gut waschen und in einen hohen Topf geben. Die 1 ½fache Menge kaltes Wasser dazugeben (Foto 6) und zum Kochen bringen. Dann bei kleinster Hitzezufuhr zugedeckt 6 bis 7 Minuten köcheln lassen. Die Reisoberfläche sollte nun trokken geworden sein (Foto 7). Wenn nicht, den Reis kurz im offenen Topf trocknen. So viel kochendes Wasser auf den Reis geben, daß die Wasseroberfläche ungefähr ½ cm über der Reisoberfläche ist. Den Topf abdecken und den Reis bei geringster Hitzezufuhr 6 Minuten ziehen lassen. Dann den Topf beiseite stellen und den Reis 6 bis 7 Minuten nachgaren lassen.

WILDER REIS

(Foto 9)

Den wilden Reis 2 Stunden in warmem Wasser quellen lassen, dann die Körner eventuell mit Zwiebel- und Gemüsewürfeln andünsten, die 2 ½fache Menge Wasser oder Brühe angießen und den Reis etwa ¾ Stunden bei milder Hitze oder bei 200°C im Backofen garen.

VOLLKORNREIS

(Foto 10)

Dieser Reis wird am besten wie der Pilawreis zubereitet. Er benötigt jedoch 40 bis 60 Minuten, je nach Sorte.

GRUNDREZEPT

RISOTTO

Ein echter italienischer Risotto ist eine wahre Delikatesse. Im Gegensatz zu vielen anderen Reisgerichten wird hier Wert darauf gelegt, daß der Reis noch feucht ist.

FÜR 2 PORTIONEN
1 kleine Zwiebel
2 ½ EL Butter
150 g Rundkornreis (Vialone, Carnaroli oder Arborio)
1 kleines Lorbeerblatt
1 Nelke
1 Knoblauchzehe
60 ml Weißwein oder Rotwein
ca. ½ l Rinder- oder Geflügelbrühe (Seite 100) oder Geflügelfond (aus dem Glas)
Salz
frisch gemahlener weißer Pfeffer
50 g frisch geriebener Parmesan oder Sbrinz

ZUBEREITUNGSZEIT
ca. ½ Stunde

KALORIEN
Pro Portion ca. 460 kcal

SO WIRD'S GEMACHT

1. Die Zwiebel schälen, fein würfeln und in 1 Eßlöffel Butter glasig dünsten. Den Reis, das Lorbeerblatt und die Nelke dazufügen (Foto 1) und einige Minuten unter ständigem Rühren anziehen lassen (Foto 1).

2. Die Knoblauchzehe schälen, zerdrücken und zum Reis geben. Dann den Wein angießen (Foto 2) und weiterrühren, bis er ganz verdampft ist.

3. Die Brühe erhitzen und nach und nach zum Reis geben, so daß er immer knapp mit Flüssigkeit bedeckt ist und diese aufsaugen kann (Foto 3). Immer erst neue Flüssigkeit angießen, wenn die bereits dazugegebene Menge aufgenommen worden ist (Foto 4). Den Risotto etwa ¼ Stunde unter häufigem Umrühren bei offenem Topf kochen lassen.

4. Den Topf vom Herd ziehen und den Risotto mit Salz und Pfeffer abschmecken. Die restliche Butter in kleinen Stücken und die Hälfte des Käses unter den Risotto rühren (Foto 5).

5. Den Topf abdecken und den Risotto 3 bis 4 Minuten noch ziehen lassen. Er sollte leicht suppig bleiben, die Körner sind jedoch noch bißfest. Den restlichen Käse dazu reichen.

TIPS

– Die Kochzeit des Risottos hängt von der Reissorte ab. Arborio braucht etwa 2 Minuten länger als Vialone oder Carnaroli.
– Anstelle von Butter kann man dem Risotto zum Schluß etwas Sahne beifügen.

Foto 1

Foto 2

Foto 3

Foto 4

Foto 5

– Der typische Risottoreis ist ein Rundkorn und kommt aus Italien. Während des Rührens gibt er Stärke ab und sorgt für die Sämigkeit des Risottos. Vorbehandelter Reis (parboiled) eignet sich nicht für einen Risotto.
– Geben Sie unbedingt heiße Brühe an den Risotto, denn sonst kühlt er immer wieder ab.
– Der Risotto ist in Italien immer eine Vorspeise, er kann jedoch auch mit einem Salat vorweg als Hauptmahlzeit serviert oder als Beilage gereicht werden.

RISOTTO MIT STEINPILZEN

15 g getrocknete Steinpilze etwa 10 Minuten in lauwarmem Wasser quellen lassen. Die gut abgetropften Pilze zusammen mit den Zwiebeln dünsten, dann den Risotto nach dem Grundrezept zubereiten.

RISOTTO NACH MAILÄNDER ART

(Foto 6)
Die 2 ½ Eßlöffel Butter zusammen mit einem etwa hühnereigroßen Stück Rindermark erhitzen und die Zwiebeln darin dünsten. Den Risotto nach dem Grundrezept zubereiten, gegen Ende der Kochzeit 1 Prise Safranfäden oder ein klein wenig Safranpulver in etwas Rinderbrühe auflösen und dazugeben.

RISOTTO MIT SPARGEL

(Foto 7)
Von 375 g grünem italienischen Spargel die Spitzen abschneiden. Den zarten Teil der Stangen in etwa 2 cm lange Stücke schneiden. Die Spargelstücke mit den Zwiebeln andünsten und den Risotto nach dem Grundrezept zubereiten. Die Spargelspitzen erst nach dem Verdampfen des Weines (Schritt 2) hinzufügen.

Foto 6

Foto 7

Foto 8

Foto 9

Foto 10

HINWEIS
Bevor man die folgenden Variationen zubereitet, sollte man das Grundrezept gut beherrschen.

RISOTTO MIT TOMATEN UND ZUCCHINI

(Foto 8)
½ gewürfelte Zwiebel und 25 g gehackten gesalzenen Speck in 1 Eßlöffel Butter andünsten. 150 g Risottoreis und 125 g kleingewürfelte Zucchini hinzufügen und alles 2 bis 3 Minuten dünsten. Mit ⅛ l Rotwein ablöschen. 2 geschälte Tomaten etwas auspressen, pürieren und zum Reis geben. Dann den Risotto mit Kalbsbrühe (Seite 100) oder -fond (aus dem Glas), 3 Eßlöffeln frisch geriebenem Parmesan und 20 g Butter in Stückchen unter den Reis mischen.

SCHWARZER RISOTTO

(Foto 9)
200 g kleine Tintenfische putzen, öffnen und die Tintenblasen beiseite legen (Seite 30). Die Tintenfische waschen, in Stücke schneiden, mit den Zwiebeln in Olivenöl andünsten und danach zugedeckt etwa ½ Stunde schmoren lassen. Den Reis dazugeben. Die Hälfte der Tintenblasen aufstechen und die Tinte zum Reis geben. Anstelle von Rinderbrühe nach und nach heißes Wasser hinzufügen. Zum Schluß 1 ½ Eßlöffel Olivenöl daruntergeben.

RISOTTO MIT DREI KÄSESORTEN

Den Risotto nach dem Grundrezept zubereiten, dann anstelle des Parmesans verschiedene Käsesorten, insgesamt etwa 75 g, hinzufügen, so zum Beispiel Pecorino oder Greyerzer und sehr klein geschnittene Mozzarella. Nach Belieben den Risotto mit in Butter oder in Öl gebratenen Zucchini- oder Auberginenscheiben garnieren.

DREIFARBIGER RISOTTO

(Foto 10)
Da die Mengen für die einzelnen Risotti bei 2 Portionen zu gering werden, ist diese Variante erst ab 4 Portionen zu empfehlen. Zutatenmengen also verdoppeln und den Risotto nach dem Grundrezept zubereiten, jedoch nicht mit Lorbeerblatt und Nelke würzen. Den Risotto in 3 gleich große Portionen teilen und warm halten. 1 Teil weiß belassen. Für den roten Risotto 200 g geschälte, pürierte Tomaten zusammen mit 1 Eßlöffel Tomatenmark einkochen lassen, mit Salz, Pfeffer, Knoblauch und 1 Prise Zucker abschmecken und unter den zweiten Teil des Risottos ziehen.
Für den grünen Risotto 200 g frische oder tiefgekühlte Erbsen in ⅛ l Rinderbrühe (Seite 100) oder Fond (aus dem Glas) garen, dann pürieren und unter den dritten Teil des Risottos ziehen. Mit Knoblauch und Petersilie würzen. Die einzelnen Risotti anrichten, den Parmesan dazu reichen.

RISOTTO MIT FISCH

150 g kleingeschnittenes Seefischfilet, 1 feingewürfelte kleine Zwiebel, 1 Eßlöffel feingehackte Petersilie und zerdrückten Knoblauch in 1 Eßlöffel Butter oder Olivenöl andünsten. ¼ l leicht gesalzenes Wasser dazugeben und alles 5 Minuten ziehen lassen. Das Fischfleisch mit der Hälfte des Kochsudes pürieren. Den Reis in der Butter leicht anrösten. Mit dem Weißwein ablöschen, das Fischpüree hinzufügen und nach und nach unter Rühren den Risotto mit dem restlichen Fischsud fertiggaren. Mit Salz, Pfeffer und gehackter Petersilie abschmecken. Dazu wird kein Käse serviert. Man kann zu dem Reis auch noch kurzgebratene kleine Fischwürfel oder Meeresfrüchte geben.

GRUNDREZEPT

POLENTA

Dieses Getreidegericht ist typisch für den Norden Italiens. Seine Rafinesse liegt in der Einfachheit der Zubereitung und in der Qualität der Zutaten.

FÜR 2 PORTIONEN
$^3/_4$ l Wasser oder Milchwasser (halb Wasser, halb Milch)
2 TL Salz
150 g Maisgrieß

ZUBEREITUNGSZEIT
ca. 1 Stunde

KALORIEN
Pro Portion ca. 365 kcal

PASST ZU
allen italienischen Saucengerichten

WAS MACHE ICH MIT RESTEN?
Kalte Polenta läßt sich sehr gut in Scheiben schneiden. Diese werden dann in Butter oder Öl ausgebraten (Foto links) und mit einer Sauce serviert. Man kann die Scheiben auch überbacken.

SO WIRD'S GEMACHT

1. Das Wasser aufkochen lassen und das Salz hinzufügen.
2. Den Maisgrieß langsam in das Wasser rieseln lassen, dabei ständig mit einem Holzlöffel rühren, damit sich keine Klumpen bilden.
3. Die Polenta etwa $^3/_4$ Stunden, besser noch 1 Stunde, garen, dabei ständig rühren, bis sie sich vom Topfrand löst und der Mais gut ausgequollen ist.

TIPS
– Wer nicht so viel Zeit und Geduld für die Zubereitung der Polenta hat, kann auch Instantmaisgrieß verwenden (Zubereitungsanleitung auf der Packung beachten). Allerdings wird die Polenta mit unbehandeltem Maisgrieß besser.
– Je nachdem, ob man die Polenta weicher oder fester haben möchte, sollte man mehr oder weniger Flüssigkeit dazugeben. Für Polentaschnitten muß sie auf alle Fälle fester sein.
– Auch der Feinheitsgrad des Grießes hat Einfluß auf die Konsistenz einer Polenta. Je nach Gegend nimmt man in Italien feinen, mittleren oder groben Grieß. Je feiner der Grieß desto feiner die Polenta.

SCHWARZE POLENTA

Die Polenta mit $^2/_3$ Buchweizenmehl und $^1/_3$ Maisgrieß zubereiten und auf ein kalt abgespültes Blech gießen. Nach dem Erkalten in Scheiben schneiden und sie in Butterschmalz von beiden Seiten braten, eventuell dünne Knoblauchscheiben mitbraten.

POLENTA MIT KÄSE, SALBEI UND KNOBLAUCH

Etwa 10 Minuten vor Ende der Kochzeit 200 g kleingewürfelten Schnittkäse nach Belieben unter den Maisgrieß mischen. 6 gehackte Salbeiblätter und 2 zerdrückte Knoblauchzehen zusammen mit 80 g frischer Butter aufschäumen lassen. Diese Mischung über die fertige Polenta geben.

POLENTA MIT PILZEN

500 g gemischte Pilze (große Pilze eventuell halbiert) in 2 Eßlöffeln Butter bei mittlerer Hitze andünsten. 1 mittelgroße gewürfelte Zwiebel, 1 zerdrückte Knoblauchzehe und je 1 Eßlöffel gehackten Majoran und gehackte Petersilie hinzufügen. Die Pilze nach dem Gardünsten mit wenig Weißwein oder Sahne ablöschen und über der Polenta verteilen.

POLENTAAUFLAUF

1 kleingewürfelte Zwiebel in 2 Eßlöffeln Butter kurz dünsten. 150 g in Scheiben geschnittenen mageren Speck dazugeben und 2 bis 3 Minuten mitbraten. 150 g Fontinakäse grob reiben und mit Zwiebeln und Speck mischen. Die Polenta mit dieser Mischung in eine gebutterte Auflaufform schichten, mit Polenta abschließen. Nochmals 50 g Käse darüberreiben, den Auflauf mit einigen Butterstückchen belegen und etwa 20 Minuten bei 220°C im Ofen überbacken.

GRIESSPLÄTZCHEN

Daß ein Grießbrei Grundlage einer pikanten Beilage sein kann, beweisen diese Grießplätzchen, die viel mit den römischen Gnocchi gemein haben.

FÜR 4 PORTIONEN
½ l Milch
Salz
frisch gemahlener weißer Pfeffer
frisch geriebene Muskatnuß
150 g Weizengrieß
3 Eier
100 g frisch geriebener Parmesan oder Sbrinz
100 g Butter
Butter zum Ausfetten

ZUBEREITUNGSZEIT
ca. 50 Minuten

KALORIEN
Pro Portion ca. 510 kcal

SO WIRD'S GEMACHT

1. Die Milch aufkochen lassen. Mit Salz, Pfeffer und etwas Muskatnuß würzen und den Grieß unter ständigem Rühren einrieseln lassen. Den Grieß etwa 6 Minuten bei geringer Hitzezufuhr ausquellen lassen, dabei häufig rühren.

2. Die Eier verquirlen, unter den Grießbrei mischen und ihn unter Rühren durchkochen.

3. Ein Kuchenblech kalt abspülen, den noch warmen Brei darauf gießen und glattstreichen.

4. Den Backofen auf 200°C vorheizen. Runde Plätzchen von etwa 5 cm Durchmesser ausstechen. Die Reste, die zurückbleiben, in eine ausgefettete Form legen. Die Plätzchen darauf setzen und mit dem Käse bestreuen. Die Butter erwärmen und darüberträufeln. Ist die Auflaufform zu klein, eventuell 2 Schichten hineingeben. Die Grießplätzchen etwa 10 Minuten überbacken.

VARIATION
Man kann die Plätzchen auch rechteckig schneiden, noch warm auf ein Blech legen, mit Käse bestreuen, im Backofen erhitzen und vor dem Servieren nach Belieben mit geschmolzener Butter begießen.

GRÜNE QUARKNOCKERLN

Das Rezept zeigt, wie aus wenigen einfachen, aber guten Zutaten eine Delikatesse wird. In diesem Fall sind es frischer Spinat, guter Quark, Butter und Eier sowie echter Parmesan.

FÜR 4 PORTIONEN
500 g Spinatblätter
60 g Butter
150 g Sahnequark
1 großes Ei
60 g Mehl
200 g frisch geriebener Parmesan
Salz
frisch gemahlener schwarzer Pfeffer
Muskatnuß
70 g Butter
Butter zum Ausfetten
2 EL Butter

ZUBEREITUNGSZEIT
ca. 1 Stunde

KALORIEN
Pro Portion ca. 670 kcal

SO WIRD'S GEMACHT

1. Den Spinat verlesen, waschen und grobe Stiele herausschneiden. Die Blätter in einen Topf geben und zusammen mit 1 Eßlöffel Butter in dem geschlossenen Topf erhitzen, bis der Spinat zusammenfällt.

2. Den Spinat abseihen, auspressen und feinhacken.

3. Den Quark, das Ei, das Mehl und 150 g Parmesan mischen, den Spinat und die restliche Butter hinzufügen. Mit Salz, Pfeffer und etwas Muskatnuß abschmecken.

4. Die Masse in einen Topf geben und bei mittlerer Hitzezufuhr unter ständigem Rühren garen, bis sie gebunden ist. Anschließend erkalten lassen.

5. Den Backofen auf 220°C vorheizen. Von der Spinat-Quark-Masse mit einem Löffel nußgroße Nockerln abstechen und in eine ausgefettete Auflaufform legen. Mit dem restlichen Käse bestreuen und die Butter in Stückchen darauf legen. Den Auflauf etwa 10 Minuten überbacken.

VARIATION
Man kann die Nockerln vor dem Überbacken mit Tomatensauce (Seite 265) begießen und danach den Käse und die Butter darübergeben.

GRUNDREZEPT

FISCH UND MEERES-FRÜCHTE

Früher waren Fische und Meeresfrüchte nur den unmittelbaren Anwohnern der Meere, Seen und Flüsse vorbehalten. Doch lange schon gibt es zum Glück Transportunternehmen, die dafür sorgen, daß die Fische überall im Land stets frisch auf den Tisch kommen. Und auch der tiefgefrorene Fisch ist von so guter Qualität, daß man ihn jederzeit bedenkenlos in der Küche verwenden kann.

Was kann man nicht alles mit Fisch, mit Schalen- und Krustentieren machen. Diejenigen Zeitgenossen, die behaupten, Fisch sei noch vielseitiger zu verarbeiten als Fleisch, haben ganz sicher recht, denn es gibt unzählige verschiedene Zubereitungsarten. Ob man ihn kocht, dämpft, pochiert, brät, grillt oder wie auch immer – es lassen sich Gerichte daraus zaubern, die jeden begeistern.

In einem großen Menü sollte stets ein Fischgericht eingeplant sein, das man meist als Zwischengang vor dem Hauptgericht auf den Tisch bringt. Ein idealer Begleiter für Fisch ist ein gut gekühlter Weißwein, der fruchtig, aber nicht zu süß sein sollte.

GRUNDREZEPT

KABELJAU IM SUD

Im Sud garen ist eine besonders schonende und fettarme Art, Fisch zuzubereiten. Wichtig ist, daß der Fisch in kalten Sud gegeben wird und darin garzieht. Der Sud darf keinesfalls sprudelnd kochen.

FÜR CA. 2 PORTIONEN
für den Sud:
1 kleine Zwiebel
1 kleiner Petersilienzweig
1 Zweig vom Knollensellerie
1 kleiner Zweig Thymian
½ Lorbeerblatt
2 – 3 leicht zerdrückte Pfefferkörner
½ EL Salz
⅛ l Weißwein
nach Belieben 1 Kräutersträußchen aus Salbei, Kerbel, Dill und Estragon

für den Fisch:
500 g Kabeljau (Schwanzstück)

ZUBEREITUNGSZEIT
(ohne Zeit zum Erkaltenlassen)
ca. 1 Stunde

KALORIEN
Pro Portion ca. 160 kcal

DAS PASST DAZU
Salzkartoffeln, Holländische Sauce (Seite 266) oder einige Zitronenspalten und frische zerlassene Butter

SO WIRD'S GEMACHT

1. Die Zwiebel schälen, in grobe Stücke schneiden und sie zusammen mit allen restlichen Zutaten für den Sud sowie mit ½ l Wasser in einen Topf geben.

2. Alles aufkochen und dann etwa ½ Stunde weiterkochen lassen. Den Sud anschließend erkalten lassen.

3. Den Fisch waschen, in den kalten Sud legen und alles langsam erwärmen. Den Fisch im Sud 10 Minuten bei geringster Hitzezufuhr ziehen lassen.

4. Den Topf danach vom Herd nehmen und den Fisch weitere 5 bis 10 Minuten nachziehen lassen.

5. Den Kabeljau vorsichtig aus dem Sud heben. Die Haut des Fisches mit einem Fischmesser und mit einer Fischgabel abziehen. Dann mit dem Messer entlang der Hauptgräte einschneiden, das Fleisch portionieren und abheben.

TIP
Den Fischsud durch ein Sieb gießen, etwas einkochen lassen und in kleinen Portionen einfrieren. Man kann ihn gut als Basis für Fischsaucen verwenden.

VARIATIONEN
– Etwas passierten Sud stark einkochen lassen und als Basis für eine weiße Grundsauce (Seite 260) verwenden.
– Den Fisch in einem Milchsud ziehen lassen. Dafür ¼ l Wasser zusammen mit Scheiben von ½ unbehandelten Zitrone, 1 kleinen grob geschnittenen Zwiebel, ½ Thymianzweig und 3 zerdrückten Pfefferkörnern in einen Topf geben und etwa 10 Minuten kochen lassen. Dann ¼ l Milch und 1 TL Salz hinzufügen, alles nochmals aufkochen und dann erkalten lassen. Den Fisch in den kalten Sud geben und, wie im Rezept beschrieben, garziehen lassen.
– Dieser Sud ist für Seefische mit aromatischem und festem Fleisch, wie Heilbutt, Steinbutt, Kabeljau und ähnliche Sorten, besonders gut geeignet. Man kann darin auch gesalzene und getrocknete Fische (Klippfisch, Stockfisch) garen. In diesem Fall kein Salz hinzufügen.

GRUNDREZEPT

LACHSFORELLE AUS DEM OFEN

Die Lachsforelle wird hier auf Gemüse im Ofen gebraten – eine Zubereitung, die auch für andere Fische ideal ist. Der Fisch wird durch das Gemüse leicht aromatisiert und man erhält eine feine Basis für eine köstliche Sauce.

FÜR 2 PORTIONEN
1 ausgenommene Lachsforelle mit Kopf (ca. 600 g)
2 EL Zitronensaft
Salz
frisch gemahlener weißer Pfeffer
2 Schalotten
1 kleine Karotte
½ Stange Lauch
1 EL Butterschmalz
⅛ l Weißwein (zum Beispiel Riesling oder Chardonnay)
1 Zweig Estragon
3 EL süße Sahne
30 g Butter

BESONDERES KÜCHENGERÄT
1 längliche Auflaufform, in die der Fisch hineinpaßt

ZUBEREITUNGSZEIT
ca. ¾ Stunden

KALORIEN
Pro Portion ca. 565 kcal

DAS PASST DAZU
Kreolenreis (Seite 142), Salzkartoffeln (Seite 231) oder grünes, gedünstetes Gemüse (Seite 216), wie zum Beispiel Zuckerschoten, frische grüne Erbsen, gedünsteter Spinat

SO WIRD'S GEMACHT

1. Das Fleisch der Lachsforelle beiderseits der Rükkengräte mit einem Küchenmesser etwa alle 3 cm schräg ½ cm tief einkerben.

2. Den Fisch innen und außen mit Zitronensaft bestreichen und mit Salz und Pfeffer einreiben. Den Backofen auf 200°C vorheizen.

3. Die Schalotten und die Karotte schälen, den Lauch putzen. Schalotten und Lauch in feine Ringe und die Karotte in dünne Scheiben schneiden.

4. Das Butterschmalz in eine längliche Auflaufform oder in die Fettpfanne des Backofens geben. Die Form oder die Pfanne in den Ofen stellen und die Butter schmelzen lassen.

5. Das Gemüse darauf verteilen und unter Wenden leicht anrösten.

6. Den Fisch darauf legen und mit wenig Weißwein beträufeln. Den Estragon hinzufügen.

7. Den Fisch etwa 10 Minuten braten, bis sich die Einschnitte im Fleisch leicht öffnen und zart gebräunt sind.

8. Nun die Hälfte des Weißweins dazugießen und alles 5 bis 10 Minuten weiterbraten. Wenn nötig, eine Aluminiumfolie darüberlegen.

9. Den Fisch auf eine vorgewärmte Platte legen und sie dann zum Warmhalten in den ausgeschalteten Ofen stellen.

10. Den Bratfond durch ein Sieb in einen Topf gießen. Den restlichen Weißwein dazugeben und alles auf die Hälfte einkochen lassen.

11. Die Sahne hineinrühren und die Sauce nochmals 2 bis 3 Minuten einkochen lassen.

12. Die Butter in kleine Würfel schneiden und mit einem Schneebesen unter die Sauce schlagen. Sie mit Salz und Pfeffer würzen.

TIPS
– Ebenso kann man auch Regenbogen- oder Bachforellen, Saiblinge, Goldbrassen oder andere Brassen sowie Steinbutt auf diese Art zubereiten.
– Der Fisch ist gar, wenn man die Seitenflosse, ohne einen Widerstand zu spüren, herausziehen kann und wenn das Fleisch in den Einschnitten weiß und fest geworden ist.

VARIATIONEN
– Das Gemüse, auf dem der Fisch gebraten wird, ebenfalls servieren.
– Den Weißwein durch Champagner oder Apfelwein ersetzen. Im letzteren Fall die Sauce mit etwas Calvados abschmecken.
– Der Weißweinsauce ein wenig trockenen Vermouth beifügen.
– Kabeljau oder Seehechtscheiben auf dieselbe Art braten, dann aber die Bratzeit etwas verkürzen.
– Einige geviertelte Champignons mitgaren und dazu servieren.

GRUNDREZEPT

SEEZUNGENRÖLLCHEN IM DAMPF GEGART

Das Garen im Dampf schont das Aroma, was bei den feinen Plattfischen von besonderer Bedeutung ist. Es ist zudem eine Garmethode, mit der man mühelos Kalorien einsparen kann.

FÜR 2 PORTIONEN

<u>für den Sud und die Sauce:</u>

Gräten der Seezungen
1 Schalotte
½ Stange Lauch
⅛ l Sekt
100 g süße Sahne
1 EL trockener Vermouth
etwas Zitronensaft
1 EL Butter

<u>für die Fischröllchen:</u>

6 Seezungenfilets ohne Haut (à 50 g)
Salz
frisch gemahlener weißer Pfeffer
1 EL gehackte gemischte Kräuter (Petersilie, Salbei, Kerbel, Estragon)
½ TL Butter zum Ausfetten

BESONDERE KÜCHENGERÄTE

Topf mit Dämpfeinsatz
Holzzahnstocher

ZUBEREITUNGSZEIT

ca. ½ Stunde

KALORIEN

Pro Portion ca. 525 kcal

DAS PASST DAZU

gekochter Reis oder Salzkartoffeln und gedünstetes Gemüse (Karotten, Zucchini, Brokkoli, Romanesco, Seite 216)

SO WIRD'S GEMACHT

1. Die Gräten der Seezungen kurz in kaltes Wasser legen. Inzwischen die Schalotte schälen und in Streifen schneiden. Den Lauch putzen und in Ringe schneiden.

2. Die Seezungengräten abspülen, zusammen mit dem Gemüse und ¼ l Wasser in einen Topf mit Dämpfeinsatz geben und alles aufkochen lassen.

3. Die Seezungenfilets mit einem Küchenbeil leicht klopfen (Foto 1) und jeweils beidseitig mit Salz und Pfeffer bestreuen.

4. Die Filets mit der glänzenden Seite, an der sich die Haut befand, nach oben auf die Arbeitsfläche legen (Foto 2). Die gehackten gemischten Kräuter mit wenig Salz und Pfeffer mischen und auf die Filets verteilen.

5. Jedes Filet aufrollen und die Enden mit Zahnstochern feststecken (Foto 3).

6. Den zum Topf passenden Dämpfeinsatz mit der Butter bestreichen. Die Röllchen hineinsetzen (Foto 4) und sie zugedeckt im Dampf 2 bis 3 Minuten garen.

7. Den Topf vom Herd nehmen und den Dämpfeinsatz zugedeckt auf einen großen Teller stellen, damit die Fischröllchen warm bleiben.

8. Den Sud durch ein Sieb in einen großen Topf gießen. Den Sekt dazugeben und alles so lange einkochen lassen, bis nur noch etwa 4 Eßlöffel Flüssigkeit übrig sind.

9. Nun die Sahne dazugeben und alles so lange weiterkochen lassen, bis die Sauce sämig wird.

10. Sie mit Vermouth, Salz und Pfeffer und einigen Tropfen Zitronensaft abschmecken. Zuletzt die Butter mit dem Schneebesen darunterschlagen.

11. Die Sauce (Foto 5) auf vorgewärmte Teller verteilen und die Röllchen darauf anrichten.

TIP

Es ist wichtig, daß die glänzende Seite der Seezungenfilets, an der sich die Haut befand, nach innen gerollt wird, weil sie sich beim Garen zusammenzieht. Wäre sie außen, führte dies zum Auseinanderrollen der Röllchen.

VARIATION

Auch Flunder-, Schollen- oder Rotzungenfilets lassen sich aufrollen und wie oben beschrieben zubereiten.

Foto 1

Foto 2

Foto 3

Foto 4

Foto 5

Foto 6

Foto 7

Foto 8

Foto 9

Foto 10

HINWEIS
Für diese Variationen sollten Sie das Grundrezept gut beherrschen.

GEFÜLLTE SEEZUNGENRÖLLCHEN

Für die Füllung werden die Kräuter durch eine Farce ersetzt. Dafür 50 g gut gekühltes Fischfilet (von Rotzunge, Flunder oder einem anderen Plattfisch) zusammen mit 10 g in 20 g süßer Sahne eingeweichtem Weißbrot, ½ Schalotte und 40 g süßer Sahne im Mixer pürieren. Die Kräutermischung oder ein einzelnes gehacktes Kraut darunterrühren und die Farce mit Salz, Pfeffer und 1 Teelöffel trockenem Vermouth abschmecken. Die Filets damit bestreichen (Foto 6), wie im Rezept beschrieben aufrollen und im Dampf garen. Die Röllchen mit der Sektsauce oder mit einer anderen mit dem Sud zubereiteten Sauce, wie zum Beispiel Safransauce (Sekt durch Weißwein ersetzen, den Vermouth weglassen und einige Safranfäden hinzufügen) servieren.

PETERSFISCHFILETS MIT SAUERAMPFERSAUCE

(Foto 8)
Die Fischfilets beidseitig mit Salz und Pfeffer würzen und sie mit der Seite, an der sich die Gräte befand, auf die Arbeitsfläche legen. Nun mit dem Messerrücken quer in der Mitte eine leichte Kerbe einschlagen (Foto 7) und die Filets zusammenklappen. Sie auf den mit Butter bestrichenen Dampfeinsatz legen. Im dazu passenden Topf, wie für die Seezungenröllchen beschrieben, mit den Gräten einen Sud vorbereiten. Den Fisch im Dampf garen.
Den Sud dann durch ein Sieb gießen und einkochen lassen. Inzwischen 3 Eßlöffel gehackten Sauerampfer in wenig Butter in einem Topf andünsten. Mit 2 Eßlöffeln reduziertem Sud ablöschen und etwas einkochen lassen. Süße Sahne hineinrühren und alles zu einer sämigen Sauce einkochen lassen.

SCHOLLENFILETS MIT SPARGELSPITZEN

(Foto 10)
Die Filets beidseitig mit Salz und Pfeffer würzen und sie mit den Spitzen über Kreuz (Foto 9) in den mit Butter bestrichenen Dämpfeinsatz legen. In jede Schleife eine bißfest gegarte Spargelspitze legen.
Die unteren Spargelenden in kleine Stücke schneiden.
1 Teelöffel gehackte Schalotten in ½ Teelöffel Butter glasig dünsten. 100 ml Rieslingwein hinzufügen und alles stark einkochen lassen.
100 g süße Sahne dazugeben, die Spargelstücke hinzufügen und kurz mitkochen lassen. Die Sauce in ein Mixglas geben, pürieren und mit Salz und Pfeffer würzen. Die Filets, wie im Rezept beschrieben, im Dampf garen und auf der Sauce anrichten.

GRUNDREZEPT

SAIBLING IN DER FOLIE GEGART

Beim Garen in der Folie bleibt das Fleisch der Fische zart und saftig, und man kann sie durch Beigabe von Würzzutaten oder durch Füllen nach Belieben aromatisieren.

FÜR 2 PORTIONEN
2 ausgenommene Saiblinge (à 250 bis 300 g)
Salz
frisch gemahlener Pfeffer
½ EL Butter zum Ausfetten
1 unbehandelte Orange
1 EL Speisestärke
2 EL trockener Sherry
½ EL Sojasauce
½ EL feingehackte Ingwerwurzel
½ zerdrückte Knoblauchzehe
wenig Cayennepfeffer

ZUBEREITUNGSZEIT
ca. ¾ Stunden

KALORIEN
Pro Portion ca. 195 kcal

DAS PASST DAZU
Kreolenreis oder chinesischer Reis (Seite 142/143)

SO WIRD'S GEMACHT

1. Die Saiblinge innen und außen mit Salz und Pfeffer bestreuen. 2 Stücke Pergamentpapier oder Aluminiumfolie so zurechtschneiden, daß sie jeweils etwa 20 cm länger und 4 bis 5mal breiter als ein Fisch sind.

2. Die Pergament- oder Alufolienblätter mit Butter bestreichen und die Fische darauf legen. Die Folienränder etwas hochziehen. Den Backofen auf 200°C vorheizen.

3. Die Orange mit heißem Wasser abwaschen, trocknen. Mit einem Julienne-reißer (Spezialmesser für Zitrusschalen) feine Streifen (Julienne) von der Schale abziehen. Diese in wenig Wasser 3 bis 4 Minuten kochen lassen, danach abgießen.

4. Die Orange auspressen. 1 Eßlöffel Saft auf jeden Fisch gießen und sie mit einigen Orangenschalenstreifen belegen.

5. Die beiden Längsseiten der Folie jeweils über den Fisch klappen, die beiden anderen Seiten anheben und aufrollen.

6. Die Pakete 15 bis 20 Minuten im Ofen oder auf dem Grill garen.

7. Die Folien danach auf einer der schmalen, aufgerollten Seiten öffnen und den entstandenen Saft in einen Topf gießen. Den restlichen Orangensaft mit der Speisestärke verrühren und dazugeben. Alles unter Rühren einkochen und binden lassen.

8. Den Sherry, die Sojasauce und den Ingwer dazugeben und die Sauce 1 bis 2 Minuten weiterkochen lassen. Sie mit Salz, Pfeffer, Knoblauch und wenig Cayennepfeffer abschmecken.

9. Die Saiblinge in der Folie servieren und die Sauce extra dazu reichen.

TIP
Man kann die Fische zusammen mit den Zutaten auch in eine durchsichtige Bratfolie geben. Dafür zuerst das eine Ende verschließen, den Folienschlauch in ein hohes Gefäß stellen und füllen. Ihn nach Vorschrift gut verschließen und an der Oberseite mehrmals mit einer Nadel einstechen, damit die Folie beim Garen nicht platzt.

GEFÜLLTE FORELLEN IN DER FOLIE

Für diese Variation sollten Sie das Grundrezept gut beherrschen.
2 ausgenommene Forellen (à 200 g) mit Fischfarce (siehe Seite 29) füllen.
Die Fische mit Küchengarn zunähen oder mit Zahnstochern verschließen. Die Forellen, wie für die Saiblinge beschrieben, in Folie einpacken und vor dem Schließen der Folien mit je 1 Eßlöffel trockenem Vermouth beträufeln. Die Forellen, wie im Rezept beschrieben, garen und danach unter Verwendung des Kochsaftes eine Weißweinsauce (Seite 151) zubereiten. Diese Sauce mit Kräutern oder nur mit Schnittlauch anreichern.

GRUNDREZEPT

GEBRATENE SEEZUNGE

Bei uns heißt sie auf Speisekarten „Seezunge nach Müllerinnen Art“, in Frankreich „sole à la meunière“. Bei dieser klassischen Zubereitung wird der Fisch einfach dünn mit Mehl überstäubt und goldbraun gebraten.

FÜR 2 PORTIONEN
2 Seezungen (à 400 – 500 g)
Salz
frisch gemahlener Pfeffer
1 EL Mehl zum Überstäuben
1 ½ EL Butterschmalz
30 g Butter
1 EL gehackte Petersilie
1 Zitrone

ZUBEREITUNGSZEIT
ca. 20 Minuten

KALORIEN
Pro Portion ca. 435 kcal

DAS PASST DAZU
Salzkartoffeln (Seite 231)

SO WIRD'S GEMACHT

1. Von den ausgenommenen Seezungen die Haut abziehen, die Flossensäume sowie die Köpfe abschneiden (Seite 28). Die Seezungen unter kaltem Wasser abspülen, mit Küchenpapier trockentupfen und mit Salz und Pfeffer bestreuen.

2. Das Mehl in ein Teesieb geben und die Fische beidseitig mit wenig Mehl überstäuben. Durch Schütteln der Fische überschüssiges Mehl wieder entfernen.

3. Das Butterschmalz in einer großen Pfanne erhitzen. Die Seezungen, eine mit dem Kopfende neben den Schwanz der anderen, hineinlegen und sie bei mittelstarker Hitzezufuhr auf jeder Seite in 4 bis 5 Minuten goldbraun braten.

4. Die Fische anrichten und warm halten. Das Fett aus der Bratpfanne gießen.

5. Die Butter in der Pfanne so lange erhitzen, bis sie schäumt. Mit einer Schaumkelle den Schaum abschöpfen und die Petersilie hinzufügen.

6. Die Petersilienbutter ganz leicht salzen und pfeffern und über die Fische gießen. Die Zitrone auspressen und den Saft darübergießen oder Zitronenviertel dazulegen.

TIPS

– Wichtig ist, daß die Fische trocken sind, bevor man sie mit Mehl bestäubt, sonst entsteht eine klebrige Masse, die das ganze Gericht verdirbt.
– Man kann die Fische auch unbemehlt braten.
– Auf dieselbe Art lassen sich alle Plattfische und Süßwasserfische sowie auch alle Fischfilets zubereiten.

SEEZUNGE MIT CROUTONS UND KAPERN

Die Seezungen, wie im Rezept beschrieben, „à la meunière“ braten. 1 Eßlöffel winzig kleine Brotwürfel, ½ Eßlöffel abgetropfte Kapern und den Saft von 1 Zitrone in die erhitzte Butter geben und das Ganze über die Fische verteilen. Die Petersilie weglassen.

SEEZUNGE MIT MANDELN

1 Eßlöffel Mandelblättchen in der Butter hellbraun rösten und über die Seezungen verteilen. Sie mit sehr wenig Zitronensaft beträufeln. Die Mandeln lassen sich auch gut durch grob gehackte Walnußkerne ersetzen. Die Petersilie kann man weglassen.

SEEZUNGE MIT BANANEN

Bananenscheiben in der Butter wenden und die Fische damit belegen.

SEEZUNGEN MIT LIMETTENBUTTER

60 g Butter bei Küchentemperatur weich werden lassen. 1 Limette mit heißem Wasser abwaschen und abtrocknen. Mit einer feinen Reibe etwas Schale abreiben und die Limette auspressen. Schale und Saft mit der Butter verrühren. 2 Eßlöffel süße Sahne mit dem Schneebesen darunterrühren. Die Limettenbutter mit Salz und Pfeffer würzen und bei sehr geringer Hitzezufuhr leicht erwärmen. Die Sauce zu den gebratenen Seezungen reichen.

GRUNDREZEPT

TINTENFISCH IM AUSBACKTEIG

Meeresfrüchte oder Streifen von Fischfilets werden einfach durch einen Teig gezogen und in Öl schwimmend knusprig ausgebacken.

FÜR 2 PORTIONEN
2 mittelgroße Calamare oder 200 g tiefgekühlte Tintenfischringe
Saft von 1 Zitrone
Salz
frisch gemahlener Pfeffer
Erdnußöl zum Ausbacken

für den Teig:
1 Ei
100 g Mehl
150 ml Mineralwasser

außerdem:
1 Zitrone

BESONDERES KÜCHENGERÄT
Friteuse

ZUBEREITUNGSZEIT
ca. 25 Minuten
Zeit zum Durchziehen: 2 bis 3 Stunden

KALORIEN
Pro Portion ca. 470 kcal

DAS PASST DAZU
Mayonnaise (Seite 270), nach Belieben mit Dill oder anderen Kräutern gemischt. Man kann die Mayonnaise auch mit etwas Quark verrühren

SO WIRD'S GEMACHT

1. Die Calamare putzen und den Körper in ½ cm breite Ringe schneiden (Seite 32). Die Fangarme halbieren.

2. Die Ringe und die Fangarme oder die tiefgekühlten Tintenfischringe in eine Schüssel legen und mit dem Zitronensaft begießen. Wenig Salz und Pfeffer darüberstreuen und alles 2 bis 3 Stunden im Kühlschrank durchziehen lassen.

3. Nun das Ei trennen und das Mehl zusammen mit dem Mineralwasser und dem Eigelb zu einem glatten Teig verarbeiten. Ihn abgedeckt 1 bis 2 Stunden ruhen lassen.

4. Anschließend das Eiweiß mit etwas Salz steif schlagen und unter den Teig ziehen. Das Öl in einer Friteuse auf 180°C erhitzen.

5. Die Tintenfischringe und die Fangarme auf Küchenpapier trocknen. Sie durch den Teig ziehen und portionsweise im Öl schwimmend ausbacken.

6. Die gebackenen Stücke auf Küchenpapier legen und zusammen mit Zitronenschnitzen servieren.

TIP
Verwenden Sie nicht zu große Tintenfische, weil sie in der Regel zu hart sind. Das Marinieren in Zitronensaft macht sie etwas zarter.

WEINTEIG

90 g Mehl mit ⅛ l Weißwein glattrühren und den Teig etwa 1 Stunde lang quellen lassen. 2 Eiweiße zusammen mit etwas Salz steif schlagen und vor der Verwendung unter den Teig ziehen.

BIERTEIG

80 g Mehl mit 120 ml Bier glattrühren und den Teig etwa 1 Stunde lang quellen lassen. 1 Eigelb verquirlen und unter den Teig rühren. 1 Eiweiß zusammen mit etwas Salz steif schlagen und vor der Verwendung unter den Teig ziehen. Er paßt zu Dorsch, Hecht oder anderen Fischsorten, deren Fleisch ein kräftiges Aroma hat. Bierteig läßt sich auch ohne Eigelb wie der Weinteig zubereiten. Bier oder Wein lassen sich auch durch Apfelwein ersetzen.

FISCHFILETS IM AUSBACKTEIG

Wein- oder Bierteig wie oben beschrieben zubereiten und ruhen lassen. 300 g Fischfilets in 2 bis 3 cm breite Streifen schneiden. Sie trockentupfen, salzen, pfeffern und, falls es Filets von größeren Fischen sind, mit wenig Zitronensaft beträufeln, aber nicht durchziehen lassen. Die Fischstreifen durch den Teig ziehen und im Öl schwimmend ausbacken.

GRUNDREZEPT

PANIERTE FISCHFILETS

Außen goldbraun und knusprig, innen weiß und saftig – so sollten panierte Fischfilets sein. Auch hier können Sie leicht variieren, wie unsere Beispiele für eine Nuß- oder eine Sesamkruste zeigen.

FÜR 2 PORTIONEN
300 g Fischfilets (von Dorsch, Goldbutt, Rotzunge oder anderen)
Salz
frisch gemahlener Pfeffer
wenig Mehl
1 Ei
1 EL Erdnußöl
ca. 100 g geriebenes, altbackenes Brot oder Semmelbrösel
2 – 3 EL Butterschmalz

ZUBEREITUNGSZEIT
ca. 20 Minuten

KALORIEN
Pro Portion ca. 575 kcal

DAS PASST DAZU
Zitronenhälften zum Auspressen, Salzkartoffeln (Seite 231)

SO WIRD'S GEMACHT

1. Die Fischfilets mit Küchenpapier trockentupfen und mit wenig Salz und Pfeffer bestreuen. Sie in Mehl wenden und überschüssiges Mehl gut abschütteln.

2. Das Ei zusammen mit dem Öl gut verschlagen. Das geriebene Brot oder die Semmelbrösel auf einem flachen Teller verteilen.

3. Die bemehlten Filets von beiden Seiten zuerst durch das Ei ziehen, dann ebenfalls beidseitig in den Brotbröseln wenden. Die Panierung gut andrücken.

4. Das Butterschmalz erhitzen und die Fischfilets auf beiden Seiten bei mittelstarker Hitzezufuhr so lange braten, bis sie hellbraun sind.

5. Die Filets danach kurz auf Küchenpapier legen, um die Panierung ein wenig zu entfetten.

PANIERTE JAKOBSMUSCHELN

Die Jakobsmuscheln bereits ausgelöst (ohne Rogen) kaufen, das Fleisch quer halbieren, salzen, pfeffern und rundum mit zerlassener Butter bestreichen. Die Muschelstücke in frisch geriebenem Weißbrot wenden und die Panierung gut andrücken. Butter in einer Pfanne erhitzen und die Muscheln darin bei mittelstarker Hitzezufuhr so lange braten, bis sie goldgelb sind. Dabei darauf achten, daß die Butter nicht braun oder schwarz wird.

TIP
Auf diese Art können auch große Krevetten oder Scampi paniert und gebraten werden. Servieren Sie stets Zitronenschnitze dazu.

FISCHFILET IN NUSSKRUSTE

Das geriebene Brot kann durch geriebene Hasel- oder Walnüsse ersetzt werden. Die Filets dann nicht in Eigelb wenden, sondern mit Butter bestreichen und danach in den Nüssen wenden. Die Filets bei geringer Hitzezufuhr braten, damit die Nüsse nicht schwarz werden. Man kann auch Kräuter unter diese Panierung mischen und die Filets nach Belieben in Nußöl braten.

FELCHEN- ODER RENKENFILETS MIT SESAM

Felchen- oder Renkenfilets salzen, pfeffern und mit zerlassener Butter bestreichen. Die Filets dann auf einer Seite oder, wenn es etwas dickere Filets sind, auf beiden Seiten in Sesamsamen wenden. Den Fisch in Butterschmalz oder in Erdnußöl auf beiden Seiten rasch braten, die Sesamsamen dürfen nur hellgelb und nicht braun werden.

GRUNDREZEPT

GOLDBRASSE VOM GRILL

Auch auf dem Grill lassen sich herrliche Gerichte mit Fischen und Meeresfrüchten zubereiten – ob im Freien auf der offenen Glut, unter elektrisch beheizten Grillschlangen oder in der Grillpfanne.

FÜR 2 PORTIONEN
1 ausgenommene Goldbrasse (ca. 600 g) mit Schuppen
Salz
frisch gemahlener Pfeffer
1 kleiner Zweig Rosmarin
2 EL Oliven- oder Erdnußöl

ZUBEREITUNGSZEIT
ca. 25 Minuten

KALORIEN
Pro Portion ca. 300 kcal

DAS PASST DAZU
Kartoffeln in der Folie auf der Glut gegart. Kaltgepreßtes Olivenöl zum Beträufeln des angerichteten Fisches und Pfeffer aus der Mühle zum Bestreuen. Nach Belieben Zitronenhälften zum Auspressen

SO WIRD'S GEMACHT

1. Den ungeschuppten Fisch innen und außen mit Salz und Pfeffer einreiben. Den Rosmarinzweig in den Fischbauch legen.

2. Den Fisch mit Öl bestreichen, ihn auf den heißen Grill legen und mit gutem Abstand von der Glut grillen.

3. Den Fisch ab und zu mit etwas Öl bepinseln, ihn nach 6 bis 8 Minuten wenden und dann weitere 6 bis 8 Minuten grillen.

4. Den Fisch vom Grillrost nehmen und 5 Minuten neben dem Feuer nachgaren lassen.

5. Vor dem Zerlegen die Haut des Fisches samt den Schuppen vorsichtig abziehen.

GRUNDREZEPT

MIXED GRILL VON MEERESFISCHEN UND MEERESFRÜCHTEN

Den Grill mit einer Aluminiumfolie bespannen und sie mit Öl bestreichen.
2 Scheiben von Seeteufel, Seehecht oder Kabeljau salzen und pfeffern.
2 kleine Meerbarben oder Knurrhähne schuppen und ausnehmen (Seite 28), aber die Haut daranlassen. 2 kleine Kalamare oder andere Tintenfische ausnehmen und putzen (Seite 32). Größere Exemplare vor dem Grillen 10 bis 12 Minuten in Salzwasser kochen.
2 Garnelen oder Scampi in der Kruste belassen. 6 große frische Miesmuscheln gut abbürsten und die Bärte entfernen (Seite 32).
2 feingehackte Knoblauchzehen mit 1 Eßlöffel gehackter Petersilie (möglichst glattblättrige), etwas Salz und Pfeffer mischen. 1 Zitrone halbieren, ein wenig in die Schale einschneiden und in die Schnittfläche jeder Hälfte eine Gabel stecken. Mit Hilfe der Gabel wird der Fisch dann beim Essen mit Zitronensaft beträufelt.
Alle Fische und Meeresfrüchte mit Ausnahme der Muscheln auf den heißen Grill legen. Die Fischscheiben nach 5 Minuten wenden. Die Meerbarben oder die Knurrhähne, je nach Größe, nach etwa 6 Minuten wenden. Die Tintenfische mehrmals wenden.
Die Miesmuscheln erst etwas später auf den Grill legen. Sobald sich die Schalen öffnen, sie vom Grill nehmen. Alle Fische mit der Knoblauch-Petersilien-Mischung bestreuen. Nach Belieben die Fischscheiben, die ganzen Fische und die Tintenfische mit wenig kaltgepreßtem Olivenöl und mit Zitronensaft beträufeln.
Dazu paßt Knoblauchbrot und eine Mayonnaisenvariation (Seite 270).

GEGRILLTE LACHSSCHEIBEN

Von etwa 300 g Lachsfilet die senkrechten Gräten mit einer Pinzette herausziehen. Das Filet quer in vier Scheiben schneiden und sie mit Salz und Pfeffer einreiben. Mit zerlassenem Butterschmalz oder mit Oliven- oder Erdnußöl bestreichen. Die Lachsscheiben auf dem heißen Grill oder in einer Grillpfanne bei mittelstarker Hitzezufuhr beidseitig je 2 Minuten grillen. Den Fisch dann 2 bis 4 Minuten auf dem nicht über Glut befindlichen Teil des Rostes nachgaren lassen. Den Lachs nach Belieben mit einer Mischung aus Petersilie, Schnittlauch und sehr wenig Pfefferminze oder nur mit Dill bestreuen.

TIPS

– Alle hier vorgestellten Grillgerichte lassen sich auch in der Grillpfanne, unter der Grillschlange des Backofens oder unter der eines Grilles zubereiten. Bei Verwendung der Grillpfanne kann man die Aluminiumfolie weglassen und das Grillgut mit Öl bepinseln. Das Grillen unter der Grillschlange ist die schonendste Zubereitung, weil der Fisch nicht mit heißen Metallstäben in Berührung kommt.
– Vorsicht! Zu heiß und zu lange gegrillter Fisch wird trocken.
– Die Fischhaut mit den Schuppen schützt das zarte Fischfleisch. Verwendet man Fisch ohne Schuppen, kann man zum Schutz den Grillrost mit starker Aluminiumfolie bespannen.

MIESMUSCHELN IM SUD

Für diese Zubereitungsart eignen sich die kleinen Miesmuscheln mit hellem Fleisch am besten. Die großen, fleischigen und orangefarbenen Sorten können überbacken, fritiert oder zu einem anderen Fischgericht als Garnitur gereicht werden.

FÜR 2 PORTIONEN
1 kg frische Miesmuscheln
2 Schalotten
30 g Butter
80 ml Weißwein
1 Zweig Petersilie
½ Lorbeerblatt
1 kleiner Zweig Thymian
1 Knoblauchzehe nach Belieben
Salz
frisch gemahlener schwarzer Pfeffer

ZUBEREITUNGSZEIT
ca. ½ Stunde

KALORIEN
Pro Portion ca. 200 kcal

DAS PASST DAZU
frisches Stangenweißbrot

SO WIRD'S GEMACHT

1. Die Muscheln putzen (Seite 32).

2. Die Schalotten schälen, hacken und in einem großen Topf in der Butter unter Wenden etwa 1 Minute andünsten.

3. Die Muscheln, den Wein, die Petersilie, das halbe Lorbeerblatt, den Thymian, nach Belieben die Knoblauchzehe, sowie Salz und Pfeffer dazugeben.

4. Die Muscheln in 5 bis 7 Minuten im geschlossenen Topf garkochen. Sie währenddessen zwei- bis dreimal mit einem Holzlöffel umrühren.

5. Sobald alle Schalen geöffnet sind, die Muscheln in ein Sieb geben und den Saft auffangen.

6. Das halbe Lorbeerblatt und die Kräuter entfernen. Die Muscheln auf vorgewärmte Suppenteller verteilen und den Sud darübergießen.

TIP
Frische Miesmuscheln kauft man lebend. Sie reagieren auf Temperaturunterschiede mit Öffnen und Schließen der Schalen. Solange sie das tun, leben die Muscheln, geöffnete muß man aussortieren.
Muscheln, die sich beim Kochen nicht geöffnet haben, müssen ebenfalls weggeworfen werden.

ÜBERBACKENE MUSCHELN

Die Muscheln wie beschrieben säubern, putzen und nur in ⅛ l Weißwein kochen. 50 g Butter mit 1 zerdrückten Knoblauchzehe und 1 Eßlöffel gehackter Petersilie gut vermischen. Die Muscheln abtropfen lassen, jede von einer Schalenhälfte befreien und sie kranzförmig auf feuerfeste Teller oder auf eine große Gratinplatte legen. Auf jede Muschel ein wenig von der Buttermischung geben und sie bei starker Oberhitze im Ofen kurz überbacken.
Man kann zusätzlich 2 Eßlöffel Semmelbrösel unter die Buttermischung rühren und vor dem Überbacken wenig Olivenöl darüberträufeln.

MUSCHELN MIT CURRYSAUCE

Die Muscheln wie beschrieben säubern, putzen und garen. 1 gehackte Schalotte oder 1 Eßlöffel gehackte Zwiebel in 1 Eßlöffel Butter andünsten. 1 Eßlöffel Currypulver hinzufügen und kurz mitdünsten. Den Muschelsud darübergießen und alles gut verrühren. 1 Teelöffel Speisestärke mit 80 g süßer Sahne verrühren, zur Sauce geben und sie solange kochen lassen, bis sie sämig ist. Die Sauce über die angerichteten Muscheln gießen und alles mit gehackter Petersilie bestreuen.

JAKOBSMUSCHELN MIT MEERESALGEN

Jakobsmuscheln haben sehr zartes, weißes Fleisch, das man am besten dämpft oder kurz in Butter brät. Auch den orangefarbenen Rogen (Corail) kann man essen.

FÜR 2 PORTIONEN
150 g Meeresalgen (Meeresbohnen)
8 bereits ausgelöste Jakobsmuscheln
1 EL gehackte Zwiebel oder Schalotten
Salz
frisch gemahlener weißer Pfeffer
2 EL Butter
1 Zitrone

BESONDERES KÜCHENGERÄT
Topf mit Dämpfeinsatz

ZUBEREITUNGSZEIT
ca. ½ Stunde

KALORIEN
Pro Portion ca. 180 kcal

DAS PASST DAZU
frisches Stangenweißbrot

SO WIRD'S GEMACHT

1. Die Meeresalgen sehr gut waschen und in den Dämpfeinsatz legen.

2. Sofern die Muscheln noch nicht geputzt sind, den weißen Muskel und den orangefarbenen Rogen von den anderen Organen trennen.

3. ¼ l Wasser zusammen mit der gehackten Zwiebel oder Schalotte in den Topf, zu dem der Dämpfeinsatz paßt, geben und aufkochen lassen. Sobald sich Dampf bildet, den Dämpfeinsatz einsetzen, den Topf zudecken und die Algen in etwa 10 Minuten im Dampf garen.

4. Das weiße Muschelfleisch und den Rogen auf die Algen legen und wenig Salz und Pfeffer darüberstreuen. Alles 2 bis 3 Minuten weitergaren.

5. Die Algen und darauf die Muscheln auf vorgewärmten Tellern anrichten.

6. Die Butter in einem Pfännchen schmelzen lassen. Die Zitrone halbieren und einige Tropfen Saft zur Butter geben. Die Zitronenbutter über die Muscheln verteilen. Die restliche Zitrone in sehr dünne Scheiben schneiden, diese vierteln und zu den Muscheln geben.

TIP
Den orangefarbenen Rogen (Corail) der Jakobsmuscheln kann man mitessen. Er ist nicht ganz so zart wie das weiße Fleisch.

JAKOBSMUSCHELN MIT LAUCH

30 g Butter in einem Topf schmelzen lassen. 200 g feingeschnittenen Lauch (nur das Weiße) hineingeben und etwa 1 Minute dünsten. 4 Eßlöffel Weißwein dazugeben und den Lauch im offenen Topf in etwa 5 Minuten garen. 2 Eßlöffel Crème fraîche dazugeben und den Lauch mit Salz und Pfeffer würzen. 20 g Butter in einer Pfanne erwärmen. Dann 8 Jakobsmuscheln ohne den orangefarbenen Rogen quer halbieren, in die Butter geben, mit Salz und Pfeffer bestreuen und nach ½ Minute wenden. Die Pfanne vom Herd ziehen und die Muscheln noch für ½ Minute in der Pfanne lassen. Sie dann auf dem Lauch anrichten.

JAKOBSMUSCHELN MIT GEMÜSE UND WEISSER BUTTERSAUCE

Je 2 Eßlöffel feingeschnittenen Lauch, Fenchel, Karotten und Staudensellerie in 1 ½ Eßlöffeln Butter andünsten. Eine weiße Buttersauce (Beurre blanc, Seite 268) zubereiten. 12 Jakobsmuscheln quer halbieren und im Dampf (ohne Algen), wie im Rezept beschrieben, garen. Die Muscheln auf dem Gemüse anrichten und mit der Sauce überziehen.

GRUNDREZEPT

GEKOCHTER HUMMER

Hummer schmeckt am besten, wenn er ganz frisch ist. Um den lebenden Hummer sofort zu töten, ist es wichtig, ihn mit dem Kopf zuerst in viel sprudelnd kochendes Wasser gleiten zu lassen.

FÜR 2 PORTIONEN
½ EL Salz
1 mittelgroßer lebender Hummer (ca. 600 g)

ZUBEREITUNGSZEIT
ca. ½ Stunde

KALORIEN
Pro Portion ca. 120 kcal

DAS PASST DAZU
Mayonnaise (Seite 270) mit Stangenweißbrot

SO WIRD'S GEMACHT

1. Etwa 2 l Wasser zusammen mit dem Salz aufkochen lassen.

2. Den Hummer mit dem Kopf voran in das sprudelnd kochende Wasser geben. Nach 2 bis 3 Minuten die Hitze etwas reduzieren. Nach 5 Minuten den Topf vom Herd nehmen, abdekken und den Hummer etwa ¼ Stunde nachziehen lassen.

3. Den Hummer aus dem Sud heben. Man kann ihn nun längs halbiert mit den aufgeschlagenen Scheren servieren, so daß jeder am Tisch selbst das Fleisch herausnimmt. Dafür die Scheren dicht am Körper abbrechen (Foto 1). Den Hummer mit gestrecktem Schwanz auf ein Brett legen und ihn am Kopf festhalten. Mit einem schweren Messer in der Mitte an der Vertiefung zwischen Kopf und Rumpf ansetzen und durchstechen (Foto 2). Mit kräftigem Druck den Schwanz bis zu den Flossen längs halbieren.

4. Den Hummer um seine eigene Achse drehen. Den gespaltenen Schwanz mit der Hand festhalten und den Brustkörper und den Kopf ebenfalls durchtrennen (Foto 3).

5. Nun aus beiden Hälften die im Rumpfteil liegenden Innereien (Magen und Leber) herausnehmen (Foto 4). Den im Schwanz befindlichen Darm vorsichtig entfernen (Foto 5).

6. Um das Fleisch aus den Scheren zu lösen, jede Schere so auf das Brett legen und festhalten, daß das daranhängende Glied fest aufliegt. Mit dem Messer den Arm längs halbieren und dann von der Schere abschlagen (Foto 6).

7. Die kleine bewegliche Scherenzange abbrechen und samt des knorpeligen Anhangs abziehen (Foto 7).

8. Die Schere an der Spitze festhalten, auf die Schmalseite stellen und mit dem Messer wenige Millimeter tief einschlagen. Die Schere drehen und sie an der gegenüberliegenden Seite ebenfalls einschlagen.

9. Die Schere flach auf das Brett legen, festhalten und sie auf der Höhe der Kerben leicht anschlagen (Foto 8). Den unteren Teil der Scherenkruste abbrechen und abziehen. Jetzt kann man das Scherenfleisch leicht aus der Kruste nehmen.

TIPS

– Sollen Medaillons aus dem Fleisch geschnitten werden, den Panzer des Schwanzstückes an der Unterseite mit einer Küchenschere aufschneiden (Foto 9), die Kruste abschälen und das Fleisch sorgfältig auslösen. Es dann in Scheiben (Medaillons) schneiden.
– Langusten werden auf dieselbe Art gekocht. Zum Servieren wird das Fleisch nach dem Halbieren aus der Kruste gelöst und dann wieder hineingelegt.
– Die Krusten selbst können für die Zubereitung von Saucen verwendet werden (Seite 258). Sie lassen sich, gut gewaschen, auch tiefkühlen.

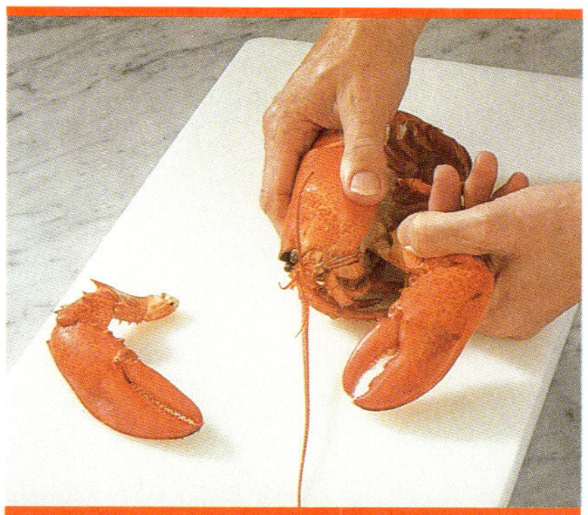

Foto 1

Foto 2

Foto 3

Foto 4

Foto 5

Foto 6

Foto 7

Foto 8

Foto 9

Foto 10

GEKOCHTE SCAMPI UND GARNELEN

Für 2 Portionen 8 bis 10 Scampi oder 2 bis 4 Garnelen aufkochen lassen, dann beiseitestellen und in Salzwasser ziehen lassen. Den Schwanz abdrehen und die Krusten sorgfältig entfernen, dabei die hintersten zwei Segmente am Schwanzfleisch belassen, damit man sie dekorativ anrichten kann.
Die Scampi oder Garnelen, je nach Verwendung, zum Beispiel als Garnitur für einen Salat oder ein Fischgericht, noch roh längs halbieren, dabei aber die Schwanzenden ganz lassen, so daß die Hälften dort noch aneinanderhängen (Foto 10). Den Darm (brauner Faden) vorsichtig mit einer Messerspitze herauskratzen und die Krustentiere dann im Sud oder im Dampf garen oder kurz in Butter braten.

HUMMER MIT SHERRYSAUCE

Den lebenden Hummer, wie im Grundrezept beschrieben, kopfüber in sprudelnd kochendes Wasser geben und ihn dann etwa 10 Minuten ziehen lassen. Das Fleisch des Schwanzstückes aus der Kruste lösen und in Scheiben schneiden. Die Krusten der Scheren und der Glieder ebenfalls aufbrechen und das Hummerfleisch herausholen. Alles rasch in wenig Butter anbraten. 7 cl trockenen Sherry darübergießen und das Fleisch dann aus der Pfanne nehmen. 6 Eßlöffel süße Sahne zum Fond geben und ihn für 2 bis 3 Minuten einkochen lassen.
Nun 30 g Butter in kleinen Portionen mit dem Schneebesen unter die Sauce schlagen. Nach Belieben ½ gehackten Trüffel hinzufügen und das Hummerfleisch mit der Sauce überziehen.

SCAMPI MIT CURRYSAUCE

Curry, Ananas, Weißwein und Sahne sind die Grundzutaten der Sauce, die gut zu gebratenen Krustentieren paßt.

FÜR 2 PORTIONEN
8 – 10 frische Scampi
1 kleine Zwiebel
1 EL Butter
1 – 1 ½ EL Currypulver
80 ml Weißwein
1 TL Speisestärke
80 g süße Sahne
Salz
frisch gemahlener weißer Pfeffer
1 Scheibe Ananas (Dose)

ZUBEREITUNGSZEIT
ca. 20 Minuten

KALORIEN
Pro Portion ca. 350 kcal

DAS PASST DAZU
Kreolenreis (Seite 142)

SO WIRD'S GEMACHT

1. Die rohen Scampi aus den Krusten lösen (Seite 32) und jeweils den Darm (dunkler Faden) entfernen (Seite 32). Die Zwiebel schälen und fein würfeln.

2. Die Zwiebelwürfel in der Hälfte der Butter in einer Pfanne glasig dünsten, die Scampi dazugeben, alles mit dem Currypulver bestreuen und bei sehr geringer Hitzezufuhr so lange braten, bis das Fleisch der Scampi weiß aussieht.

3. Die Scampi aus der Pfanne nehmen und warm stellen. Den Weißwein in die Pfanne gießen und alles gut verrühren.

4. Die Stärke mit der Sahne verrühren, zur Sauce geben und sie so lange kochen lassen, bis sie sämig ist. Die Sauce mit Salz und Pfeffer würzen.

5. Die Ananasscheibe in Stücke schneiden und sie in der restlichen Butter erwärmen.

6. Die Scampi zusammen mit der Sauce auf Tellern anrichten und mit den Ananasstücken garnieren. (auf dem Foto: oben)

VARIATION
Zur Sauce ½ Eßlöffel passiertes Mangochutney geben und dann 1 bis 2 Eßlöffel steifgeschlagene Sahne darunterheben. Das Gericht mit gerösteten, gehobelten Mandeln bestreuen.

GARNELEN PROVENZALISCHE ART

6 bis 8 rohe Garnelen aus den Krusten lösen und jeweils vom Darm (dunkler Faden) befreien. Die Garnelenschwänze in wenig Butter bei sehr geringer Hitzezufuhr langsam so lange braten, bis das Fleisch weiß ist. Garnelen beiseite stellen. In einer zweiten Pfanne 1 fein gewürfelte Schalotte in 1 Eßlöffel Olivenöl glasig dünsten. 1 Eßlöffel frische gehackte Kräuter der Provence (eine Mischung aus Rosmarin, Basilikum, Bohnenkraut, Thymian und glattblättriger Petersilie) oder 1 Teelöffel getrocknete Kräuter der Provence (Fertigprodukt) zusammen mit 1 zerdrückten Knoblauchzehe und 1 enthäuteten, entkernten und fein gewürfelten Tomate dazugeben. Alles 2 bis 3 Minuten weiterdünsten. Dann 1 Eßlöffel geriebenes Weißbrot hinzufügen und das Ganze mit Salz, schwarzem Pfeffer aus der Mühle und 1 Prise Cayennepfeffer abschmecken. Nach Belieben noch etwas Olivenöl oder Butter hinzufügen. Die Garnelen darin erwärmen und mit Stangenbrot servieren.

FRIKASSEE VON MEERESFRÜCHTEN

Miesmuscheln, Tintenfische, Scampi und Jakobsmuscheln geben sich hier ein Stelldichein. Die legierte Sahnesauce rundet das Frikassee harmonisch ab.

FÜR 2 PORTIONEN
300 g frische Miesmuscheln
70 ml Weißwein
150 g Tintenfische (vorzugsweise Kraken)
Salz
6 mittelgroße Scampi- oder Garnelenschwänze in der Kruste
2 ausgelöste Jakobsmuscheln mit Rogen
2 Schalotten
1 EL Butter
1 Eigelb
125 g süße Sahne
frisch gemahlener weißer Pfeffer
1 – 2 TL Zitronensaft

ZUBEREITUNGSZEIT
ca. 40 Minuten

KALORIEN
Pro Portion ca. 480 kcal

DAS PASST DAZU
Kartoffelschnee (Seite 232) oder gekochter Reis (Seite 142)

SO WIRD'S GEMACHT

1. Die Miesmuscheln säubern und putzen (Seite 32). Sie in dem Weißwein so lange kochen, bis sich die Schalen öffnen. Die Muscheln im Sud erkalten lassen.

2. Inzwischen die Tintenfische säubern (Seite 32) und sie in etwa 2 cm große Stücke schneiden. Die Tintenfischstücke in etwa ⅛ l Salzwasser im Schnellkochtopf je nach Größe 10 bis 15 Minuten garen. Sie sollen weich sein. (Im normalen Topf verdreifacht sich diese Garzeit).

3. Die Scampi oder die Garnelen aus den Krusten lösen, jeweils den Darm entfernen (Seite 32) und sie, je nach Größe, längs halbieren.

4. Das weiße Fleisch der Jakobsmuscheln quer halbieren, den orangefarbenen Rogen kurz mit ein wenig kochendem Wasser überbrühen und kleinschneiden.

5. Die Schalotten schälen, fein hacken und in der Butter 1 bis 2 Minuten dünsten, sie dürfen keine Farbe nehmen. Die Scampi- oder die Garnelenschwänze und das weiße Fleisch der Jakobsmuscheln hinzufügen. Alles bei geringer Hitzezufuhr unter Rühren in etwa 1 Minute garbraten und dann beiseite stellen.

6. Die weichgekochten Tintenfischstücke abgießen und den Sud auffangen.

7. Den Muschelsud durch ein Sieb gießen, auffangen und zusammen mit etwa 80 ml Kochsud von den Tintenfischen in einen Topf geben. Dann alles etwas einkochen lassen. Das Miesmuschelfleisch aus den Schalen nehmen.

8. Das Eigelb und die Sahne gut miteinander verrühren. Den heißen Sud unter ständigem Rühren dazugießen und die Sauce mit Salz, Pfeffer und Zitronensaft abschmecken.

9. Alle Meeresfrüchte und auch den Rogen der Jakobsmuscheln hineingeben und kurz darin erwärmen, aber nicht kochen lassen. (auf dem Foto: unten)

ZWILLING J.A.HENCKELS

GEFLÜGEL UND WILD

„Und vom ganzen Hühnerschmaus/ Guckt nur noch ein Bein heraus" – kaum jemand, der diese Verse aus „Max und Moritz" von Wilhelm Busch nicht kennt. Dabei waren es nicht nur Hühner, die der Mensch seit alters her in seinem Garten herumpicken ließ, sondern auch Gänse, Enten, Puten. Außerdem bot die „freie Wildbahn" damals reichlich Auswahl.

Aus unserer heutigen kulinarischen Welt ist Zuchtgeflügel nicht wegzudenken, und es kommt in meist sehr guten Qualitäten frisch oder tiefgefroren auf die Märkte. Wenngleich auch nicht allzuviele Arten angeboten werden, so gibt es doch um so mehr Rezepte für Geflügel. Das Fleisch ist immer zart und saftig, die Haut wird, wenn es das Rezept so vorschreibt, schön knusprig. So ein Geflügel, im Ganzen gebraten, ist auf jeder Tafel ein Höhepunkt, besonders wenn es noch geschickt tranchiert wird. Denken wir dabei nur an die Pute oder die Gans zu Weihnachten. Denken wir aber auch an die guten „Alltagsgerichte", an Ragout, an Coc au vin, an Hähnchenbrust und anderes. Geflügel ist nicht nur preiswert, es ist auch außerordentlich vielseitig in der Küche zu verwenden.

Ein besonderes Kapitel ist das Fleisch von Wildtieren wie Reh, Hirsch und Wildschwein. Nicht nur leibhaftige Waidmänner finden daran Geschmack, und tatsächlich ist zum Beispiel Rehgeschnetzeltes mit Waldpilzen ein ausgezeichnetes Gericht.

GRUNDREZEPT

GEKOCHTE POULARDE

Eine gekochte Poularde steht am Anfang vieler kalter und warmer Speisen. Im Gegensatz zu einem Suppenhuhn ist sie schneller gar und das Fleisch viel zarter. Man verwendet für Ragouts das Brust- und das Keulenfleisch.

FÜR 4 PORTIONEN
1 Poularde (ca. 1,2 kg)
3 Stangen Staudensellerie
1 kleine Lauchstange
1 Petersilienzweig
1 kleiner Thymianzweig
1 Knoblauchzehe

ZUBEREITUNGSZEIT
ca. 70 Minuten

KALORIEN
Pro Portion ca. 320 kcal

WAS MACHE ICH MIT RESTEN?
Gekochtes Geflügel hält sich im Kühlschrank im Kochsud mindestens 3 bis 4 Tage. Aus dem Geflügelfleisch kann schnell ein feines Ragout (siehe Variationen) zum Füllen von Blätterteigpasteten oder kleinen Pfannkuchen (Seite 127) zubereitet werden. Aber auch mit Krustentieren kombiniert schmeckt das Ragout gut.

SO WIRD'S GEMACHT
1. Die Innereien und die Lungenreste aus der Poularde nehmen. Die Luftröhre und die Speiseröhre sowie die Drüsen und das Fett an der Innenseite der Halshaut entfernen. Eventuell noch vorhandene Federn oder Kiele mit einer Pinzette herausziehen (Seite 34).

2. Die Bauchhaut mit zwei kleinen Einschnitten versehen und die Unterschenkel hineinstecken (Foto 1).

3. Die Poularde in einen Topf legen und mit warmem Wasser bedecken. Den Topf abdecken und das Wasser schnell zum Kochen bringen (Foto 2). Es dann abschütten und die Poularde zuerst mit heißem, dann mit kaltem Wasser abspülen, bis das ablaufende Wasser klar bleibt (Foto 3).

4. Die Poularde nun in einen sauberen Topf legen und so viel Wasser dazugießen, daß das Geflügel bedeckt ist. Das Wasser aufkochen lassen, den aufsteigenden Schaum abschöpfen. Die Hitzezufuhr reduzieren.

5. Die Staudenselleriestangen und den Lauch putzen und waschen. Das Gemüse mit der Petersilie und dem Thymian mit einem Küchengarn zusammenbinden und mit dem Knoblauch zur Poularde geben (Foto 4). Sie in 3/4 Stunden gar ziehen lassen.
Die Poularde ist gar, wenn beim Anstechen der Unterschenkel (Foto 5) klarer Fleischsaft austritt.

6. Die Poularde herausnehmen, unter fließendem kalten Wasser abschrecken. Das verhindert, daß beim Zerlegen der Fleischsaft ausläuft.

7. Die Haut zwischen Keulen und Brüsten durchschneiden. Die Keulen mit den kleinen Fleischstücken am Rücken von der Poularde lösen (Foto 6). Mit einem Längsschnitt links und rechts des Brustbeines einschneiden (Foto 7) und die Brüste ablösen. Die Brüste und die Keulen häuten.

8. Das Oberschenkelfleisch bis zum Knochen durchschneiden und ihn herauslösen (Foto 8). Vom Unterschenkel das untere Gelenk abschlagen (Foto 9) und den Unterschenkelknochen herausdrücken (Foto 10). Das Fleisch in die Brühe geben und warm halten.

GEKOCHTE POULARDE IN RIESLINGSAUCE

Etwa 1/4 l Geflügelrahmsauce (Seite 261) zubereiten. Die gekochten Keulen und Brüste einer Poularde im Kochsud erwärmen.
1/8 l Rieslingwein mit 100 ml Geflügelbrühe (Seite 256) oder Geflügelfond (aus dem Glas) auf ein Drittel einkochen lassen. Die Geflügelrahmsauce dazugeben, aufkochen lassen und mit Salz und einem Spritzer Zitronensaft abschmecken.
Das Poulardenfleisch aus dem Sud nehmen und gut abtropfen lassen. Jede Keule und Brust in zwei Teile schneiden, anrichten und die Portionen mit der Sauce bedecken. Dazu passen gedünstete Champignons (Seite 229), Reis (Seite 142) oder selbstgemachte Nudeln (Seite 134). Wer mag, kann noch drei quer halbierte gekochte grüne Spargelstangen (Seite 220) dazulegen.

GRUNDREZEPT

POULARDEN-GESCHNETZELTES MIT MARSALASAUCE

Für 2 Portionen 300 g gekochtes Poulardenfleisch (ohne Haut) in feine Scheiben schneiden. 100 g feingeschnittenen Staudensellerie in 1 Eßlöffel Olivenöl oder Butter andünsten. 50 g feingewürfelten Schinken und 1 zerdrückte Knoblauchzehe hinzufügen und alles kurz anbraten. ⅛ l der Kochbrühe von der Poularde hinzufügen und sie auf die Hälfte einkochen lassen. ⅛ l Marsalawein angießen und das Ganze nochmals auf die Hälfte einkochen lassen. 2 Eßlöffel Butter in kleinen Flocken mit einer Saucenkelle unter die Sauce rühren und sie mit Salz, Pfeffer und 1 Prise Majoran abschmecken. Das Fleisch in die Sauce geben und alles langsam erwärmen, aber nicht mehr kochen lassen.

POULARDE MIT ESTRAGONREIS

Für 2 Portionen 200 g gekochtes Poulardenfleisch (ohne Haut) in recht kleine Würfel schneiden. Mit der Poulardenbrühe 125 g Pilawreis (Seite 143) zubereiten. Das Fleisch und 1 Eßlöffel feingehackten Estragon unter den gekochten Reis mischen und mit Salz und Pfeffer würzen.

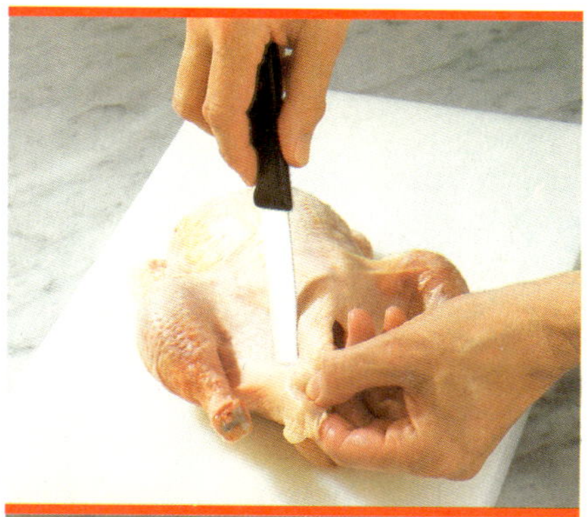
Foto 1

Foto 2

Foto 3

Foto 4

Foto 5

Foto 6

Foto 7

Foto 8

Foto 9

Foto 10

GRUNDREZEPT

GEBRATENE POULARDE

Gebratenes Hausgeflügel schmeckt erst dann gut, wenn es durchgebraten ist. Eine Ausnahme bildet das Perlhuhn. Es wird nur rosa gebraten, da das Fleisch sonst sehr schnell trocken wird.

FÜR 4 PORTIONEN
1 Poularde (ca. 1,2 kg)
Salz
frisch gemahlener weißer Pfeffer
1 EL Butterschmalz
1 mittelgroße Zwiebel
1 kleine Karotte
400 ml Geflügeljus (Seite 256) oder Geflügelfond (aus dem Glas)

ZUBEREITUNGSZEIT
ca. 70 Minuten

KALORIEN
Pro Portion ca. 325 kcal

DAS PASST DAZU
glasiertes Gemüse (Seite 217) gekochter Spargel (Seite 220) sowie Bratkartoffeln (Seite 237)

WAS MACHE ICH MIT RESTEN?
Das Geflügelfleisch kann kalt mit einer Salatplatte serviert werden. Auch für Sandwiches, Canapés und Salate läßt es sich gut verwenden. Man kann das Fleisch auch salzen, pfeffern und in heißer Butter anbraten.

SO WIRD'S GEMACHT

1. Die Poularde innen und außen säubern. Die Drüsen an der Innenseite der Halshaut sowie die Luft- und die Speiseröhre herausschneiden (Seite 34). Federwerk und -kiele mit einer Pinzette aus der Haut herausziehen.

2. Die Poularde mit einem trockenen Tuch vom Bürzel zum Hals hin abreiben, damit die feinen Härchen abstehen. Über einer Gasflamme absengen (Foto 1).

3. Die Poularde binden (Seite 35).

4. Den Backofen auf 250°C vorheizen. Die Poularde innen und außen mit Salz und Pfeffer einreiben. In einer großen Bratpfanne, die in den Backofen gestellt werden kann, das Butterschmalz erhitzen. Die Poularde mit einer Keulenseite nach unten in die Pfanne legen, dann sofort wenden, damit sie ganz mit Fett überzogen wird. Die Pfanne auf die unterste Leiste des Backofens stellen und die Poularde auf den Keulenseiten liegend etwa ¾ Stunden braten (Foto 2), dabei mehrmals wenden und mit dem Bratfett begießen.

5. In der Zwischenzeit die Zwiebel und die Karotte schälen und grob würfeln. Etwa ¼ Stunde vor Ende der Garzeit das Gemüse zur Poularde geben, diese nun auf den Rücken drehen und fertigbraten (Foto 3).
Die Poularde ist gar, wenn beim Anstechen der Keulen klarer Fleischsaft austritt oder beim Anheben der Poularde klarer Fleischsaft aus dem Bauchraum tropft. Die gebratene Poularde herausnehmen und auf einem Gitter etwas ruhen lassen.

6. Das Bratfett von dem Gemüse abgießen. Die Jus oder den Fond dazugeben und den Bratensatz damit loskochen. Die Jus oder den Fond auf etwa die Hälfte einkochen lassen, die Sauce passieren, noch einmal mit Salz und Pfeffer abschmekken und warm halten.

7. Zum Servieren die Poularde tranchieren. Sie dazu mit dem Rücken nach unten auf ein Brett legen. Die Haut zwischen Keulen und Brüsten durchschneiden und die Keulen abtrennen. Bei jeder Keule das Gelenk am Unterschenkel abschlagen und den Oberschenkelknochen herauslösen. Jede Keule in zwei gleich große Teile schneiden (Foto 4).

8. Die Brüste mit zwei Längsschnitten vom Brustbein abtrennen und vom Knochen schneiden. Dabei jede Brust schräg von der Brustspitze zum Flügel hin in vier Scheiben schneiden (Foto 5).

9. Die Poularde auf einer Platte anrichten. Die Sauce extra dazu reichen.

TIP
Geflügel sollte zuerst auf den Keulen liegend gebraten werden, da das Fleisch hier bindegewebsreicher ist und längere Zeit zum Garwerden benötigt. Geflügel, das nur auf dem Rücken liegend gebraten wird, trocknet vor allem auf der Brust stark aus.

Foto 1

Foto 2

Foto 3

Foto 4

Foto 5

FÜLLUNGEN
Geflügel kann auf verschiedenste Art gefüllt werden, zum Beispiel: mit gehacktem Geflügel- und Poulardenfleisch, Gewürzen und Kräutern, Geflügelleber mit Thymian, Reis mit Gemüsejulienne oder Trüffeln, Auberginen oder Paprikaschoten. Zu Truthahn paßt sehr gut eine Apfelfüllung mit Brot und Rosinen, Geflügelfleisch mit Pistazien oder Geflügelleber, zu Gans eine Brot-Leber-Füllung mit Äpfeln, Kalbsbrät mit Champignons und Kastanien oder Äpfel mit Kastanien.

BRATZEITEN UND -TEMPERATUREN
Gebraten wird immer bei einer Temperatur von 250°C. Bei größerem Geflügel, wie Poularde, Ente, Gans und Puter, wird die Brattemperatur nach der Hälfte der Bratzeit auf 200 oder 220°C gesenkt, damit die äußere Fleischschicht nicht zu stark austrocknet und bräunt. Während der gesamten Bratzeit begießt man das Geflügel mehrmals mit dem Bratfett. Die Bratzeit hängt vom Gewicht und der Temperatur der einzelnen Tiere ab, hier einige Richtwerte:

Stubenküken (ca. 400 g):
  20 bis 25 Minuten
Hähnchen (ca. 800 g):
  35 bis 40 Minuten
Poularde (ca. 1,2 kg):
  45 bis 50 Minuten
Perlhuhn (ca. 900 g):
  20 bis 23 Minuten
Taube (ca. 300 g):
  18 bis 20 Minuten
Wachtel (ca. 200 g):
  6 bis 8 Minuten
Puter (ca. 3 kg):
  60 bis 70 Minuten
Puter (ca. 3,5 kg):
  70 bis 80 Minuten
Ente (ca. 2 kg):
  75 bis 80 Minuten
Gans (ca. 3,5 kg):
  2 bis 2 ½ Stunden

Außer Ente und Gans werden alle anderen Geflügelsorten im Prinzip wie die Poularde gebraten.
Junge Mastenten und -gänse enthalten jedoch sehr viel Fett und werden deshalb mit Wasser angesetzt. Das Geflügel vor dem Binden an den Flügeln und Keulen mit einer Fleischgabel oder einer Bridiernadel mehrmals anstechen, binden (bridieren), salzen und pfeffern. Den Boden eines Bräters etwa 1 cm hoch mit Wasser bedecken und erhitzen. Die Ente oder die Gans hineinlegen, dann wenden. beide Geflügelsorten werden zwei Drittel der Garzeit auf den Keulenseiten liegend gebraten, dabei jedoch mehrmals gewendet. Ist das Wasser verdunstet, brät die Ente oder die Gans im eigenen Fett. Im letzten Drittel der Bratzeit das Geflügel auf den Rücken drehen. Die Sauce kann wie bei der Poularde beschrieben zubereitet werden.

BRATEN IN FOLIE
Bei dieser Zubereitungsart gart das Geflügel im eigenen Saft, dadurch bleibt das Aroma besser erhalten. Ein weiterer Vorteil: Der Herd verschmutzt kaum. Es sind Bratbeutel, Bratfolien und Bratschläuche im Handel.
Den Bratofen auf etwa 220°C aufheizen. Das Geflügel innen und außen mit Salz und Pfeffer einreiben. Die Innenseite des Bratschlauches mit Wasser befeuchten. Das Geflügel in den Schlauch geben, ihn an den Enden zusammendrehen und mit den Clips fest verschließen.
Die Folie mit einer Fleischgabel oder einer Stricknadel einstechen. Das Geflügel auf den Gitterrost legen und auf die unterste Leiste des Backofens schieben und garen. Die einzelnen Geflügelarten benötigen jeweils etwa 5 Minuten länger als bei der konventionellen Bratmethode.

GEBRATENER FASAN MIT TRAUBEN

Der Fasanenhahn wird von Feinschmeckern der Henne vorgezogen. Zum Braten verwendet man nur junge Tiere, ältere haben zwar ein ausgeprägtes Aroma, ihr Fleisch ist jedoch zäh und wird leicht trocken. Sie können aber Grundlage einer Suppe oder einer Farce sein.

FÜR CA. 4 PORTIONEN
1 großer junger Fasanenhahn (à 1,2 kg)
1 dünne Scheibe grüner Speck
Salz
frisch gemahlener weißer Pfeffer
1 EL Butterschmalz
½ EL Butter
1 EL feingehackte Schalotten
6 Wacholderbeeren
4 cl Weinbrand
½ l Wildjus (Seite 257) oder Wildfond (aus dem Glas)
½ TL Mehlbutter (Seite 263)
150 g saure Sahne 20 % Fett
120 g weiße Trauben

ZUBEREITUNGSZEIT
ca. 1 Stunde

KALORIEN
Pro Portion ca. 590 kcal

DAS PASST DAZU
Sauerkraut (Seite 225), Kartoffelpüree (Seite 232) oder Kroketten (Seite 233)

SO WIRD'S GEMACHT
1. Den Fasan außen und innen säubern, waschen und mit einem Küchentuch gut trockentupfen.

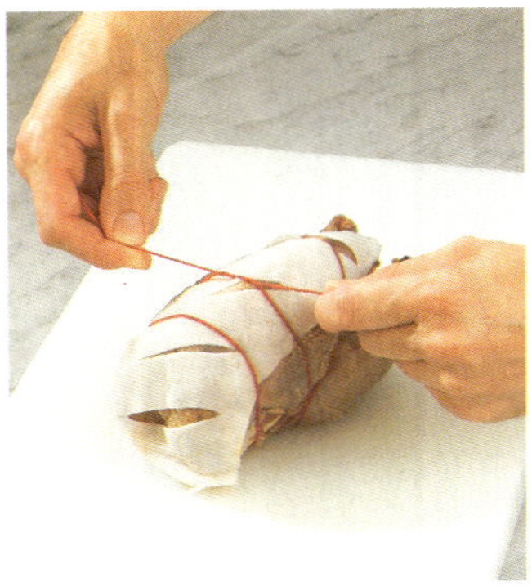

2. Den Fasan binden (Seite 35). Die Speckscheibe auf die Brust legen und sie mit dem Küchengarn befestigen.

3. Den Backofen auf 250°C vorheizen. Den Fasan außen und innen salzen und pfeffern. Einen großen Bräter im Backofen erhitzen. Das Butterschmalz hineingeben und im Ofen heiß werden lassen.

4. Den Fasan in den Bräter legen, sofort einmal wenden, damit er ganz mit Bratfett überzogen ist, dann auf den Keulen liegend etwa 20 Minuten braten. Dabei mehrmals wenden und mit dem Bratfett begießen. Den Fasan auf den Rücken legen und etwa 10 Minuten braten. Ihn herausnehmen und auf einem Gitter ruhen lassen.

5. Das Bratfett aus dem Bräter gießen. Die Hälfte der Butter dazugeben und die Schalotten darin andünsten, jedoch nicht bräunen. Die Wacholderbeeren zerdrükken und dazugeben. Mit dem Weinbrand ablöschen und mit der Jus oder dem Fond auffüllen. Die Sauce auf etwa die Hälfte einkochen lassen, dabei mehrmals den Schaum abschöpfen.

6. Die Sauce vom Herd nehmen, die Mehlbutter in kleinen Flocken darunterrühren und die Sauce nochmals 2 Minuten kochen lassen. Die Sahne zur Sauce geben, die Sauce wieder erhitzen, jedoch nicht mehr kochen lassen. Mit Salz und Pfeffer würzen, durch ein Sieb passieren und warm halten.

7. Die Trauben waschen, längs halbieren und entkernen, dann in der restlichen Butter erwärmen.

8. Das Küchengarn und den Speck vom Fasan entfernen und ihn in Keulen und Brüste zerlegen. Jede Keule in zwei Stücke teilen, jede Brust schräg in vier Scheiben schneiden. Das Fleisch im Ofen nochmals erwärmen und zusammen mit den weißen Trauben anrichten. Die Sauce dazu reichen.
(auf dem Foto rechts: links)

WILDENTE MIT ORANGENSAUCE

Für diese Variation sollte man das Rezept links gut beherrschen. Für 2 Portionen 1 Wildente (ca. 750 g) wie den Fasan vorbereiten, jedoch nicht mit Speck belegen. Mit Salz und Pfeffer einreiben. Die Wildente muß auf den Keulen liegend etwa 12 Minuten und auf dem Rücken liegend etwa 12 Minuten braten. Herausnehmen, etwas abkühlen lassen und dann im Backofen bei etwa 60°C warm stellen. Für die Orangensauce 1 Teelöffel abgeriebene Schale einer unbehandelten Orange, 200 ml frisch gepreßten Orangensaft, ½ Teelöffel Zucker, 150 ml Wildjus (Seite 257) oder Wildfond (aus dem Glas) und 2 cl Campari auf etwa die Hälfte einkochen lassen und passieren. Etwa 50 g Butter in kleinen Flöckchen mit einem flachen Saucenlöffel unterrühren.
Die Sauce mit Salz und weißem Pfeffer würzen, 1 Teelöffel grüne Pfefferkörner dazugeben. Die Sauce warm halten. 1 Orange filetieren (Seite 19), den Saft auffangen und die Filets darin erwärmen.
Pro Person 1 Keule und 1 Brust anrichten, mit den Orangenfilets garnieren und mit der Orangensauce umgießen.

GEBRATENE WACHTELN MIT CREAMSHERRYSAUCE

Wachteln können so wie beschrieben gebraten werden. Aber auch mit einer Füllung aus Pistazien und Brot schmecken sie sehr gut.

FÜR 2 PORTIONEN
2 Wachteln (à 200 g)
Salz
frisch gemahlener weißer Pfeffer
½ EL Butterschmalz
1 TL Butter
1 kleine Schalotte
6 cl Cream Sherry
100 ml Geflügeljus (Seite 256) oder Geflügelfond (aus dem Glas)
80 g süße Sahne

ZUBEREITUNGSZEIT
ca. 40 Minuten

KALORIEN
Pro Portion ca. 450 kcal

DAS PASST DAZU
gebratene Ananas- oder Apfelscheiben, in Portwein gedünstete Feigen oder Trauben, gedünstetes Gemüse (Seite 216), Herzoginkartoffeln (Seite 233)

SO WIRD'S GEMACHT
1. Von den Wachteln die Füße (Ständer), die Flügel und den Hals mit einem scharfen Messer abschlagen. Die Innereien herausnehmen. Am Hals die Drüsen entfernen (siehe dazu Seite 34).

2. Die Wachteln innen und außen salzen und pfeffern, anschließend binden. Den Backofen auf 250°C vorheizen.

3. Das Butterschmalz in einer kleinen Pfanne im Backofen erhitzen. Die Wachteln hineinlegen, sofort wenden und etwa 10 Minuten braten. Die Wachteln anschließend herausnehmen, etwa 5 Minuten ruhen lassen und dann im Backofen bei etwa 60°C warm stellen.

4. Das Bratfett aus der Pfanne gießen. Die Butter hineingeben und erhitzen. Die Flügel, die Hälse und die Innereien darin kurz anbraten.

5. Die Schalotte schälen, in feine Würfel schneiden, zu dem Wachtelklein geben und goldgelb anbraten.

6. In mehreren kleinen Portionen mit etwa 4 Eßlöffeln Sherry die Schalotten und das Wachtelklein ablöschen, die Jus oder den Fond dazugießen und die Flüssigkeit auf die Hälfte einkochen lassen. Den restlichen Sherry und die Sahne dazugeben und die Sauce so lange kochen lassen, bis sie sämig ist. Mit Salz und Pfeffer abschmecken und passieren.

7. Die Wachteln anrichten und die Sauce dazu reichen. (auf dem Foto oben: rechts)

GRUNDREZEPT

HÄHNCHENKEULEN IN RIESLINGSAUCE

Das leichte Hauptgericht, verwandt mit dem berühmten elsässischen Coq au riesling, zeigt, daß die Garmethode des Schmorens eine Menge Vorzüge hat. Das Fleisch bleibt zart und saftig, die Sauce wird aromatisch, und das Schönste daran: die Zubereitung ist denkbar einfach.

FÜR 2 PORTIONEN
2 kleine Schalotten
80 g Champignons
2 Hähnchenkeulen (à 250 g)
2 EL Butter
3 cl Cognac
200 ml Riesling
Salz
frisch gemahlener weißer Pfeffer
75 g süße Sahne
100 g weiße Trauben nach Belieben

ZUBEREITUNGSZEIT
ca. 50 Minuten

KALORIEN
Pro Portion ca. 570 kcal

DAS PASST DAZU
selbstgemachte Nudeln (Seite 134)

SO WIRD'S GEMACHT

1. Die Schalotten schälen und fein würfeln. Die Champignons mit einem feuchten Küchentuch abreiben und in Scheiben schneiden.

2. Die Hähnchenkeulen in einer Stielkaserolle in der Hälfte der Butter von beiden Seiten kurz anbraten. (Foto 1). Die Schalotten dazugeben und kurz mitdünsten. Den Cognac dazugeben, erhitzen, anzünden und ihn abbrennen lassen. Den Topf dabei einige Male schwenken, damit die Keulen vom brennenden Cognac überzogen werden (Foto 2).

3. Die Champignons dazugeben und den Riesling angießen. Die Keulen salzen und pfeffern und bei geringer Hitzezufuhr 12 bis 15 Minuten kochen lassen (Foto 3).

4. Die Hähnchenkeulen herausnehmen; sie sind gar, wenn man sie mit einer Fleischgabel leicht einstechen kann (Foto 4). Das Fleisch warm stellen.

5. Die Sauce auf die Hälfte einkochen lassen. Die Sahne dazugeben und alles so lange kochen lassen, bis die Sauce sämig ist (Foto 5).

6. Inzwischen die Trauben waschen, kurz in der restlichen Butter andünsten und über die Hähnchenkeulen geben. Das Fleisch und die Trauben mit der Sauce überziehen und sofort servieren.

Foto 1

Foto 2

Foto 3

Foto 4

Foto 5

HÄHNCHENKEULEN IN ROTWEINSAUCE (COQ AU VIN)

Was wäre eine französische Speisekarte ohne dieses Gericht, bei dem ein gutes Huhn und ein Rotwein aus dem Burgund die Hauptrolle spielen?

FÜR 2 PORTIONEN
2 Hähnchenkeulen (à 250 g)
Salz
frisch gemahlener weißer Pfeffer
30 g magerer Speck
2 TL Butterschmalz
8 kleine Perlzwiebeln
1 Prise Zucker
1 TL Butter
3 cl Cognac
½ Knoblauchzehe
60 g Champignons
½ Karotte
50 g Knollensellerie
1 kleiner Thymianzweig
1 kleiner Majoranzweig
1 Petersilienzweig
260 ml Rotwein
50 ml Geflügelfond (Seite 100 oder aus dem Glas)
1 Scheibe Toastbrot nach Belieben

ZUBEREITUNGSZEIT
ca. 50 Minuten

KALORIEN
Pro Portion ca. 585 kcal

DAS PASST DAZU
selbstgemachte Nudeln (Seite 134), Reis (Seite 142) oder Kartoffelpüree (Seite 232)

SO WIRD'S GEMACHT

1. Die Hähnchenkeulen am Gelenk durchtrennen, salzen und pfeffern.

2. Den Speck in kleine Würfel schneiden und sie in einer Pfanne in 1 Teelöffel Butterschmalz anbraten. Die Perlzwiebeln schälen, mit dem Zucker zum Speck geben und kurz dünsten, die Zwiebeln sollen außen glasig sein. Zwiebeln und Speck aus der Pfanne nehmen.

3. Die Butter zum Speckfett in die Pfanne geben, erhitzen und die Keulenstücke darin auf beiden Seiten gut anbraten. Mit dem Cognac ablöschen und ihn auf die Hälfte einkochen lassen.

4. Die Knoblauchzehe schälen und zerdrücken, die Champignons mit einem feuchten Küchentuch abreiben und in dünne Scheiben schneiden. Die Karotte und den Sellerie schälen und fein würfeln.

5. Den Speck, die Perlzwiebeln, die Knoblauchzehe, den Thymian, den Majoran, die Champignons, den Sellerie, die Karotte und die Petersilie zu dem Fleisch geben. 6 Eßlöffel Rotwein angießen, die Pfanne abdecken und die Keulen zusammen mit dem Gemüse 12 bis 15 Minuten schmoren lassen.

6. Dann die Fleischstücke herausnehmen. Den Bratensatz mit dem restlichen Rotwein loskochen und etwa 10 Minuten bei starker Hitzezufuhr einkochen lassen. Dann den Geflügelfond hinzugeben und die Sauce auf die Hälfte einkochen lassen.

7. Die Sauce mit Salz und Pfeffer würzen, das Fleisch hineinlegen und ganz kurz erwärmen.

8. Das Toastbrot in vier Dreiecke schneiden, in dem restlichen Butterschmalz goldgelb rösten. Den Coq au vin mit dem gerösteten Toastbrot servieren.

TIP
Für 4 Personen nehmen Sie 1 ganze Poularde, teilen sie in Stücke, wie in der Einleitung beschrieben, und bereiten dann das Gericht zu. Denken Sie daran, daß die Geflügelteile unterschiedlich gar werden, und stechen Sie deshalb das Fleisch an der dicksten Stelle der einzelnen Teile an. Ist es weich, nehmen Sie die entsprechenden Geflügelstücke heraus und halten sie warm, bis alles gar ist (Brustteile benötigen etwa 12 Minuten, Keulen etwa ¼ Stunde).

HÄHNCHENKEULEN MIT MORCHELSAUCE

Morcheln in der Sauce prägen den Geschmack. Portwein, Sahne und etwas Cayennepfeffer runden ihn ab.

FÜR 2 PORTIONEN
20 g getrocknete Morcheln
2 Hähnchenkeulen (à 250 g)
Salz
frisch gemahlener weißer Pfeffer
2 Schalotten
1 EL Butterschmalz
3 cl Portwein
125 g süße Sahne
getrockneter Oregano
Cayennepfeffer

ZUBEREITUNGSZEIT
ca. 1 Stunde

KALORIEN
Pro Portion ca. 500 kcal

DAS PASST DAZU
Kreolenreis (Seite 142), Kartoffelpüree (Seite 232) oder selbstgemachte Nudeln (Seite 134), glasierte Zuckerschoten (Seite 217)

SO WIRD'S GEMACHT

1. Die Morcheln in lauwarmem Wasser etwa ¼ Stunde quellen lassen. Herausnehmen, gut waschen und das Wasser durch einen Kaffeefilter passieren, damit auch die kleinen Sandkörnchen, die an den Morcheln haften, herausgefiltert werden.

2. Die Hähnchenkeulen häuten, am Gelenk durchtrennen, mit Salz und Pfeffer würzen.

3. Die Schalotten schälen und fein würfeln. In ½ Eßlöffel Butterschmalz glasig dünsten.

4. Die Morchelköpfe mit den Schalotten im Morchelwasser in etwa 10 Minuten weich kochen. Einige Morcheln für die Garnitur beiseite legen.

5. Die Keulen in einer Pfanne im restlichen Butterschmalz von beiden Seiten bei mittlerer Hitzezufuhr insgesamt etwa 10 Minuten braten, die Pfanne abdecken und die Keulen noch etwa 5 Minuten braten lassen. Das Fleisch herausnehmen und warm stellen.

6. Den Bratensatz mit dem Portwein und 60 ml Morchelwasser ablöschen, die Flüssigkeit bis zur Hälfte einkochen lassen. Die Morcheln und die Sahne dazugeben, nochmals auf die Hälfte einkochen lassen und die Sauce mit Salz, Pfeffer sowie je 1 Messerspitze Oregano und Cayennepfeffer abschmecken.

7. Die Sauce auf eine Servierplatte gießen, die Hähnchenkeulen darauf legen und mit den Morcheln garnieren. (auf dem Foto: unten)

HÄHNCHENBRÜSTE MIT LIMONENSAUCE

Für die zarten Hähnchenbrüste gibt es sehr vielseitige Zubereitungsmöglichkeiten. Hier werden sie zuerst angebraten und dann kurz in einer aromatischen Sauce aus Limonensaft und etwas abgeriebener Limonenschale geschmort.

FÜR 2 PORTIONEN
1 unbehandelte Limone
2 große oder 4 kleine Hähnchenbrüste (ca. 300 g ohne Haut und Knochen)
½ EL Butterschmalz
60 ml Weißwein oder Geflügelfond (Seite 100 oder aus dem Glas)
Salz
frisch gemahlener weißer Pfeffer
75 g süße Sahne
½ EL Butter

ZUBEREITUNGSZEIT
ca. 40 Minuten

KALORIEN
Pro Portion ca. 375 kcal

DAS PASST DAZU
Kreolen- oder Pilawreis (Seite 142)

SO WIRD'S GEMACHT

1. Die Limone heiß waschen und ihre Schale abreiben oder mit einem Juliennereißer in feinen Streifen abziehen. (Die Limonenstreifen rasch in Wasser aufkochen lassen). Die Limone auspressen.

2. Die Hähnchenbrüste im heißen Butterschmalz von beiden Seiten anbraten, sie sollten nur leicht Farbe annehmen. Den Bratensatz mit dem Weißwein oder mit dem Geflügelfond ablöschen und das Fleisch in dem Bratenfond etwa 10 Minuten garen. Es ist gar, wenn man es mit einer Fleischgabel leicht durchstechen kann und kein roter Fleischsaft mehr austritt.

3. Das Fleisch aus der Pfanne nehmen, mit Salz und Pfeffer würzen und zugedeckt warm stellen.

4. Die abgeriebene Limonenschale oder die Streifen in die Pfanne geben, den Limonensaft dazugießen und die Flüssigkeit auf etwa 5 Eßlöffel Sauce einkochen lassen.

5. Die Sahne hinzufügen und die Sauce auf zwei Drittel einkochen lassen. Die Hitzezufuhr reduzieren, dann die Butter in kleinen Stücken in die Sauce geben und mit einem Schneebesen darunterrühren. Sie mit Salz und Pfeffer abschmecken und über die Hähnchenbrüstchen gießen.
(auf dem Foto: oben)

VARIATION
Die Limonen lassen sich durch Zitronen, Orangen oder Grapefruits ersetzen, nehmen Sie jedoch immer unbehandelte Früchte.

MARINIERTE HÄHNCHENBRÜSTE MIT SCHALOTTEN UND GRAPEFRUITS

Eine von der asiatischen Küche beeinflußte Marinade gibt dem Fleisch die Würze. Die pikante Sauce mit Grapefruitsaft und -filets wird mit Cayennepfeffer abgeschmeckt und paßt sehr gut dazu.

FÜR 2 PORTIONEN
1 EL Speisestärke
90 ml Saké oder Sherry
1 TL Sojasauce
2 große oder 4 kleine Hähnchenbrüste (ca. 300 g ohne Haut und Knochen)
1 Grapefruit
4 Schalotten
2 EL Erdnußöl
Salz
1 TL Tomatenketchup
frisch gemahlener weißer Pfeffer
½ Knoblauchzehe
Cayennepfeffer

ZUBEREITUNGSZEIT
ca. 40 Minuten

KALORIEN
Pro Portion ca. 220 kcal

DAS PASST DAZU
gekochter Reis oder Kreolenreis (Seite 142)

SO WIRD'S GEMACHT
1. Die Speisestärke und 5 Eßlöffel Saké oder Sherry mit der Sojasauce mischen.

2. Die Hähnchenbrüste darin wenden, so daß das Fleisch von einer dünnen Schicht überzogen wird. Es in der Marinade mindestens 1 Stunde ruhen lassen.

3. Eine Hälfte der Grapefruit so schälen, daß auch die weiße Haut entfernt wird, die Filets herausschneiden, den Saft dabei auffangen. Die andere Hälfte der Grapefruit auspressen.

4. Die Schalotten schälen, halbieren und in 1 Eßlöffel Erdnußöl mit wenig Salz 8 bis 10 Minuten unter ständigem Rühren leicht anbraten. Die Schalotten sollen halb gar werden, dürfen aber nicht zu stark bräunen. Dann die Schalotten aus der Pfanne nehmen und beiseite stellen.

5. Die Hähnchenbrüste aus der Marinade nehmen, abtropfen lassen und von beiden Seiten in dem restlichen Erdnußöl leicht anbraten. Den restlichen Saké oder Sherry angießen, die Pfanne halb zudecken und das Fleisch bei kleiner Hitzezufuhr etwa 10 Minuten schmoren lassen. Es dann aus der Pfanne nehmen und warm stellen.

6. Die restliche Marinade, das Ketchup, etwas Pfeffer und die geschälte, zerdrückte Knoblauchzehe dazugeben. Das Ganze stark einkochen lassen.

7. Den Grapefruitsaft in die Pfanne geben und so lange kochen lassen, bis die Sauce gebunden und klar ist. Sie mit wenig Salz und 1 Prise Cayennepfeffer würzen.

8. Die Schalotten ganz kurz in der Sauce erwärmen und beides zu den Hähnchenbrüsten geben. Die Grapefruitfilets zusammen mit dem Saft ganz kurz erwärmen und über das Gericht verteilen.
(auf dem Foto: rechts)

ENTENBRUST MIT SÜSS-SAURER SAUCE

Auch hier ist die Sauce fernöstlich angehaucht. Sie wird getrennt von der Brust zubereitet, während die Brust brät. Ein Gericht, das auch bei überraschendem Besuch schnell gezaubert ist.

FÜR 2 PORTIONEN
1 große Entenbrust (ca. 320 g) oder 2 kleine Entenbrüste (à 160 g)
1 Knoblauchzehe
2 EL roter Weinessig
2 EL Orangensaft
1 TL Honig
1 TL Tomatenmark
1 EL Sojasauce
½ TL Speisestärke
1 EL Butter

ZUBEREITUNGSZEIT
ca. ½ Stunde

KALORIEN
Pro Portion ca. 455 kcal

SO WIRD'S GEMACHT
1. Die Entenbrust oder die Brüste auf der Hautseite mehrmals einschneiden, so daß das Fett beim Braten austreten kann. Das Fleisch dabei aber nicht verletzen.

2. Die Brüste salzen und pfeffern, dann auf der Hautseite anbraten, bis diese leicht knusprig ist. Die Brüste wenden und nun auf der Fleischseite im ausgetretenen Entenfett kurz anbraten, bis die Zellen geschlossen sind. Die Brüste herausnehmen.

3. Den Backofen auf 200°C vorheizen, dann die Brüste in den Ofen geben und 17 bis 20 Minuten braten. Herausnehmen und ruhen lassen.

4. In der Zwischenzeit die Knoblauchzehe schälen und zerdrücken. Mit dem Essig, dem Orangensaft, dem Honig und dem Tomatenmark aufkochen.

5. Die Speisestärke mit der Sojasauce und 2 Eßlöffeln Wasser gut verrühren, zur Sauce geben und sie unter Rühren kochen lassen, bis sie sämig und klar ist.

6. Die Butter in kleinen Flöckchen unter die Sauce rühren und diese mit Salz und Pfeffer abschmecken.

7. Die Sauce auf Teller verteilen, die Entenbrust schräg in dünne Scheiben schneiden und auf dem Saucenspiegel anrichten.
(auf dem Foto: Mitte)

GLASIERTE TRUTHAHNBRUST

Der pikante Geschmack der Glasur und der Sauce paßt gut zum zarten Truthahnfleisch.

FÜR 6 PORTIONEN
4 EL trockener Sherry
4 EL Sojasauce
2 EL Honig oder Ahornsirup
2 EL englisches Senfpulver oder 3 EL scharfer Senf
1 Truthahnbrust (ca. 1,2 kg)
Salz
frisch gemahlener weißer Pfeffer
2 EL Butterschmalz
⅛ l Kalbs- oder Geflügeljus (Seite 256) oder Kalbsfond (aus dem Glas)
1 Prise Cayennepfeffer

BESONDERES KÜCHENGERÄT
1 große feuerfeste, flache Form, in die die Brust paßt

ZUBEREITUNGSZEIT
ca. 1 ¼ Stunden
Marinierzeit:
ca. 3 Stunden

KALORIEN
Pro Portion ca. 550 kcal

SO WIRD'S GEMACHT

1. Den Sherry, die Sojasauce, den Honig und das Senfpulver oder den Senf gut verrühren und die Truthahnbrust damit einstreichen.

2. Die Brust etwa 3 Stunden im Kühlschrank marinieren, von Zeit zu Zeit mit der heruntertropfenden Marinade bestreichen.

3. Den Backofen auf 200°C vorheizen. Die Truthahnbrust nach dem Marinieren mit Salz und Pfeffer bestreuen und in eine ausreichend große feuerfeste Form legen.

4. Das Butterschmalz erhitzen und über das Fleisch gießen.

5. Die Form in den Backofen schieben und die Brust etwa 50 Minuten braten. Dabei immer wieder mit der Marinade bestreichen. Die Brust nach der Hälfte der Bratzeit wenden.

6. Die Brust aus der Form nehmen, warm stellen und mit Alufolie leicht abdecken. Etwa 10 Minuten ruhen lassen.

7. Den Bratensatz mit der restlichen Marinade in ein kleines Pfännchen gießen, mit dem Fond aufkochen und ganz leicht einkochen lassen. Die Sauce mit Salz, Pfeffer oder Cayennepfeffer pikant abschmecken.
(auf dem Foto: links)

GRUNDREZEPT

KANINCHENBRATEN

Zartes Kaninchenfleisch ist sanft gebraten eine Delikatesse. Für diese Garmethode nimmt man am besten die Keulen und den Rücken. Lösen Sie das Fleisch nicht vom Knochen, denn er sorgt für einen kräftigen Geschmack.

FÜR CA. 2 PORTIONEN
2 Kaninchenkeulen (ca. 600 g) oder 2 Kaninchenrücken (ca. 700 g)
Salz
frisch gemahlener weißer Pfeffer
Thymian
1 EL Butterschmalz
1 kleine Speckschwarte
½ Karotte
½ Staudenselleriestange
1 Zwiebel
2 Nelken
½ Lorbeerblatt
200 ml Kalbsbrühe (Seite 100) oder Kalbsfond (aus dem Glas)
½ EL Zitronensaft
½ EL Senf
½ TL Speisestärke
2 EL saure Sahne 20 % Fett

BESONDERES KÜCHENGERÄT
1 ofenfeste Form, in die der Kaninchenrücken paßt

ZUBEREITUNGSZEIT
ca. 1 Stunde

KALORIEN
Pro Portion ca. 630 kcal

DAS PASST DAZU
Bratkartoffeln (Seite 237) und gedünstetes Gemüse (Seite 216)

SO WIRD'S GEMACHT

1. Den Backofen auf 180°C vorheizen. Die Keulen oder die Rücken mit Salz, Pfeffer und Thymian würzen und im Butterschmalz in einer ofenfesten Form von allen Seiten anbraten (Foto 1).

2. Die Speckschwarte, die geschälte Karotte und die geputzte Staudenselleriestange dazugeben. Die Zwiebel schälen, mit Hilfe der Nelken das Lorbeerblatt darauf feststecken (Foto 2) und die Zwiebel zum Fleisch geben.

3. Die Brühe oder den Fond in kleinen Mengen angießen und immer wieder gut einkochen lassen (Foto 3). Die Keulen im Ofen 25 bis 35 Minuten braten, die Rücken benötigen nur 15 Minuten.

4. Das Fleisch herausnehmen, kurz ruhen lassen. In der Zwischenzeit den Zitronensaft und den Senf zum Bratenfond geben und ihn im Ofen oder auf dem Herd etwas einkochen lassen. Die Speisestärke mit der sauren Sahne verrühren, in die Sauce geben (Foto 4) und sie 3 Minuten kochen lassen. Die Sauce passieren und mit Salz und Pfeffer würzen.

TIP
An der Unterseite der Rükken befinden sich die kleinen Filets. Diese löst man ab, indem man die Rücken herumdreht und die Filets abschneidet (Foto 5). Sie sind rasch durchgebraten, deshalb erst 3 bis 4 Minuten vor Ende der Bratzeit zum Rücken in den Ofen geben.

Foto 1

Foto 2

Foto 3

Foto 4

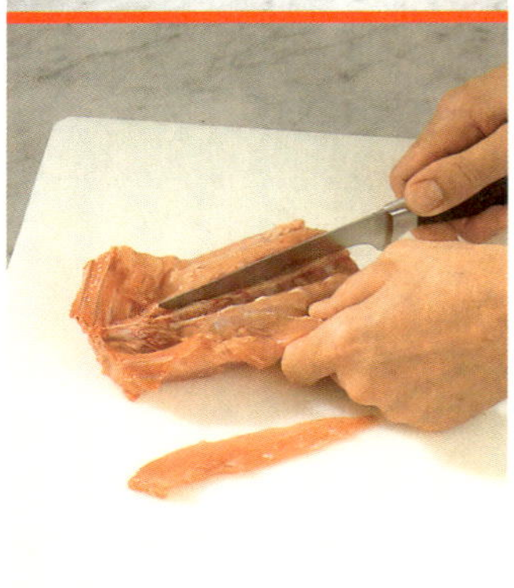
Foto 5

GEBRATENER WILDHASENRÜCKEN

Das Fleisch eines Hasen schmeckt wesentlich kräftiger als das des zarten Kaninchens, daher verträgt es sich gut mit Wacholderbeeren, Rotwein und Paprika.

FÜR 2 PORTIONEN
1 Wildhasenrücken mit Knochen enthäutet (ca. 500 g) oder 2 ausgelöste Rückenfilets
Salz
frisch gemahlener schwarzer Pfeffer
etwas Paprikapulver
2 EL Butterschmalz
3 – 4 Wacholderbeeren
2 – 3 EL Rotwein
⅛ l Wildfond (Seite 101 oder aus dem Glas)
125 g süße Sahne

ZUBEREITUNGSZEIT
ca. ½ Stunde

KALORIEN
Pro Portion ca. 550 kcal

DAS PASST DAZU
frische halbierte Feigen und Trauben, die rasch in Butter erwärmt werden, Spätzle (Seite 140) und mit Preiselbeeren gefüllte, gedünstete Äpfel

SO WIRD'S GEMACHT

1. Den Hasenrücken mit Salz, Pfeffer und wenig Paprikapulver einreiben. Den Backofen auf 200°C vorheizen.

2. Das Butterschmalz in einem passenden Bräter erhitzen, den Hasenrücken hineinlegen und sofort in dem heißen Butterschmalz wenden, so daß er ganz davon überzogen ist.

3. Die Wacholderbeeren mit einem Küchenbeil oder im Mörser zerdrücken und zum Hasenrücken geben. Den Bräter in den Ofen schieben und den Rücken etwa 15 Minuten braten. Dabei ab und zu ganz wenig Rotwein angießen. (Ausgelöste Filets am besten in der Pfanne braten).

4. Den Hasenrücken aus dem Ofen nehmen, mit Alufolie leicht abdecken und 5 bis 10 Minuten ruhen lassen.

5. In der Zwischenzeit den Bratensatz mit dem Wildfond ablöschen, ihn in ein kleines Pfännchen gießen und kurz durchkochen lassen. Die Sahne hinzufügen und die Flüssigkeit auf etwa die Hälfte einkochen. Die Sauce mit den Gewürzen abschmecken und durch ein Sieb in eine Sauciere gießen.

6. Den Rücken auf einer Platte anrichten. Bei Tisch das Rückenfleisch beidseitig das Rückenknochens mit einem Messer oder mit einem Suppenlöffel lösen und von den Knochen schieben.

7. Das Fleisch schräg in 1 cm dicke Scheiben schneiden. Die Sauce dazu reichen. (auf dem Foto rechts unten)

GEBRATENER REHRÜCKEN

Rehrücken wird wie Hasenrücken gebraten, er ist allerdings größer als dieser. Man rechnet 1,2 kg mit Knochen für 4 Portionen. Kann man Rehrücken bereits ausgelöst kaufen, dann brät man die Rückenfilets am besten in der Pfanne auf dem Herd. Aus dem ausgelösten Filet lassen sich auch sehr gut Medaillons schneiden und braten. Dazu paßt sehr gut eine Wildrahmsauce (Seite 262).
(auf dem Foto rechts oben)

GRUNDREZEPT

KANINCHENBLANQUETTE MIT GEMÜSE

Bei der Blanquette wird das Fleisch immer zuerst gegart und die Sauce anschließend getrennt zubereitet. Hier eine Blanquette aus Kaninchenfleisch, aber auch mit allen anderen hellen Fleischsorten schmeckt sie sehr gut.

FÜR 2 PORTIONEN
500 g Kaninchenkeulenfleisch
1 kleine Zwiebel
1 kleine Karotte
¼ Lorbeerblatt
2 Nelken
1 EL Butter
1 EL Mehl
100 g süße Sahne
Salz
frisch gemahlener weißer Pfeffer
2 EL Zitronensaft
80 g frische grüne Erbsen

ZUBEREITUNGSZEIT
ca. 1 ½ Stunden

KALORIEN
Pro Portion ca. 625 kcal

DAS PASST DAZU
Butter- oder Kreolenreis (Seite 142), hausgemachte Nudeln (Seite 134) und gedünstetes Gemüse nach Belieben (Seite 216).

SO WIRD'S GEMACHT

1. Das Fleisch in 3 bis 4 cm große Würfel schneiden, in einen Topf geben und so viel Wasser dazugießen, daß es bedeckt ist. Den Topf abdecken und das Wasser zum Kochen bringen. Das Fleisch herausnehmen und abschrecken.

2. Das Fleisch in einen sauberen Topf geben. Erneut so viel kaltes Wasser angießen, daß das Fleisch knapp bedeckt ist. Das Wasser zum Kochen bringen, den aufsteigenden Schaum abschöpfen und das Fleisch bei geringer Hitzezufuhr in etwa 1 Stunde gar ziehen lassen, es sollte weich sein, wenn man es mit einer Gabel ansticht.

3. In der Zwischenzeit die Zwiebel und die Karotte schälen. Die Zwiebel ein wenig einschneiden, das Lorbeerblatt hineinstecken und den noch sichtbaren Teil mit den Nelken auf der Zwiebel feststecken. Nach 20 Minuten Garzeit die gespickte Zwiebel und die Karotte zum Kaninchenfleisch geben.

4. Ist das Fleisch weich, es zusammen mit dem Gemüse aus der Brühe nehmen und warm halten. Die Brühe durch ein Sieb passieren.

5. Die Butter erhitzen, das Mehl hineinstreuen und anschwitzen lassen. Die Brühe langsam angießen, dabei immer wieder rühren, damit sich keine Klümpchen bilden, und die gebundene Flüssigkeit etwa 20 Minuten köcheln lassen.

6. Die Sahne dazugeben und die Sauce mit Salz, Pfeffer und dem Zitronensaft abschmecken. Die Sauce nochmals aufkochen und durch ein Sieb über das Fleisch geben.

7. Die Erbsen in wenig leicht gesalzenem Wasser garen, bis sie weich, aber noch bißfest sind. Die mit dem Fleisch gekochte Karotte in Scheiben schneiden und die Blanquette mit dem Gemüse garnieren.

TIP
Auf die gleiche Art kann auch eine Blanquette aus Kalb- oder Geflügelfleisch zubereitet werden.

KANINCHENRAGOUT MIT PAPRIKASCHOTEN UND OLIVEN

Paprikaschoten, Oliven, Tomaten und Thymian sind typische Zutaten in der Küche der Mittelmeerländer. Sie sind zusammen mit dem Fleisch der Kaninchenkeulen die Zutaten zu einem sommerlichen Ragout.

FÜR 2 PORTIONEN
je ½ grüne und gelbe Paprikaschote
2 Tomaten
2 kleine Zwiebeln
400 g Kaninchenkeulenfleisch
Salz
frisch gemahlener weißer Pfeffer
½ EL Butterschmalz
100 ml Weißwein
einige Thymianzweige
½ Lorbeerblatt
50 – 100 ml Kalbsfond (Seite 100 oder aus dem Glas) oder trockener Sherry
100 g Kaninchenleber
3 schwarze Oliven

ZUBEREITUNGSZEIT
ca. 1 ¼ Stunden

KALORIEN
Pro Portion ca. 535 kcal

DAS PASST DAZU
Polenta (Seite 146)

SO WIRD'S GEMACHT

1. Die Paprikaschoten gut waschen, entkernen und in Stücke schneiden. Die Tomaten mit heißem Wasser überbrühen, kurz abschrecken und enthäuten. Die Tomaten halbieren, entkernen und in Stücke schneiden. Die Zwiebeln schälen, halbieren und in Streifen schneiden.

2. Das Fleisch in 3 cm große Stücke schneiden, mit Salz und Pfeffer würzen und in 1 Eßlöffel Butterschmalz von allen Seiten anbraten.

3. Das Gemüse zum Fleisch geben und kurz andünsten. Dann den Weißwein, die Thymianzweige und das Lorbeerblatt dazugeben und das Fleisch bei geringer Hitzezufuhr etwa 35 Minuten schmoren lassen. Eventuell die Brühe oder den Sherry dazugeben.

4. Die Kaninchenleber in Scheiben schneiden, salzen, pfeffern und im restlichen Butterschmalz bei milder Hitze ganz kurz anbraten. Dann die Leber über das Kaninchenragout geben, die Oliven kleinschneiden und darüberstreuen.

TIP
Soll die Sauce besonders gut werden, zum Schluß 1 Teelöffel Butter in Flocken darunterrühren.

KANINCHENRÖLLCHEN MIT SALBEI

Kaninchenrückenfilets, gefüllt mit Salbei und Spinat, zart gedämpft und mit einer feinen Sauce serviert, sind nicht nur optisch ein Genuß.

FÜR 2 PORTIONEN
4 Kaninchenrückenfilets (à 80 g)
15 Salbeiblätter
¼ kleine Pfefferschote
1 kleine Knoblauchzehe
1 EL Zitronensaft
frisch gemahlener weißer Pfeffer
12 kleine Spinatblätter
100 ml Kalbsjus (Seite 256) oder Kalbsfond (aus dem Glas)
Salz
½ EL Butter

ZUBEREITUNGSZEIT
ca. ½ Stunde
Marinierzeit: ca. 1 Stunde

KALORIEN
Pro Portion ca. 310 kcal

DAS PASST DAZU
selbstgemachte Nudeln (Seite 134)

SO WIRD'S GEMACHT

1. Die Kaninchenrückenfilets längs aufschneiden, jedoch nicht durchschneiden. Die Filets auseinanderklappen und mit einem Metallspachtel oder einem Küchenbeil flachklopfen.

2. Dann 2 Salbeiblätter und die Pfefferschote fein hacken, die Knoblauchzehe schälen und zerdrücken. Den Salbei, die Pfefferschote, die Knoblauchzehe, den Zitronensaft und etwas Pfeffer zu einer Marinade verrühren.

3. Die Filets damit bestreichen und für 1 Stunde kühl stellen.

4. Jedes Kaninchenrückenfilet mit 3 Salbeiblättern und 3 Spinatblättern belegen, zusammenrollen und mit Küchengarn zusammenbinden.

5. Die Kalbsjus oder den Kalbsfond mit dem restlichen Salbeiblatt 5 Minuten kochen lassen, passieren, mit Salz und Pfeffer würzen und die Butter mit einer flachen Saucenkelle einrühren.

6. Dann die Röllchen über Wasser 3 bis 4 Minuten dämpfen, herausnehmen und mit der Sauce servieren. (auf dem Foto rechts oben)

VARIATION
Der Salbei kann durch Basilikum ersetzt werden, dann die Röllchen mit kleingewürfelten und gedünsteten Tomaten garnieren.

TIP
Die angegebene Menge ergibt für 4 Portionen eine attraktive Vorspeise.

REHGESCHNETZELTES MIT WALDPILZEN

Geschnetzeltes vom Reh mit einer sahnigen Sauce aus Waldpilzen ist eine Delikatesse. Nehmen Sie unbedingt frische Pilze für dieses Gericht.

FÜR 2 PORTIONEN
300 g Rehfleisch aus der Keule
100 g Waldpilze (Pfifferlinge, Maronen oder Steinpilze)
80 g süße Sahne
Salz
frisch gemahlener schwarzer Pfeffer
1 EL Butterschmalz
3 Schalotten
60 ml Weißwein
2 cl Gin (nach Belieben)
½ TL frisch gehackter Majoran

ZUBEREITUNGSZEIT
ca. 40 Minuten

KALORIEN
Pro Portion ca. 380 kcal

DAS PASST DAZU
Spätzle (Seite 140), hausgemachte Nudeln (Seite 134) oder Semmelknödel (Seite 141)

SO WIRD'S GEMACHT

1. Das Rehfleisch in feine Scheiben schneiden. Die Pilze putzen, größere halbieren oder vierteln. Ein Viertel der Pilze mit der Sahne pürieren.

2. Das Fleisch salzen und pfeffern und in einer großen Bratpfanne in der Hälfte des Butterschmalzes unter Wenden rasch anbraten. Herausnehmen, in einem Sieb kurz abtropfen lassen, im Backofen bei 60°C warm halten.

3. Die Schalotten schälen, fein hacken, mit dem restlichen Butterschmalz in die Pfanne geben und darin andünsten. Die Pilze dazugeben, salzen, pfeffern und unter Rühren 3 bis 4 Minuten dünsten. Die Pilze herausnehmen, abtropfen lassen und zu dem Fleisch geben.

4. Den Bratensatz mit dem Weißwein ablöschen, den abgetropften Fleisch- und Pilzsaft hinzufügen und etwas einkochen lassen. Den Gin nach Belieben dazugeben.

5. Das Pilzpüree in die Pfanne geben und alles so lange kochen lassen, bis eine sämige Sauce entsteht. Sie mit Salz, Pfeffer und dem Majoran abschmecken.

6. Die Sauce zusammen mit dem Fleisch und den Pilzen anrichten. (auf dem Foto rechts unten)

TIP
Für die Garnitur Blätterteig in Pilzform ausstechen, mit Eigelb bestreichen, mit Sesamsamen bestreuen und etwa 10 Minuten bei 220°C backen.

HIRSCHGESCHNETZELTES MIT CHAMPIGNONS

Anstelle des Rehfleisches Hirschfleisch nehmen, salzen und pfeffern und in 1 Eßlöffel Butterschmalz unter Wenden kurz anbraten, es darf dabei keinen Saft ziehen. Das Fleisch herausnehmen und auf einem Rechaud warm halten. ½ Eßlöffel Butterschmalz in die Pfanne geben, 1 Eßlöffel gehackte Zwiebeln darin andünsten. 100 g geviertelte braune Champignons hinzugeben und bei starker Hitzezufuhr 3 bis 4 Minuten braten. Zwiebeln und Pilze zum Fleisch geben.
Den Bratensatz mit 6 cl Marsala ablöschen und loskochen. ½ Teelöffel frisch gehackten Oregano, den Fleisch- und den Pilzsaft sowie ⅛ l Wildjus (siehe Seite 257) oder Wildfond (aus dem Glas) dazugeben und auf die Hälfte einkochen lassen. Die Sauce mit Salz, Pfeffer und Cayennepfeffer pikant abschmecken, dann zusammen mit dem Fleisch und den Pilzen anrichten und mit ein wenig frisch gehacktem Oregano bestreuen.

TIP

Sehr hübsch sehen dazu karamelisierte Birnenhälften aus. Dazu 2 mittelgroße, entkernte weiche Birnenhälften mit wenig Zitronensaft beträufeln, mit ½ Eßlöffel Puderzucker bestäuben und mit ½ Eßlöffel Butter in Stükken belegen. Die Birnen etwa ¼ Stunde bei starker Oberhitze grillen, dabei karamelisiert der Zucker.

Neben dem Sammeln gehört das Jagen zu den Urinstinkten des Menschen. Heute freilich geschieht beides in moderater und kultivierter Form, aber die Wertschätzung eines ordentlichen Bratens ist geblieben, und bei umfangreichen Menüs gilt der Fleischgang nicht selten immer noch als Höhepunkt.

FLEISCH

Man unterscheidet „helles" und „dunkles" Fleisch, wobei das dunkle, kräftige vom Rind stammt. Einen hohen Nährwert hat es allemal aufgrund seines Gehaltes an leicht verdaulichem und hochwertigem Eiweiß. International durchgesetzt hat sich die etwas langweilige Kombination „Steak, Frites, Salat" – und das läßt leicht vergessen, wie vielfältig Fleisch zubereitet werden kann. Nicht nur als Wiener Schnitzel wunderbar paniert, sondern auch als deftiger Gulasch, als feine Rinderroulade, als Beefsteak oder als würziges Lammkotelett...

Innereien sind nicht jedermanns Sache, und die Vorbereitung spielt hier eine wichtige Rolle. Aber wem kräftige Hausmannskost mundet, der kann sich sicher auch für gebratene Leber mit Bratkartoffeln begeistern, wie sie im Badischen so vortrefflich zubereitet wird.

GRUNDREZEPT

SIEDFLEISCH

In vielen Gegenden Deutschlands ißt man samstags aus Tradition gekochtes Rindfleisch. Am bekanntesten ist wohl die gekochte Rinderbrust. Aber auch Fleischstücke aus der Schulter, wie das Dicke Bugstück, das Falsche Filet oder das Schaufelstück, sind zum Kochen gut geeignet.
In Österreich zieht man zum Kochen ein Stück aus der Keule vor und bereitet daraus den weit über die Landesgrenzen hinaus bekannten Tafelspitz zu.

FÜR CA. 4 PORTIONEN
½ kg Rinderknochen
1,2 kg Rindfleisch zum Kochen (Schaufelstück)
1 Stange Lauch
½ kleiner Kopf Weißkohl
2 mittelgroße Karotten
½ mittelgroße Knollensellerie
1 mittelgroße Zwiebel
1 Petersilienwurzel
2 zerdrückte Knoblauchzehen
1 Zweig Thymian
Salz
1 EL gehackte Petersilie

ZUBEREITUNGSZEIT
ca. 2 Stunden
Ruhezeit: ca. 20 Minuten

KALORIEN
Pro Portion ca. 525 kcal

DAS PASST DAZU
– warme Saucen, wie Meerrettichsauce (Seite 261) oder weiße Grundsauce (Seite 260) mit Kräutern, zum Beispiel mit Petersilie, Schnittlauch, Majoran oder Thymian
– kalte Saucen, wie Sahnemeerrettich (Seite 273), Tiroler Sauce (Seite 271) oder Vinaigrette (Seite 84)
– Gemüse, wie gedünstetes Gemüse (Seite 216), Karotten, Kohlrabi, Lauch oder weiße Rübchen (Navetten).
– Stärkebeilagen, wie Bratkartoffeln (Seite 237), Petersilienkartoffeln (Seite 230) oder Salzkartoffeln (Seite 231)
– kalte Beilagen, wie Salat aus Bohnen, Gurken, Radieschen, Rettich oder Tomaten fertig zu kaufendes, eingelegtes Obst oder Gemüse, wie Essigzwetschgen, Gewürz- oder Senfgurken, süß-sauer eingelegter Kürbis, Mixed Pickles, Perlzwiebeln oder rote Bete

WAS MACHE ICH MIT RESTEN?
Das gekochte, kalte Fleisch in Streifen oder Würfel schneiden, mit einer Vinaigrette (Seite 84) mit Kräutern oder mit Tiroler Sauce (Seite 271) mischen und als Salat servieren.
Oder das Zwiebelfleisch (Seite 189) zubereiten.

SO WIRD'S GEMACHT

1. Die Knochen in einen Topf geben, mit kaltem Wasser begießen und es sehr schnell zum Kochen bringen.

2. Das Wasser abgießen und die Knochen zuerst mit heißem und dann mit kaltem Wasser abspülen (Foto 1).

3. Das Rindfleisch waschen und zusammen mit den Knochen in einen passenden Topf geben. Soviel kaltes Wasser dazugießen, daß alles gut damit bedeckt ist.

4. Das Ganze langsam zum Kochen bringen. Die Hitze dann zurückschalten und das Fleisch bei 90 bis 95°C etwa 2 Stunden ziehen lassen. Den sich absetzenden Schaum und das Fett während der gesamten Garzeit immer wieder abschöpfen (Foto 2). Darauf achten, daß das Fleisch immer mit Wasser bedeckt ist.

5. Den Lauch und den Weißkohl putzen und beides der Länge nach halbieren. Die Karotten, den Sellerie und die Zwiebel schälen. Das Gemüse und die Petersilienwurzel waschen.

6. Das Gemüse bis auf die Zwiebel und die Petersilienwurzel zu zwei Bündeln zusammenbinden (Foto 3), sie zusammen mit den zerdrückten Knoblauchzehen, dem Thymianzweig, der Zwiebel und der Petersilienwurzel etwa 3/4 Stunden vor Ende der Garzeit des Fleisches dazugeben.

7. Gegen Ende der Garzeit prüfen, ob das Fleisch gar ist. Das ist erreicht, wenn es sich mit einer Gabel leicht einstechen läßt und leicht wieder von ihr abgleitet.

Foto 1

Foto 2

Foto 3

Foto 4

Foto 5

8. Nun den Topf vom Herd nehmen und das Fleisch vor dem Aufschneiden in der Brühe etwa 20 Minuten lang ruhen lassen. Das Fleisch danach in Scheiben schneiden (Foto 4) und zusammen mit dem Gemüse anrichten. Etwas Brühe darübergießen und dann etwas Salz und die Petersilie darüberstreuen. Alles sehr heiß servieren.

ÜBERBACKENES ZWIEBELFLEISCH

(Foto 5)

600 g gekochtes Siedfleisch in 8 gleich dicke Scheiben schneiden.

2 mittelgroße Zwiebeln schälen und in feine Würfel schneiden. Sie in 1 Eßlöffel Butter hellbraun braten, dann mit 1 Eßlöffel Mehl bestäuben und es braun anschwitzen lassen. Dann die Mehlschwitze mit 2 bis 3 Eßlöffel Weißwein und 1 Teelöffel Essig ablöschen.

400 ml Kalbsjus (Seite 256) oder Kalbsfond (aus dem Glas) angießen und die Flüssigkeit auf die Hälfte einkochen lassen, die Sauce sollte dann sämig sein. Sie mit Salz, Pfeffer und 1 Prise Zukker abschmecken. 2 mittelgroße Gewürzgurken in Scheiben schneiden und unter die Sauce ziehen. Die Siedfleischscheiben salzen und pfeffern und in eine feuerfeste Form legen. Die Sauce darübergießen, alles mit 1 Eßlöffel geriebenem Käse oder Weißbrotbröseln bestreuen. Das Gericht im vorgeheizten Backofen bei 250°C etwa 8 Minuten überbacken.

GRUNDREZEPT

ROSA GEBRATENES ROASTBEEF

Die Bratzeit eines Roastbeefs kann nur annähernd angegeben werden. Sie hängt nicht nur vom Gewicht des Roastbeefs ab, sondern auch von der Qualität, der Reifezeit und der Dicke des Fleisches.

FÜR CA. 4 PORTIONEN
800 g abgehangenes Roastbeef
Salz
frisch gemahlener weißer Pfeffer
1 EL Öl
2 mittelgroße Zwiebeln
1 mittelgroße Karotte
350 ml Kalbsjus (Seite 256) oder Kalbsfond (aus dem Glas)

ZUBEREITUNGSZEIT
ca. 40 Minuten
Ruhezeit: ca. 20 Minuten

KALORIEN
Pro Portion ca. 400 kcal

DAS PASST DAZU
gedünstetes Gemüse (Seite 216), wie Blumenkohl, Blattspinat, grüne Bohnen, Chicorée, Fenchel, Karotten, Rosenkohl, Schwarzwurzeln, Staudensellerie, Tomaten oder Zucchini, sowie Anna-Kartoffeln (Seite 237), Kartoffelgratin nach Savoyer Art (Seite 235)

WAS MACHE ICH MIT RESTEN?
Kaltes Roastbeef zusammen mit Remouladensauce (Seite 271), mit Blattsalat (Seite 86) und Bratkartoffeln (Seite 237) servieren. Oder Roastbeef in hauchdünne Scheiben schneiden, mit Sahnemeerrettich (Seite 273) oder gemischtem Salat (Seite 87) füllen und aufrollen.

SO WIRD'S GEMACHT

1. Den Backofen auf 250°C vorheizen. Vom Roastbeef den starken Teil der Rückensehne in einem etwa 5 cm breiten Streifen abschneiden (Foto 1). Das Roastbeef mit Salz und Pfeffer einreiben.

2. Eine für das Garen im Ofen geeignete Pfanne im Ofen erhitzen. Erst dann das Öl hineingeben und heiß werden lassen.

3. Das Roastbeef hineinlegen und sofort im heißen Fett wenden. Es muß von Fett überzogen sein, da dieses die Hitze besser leitet. Das Roastbeef 15 bis 20 Minuten braten, es währenddessen öfters wenden und Bratfett darüberschöpfen (Foto 2).

4. Die Zwiebeln und die Karotte schälen und in grobe Würfel schneiden. Beides etwa 10 Minuten vor dem Ende der Bratzeit zum Roastbeef geben und mitbräunen.

5. Das rosa gebratene Roastbeef (Kerntemperatur 58 bis 62°C) aus der Pfanne nehmen, auf ein Abtropfgitter legen und 20 Minuten ruhen lassen.

6. Inzwischen das Bratfett abgießen und dann die Jus oder den Fond zum Gemüse in die Pfanne gießen. Alles etwa 10 Minuten köcheln lassen, dann durch ein Sieb passieren und mit Salz und Pfeffer abschmecken.

7. Das Roastbeef in Scheiben schneiden und die Sauce extra dazu servieren.

DIE GARSTUFEN
Roastbeef, Hochrippe, Rinderfilet sowie Lammrücken, -karree und -keule kann man in verschiedenen Garstufen braten. Die drei wichtigsten sind:
blutig = saignant oder rare (Foto 3)
rosa = à point oder medium (Foto 4)
durchgebraten = bien cuit oder well done (Foto 5)
Alle anderen Garstufen spielen nur eine Nebenrolle.

WIE WIRD DIE GARSTUFE FESTGESTELLT?
1. Durch Fingerdruck:
Ist das Fleisch innen noch blutig, fühlt es sich sehr locker an.
Ist es rosa, dann ist es noch elastisch, gibt aber dem Druck nicht mehr so stark nach.
Ist es durchgebraten, dann fühlt sich das Fleisch fest an.
2. Durch die Nadelprobe:
Eine Fleischnadel an der dicksten Stelle durch das Fleisch stechen (Foto 6), bis zehn zählen, die Nadel herausziehen und mit der Unterlippe die Temperatur prüfen (Foto 7).
Ist das Fleisch innen noch blutig, ist die Nadel in der Mitte kalt und wird nach oben und unten hin heiß.
Ist das Fleisch innen rosa, so ist die Nadel in der Mitte warm und wird nach oben und unten hin heiß.

Foto 1

Foto 2

Foto 3

Foto 4

Foto 5

Foto 6

Foto 7

Foto 8

Foto 9

Foto 10

Ist das Fleisch durchgebraten, so ist die Nadel auch in der Mitte heiß.
3. Durch ein Fleischthermometer (Foto 8):
Diese Spezialthermometer sind mit einer Nadel versehen, die man bis in die Mitte des Fleisches steckt. Die Fleischthermometer messen die Kerntemperatur des Fleischstückes. Die Thermometeranzeigen sind in Zonen eingeteilt und zeigen die Garstufe und die Temperatur an.
Ist das Fleisch innen noch blutig, liegt die Kerntemperatur bei 48 bis 52°C.
Ist es innen rosa, beträgt die Kerntemperatur 58 bis 62°C.
Ist das Fleisch durchgebraten, zeigt das Thermometer eine Kerntemperatur von 68 bis 72°C an.
Da die Bratthermometer nicht immer exakt arbeiten, ist es empfehlenswert, zunächst Fleischstücke in den drei unterschiedlichen Garstufen zuzubereiten, jeweils die Kerntemperatur zu ermitteln und entsprechende Markierungen auf der Thermometeranzeige anzubringen.

GEBRATENES FLEISCH RUHEN LASSEN ODER WARMHALTEN

Gebratene Fleischstücke sollten nach dem Braten, je nach Größe, 10 bis 20 Minuten lang bei Küchentemperatur auf einem Abtropfgitter ruhen. In dieser Zeit setzt sich der Saft im Fleisch und kann beim Aufschneiden nicht herauslaufen.
Der Garprozeß wird durch das Ruhenlassen unterbrochen. Das Fleisch kann danach problemlos bei 65 bis 70°C im Ofen über 2 Stunden hinweg warmgehalten werden. Währenddessen die Ofentür einen Spaltbreit öffnen; klemmen Sie einfach einen Kochlöffel zwischen Tür und Rahmen.

ROSA GEBRATENES LAMMKARREE

(Foto 9)
Den Backofen auf 250°C vorheizen. Statt des Roastbeefs etwa 1 kg Lammkarree (mit Rippenknochen, aber ohne Rückgrat) nehmen und die dünne, durchsichtige Haut abziehen. Das Karree 12 bis 15 Minuten braten, es sollte innen noch rosa sein. Kein Gemüse hinzufügen.
Das Karree vor dem Aufschneiden etwa 10 Minuten lang auf einem Abtropfgitter ruhen lassen.
Das Bratfett abgießen und 350 ml Kalbsjus (Seite 256) oder -fond (aus dem Glas) in die Pfanne gießen. Die Flüssigkeit auf die Hälfte einkochen lassen und ½ Teelöffel gehackte Rosmarinnadeln oder ½ zerdrückte Knoblauchzehe hineingeben. Die Sauce mit Salz und Pfeffer abschmecken und zum Lammkarree servieren.

ROSA GEBRATENES RINDERFILET

(Foto 10)
Den Backofen auf 230 bis 250°C vorheizen.
Statt des Roastbeefs 700 g Rinderfilet verwenden und es auf die im Grundrezept beschriebene Weise zubereiten, aber das Fleisch 22 bis 25 Minuten braten.
Das Filet in 1 cm dicke Scheiben schneiden, anrichten und die Sauce dazu servieren.

GRUNDREZEPT

GEBRATENER SCHWEINENACKEN

Der durchwachsene Schweinenacken mit seiner Fettschicht ist zum Braten besonders gut geeignet, da er saftig und zart wird. Bei einer ausreichend starken Fettschicht kann der Schweinenacken mit Wasser statt mit Fett angesetzt werden.

FÜR CA. 4 PORTIONEN
750 g Schweinenacken
Salz
frisch gemahlener weißer Pfeffer
¼ TL Paprikapulver edelsüß
250 g Schweineknochen

für die Sauce:
2 mittelgroße Zwiebeln
1 mittelgroße Karotte
400 ml Kalbsjus (Seite 256) oder Kalbsfond (aus dem Glas)
1 kleine zerdrückte Knoblauchzehe
1 kleiner Zweig Majoran
½ TL Speisestärke
½ TL Kümmel

ZUBEREITUNGSZEIT
ca. 1 Stunde
Ruhezeit: ca. ¼ Stunde

KALORIEN
Pro Portion ca. 680 kcal

DAS PASST DAZU
Rotkraut mit Apfel (Seite 225) oder gedünstetes Gemüse (Seite 216), wie Wirsing, Bohnen, Karotten- oder Kohlrabi, sowie Kartoffelklöße (Seite 238) oder Semmelknödel (Seite 141), Kartoffelpüree (Seite 232) oder Salzkartoffeln (Seite 231)

WAS MACHE ICH MIT RESTEN?
Den kalten Braten in Scheiben schneiden und zusammen mit Remouladen- oder Tiroler Sauce (Seite 271), Blattsalat (Seite 86) und Bratkartoffeln (Seite 237) servieren, oder Brote mit dem Braten belegen.

SO WIRD'S GEMACHT

1. Den Backofen auf 220°C vorheizen. Den Schweinenacken mit Salz, Pfeffer und Paprika einreiben.

2. In einer zum Garen im Ofen geeigneten Pfanne im Ofen etwa 100 ml Wasser erhitzen. Den Schweinenacken hineinlegen und darin wenden. Wenn das Wasser verdunstet und Fett ausgetreten ist, die Knochen hinzufügen.

3. Den Schweinenacken etwa ¾ Stunden braten, ihn dabei öfter wenden und mit Bratfett begießen.

4. Inzwischen die Zwiebeln und die Karotte schälen und grob würfeln. Beides etwa 20 Minuten vor Ende der Bratzeit in die Pfanne geben und mitrösten.

5. Wenn die Oberfläche des Fleisches zu dunkel wird, die Ofentemperatur drosseln oder wenig Wasser über den Braten gießen.

6. Den fertigen Schweinenacken aus der Pfanne nehmen, auf ein Abtropfgitter legen und etwa ¼ Stunde lang ruhen lassen.

7. Das Bratfett abgießen und die Jus oder den Fond zu den Knochen und dem Gemüse in die Pfanne gießen. Alles aufkochen lassen und das sich absetzende Fett sorgfältig entfernen. Den Knoblauch und den Majoran hinzufügen und alles etwa ¼ Stunde köcheln lassen.

8. Die Speisestärke mit ein wenig kaltem Wasser glattrühren und zur Sauce geben. Alles unter Rühren 2 Minuten kochen lassen, anschließend durch ein Sieb passieren und die Sauce mit Salz und Pfeffer würzen. Den Kümmel hinzufügen.

9. Den gebratenen Schweinenacken in etwa 1 cm dicke Scheiben schneiden und die Sauce extra dazu reichen.

BRATZEITEN UND -TEMPERATUREN
Die Brattemperatur für die verschiedenen Schweine- und Kalbfleischteile liegt zwischen 200 und 250°C. Man beginnt mit der höheren Brattemperatur und schaltet die Hitze, wenn nötig, während des Bratens zurück.
Die Bratzeiten sind von unterschiedlicher Länge.

<u>Bratzeiten für Schweinebraten:</u>
800 g Schweinskarree: 35 bis 40 Minuten
800 g Schweinekeule: 60 bis 70 Minuten
800 g Schweinebauch: 80 bis 90 Minuten

<u>Bratzeiten für Kalbsbraten:</u>
1 kg Kalbskarree: 45 bis 55 Minuten
750 g Kalbskeule: 55 bis 65 Minuten
1 kg Kalbsbrust: 65 bis 75 Minuten
1,2 kg Kalbshaxe: 60 bis 80 Minuten.

ROSA GEBRATENES DOPPELTES ENTRECOTE

Steaks, Schnitzel und Koteletts erfreuen sich größter Beliebtheit. Sie werden auf dem Grill oder in der Pfanne zubereitet. Steaks und Koteletts von Rind und Lamm werden in verschiedenen Garstufen gebraten. Kalb- und Schweinefleisch wird immer durchgebraten. Kurzgebratenes Fleisch erst kurz vor der Zubereitung salzen und pfeffern.

FÜR 2 PORTIONEN
400 g Entrecôte (Zwischenrippenstück)
Salz
frisch gemahlener schwarzer Pfeffer
2 EL Öl
1 EL Butter

ZUBEREITUNGSZEIT
ca. ¼ Stunde

KALORIEN
Pro Portion ca. 390 kcal

DAS PASST DAZU
Kräuter- oder Rotweinbutter (Seite 269), Béarner Sauce oder Sauce Choron (Seite 267), Rotweinsauce (Seite 263) und gedünstetes Gemüse (Seite 216), Tomaten, die mit Semmelbröseln und Kräutern gefüllt und dann kurz gegrillt oder im Ofen gebraten werden, gedünstete Champignons (Seite 229) sowie Pommes frites (Seite 240)

SO WIRD'S GEMACHT

1. Das Entrecôte mit einem flachen Gegenstand (mit einem Fleischbeil) leicht flachklopfen. Die Sehne einschneiden, damit sich das Fleisch beim Braten oder Grillen nicht verbiegt.

2. Das Fleisch salzen und pfeffern. Das Öl in eine heiße Pfanne geben. Das Fleisch hineinlegen und sofort wenden, damit sich die Zellen schließen.

3. Das Fleisch 10 bis 12 Minuten braten, es dabei öfters wenden und Bratfett darüberschöpfen. Das Fleisch sollte innen noch rosa sein.

4. Das gebratene Entrecôte auf ein Abtropfgitter legen, 5 Minuten ruhen lassen.

5. Kurz vor dem Servieren die Butter in einer Pfanne erhitzen, das Entrecôte darin kurz braten und sofort servieren. Das Steak am Tisch quer zur Faser in ungefähr 1 cm dicke Scheiben schneiden.

TIP
Wird das Entrecôte auf dem Grill zubereitet, das Fleisch salzen, pfeffern und im Öl wenden oder damit bestreichen. Das Entrecôte auf den Grillrost legen und beim Wenden so drehen, daß auf seiner Oberfläche ein schönes Muster entsteht.

GARSTUFEN VON RIND- UND LAMMFLEISCH
Die Bratzeit von einem etwa 3 cm dicken Steak bei verschiedenen Garstufen:
blutig (saignant oder rare):
etwa 6 Minuten
rosa (à point oder medium):
etwa 9 Minuten
durchgebraten (bien cuit oder well done):
etwa 12 Minuten.

BRAT- ODER GRILLZEITEN VON STEAKS UND KOTELETTS
Die Brat- oder Grillzeiten hängen von der Qualität, der Reifezeit und der Dicke des Fleisches ab. Bei marmoriertem, abgehangenem Fleisch können die Garzeiten kürzer, bei magerem, frischem Fleisch länger sein. Für Fleischstücke, die innen noch rosa sind, gelten folgende Durchschnittswerte:
160 g Filetsteak:
7 bis 8 Minuten
160 g Tournedos:
8 bis 9 Minuten
180 g Rumpsteak:
5 bis 6 Minuten
180 g Rostbraten:
4 bis 6 Minuten
400 g Doppeltes Filetsteak:
14 bis 16 Minuten
1 kg Rinderkotelett:
16 bis 20 Minuten
1 kg T-Bone-Steak:
14 bis 18 Minuten
1 kg Porterhouse-Steak:
14 bis 18 Minuten
90 g Lammkotelett:
6 bis 8 Minuten
180 g Lammchop:
9 bis 11 Minuten

GRUNDREZEPT

GEBRATENE KALBSKOTELETTS

Koteletts werden wie Steaks bei stärkerer Hitze angebraten, damit sich die Zellen schließen, und dann bei niedrigen Temperaturen fertiggebraten. Kalbskoteletts werden durchgebraten.

FÜR 2 PORTIONEN
2 Kalbskoteletts (à 180 g)
Salz
frisch gemahlener weißer Pfeffer
1 EL Mehl
1 EL Butterschmalz
½ EL Butter

ZUBEREITUNGSZEIT
ca. 25 Minuten

KALORIEN
Pro Portion ca. 215 kcal

DAS PASST DAZU
Portweinrahmsauce (Seite 263), Sauce Cédard oder Venezianische Sauce (Seite 267) sowie gedünstetes Gemüse (Seite 216), wie Blumenkohl, feine Erbsen, Zuckerschoten, Karotten, Kohlrabi, Spargel oder Zucchini. Als Stärkebeilage gebratene, gebackene oder gekochte Kartoffeln (Seite 230 bis 237), Nudeln (Seite 134), Spätzle (Seite 140) oder auch Reis (Seite 142).

SO WIRD'S GEMACHT

1. Bei jedem Kalbskotelett einen Teil des Knochens mit einem Messer freischaben (Foto 1) und das Fleisch leicht flachklopfen (Foto 2).

2. Die Koteletts salzen, pfeffern und im Mehl wenden. Eine Bratpfanne erhitzen und das Butterschmalz darin heiß werden lassen.

3. Die Koteletts hineinlegen und sofort wenden. Die Hitzezufuhr etwas reduzieren und die Koteletts etwa ¼ Stunde braten, dabei öfter wenden und Bratfett darüberschöpfen (Foto 3).

4. Die Koteletts nach dem Braten auf einem Abtropfgitter etwa 5 Minuten lang ruhen lassen und danach nochmals kurz in der Butter braten. Sie sofort heiß servieren.

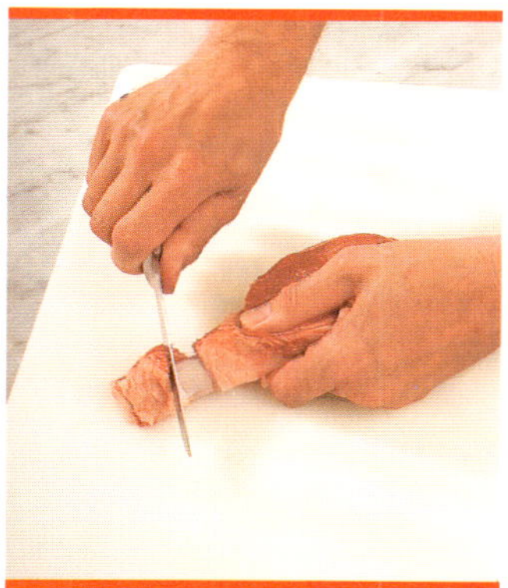

Foto 1

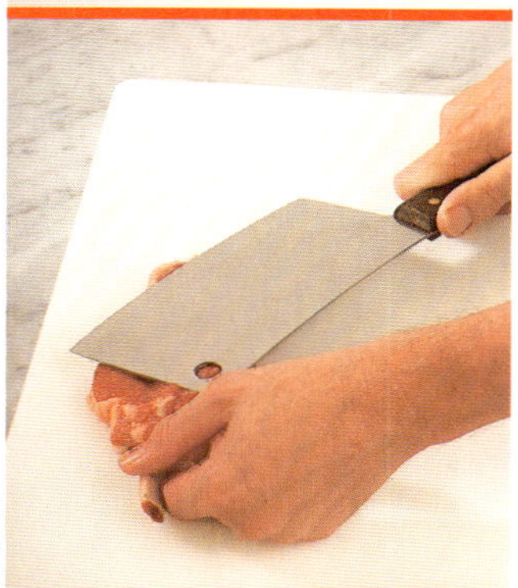

Foto 2

Foto 3

Foto 4

Foto 5

KALBSKOTELETTS MIT TOMATEN UND KÄSE ÜBERBACKEN

(Foto 4)

2 Koteletts würzen, im Mehl wenden, wie im Grundrezept beschrieben braten und in eine Auflaufform legen.
½ Teelöffel Butter, 1 Eßlöffel Zwiebelwürfel und 1 Teelöffel Tomatenmark zum Bratensatz geben und alles etwa 2 Minuten anschwitzen. Mit 20 ml Weißwein (2 cl) ablöschen und 200 ml Kalbsjus (Seite 256) oder Kalbsfond (aus dem Glas) dazugießen. Alles auf die Hälfte einkochen lassen und mit Salz und frisch gemahlenem weißem Pfeffer würzen.
2 mittelgroße Tomaten mit kochendem Wasser überbrühen, enthäuten, vierteln und entkernen. Sie in 1 Teelöffel Butter erwärmen und mit Salz, frisch gemahlenem weißem Pfeffer und wenig Zucker abschmecken. Die Tomaten auf den Koteletts verteilen und sie mit 2 in Streifen geschnittenen Basilikumblättern bestreuen. Je 2 Scheiben Mozzarella oder Taleggio darauflegen, alles mit wenig Butter bestreichen und unter dem Grill so lange überbacken, bis der Käse geschmolzen ist.
Die Koteletts anrichten und die Sauce rundum angießen.
Dazu passen gedünstetes Gemüse (Seite 216) und grüne Nudeln (Seite 134).

KALBSKOTELETTS MIT MARSALASAUCE

(Foto 5)

2 Koteletts würzen, im Mehl wenden, wie im Grundrezept beschrieben braten und ruhen lassen. Sie dann bei 65 bis 70°C im Ofen warm halten.
Das Butterschmalz aus der Pfanne gießen. ½ Teelöffel Butter zum Bratensatz geben und 1 Eßlöffel Schalottenwürfel darin goldgelb werden lassen.
Das Ganze mehrmals mit insgesamt 5 cl Marsala ablöschen und immer wieder einkochen lassen. 200 ml Kalbsjus (Seite 256) oder Kalbsfond (aus dem Glas) dazugießen und die Sauce auf etwa die Hälfte einkochen lassen. Sie mit Salz und frisch gemahlenem weißem Pfeffer würzen und 2 fein gehackte Salbeiblätter hineingeben.
Die Koteletts zusammen mit der Sauce anrichten.
Dazu passen gedünstetes Gemüse (Seite 216) und Pilawreis (Seite 142) oder selbstgemachte Nudeln (Seite 134).

WIENER SCHNITZEL

2 Kalbsschnitzel (à 100 g) leicht flachklopfen. Dann von beiden Seiten salzen und pfeffern. Etwas Mehl und etwas Semmelbrösel getrennt auf zwei Teller geben. Ein Ei mit der Gabel in einem tiefen Teller verquirlen.
Die Schnitzel zuerst im Mehl, dann im Ei und zum Schluß in den Semmelbröseln wenden. Die so panierten Schnitzel in heißem Butterschmalz oder in Öl von beiden Seiten kurz braten.
(auf dem Foto unten: links)

TIP

Häufig werden auch Schweineschnitzel auf diese Art zubereitet. Original Wiener Schnitzel sind jedoch immer aus Kalbfleisch.

PICCATA NACH MAILÄNDER ART

6 kleine Kalbsschnitzelchen (à 30 g) leicht flachklopfen. Dann von beiden Seiten salzen und pfeffern. 2 Eier mit 1 Eßlöffel Olivenöl verquirlen und 40 g geriebenen Käse, am besten Parmesan, dazugeben. Die Käsemasse verrühren und ¼ Stunde ruhen lassen.
Etwas Mehl auf einen Teller geben. Die Schnitzelchen zuerst im Mehl, dann in der Käsemasse wenden.
Das Piccata in heißer Butter von beiden Seiten goldgelb braten.
(auf dem Foto unten: rechts)

GRUNDREZEPT

SAUERBRATEN

Das Marinieren von Fleisch dient unter anderem zum kurzzeitigen Konservieren. Es beeinflußt natürlich den Geschmack des Fleisches, macht es zarter und verkürzt die Garzeit.

FÜR 4 PORTIONEN
1 kg abgehangenes Rindfleisch (Blume oder Schaufelstück)
Salz
frisch gemahlener schwarzer Pfeffer

für die Marinade:
2 mittelgroße Zwiebeln
1 große Karotte
2 zerdrückte Knoblauchzehen
8 zerdrückte schwarze Pfefferkörner
2 Gewürznelken
1 Zweig Thymian
1 kleines Lorbeerblatt
300 ml Rotweinessig
300 ml Rotwein oder Wasser

für den Kochsud:
½ Kalbsfuß
1 EL Öl
1 EL Tomatenmark (doppelt konzentriert)
½ TL Zucker
bei Bedarf ½ TL Mehlbutter (Seite 263)

ZUBEREITUNGSZEIT
Vorbereitungszeit: ca. ½ Stunde
Marinierzeit: ca. 24 Stunden
Garzeit: ca. 2 ¼ Stunden

KALORIEN
Pro Portion ca. 505 kcal

DAS PASST DAZU
gedünstetes Gemüse (Seite 216), wie Karotten, Schwarzwurzeln oder Rosenkohl, sowie Kartoffelklöße (Seite 238), Semmelknödel (Seite 141), Kartoffelpüree (Seite 232)

WAS MACHE ICH MIT RESTEN?
Der Braten hält sich in der Sauce liegend mindestens 4 bis 5 Tage lang im Kühlschrank frisch.
Bratenreste können für Raviolifüllungen (Seite 136) verwendet werden.

SO WIRD'S GEMACHT

1. Das Rindfleisch in eine große Schüssel legen. Die Zwiebeln und die Karotte schälen, grob würfeln und zum Fleisch geben.

2. Die Knoblauchzehen zusammen mit allen Würzzutaten für die Marinade ebenfalls dazugeben. Den Essig und den Rotwein oder das Wasser dazugießen – das Fleisch sollte fast bedeckt sein (Foto 1).

3. Die Schüssel mit Klarsichtfolie verschließen, dann kalt stellen und das Fleisch etwa 24 Stunden marinieren.

4. Den Kalbsfuß in kaltes Wasser legen und ihn etwa 24 Stunden wässern. Dabei das Wasser öfter wechseln.

5. Das Fleisch aus der Marinade nehmen, abtropfen lassen und trockentupfen. Die Marinade durch ein grobes Sieb in eine Schüssel gießen. Gemüse, Gewürze und die Kräuter abtropfen lassen.

6. Das Fleisch mit Salz und Pfeffer einreiben. Das Fett in einem Schmortopf erhitzen. Das Fleisch hineinlegen und unter Wenden so lange anbraten, bis es rundherum braun ist (Foto 2). Das Fleisch herausnehmen und auf ein Gitter legen.

7. Das abgetropfte Gemüse sowie die Kräuter und Gewürze der Marinade in das Öl geben und goldbraun anrösten. Das Tomatenmark und den Zucker hinzufügen und alles weiterrösten. Das Ganze mehrmals mit wenig Marinade ablöschen und immer wieder einkochen lassen, bis der Saucenansatz glänzt (Foto 3).

8. Nun das Fleisch dazugeben und die restliche Marinade und soviel Wasser angießen, daß das Fleisch zu drei Vierteln in der Flüssigkeit liegt (Foto 4).

9. Den Kalbsfuß dazugeben und alles aufkochen lassen. Den sich absetzenden Schaum und das Fett entfernen. Das Fleisch zugedeckt etwa 2 ¼ Stunden schmoren, es währenddessen öfter wenden.

10. Während der Schmorzeit ab und zu testen, ob der Kalbsfuß und das Fleisch gar sind. Ist der Kalbsfuß gar, ihn herausnehmen und abkühlen lassen. Später dann auch das Fleisch, wenn es weich ist, herausnehmen, mit einem feuchten Tuch abdecken und warm halten.

11. Die Sauce auf 400 ml einkochen lassen, mit Salz und Pfeffer abschmecken und eventuell die Mehlbutter hineinrühren und die Sauce so lange kochen lassen, bis sie bindet.

12. Die Sauce durch ein feines Sieb passieren. Die Haut des Kalbsfußes in Streifen schneiden (Foto 5) und zur Sauce geben.

13. Den Sauerbraten in ½ cm dicke Scheiben schneiden, auf einer Platte anrichten, mit der Sauce überziehen und heiß servieren.

Foto 1

Foto 2

Foto 3

Foto 4

Foto 5

GEBEIZTER TAFELSPITZ

1 kg Tafelspitz in der Rotweinmarinade etwa 24 Stunden marinieren lassen und anschließend wie den Sauerbraten zubereiten, jedoch ½ Eßlöffel mehr Tomatenmark verwenden und keinen Kalbsfuß mitkochen.

GEBEIZTER WILDBRATEN

Anstelle des Rindfleisches 1 kg Wildfleisch aus der Keule oder der Schaufel, auf keinen Fall aber aus dem Rücken verwenden. Es eignen sich Hirsch-, Reh- oder Wildschweinfleisch. Das Fleisch in der Kräutermarinade 24 Stunden marinieren lassen. Den Braten dann wie den Sauerbraten zubereiten, aber keinen Kalbsfuß mitkochen.

MARINADE

Marinaden werden nicht nur für Sauer- und Schmorbraten, sondern auch für Schweine-, Lamm- und Wildfleisch verwendet.

ROTWEINMARINADE

½ l Rotwein
1 geschälte Zwiebel
und 1 geschälte Karotte, in grobe Würfel geschnitten
6 zerdrückte Wacholderbeeren
1 zerdrückte Knoblauchzehe
1 Zweig Thymian
oder Rosmarin
½ Lorbeerblatt

WEISSWEIN-MARINADE

½ l Weißwein
3 EL Weißweinessig
1 geschälte Zwiebel
und 1 geschälte Karotte, in grobe Würfel geschnitten
2 zerdrückte Knoblauchzehen
10 zerdrückte weiße Pfefferkörner
1 Zweig Majoran
3 Gewürznelken
½ Lorbeerblatt

KRÄUTERMARINADE

4 cl Cognac
½ l Weißwein
50 ml Erdnußöl
6 zerdrückte Wacholderbeeren
12 zerdrückte Pfefferkörner
1 geschälte Karotte
und 1 kleines Stück Knollensellerie, in grobe Würfel geschnitten
1 kleine Lauchstange, in kleine Stücke geschnitten
je 1 kleiner Rosmarin-, Majoran- und Thymianzweig
1 kleiner Tannenzweig
1 zerdrückte Knoblauchzehe

TIP
Diese Marinade eignet sich auch für Wildsteaks, die gegrillt werden. In diesem Fall sollte man aber den Wein weglassen.

GRUNDREZEPT

SCHWEINERAGOUT

Das Fleisch aus der Schulter, vom Nacken oder von der Haxe ist für Ragout bestens geeignet, denn es ist gut durchwachsen und bleibt nach dem Garen schön saftig.

FÜR CA. 4 PORTIONEN
800 g Schweinenacken
2 Zwiebeln
Salz
frisch gemahlener weißer Pfeffer
1 TL Paprikapulver edelsüß
1 ½ EL Butterschmalz
1 EL Tomatenmark
1 EL Mehl
1 zerdrückte Knoblauchzehe
¼ Lorbeerblatt
1 kleiner Zweig Majoran

ZUBEREITUNGSZEIT
ca. 1 ¾ Stunden

KALORIEN
Pro Portion ca. 760 kcal

DAS PASST DAZU
Blattsalate (Seite 86) und gedünstetes Gemüse (Seite 216), wie Bohnen oder Karotten, gedünstete Champignons (Seite 229) sowie Kartoffelklöße (Seite 238) oder Nudeln (Seite 134)

WAS MACHE ICH MIT RESTEN?
Das Ragout grob hacken und mit Lasagneblättern in eine Auflaufform schichten oder Canneloni damit füllen. Mornaysauce (Seite 261) darübergießen und alles überbacken.

SO WIRD'S GEMACHT

1. Das Schweinefleisch in etwa 40 g schwere Würfel schneiden. Die Zwiebeln schälen und in feine Würfel schneiden. Die Fleischstücke salzen, pfeffern und mit dem Paprikapulver bestreuen.

2. Das Butterschmalz in einem Schmortopf erhitzen und das Fleisch darin rundherum so lange anbraten, bis es goldbraun ist. Die Zwiebelwürfel dazugeben und ebenfalls goldbraun werden lassen. Danach das Bratfett abgießen.

3. Das Tomatenmark zu dem Fleisch und den Zwiebeln geben und so lange anbraten, bis es leicht bräunlich ist. Nun alles mehrmals mit jeweils wenig Wasser ablöschen und dieses immer wieder einkochen lassen.

4. Das Mehl über das Fleisch stäuben und 2 bis 3 Minuten anschwitzen lassen.

5. Soviel Wasser (etwa ¾ l) zum Ragout gießen, daß es bedeckt ist. Das Ganze aufkochen lassen und das sich absetzende Fett und den Schaum abschöpfen.

6. Den Knoblauch, das Lorbeerblatt und den Majoranzweig zum Ragout geben und es zugedeckt bei geringer Hitzezufuhr in 1 ¼ Stunden garschmoren.

7. Gegen Ende der Garzeit das Fleisch öfter kontrollieren, die weichen Fleischstücke herausnehmen, in eine Schüssel geben und das Fleisch mit einem feuchten Tuch abgedeckt warm halten. Die anderen Stücke so lange weiterschmoren, bis auch sie gar sind.

8. Wenn alle Fleischstücke weich sind, die Sauce sorgfältig entfetten und auf die benötigte Menge einkochen lassen. Die Sauce nochmals mit den Gewürzen gut abschmecken, eventuell durch ein Sieb passieren und das Fleisch wieder in die Sauce geben. Alles nochmals aufkochen lassen, anrichten und sehr heiß servieren.

GRUNDREZEPT

KALBSGULASCH

Für Gulasch wird im Gegensatz zum Ragout das Fleisch nicht angebraten und nicht mit Mehl gebunden. Für die Bindung sorgen hier Zwiebeln. Auch aus Rind- und Schweinefleisch kann man Gulasch zubereiten. Bevorzugte Fleischstücke sind die Haxen, der Nacken und die Schulter.

FÜR CA. 4 PORTIONEN
1 kg Kalbfleisch
400 g Zwiebeln
1 ½ EL Öl
Salz
frisch gemahlener weißer Pfeffer
1 ½ EL Paprikapulver edelsüß
1 ½ EL Tomatenmark
je 1 Msp. Kümmel, Majoran, Thymian und abgeriebene Schale einer unbehandelten Zitrone
1 zerdrückte Knoblauchzehe

ZUBEREITUNGSZEIT
ca. 1 ¾ Stunden

KALORIEN
Pro Portion ca. 340 kcal

DAS PASST DAZU
Semmelknödel (Seite 141) oder Kartoffelklöße (Seite 238), Spätzle (Seite 140), Nudeln (Seite 134) und Blattsalate (Seite 86)

SO WIRD'S GEMACHT

1. Das Kalbfleisch in etwa 4 cm große Würfel schneiden. Die Zwiebel schälen, halbieren und in feine Würfel schneiden.

2. Das Öl in einem Topf erhitzen, die Zwiebeln hineingeben und unter Rühren goldbraun werden lassen. 1 Eßlöffel Wasser dazugießen und die Zwiebeln einige Minuten dünsten.

3. Das Gulaschfleisch mit Salz, Pfeffer sowie mit Paprika würzen und alles gut mischen. Das Fleisch zu den Zwiebeln geben, gut durchrühren und zugedeckt so lange dünsten, bis etwas Fleischsaft austritt. Den Deckel abnehmen und den Fond unter Umrühren einkochen lassen.

4. Das Tomatenmark dazugeben und unter Rühren mitschwitzen. Dann soviel Wasser zum Gulasch gießen, daß das Fleisch nur knapp damit bedeckt ist. Den Topf zudecken und den Gulasch bei geringer Hitzezufuhr in etwa 1 ¼ Stunden garziehen lassen.

5. Den Kümmel mit dem Majoran, dem Thymian, der Zitronenschale sowie dem Knoblauch mischen und alles recht fein hacken. Die Gewürzmischung 10 Minuten vor Ende der Garzeit zum Gulasch geben.

6. Den Gulasch während des Garens öfter kontrollieren und prüfen, ob die Fleischstücke gar sind. Weiche Stücke herausnehmen, damit sie nicht verkochen.

7. Den Gulasch abschmekken und heiß servieren.

HINWEIS
Im Gegensatz zum Ragout wird die Sauce des Gulaschs nicht passiert.

VARIATION
Das fertige Gulasch kann mit 125 g saurer oder süßer Sahne verfeinert werden.

RINDER- ODER SCHWEINEGULASCH

Rinder- und Schweinegulasch werden wie Kalbsgulasch zubereitet. Sie unterscheiden sich nur in der Garzeit und natürlich im Geschmack voneinander. Für den Rindergulasch werden die Zwiebeln nicht in Würfel, sondern in Streifen geschnitten. Die Garzeit beträgt etwa 2 ¼ Stunden. Die Garzeit des Schweinegulaschs ist mit ungefähr 1 ¼ Stunden erheblich geringer.

LAMMCURRY

Die aus Indien stammenden Currys werden in ihrer europäisierten Version meistens mit Sahne, in Indien selber meist mit Joghurt zubereitet. Anstatt der Sahne kann man auch Kokosmilch verwenden.

FÜR 4 PORTIONEN
800 g Lammschulter ohne Fett und Knochen
2 mittelgroße Zwiebeln
1 kleiner aromatischer Apfel
Salz
1 EL Mehl
1 ½ EL Erdnußöl
1 ½ EL Butter
1 ½ EL Currypulver
½ EL Paprikapulver edelsüß
1 TL Tomatenketchup oder -mark
¾ l Kalbsfond (Seite 100 oder aus dem Glas)
1 ½ EL Mangochutney
1 EL Bienenhonig
⅛ l Kokosmilch

ZUBEREITUNGSZEIT
ca. 1 ¾ Stunden

KALORIEN
Pro Portion ca. 610 kcal

DAS PASST DAZU
in Butter gebratene Bananen, Ananas- oder Mangoscheiben und geröstete Mandelblättchen sowie gedünstetes Gemüse (Seite 216), wie feine Erbsen oder Zuckerschoten, sowie Kreolenreis (Seite 142)

WAS MACHE ICH MIT RESTEN?
Das Curry grob hacken und kleine Pfannkuchen (Seite 127) damit füllen. Sie mit Butter bestreichen und im Ofen erwärmen.

SO WIRD'S GEMACHT

1. Die Lammschulter in etwa 40 g schwere Stücke schneiden. Die Zwiebel und den Apfel schälen. Beides in feine Würfel schneiden.

2. Das Fleisch salzen, mit dem Mehl überstäuben und alles gut mischen. Die Fleischwürfel in einer Pfanne im heißen Öl so lange anbraten, bis sie goldgelb sind. Sie dann zum Abtropfen auf ein Sieb geben.

3. Die Butter in einem Topf erwärmen und die Zwiebeln darin goldgelb werden lassen. Die Apfelwürfel hinzufügen und mit anbraten. Mit dem Curry- und dem Paprikapulver bestreuen und alles bei geringer Hitzezufuhr kurz dünsten.

4. Das Tomatenketchup oder -mark dazugeben und den Fond angießen. Das Fleisch hineingeben und das Ganze unter Rühren aufkochen lassen. Den sich absetzenden Schaum und das Fett abschöpfen.

5. Die Hitzezufuhr drosseln und das Curry zugedeckt in etwa 1 Stunde garziehen lassen. Darauf achten, daß das Fleisch immer im Fond liegt, wenn nicht, noch etwas Flüssigkeit nachfüllen.

6. Die weichen Fleischstücke herausnehmen und warm stellen. Wenn alle Fleischwürfel gar sind, das Chutney und den Honig in die Sauce geben. Die Kokosmilch dazugießen und die Sauce so lange einkochen lassen, bis sie sämig ist. Sie dann abschmecken und im Mixer pürieren. Das Fleisch in der Sauce erwärmen. (auf dem Foto: oben)

KALBSFRIKASSEE MIT FRISCHEN CHAMPIGNONS

Das Fleisch gibt der Sauce den Geschmack. Verfeinert wird sie dann durch Sahne und Champignons.

FÜR 4 PORTIONEN
2 kleine Zwiebeln
800 g Kalbfleisch (Haxe, Hals oder Schulter)
40 g Butter
40 g Mehl
80 ml trockener Weißwein
800 ml Wasser oder Kalbsfond (Seite 100 oder aus dem Glas)
40 g Lauch
einige Petersilienstiele
1 kleiner Thymianzweig
1 kleine Knoblauchzehe
Salz, weißer Pfeffer

für die Sauce:
300 g Champignons
1 EL Zitronensaft
20 g Butter
200 g süße Sahne
1 Eigelb

ZUBEREITUNGSZEIT
ca. 1 ½ Stunden

KALORIEN
Pro Portion ca. 695 kcal

DAS PASST DAZU
gedünstete Erbsen (Seite 216) und hausgemachte Nudeln (Seite 134)

SO WIRD'S GEMACHT

1. Die Zwiebeln schälen und in feine Würfel schneiden. Das Kalbfleisch in Würfel zu je 50 g schneiden.

2. Die Butter erhitzen und die Zwiebel darin andünsten, dabei keine Farbe nehmen lassen. Die Kalbfleischwürfel dazugeben und unter ständigem Rühren anziehen lassen, bis sie sich weiß bis hellgrau färben. Die Flüssigkeit, die dabei eventuell entsteht, verdampfen lassen.

3. Das Fleisch und die Zwiebeln mit dem Mehl bestäuben und es anschwitzen. Mit Weißwein und Wasser oder Fond auffüllen.

4. Die Flüssigkeit zum Kochen bringen, dabei ständig rühren und den entstehenden Schaum abschöpfen.

5. Den Lauch, die Petersilie und den Thymianzweig zusammenbinden, den Knoblauch schälen und alles in die Brühe geben.

6. Das Fleisch bei geringer Hitzezufuhr etwa 1 Stunde ziehen lassen, dabei öfter mit dem Metallspachtel am Boden rühren, damit sich kein Belag bildet.

7. Kurz vor Ende der Garzeit das Frikassee mit Salz und Pfeffer würzen.

8. In der Zwischenzeit die Champignons putzen und mit einem feuchten Küchentuch abreiben. Große Köpfe vierteln. Die Pilze mit etwas Zitronensaft in der Butter dünsten, es sollte sich dabei kein Saft bilden.

9. Das Fleisch mit einer Fleischgabel herausnehmen und im Ofen bei 60°C warm halten.

10. Etwa zwei Drittel der Sahne aufkochen lassen und zur Sauce geben. Die restliche Sahne mit dem Eigelb verrühren und diese Legierung in die Sauce geben. Sie vorsichtig unter Rühren erhitzen, und kurz aufkochen lassen.

11. Die Sauce mit Salz und Pfeffer würzen, über das Fleisch geben und das Frikassee mit den Champignons anrichten.
(auf dem Foto: unten)

GRUNDREZEPT

RINDERROULADEN

Rinderrouladen können mit einer Masse aus Hackfleisch, mit Zwiebeln, Gewürzgurken, Eiern, Käse und Schinken gefüllt werden. Aus Kalb- und Schweinefleisch werden kleinere Röllchen zubereitet.

FÜR 4 PORTIONEN
<u>für die Rouladen:</u>
etwas Öl zum Ausfetten
4 Rouladen (à 160 g)
1 große Zwiebel
1 EL Butter
4 kleine Gewürzgurken
1 EL Tafelsenf
4 Scheiben Frühstücksspeck
Salz
weißer Pfeffer

<u>für die Sauce:</u>
2 mittelgroße Zwiebeln
1 mittelgroße Karotte
1 ½ EL Öl
1 EL Tomatenmark
½ TL Zucker
1 EL Mehl
¼ l Rotwein
1 zerdrückte Knoblauchzehe
1 kleiner Zweig Thymian

ZUBEREITUNGSZEIT
ca. 2 Stunden

KALORIEN
Pro Portion ca. 455 kcal

DAS PASST DAZU
gedünsteter Rosenkohl (Seite 216) oder glasierte Schwarzwurzeln (Seite 217), sowie Kartoffelpüree (Seite 232)

WAS MACHE ICH MIT RESTEN?
Die Rinderrouladen halten sich in der Sauce liegend bis zu 5 Tagen im Kühlschrank frisch.

SO WIRD'S GEMACHT

1. Zwei Stücke Plastikfolie mit Öl bestreichen und jede Roulade zwischen den Folienblättern mit einem flachen Gegenstand flachklopfen (Foto 1).

2. Die Zwiebel schälen, halbieren und in feine Scheiben schneiden. In der Butter goldgelb braten, dann auf einen Teller geben und auskühlen lassen.

3. Die Rouladen auf die Arbeitsfläche legen, mit dem Senf bestreichen und auf jede eine Speckscheibe legen. Die Zwiebelscheiben und die Gurken darauf verteilen (Foto 2).

4. Die Rouladen an den Längsseiten etwas einschlagen und ausgehend von einer schmalen Seite so zusammenrollen, daß die Füllung nicht herausfallen kann (Foto 3). Die Rouladen mit Küchengarn zusammenbinden (Foto 4) oder sie mit Zahnstochern oder Rouladennadeln zusammenstecken.

5. Die Zwiebeln und die Karotten schälen und grob würfeln. Die Rouladen salzen und pfeffern. Das Öl im Schmortopf erhitzen, die Rouladen hineinlegen und rundherum so lange anbraten, bis sie goldbraun sind. Die Rouladen herausnehmen und auf ein Abtropfgitter legen.

6. Die Zwiebel- und die Karottenwürfel in das Bratfett geben und solange rösten, bis sie goldbraun sind. Dann das Bratfett abgießen, aber Zwiebel- und Karottenwürfel in dem Topf lassen.

7. Das Tomatenmark und den Zucker dazugeben und so lange mitrösten, bis beides leicht braun wird. Das Mehl darüberstäuben und ebenfalls mitrösten. Alles mehrmals mit dem Rotwein ablöschen und diesen immer wieder einkochen lassen.

8. Den restlichen Rotwein und ¾ l Wasser dazugießen. Alles unter Rühren zum Kochen bringen und den sich absetzenden Schaum und das Fett entfernen.

9. Die Rouladen hineinlegen und den Knoblauch sowie den Thymian dazugeben. Die Rouladen zugedeckt bei geringer Hitzezufuhr in etwa 1 ¼ Stunden garschmoren.

10. Die fertigen Rouladen aus dem Topf nehmen, das Garn oder die Nadeln entfernen und die Rouladen bei 65 bis 70°C im Ofen warm halten.

11. Wenn nötig, die Sauce etwas einkochen lassen, sie mit Salz und Pfeffer abschmecken und durch ein feines Sieb passieren. Die Rouladen wieder in die Sauce geben, nochmals erhitzen, anrichten und heiß servieren.

VARIATION
Die Rouladensauce kann auch mit Crème fraîche, mit süßer oder mit saurer Sahne zubereitet werden.

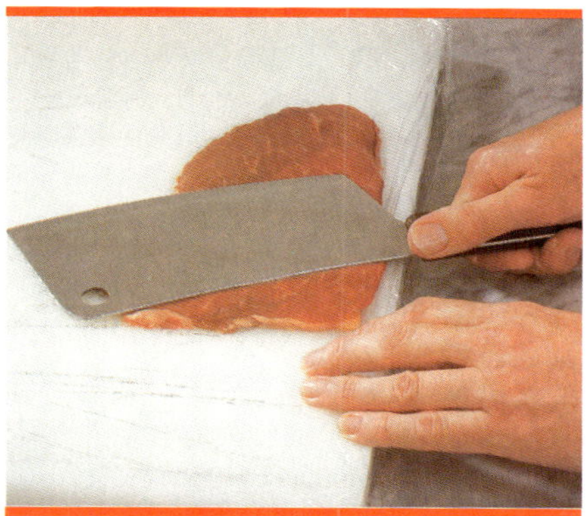

Foto 1

Foto 2

Foto 3

Foto 4

Foto 5

ROULADEN MIT HACKFLEISCH-FÜLLUNG

(Foto 5)

3 Eßlöffel fein gewürfelte Zwiebeln in ½ Eßlöffel Butter goldgelb werden und dann auskühlen lassen.
1 Brötchen in Wasser einweichen, ausdrücken und durch ein Sieb streichen.
200 g Schweinehackfleisch zusammen mit den Zwiebeln und dem Brötchen in eine Schüssel geben. Salz und frisch gemahlenen weißen Pfeffer sowie 1 Eßlöffel gehackte Petersilie und 1 Eiweiß dazugeben und alles zu einer Farce verarbeiten. Die Rouladen mit der Hackfleischfarce füllen und wie im Grundrezept beschrieben garen.

VARIATIONEN

– Man kann nach Belieben noch 1 kleine, in Würfel geschnittene Paprikaschote oder 100 g gehackte Pilze zur Fleischfarce geben.
– Für Kalb- oder Schweinefleischröllchen (siehe rechts) können gehackte grüne und schwarze Oliven sowie Oregano unter die Füllung gemischt werden.
– Oder kaufen Sie beim Metzger Kalbsbrät zum Füllen von Rouladen und Röllchen und verfeinern es mit gehackten Kräutern wie zum Beispiel Basilikum, Estragon, Kerbel, Majoran oder Thymian.

GEFÜLLTE FLEISCHRÖLLCHEN

(auf dem Foto unten)

Für 4 Portionen 8 Kalb- oder Schweinefleischscheiben aus der Keule (à 80 g) flachklopfen. Die Scheiben mit je 1 Scheibe Lachsschinken, 1 Salbeiblatt und 1 Stück Schnittkäse belegen, zusammenrollen und mit Küchengarn umwickeln oder mit einem Zahnstocher feststekken. Die Röllchen salzen und pfeffern, in 1 ½ Eßlöffeln Öl rundherum braten und sie dann aus dem Topf nehmen. 150 g Zwiebel- und Karottenwürfel im Bratfett rösten. 1 Eßlöffel Tomatenmark hinzufügen, mit anrösten und alles mit 1 Eßlöffel Mehl überstäuben.
Das Ganze mehrmals mit jeweils wenig Wasser ablöschen und es immer wieder einkochen lassen. Dann ¾ l Wasser angießen, alles umrühren und aufkochen lassen.
Die Röllchen hineinlegen und zugedeckt in 45 bis 60 Minuten garschmoren.
Die Sauce salzen, pfeffern und durch ein Sieb passieren.

GRUNDREZEPT

HACKBRATEN

Hackfleisch muß, so steht es auch im Gesetz geschrieben, am Tage der Herstellung verarbeitet werden.
Eine gute Hackmasse besteht immer zur Hälfte aus gut durchwachsenem Schweinenacken und zur Hälfte aus Rind-, Kalb-, Lamm- oder Geflügelfleisch.

FÜR 4 PORTIONEN
für die Hackmasse:
250 g durchwachsener Schweinenacken
250 g Rindfleisch
100 g Zwiebeln
1 EL Butter
2 frische Brötchen
Salz
frisch gemahlener weißer Pfeffer
1 EL gehackte Petersilie
1 Ei
1 EL Semmelbrösel
Öl für die Hände

für die Sauce:
1 ½ EL Butterschmalz zum Ausfetten
1 Zwiebel
1 Karotte
400 ml Kalbsjus (Seite 256) oder Kalbsfond (aus dem Glas)

ZUBEREITUNGSZEIT
ca. 1 Stunde

KALORIEN
Pro Portion ca. 470 kcal

DAS PASST DAZU
gedünstetes Gemüse (Seite 216), wie Blumen-, Rosen-, Weiß- oder Rotkohl, Erbsen, Bohnen, Karotten, Kohlrabi, Schwarzwurzeln, sowie Bratkartoffeln (Seite 237) oder Salzkartoffeln (Seite 231)

SO WIRD'S GEMACHT
1. Das Schweine- und das Rindfleisch in lange fingerdicke Streifen schneiden und kalt stellen.

2. Die Zwiebeln schälen, halbieren, in Scheiben schneiden und sie in der Butter so lange braten, bis sie goldgelb sind. Sie zum Auskühlen auf einen Teller geben. Die Brötchen in kaltem Wasser einweichen.

3. Die Brötchen gut ausdrükken, mit den Zwiebeln mischen und alles mit Salz und Pfeffer würzen.

4. Das Fleisch durch die feine Scheibe des Fleischwolfes (mit 3 mm Lochdurchmesser) drehen (Foto 1). Dann die Brötchen mit den Zwiebeln durch den Fleischwolf drehen. Am Schluß einen zusammengedrehten Pergamentbogen durch den Wolf drehen, so kommen die letzten Reste heraus (Foto 2).

5. Die Petersilie, das Ei und die Semmelbrösel zur Hackmasse geben und sie mit den Händen rasch zusammendrücken (Foto 3), nicht kneten.

6. Dann die Hände und die Arbeitsfläche einölen. Die Masse auf der Fläche zu einem länglichen Braten formen (Foto 4). Den Backofen auf 200°C vorheizen.

7. Eine passende Pfanne mit dem Butterschmalz ausstreichen und den Hackbraten hineinlegen.

8. Die Zwiebel und die Karotte schälen, beides grob würfeln und um den Braten verteilen. Die Pfanne in den Ofen stellen und den Hackbraten etwa 35 Minuten braten. Ihn dabei öfter mit Bratfett begießen.

9. Den fertigen Hackbraten aus der Pfanne nehmen und ihn bei 65 bis 70°C im Ofen warm halten. Die Jus oder den Fond in die Pfanne gießen und um die Hälfte einkochen lassen. Mit Salz und Pfeffer würzen, das Ganze durch ein Sieb passieren und zum Hackbraten servieren.

TIPS
– Der Anteil des Brotes, das als Lockerungsmittel sehr wichtig ist, beträgt etwa 20 Prozent. Weißbrot oder Brötchen sollten frisch sein. Sie können mit Wasser oder mit süßer Sahne befeuchtet werden.
– Zum Würzen reichen in den meisten Fällen Salz und frisch gemahlener Pfeffer aus. An Kräutern kann man Petersilie, Kerbel, Schnittlauch, Majoran und Thymian hinzufügen.

VARIATIONEN
– Die Sauce kann auch mit süßer Sahne zubereitet werden. Dann aber nur 200 ml Kalbsjus (Seite 256) oder -fond (Seite 100 oder aus dem Glas) angießen und auf die Hälfte einkochen lassen. 200 g süße Sahne in einem Topf auf die Hälfte einkochen lassen und dann mit der Jus mischen und mit Paprikapulver würzen.
– Keine Semmelbrösel zur Hackmasse geben und sie in Portionen teilen. Daraus mit geölten Händen Deutsche Beefsteaks (Frikadellen, Buletten) formen und sie in der Pfanne in 8 bis 10 Minuten braten.
– Selbstverständlich kann auch das Hackfleisch bereits fertig gekauft werden.

KOHLROULADEN

Für diese Variation sollte man das Grundrezept gut beherrschen.
Für 6 Portionen die Hackmasse in der im Grundrezept angegebenen Menge zubereiten.
12 große Wirsing- oder Weißkohlblätter kurz in kochendes Salzwasser geben und anschließend in kaltem Salzwasser abschrecken und abtropfen lassen.
Je 2 Kohlblätter sich an den längeren Seiten überlappend auf eine Arbeitsfläche legen und mit Salz, Pfeffer und Kümmel bestreuen.
Jeweils ein Sechstel der Hackmasse daraufgeben und alles zu einer Roulade zusammenrollen. Die Rouladen mit einem Faden umwickeln, sie in einen mit Butter ausgefetteten und mit dicken Zwiebel- und Karottenscheiben ausgelegten Schmortopf legen. Etwa ½ l Brühe (Seite 100) oder Jus (Seite 256) dazugießen, die Rouladen mit Kümmel bestreuen und zugedeckt im Ofen in etwa ½ Stunde garen. Den Schmorfond auf die Hälfte einkochen lassen, mit Salz und Pfeffer würzen und dazu servieren.

BITKI

(Foto 5)
Für diese Variation sollte man das Grundrezept gut beherrschen.
Je 100 g Kalb- und Geflügelfleisch (aus der Keule) und 200 g Schweinenacken in Streifen schneiden und kalt stellen. 1 mittelgroße Zwiebel schälen, halbieren, in Streifen schneiden und in 1 Eßlöffel Butter glasig dünsten. Sie dann auskühlen lassen.
80 g frisches Weißbrot in dünne Scheiben schneiden, in ein flaches Geschirr legen und mit 150 g süßer Sahne übergießen.
Die Zwiebelscheiben und das Weißbrot (zusammen mit der Sahne) zum Fleisch geben. Alles mit Salz, frisch gemahlenem weißem Pfeffer und Paprikapulver edelsüß würzen.
Die Mischung durch die feine Scheibe des Fleischwolfes (3 mm Lochdurchmesser) drehen. 1 Eßlöffel gehackte Petersilie und ein kleines Ei dazugeben und alles rasch mischen, nicht kneten. Mit eingeölten Händen aus der Hackmasse acht gleich große und schwere, runde Medaillons formen und sie in 1 ½ Eßlöffeln Butter etwa 6 Minuten braten, sie sollten goldgelb sein.
Dazu passen als Garnitur Streifen von gekochten roten Beten oder von roher Salatgurke. Als Beilage passen frische Steinpilze mit Knoblauch und Petersilie oder gedünstete Champignons (Seiten 228 und 229) oder glasiertes Gemüse (Seite 217), wie weiße Rüben/Navetten oder Karotten, oder gedünstetes Gemüse (Seite 216), wie Kohlrabi, Rosenkohl oder Schwarzwurzeln, sowie Bratkartoffeln (Seite 237) oder Salzkartoffeln (Seite 231).

KALBSBRISOLETTEN

Die Hackmasse für die Bitki nur mit Kalb- und Schweinefleisch und ohne Paprikapulver zubereiten.
Die Hackmasse zu ovalen Medaillons formen, sie in Semmelbrösel wälzen und in Butter braten.
Dazu passen ein Kalbsjus (Seite 256) und gedünstetes Gemüse (Seite 216), wie Blumenkohl, feine Erbsen, Zuckerschoten, Karotten, Kohlrabi oder Spargel, sowie Salz- oder Pellkartoffeln (Seite 230 und 231).

Foto 1

Foto 2

Foto 3

Foto 4

Foto 5

HACKFLEISCHSAUCE BOLOGNESER ART

Hackfleischsaucen sind die idealen Begleiter von Teigwaren. Man kann mit ihnen aber auch gut Nudel-, Kartoffel- und Gemüseaufläufe zubereiten.

FÜR 4 PORTIONEN
2 mittelgroße Zwiebeln
4 EL Olivenöl
400 g mageres Rinderhackfleisch
3 EL Tomatenmark (doppelt konzentriert)
400 ml Kalbsfond (Seite 100 oder aus dem Glas) oder Kalbsjus (Seite 256)
1 zerdrückte Knoblauchzehe
Salz
frisch gemahlener schwarzer Pfeffer
1 ½ EL gemischte gehackte Kräuter (Oregano, glattblättrige Petersilie)

ZUBEREITUNGSZEIT
ca. 1 Stunde

KALORIEN
Pro Portion ca. 285 kcal

DAS PASST DAZU
Makkaroni, Ravioli (Seite 136) und Spaghetti

SO WIRD'S GEMACHT

1. Die Zwiebeln schälen, halbieren und fein würfeln.

2. Das Olivenöl in einem Topf erhitzen und das Hackfleisch darin anbraten.

3. Die Zwiebeln dazugeben und goldbraun werden lassen. Das Tomatenmark hinzufügen und etwa 3 Minuten mitrösten.

4. Den Fond oder die Jus zum Fleisch gießen und es mit dem Knoblauch, mit Salz und Pfeffer würzen.

5. Die Sauce aufkochen lassen, den sich absetzenden Schaum entfernen und die Sauce etwa 35 Minuten köcheln lassen. Wenn das Fleisch gar (weich) ist, die gehackten Kräuter dazugeben.
(auf dem Foto: unten)

SAUCE BOLOGNESE MIT STEINPILZEN

Die Sauce Bolognese, wie im Rezept beschrieben, zubereiten. Während des Garens 150 g frische Steinpilze putzen, waschen, abtropfen lassen und in feine Scheiben schneiden. Die Pilzscheiben salzen und pfeffern. 1 Eßlöffel Butterschmalz in einer Pfanne erhitzen und die Pilze darin etwa 3 Minuten scharf anbraten. Sie dann auf einem Sieb abtropfen lassen und unter die fertige Sauce mischen.

SAUCE BOLOGNESE AUS SCHWEINSHAXEN

1 kg Schweinshaxen und ½ l Rinderbrühe (Seite 100) oder -fond (aus dem Glas) in einen Schnellkochtopf geben und die Haxen in etwa 50 Minuten garen (im normalen Topf in etwa 2 ½ Stunden). Die Haxen anschließend herausnehmen, erkalten lassen und das Fleisch von den Knochen lösen. Es dann in feine Würfel schneiden.
Die Sauce Bolognese, wie im Rezept beschrieben, aber statt mit Hackfleisch mit dem Fleisch der Haxen zubereiten. Statt des Fonds oder der Jus den Haxensud nach und nach dazugießen. Die Sauce mit 1 ½ Eßlöffeln frischem Basilikum, Rosmarin und Salbei oder mit 1 Teelöffel getrockneten Kräutern würzen.

SUGO MIT SCHWEINEFLEISCH

Sugo wird, anders als die Sauce Bolognese, mit Speck, Schinken und Schweinehackfleisch sowie mit Wein zubereitet.

FÜR 4 PORTIONEN
1 große Zwiebel
1 Karotte
50 g magerer Speck
50 g roher Schinken
2 EL Olivenöl
300 g mageres Schweinehackfleisch
1 EL Tomatenmark (doppelt konzentriert)
3 Zweige glattblättrige Petersilie
1 Lorbeerblatt
⅛ l Rotwein
Salz
frisch gemahlener schwarzer Pfeffer
¼ l Fleischbrühe (selbstgekocht siehe Seite 100 oder aus Instant zubereitet)

ZUBEREITUNGSZEIT
ca. 1 Stunde

KALORIEN
Pro Portion ca. 300 kcal

DAS PASST DAZU
Nudeln (Seite 134), Polenta (Seite 146) oder Kartoffelpüree (Seite 232)

SO WIRD'S GEMACHT

1. Die Zwiebel und die Karotte schälen und fein würfeln. Den Speck und den Schinken ebenfalls in feine Würfel schneiden.

2. Das Öl in einem Topf erhitzen und den Speck darin leicht anrösten. Die Zwiebel- und die Karottenwürfel dazugeben und kurz mitbraten lassen.

3. Die Schinkenwürfel, das Hackfleisch und das Tomatenmark hinzufügen. Alles 2 bis 3 Minuten mit braten. Dann die Petersilienzweige und das Lorbeerblatt dazugeben.

4. Die Hälfte des Weins dazugießen und ihn auf die Hälfte einkochen lassen. Die Sauce mit Salz und Pfeffer würzen.

5. Den restlichen Wein und nach und nach die Brühe dazugießen. Das Sugo zugedeckt etwa 35 Minuten schmoren lassen – es soll danach leicht sämig sein.

6. Die Petersilienzweige und das Lorbeerblatt entfernen. Das Sugo mit Salz und Pfeffer abschmecken und heiß servieren.
(auf dem Foto: oben)

SUGO MIT ERBSEN

Das Sugo wie im Rezept beschrieben zubereiten und etwa 10 Minuten vor Ende der Garzeit 250 g frisch enthülste oder tiefgekühlte Erbsen dazugeben. Makkaroni oder Penne (Nudelsorte) dazu servieren.

SUGO MIT PAPRIKASCHOTEN

Das Sugo wie im Rezept beschrieben zubereiten. Während des Garens je 1 rote, grüne und gelbe Paprikaschote vierteln, entkernen, waschen und in feine Würfel schneiden. In einem separaten Topf 1 Eßlöffel Butter erhitzen, die Paprikawürfel und 1 Teelöffel Paprikapulver edelsüß dazugeben. Die Würfel in 10 bis 12 Minuten weich dünsten. Sie etwa 5 Minuten vor Ende der Garzeit des Sugos dazugeben. Dazu Spaghetti servieren.

GRUNDREZEPT

GEDÜNSTETES KALBSBRIES

Kalbsbries ist eine der schmackhaftesten Innereien. Das Bries kann auf viele Arten zubereitet werden, man kann es braten, backen und kochen oder mit Krusten- und Schalentieren, Geflügel-, Lamm- oder Kalbfleisch zu einem Ragout verarbeiten.

FÜR 4 PORTIONEN
700 g Kalbsbries
1 Zwiebel
1 Karotte
½ EL Butter zum Ausfetten
¼ l Kalbsfond (Seite 100 oder aus dem Glas)
Salz
frisch gemahlener weißer Pfeffer
je 1 kleinen Zweig Petersilie und Thymian

ZUBEREITUNGSZEIT
ca. 1 Stunde
Zeit zum Wässern:
ca. 2 Stunden

KALORIEN
Pro Portion ca. 190 kcal

DAS PASST DAZU
Portweinrahmsauce (Seite 263)

SO WIRD'S GEMACHT

1. Vom Kalbsbries möglichst alle Häute und die knorpeligen Gefäßzugänge entfernen (Foto 1). Es dann in lauwarmes Wasser legen und etwa 2 Stunden wässern. Das Wasser öfter wechseln.

2. Das gewässerte Kalbsbries in einen Topf geben und mit kaltem Wasser bedecken. Alles zugedeckt bei starker Hitzezufuhr schnell zum Kochen bringen und 5 Minuten sieden lassen. Das Bries herausnehmen und mit kaltem Wasser abspülen.

3. Die Zwiebel und die Karotte schälen. In ½ cm dicke Scheiben schneiden.

4. Einen passenden Topf mit der Butter ausfetten und den Boden mit den Zwiebel- und den Karottenscheiben bedecken. Das Kalbsbries darauf legen (Foto 2).

5. Den Topf auf die heiße Herdplatte stellen und erhitzen, ohne daß das Gemüse Farbe annimmt. Den Fond dazugießen, mit Salz und Pfeffer würzen, die Petersilie und den Thymian hinzufügen und alles zugedeckt bei schwacher Hitze etwa 25 Minuten dünsten.

6. Den Topf vom Herd nehmen und alles etwas abkühlen lassen. Dann das Bries herausnehmen.

7. Vom Bries die restlichen Häute entfernen (Foto 3) und es, je nach Weiterverwendung, entweder in ½ cm dicke Scheiben schneiden (Foto 4) oder die einzelnen Segmente aus dem Bindegewebe lösen (Foto 5).

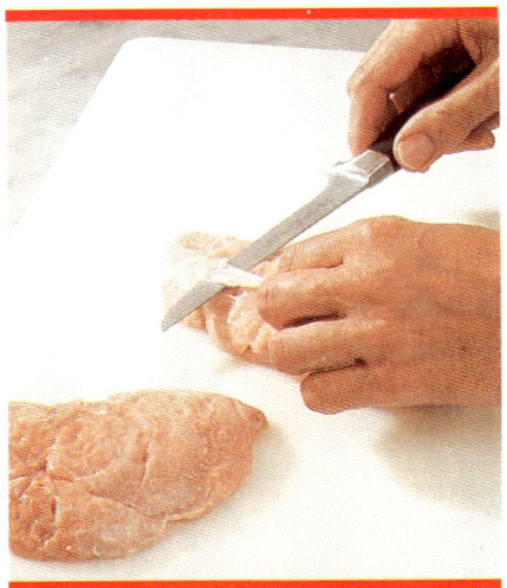

Foto 1

Foto 2

Foto 3

Foto 4

Foto 5

GEKOCHTE KALBSZUNGE

Zungen können frisch, gepökelt oder geräuchert, gekocht, kalt oder warm mit vielen Saucen serviert werden.

FÜR 4 PORTIONEN
800 g Kalbszunge
1 mittelgroße Zwiebel
1 mittelgroße Karotte
⅛ Knolle Sellerie
1 kleines Lorbeerblatt
3 Gewürznelken
4 zerdrückte weiße Pfefferkörner

ZUBEREITUNGSZEIT
ca. 1 ½ Stunden

KALORIEN
Pro Portion ca. 215 kcal

SO WIRD'S GEMACHT

1. Die Zunge waschen und in einen Topf legen. Sie mit kaltem Wasser bedecken und zugedeckt bei starker Hitzezufuhr rasch zum Kochen bringen. Die Zunge etwa 5 Minuten sieden lassen.

2. Den Topf vom Herd nehmen, die Zunge in eine Schüssel legen und zuerst mit heißem, dann so lange mit kaltem Wasser abspülen, bis das Wasser klar ist.

3. Die Zunge wieder in einen Topf geben, so viel kaltes Wasser dazugießen, bis sie bedeckt ist. Alles rasch zum Kochen bringen und den sich absetzenden Schaum entfernen. Die Hitze reduzieren und die Zunge etwa 80 Minuten ziehen lassen. Darauf achten, daß die Zunge immer mit Flüssigkeit bedeckt ist.

4. Nun die Zwiebel, die Karotte und den Sellerie schälen. Die Zwiebel mit einem Einschnitt versehen, das Lorbeerblatt hineinstekken und mit den Gewürznelken feststecken (Foto 1). Die Karotte und den Sellerie zusammenbinden.

5. Die gespickte Zwiebel, das Gemüsebündel und die Pfefferkörner etwa nach ½ Stunde Garzeit zur Zunge geben.

6. Die Zunge ist gar, wenn sich ihre Spitze mit Daumen und Zeigefinger leicht durchdrücken oder mit einer Gabel leicht durchstechen läßt (Foto 2). Die gegarte Zunge kalt abspülen und die Haut abziehen (Foto 3).

TIP
Kalbs-, Lamm- und Schweinezungen werden der Länge nach (Foto 4), Rinderzungen werden quer (Foto 5) in Scheiben geschnitten.

Foto 1

Foto 2

Foto 3

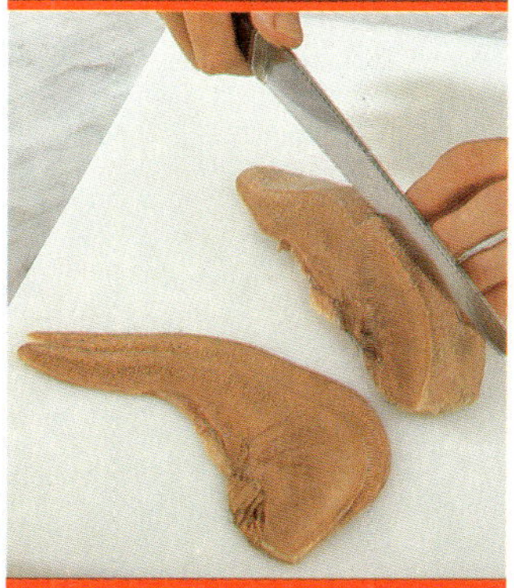
Foto 4

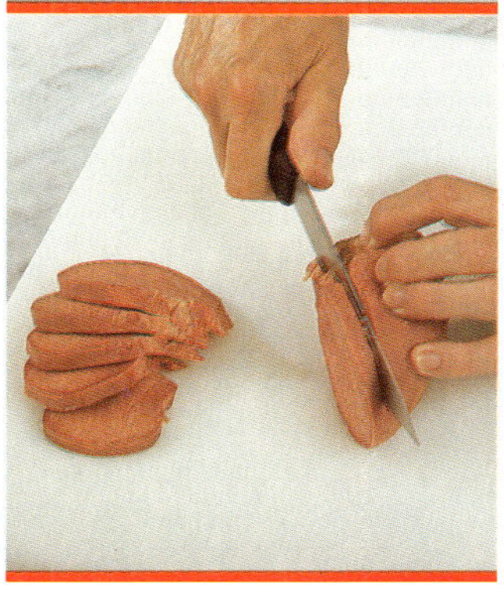
Foto 5

GRUNDREZEPT

GEBRATENE KALBSLEBER

Zubereitet werden Kalb-, Lamm-, Rind- und Schweinelebern. Am begehrtesten ist die Kalbsleber, aber auch die Heidschnuckenleber hat einen sehr feinen, ausgeprägten, arteigenen Geschmack. Leber wird meist gebraten oder gegrillt.

FÜR 2 PORTIONEN
350 g Kalbsleber
Salz
frisch gemahlener weißer Pfeffer
1 EL Mehl
1 ½ EL Butter
150 ml Kalbsjus (Seite 256) oder Kalbsfond (Seite 100 oder aus dem Glas)
½ EL gemischte gehackte Kräuter (Thymian, Petersilie, Basilikum)

ZUBEREITUNGSZEIT
ca. ¼ Stunde

KALORIEN
Pro Portion ca. 295 kcal

DAS PASST DAZU
Kräuterbutter (Seite 269) sowie gedünstetes Gemüse (Seite 216), Kartoffelgerichte (Seite 230 bis 237) oder Reis (Seite 142)

WAS MACHE ICH MIT RESTEN?
Die gebratene Leber kann kalt mit Salaten gegessen werden.

SO WIRD'S GEMACHT

1. Die Leber für 3 bis 4 Minuten in warmes Wasser legen. Sie dann herausnehmen, die Haut an einer Stelle anritzen und abziehen.

2. Die Leber mit einem langen, scharfen Messer in bleistiftdicke Scheiben schneiden.

3. Die Leberscheiben mit Salz und Pfeffer würzen, sie in Mehl wenden und das überschüssige Mehl gut abklopfen.

4. Die Butter in einer Pfanne erhitzen (sie darf nicht braun werden). Die Leberscheiben in die Pfanne legen und bei nicht zu starker Hitzezufuhr etwa 4 Minuten braten. Sie zwischendurch mit einer Fleischgabel oder mit einer Palette wenden, ohne die Leber dabei anzustechen.

5. Die Leberscheiben, sie sollten innen noch rosa sein, aus der Pfanne nehmen und auf heißen Tellern anrichten, mit dem Bratfett begießen und bei 65 bis 70°C im Ofen warm halten.

6. Die Jus oder den Fond auf die Hälfte einkochen lassen, die Kräuter dazugeben und die Sauce mit Salz und Pfeffer abschmecken. Sie rund um die Leber gießen.

TIP
Leber wird durch das Salzen vor dem Braten nicht hart. Das geschieht nur dann, wenn sie zu heiß gebraten wird oder von schlechter Qualität ist.

GEGRILLTE KALBSLEBER MIT SPECK

4 Scheiben Kalbsleber (à 80 g) salzen, pfeffern und in 1 ½ Eßlöffeln Öl wenden. Sie auf einen Grillrost über offener Glut oder unter den elektrischen Grill legen und nach etwa 1 Minute mit der Grillzange wenden.
Die Leberscheiben beim nächsten Wenden um 90 Grad drehen, damit auf ihrer Oberfläche ein schönes Muster entsteht. Gleichzeitig 4 Scheiben Frühstücksspeck mitgrillen.
Die Leber zusammen mit dem Speck und je einer gegrillten Tomate und Kräuterbutter (Seite 269) anrichten. Dazu passen grüne Bohnen (Seite 216).

GESCHNETZELTE KALBSLEBER MIT CHAMPIGNONS

150 ml weiße Grundsauce (Seite 260) zubereiten, jedoch noch 1 bis 2 Eßlöffel eingekochte Sahne hinzufügen. 300 g gehäutete Leber in bleistiftdicke Streifen schneiden. 150 g geputzte und gewaschene Champignons in dicke Scheiben schneiden.
Die Leber salzen, pfeffern und in 1 ½ Eßlöffeln Butter in 2 bis 3 Minuten anbraten. Sie dann zum Abtropfen auf ein Sieb legen.
Die Champignons mit Salz und Pfeffer bestreuen, in derselben Pfanne in 1 Eßlöffel Butter so lange braten, bis sie goldgelb sind. Die Pilze zur Leber geben.
Die Leber und die Champignons in die heiße Rahmsauce geben, darin nochmals erwärmen, die Sauce aber nicht kochen lassen.
Alles anrichten, mit etwa ½ Eßlöffel gehackter Petersilie bestreuen und heiß servieren. Dazu passen Rösti (Seite 236).

GRUNDREZEPT

SAURE SCHWEINENIEREN

Wie alle Innereien können auch Nieren sehr abwechslungsreich zubereitet werden. Beliebt sind Kalbs-, Lamm-, Rinder- und Schweinenieren. Sie können gebraten, gegrillt, gekocht und ganz, halbiert, in Scheiben geschnitten oder geschnetzelt zubereitet werden.

FÜR 2 PORTIONEN
300 g Schweinenieren
1 Schalotte
Salz
frisch gemahlener weißer Pfeffer
1 EL Butter
2 EL Rotweinessig
30 ml (3 cl) Rotwein
200 ml Kalbsjus (Seite 256) oder Kalbsfond (aus dem Glas)
½ TL Mehlbutter (Seite 263)
1 TL Schnittlauchröllchen

ZUBEREITUNGSZEIT
ca. 20 Minuten

KALORIEN
Pro Portion ca. 265 kcal

DAS PASST DAZU
Gedünstetes Gemüse (Seite 216) sowie Kartoffelpüree (Seite 232) oder -gratin (Seite 234), Salzkartoffeln (Seite 231)

SO WIRD'S GEMACHT

1. Die Nieren der Länge nach von der gerundeten Seite her zur Mitte hin halbieren (Foto 1). Die weißen Gefäße herausschneiden (Foto 2) und die Außenhäute abziehen.

2. Die Nieren waschen und trockentupfen. Sie anschließend in feine Streifen schneiden (Foto 3). Die Schalotte schälen und in feine Würfel schneiden.

3. Die Nieren salzen und pfeffern. Die Butter in einer Pfanne erhitzen, die Nierenstreifen hineingeben und sie etwa 3 Minuten auf beiden Seiten anbraten – sie müssen innen noch rosa sein. Die Nieren zum Abtropfen auf ein Sieb legen.

4. Die Schalottenwürfel in dem Bratfett glasig dünsten, den Essig und den Wein dazugießen. Auch die Jus oder den Fond dazugeben und alles auf die Hälfte einkochen lassen.

5. Die Pfanne vom Herd nehmen und die Mehlbutter in kleinen Flöckchen unter die Sauce rühren. Sie nochmals aufkochen lassen salzen und pfeffern.

6. Die Nierenstreifen in die Sauce geben, darin erwärmen, die Sauce aber nicht kochen lassen. Die Nieren anrichten und mit Schnittlauch bestreuen.

VARIATION
Kalbsnieren können auf die gleiche Art zubereitet werden. Sie werden jedoch nur gehäutet und in Scheiben geschnitten (Foto 5).

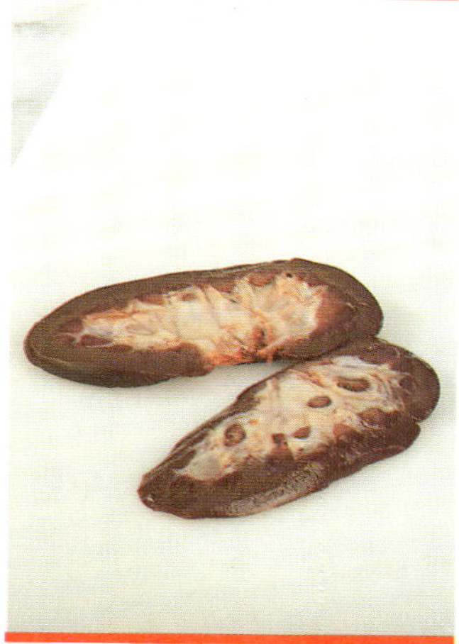

Foto 1

Foto 2

Foto 3

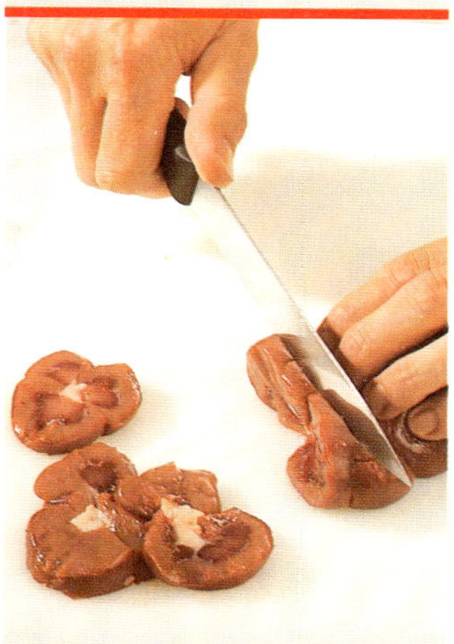

Foto 4

GRUNDREZEPT

GEMÜSE UND KARTOFFELN

Erbsen, Linsen und Pferdebohnen waren die ersten Gemüsesorten, die man züchtete und anbaute. In den Klostergärten des Mittelalters kamen dann verschiedene Kohlsorten, Möhren, Zwiebeln, Knoblauch und Sellerie dazu – mit einem Wort alles, was auch heute noch in einen kräftigen Gemüseeintopf gehört. Aber auch feinere Sorten gibt es schon lange, wie beispielsweise den Spargel, der nicht selten als „König" im Gemüsebeet bezeichnet wird. Und immer wieder erobern neue „Importe" unseren Markt, so zum Beispiel die Zucchini.

Daß die Kartoffel – übrigens genauso wie die Tomate – erst von den spanischen Eroberern aus Mittelamerika mitgebracht wurde, ist vielen geläufig. Weniger bekannt sein dürfte, daß sie ihren Namen einer Verwechslung mit der Trüffel verdankt. Akzeptiert wurde die Kartoffel nur langsam, und noch 1740 mußten die preußischen Bauern auf Anordnung Friedrichs des Großen dazu gezwungen werden, die unbekannte Knolle anzubauen. Heute ist die preiswerte, leicht zu lagernde Kartoffel aus unserer Küche nicht mehr wegzudenken. Und so gibt es viele Zubereitungen, angefangen von den Salz- oder Pellkartoffeln – also Kartoffeln pur – bis hin zu Kartoffelpuffern, Rösti, Bratkartoffeln und Kartoffelpüree.

GRUNDREZEPT

GEDÄMPFTES GEMÜSE

Diese sehr schonende, fettlose Garmethode ziehen viele Feinschmecker dem Kochen vor, denn das Gemüse kommt nicht mit dem Wasser in Berührung, und wertvolle Inhalts- und Geschmacksstoffe bleiben erhalten.

FÜR 2 PORTIONEN
1 Fenchelknolle
200 g Blumenkohl oder Brokkoli
2 kleine Tomaten
2 kleine Karotten
Salz
1 EL feingehackter Schnittlauch, Petersilie oder Kerbel oder eine Mischung dieser Kräuter
2 EL Butter

BESONDERES KÜCHENGERÄT
gut verschließbarer Topf mit Dämpfeinsatz

ZUBEREITUNGSZEIT
ca. 35 Minuten

KALORIEN
Pro Portion ca. 165 kcal

DAS PASST DAZU
Sauce hollandaise (Seite 266), diverse Fleischgerichte (Seite 188 bis 211), gekochter oder gedämpfter Fisch (Seiten 150 und 152)

SO WIRD'S GEMACHT

1. Die Fenchelknolle putzen und je nach Größe längs halbieren oder vierteln.

2. Den Blumenkohl oder die Brokkoli in Röschen zerteilen.

3. Den Stielansatz der Tomaten entfernen und die Früchte oben kreuzweise leicht einschneiden.

4. Die Karotten schälen und in ½ cm dicke Scheiben schneiden.

5. Die einzelnen Gemüsesorten nebeneinander in einen Dämpfeinsatz legen (Foto 1). Den passenden Topf 3 cm hoch mit Wasser füllen und es aufkochen lassen.

6. Den Dämpfeinsatz hineinstellen, den Topf zudecken und das Gemüse etwa 20 Minuten im Dampf garen. Nach etwa 10 Minuten mit sehr wenig Salz bestreuen, meist bleiben die Geschmacksstoffe so gut erhalten, daß salzen kaum mehr nötig ist. In den letzten 5 Minuten die Tomaten dazugeben und mitdämpfen.

7. Das Gemüse herausnehmen, anrichten und mit den Kräutern bestreuen, die Tomaten nach Belieben enthäuten. Die Butter schmelzen lassen und über das Gemüse gießen.

TIP
Diese Zubereitungsart eignet sich für die meisten Gemüsesorten. Greifen Sie auf das saisonale Angebot zurück.

DÄMPFEN OHNE WASSERZUSATZ

(Foto 2)
Für diese Garmethode, die besonders leicht und bekömmlich ist, nimmt man gute Edelstahltöpfe mit einem starken sogenannten Sandwichboden und gutschließendem Deckel. Den Topf leicht aufheizen (bei einigen im Handel erhältlichen Marken wird die Temperatur des Topfes angezeigt). Das Gemüse waschen und tropfnaß in den Topf geben, den Deckel darauf setzen und das Gemüse bei geringster Hitzezufuhr garen.

DÄMPFEN IM SCHNELLKOCHTOPF

(Foto 3)
Auch im Schnellkochtopf kann Gemüse gedämpft werden. Das Gemüse in den Siebeinsatz legen und über dem dampfenden Wasser des Topfes unter Druck garen. Die Garzeit reduziert sich auf ungefähr ein Drittel der normalen Garzeit. Bei einigen Schnellkochtöpfen kann das Gemüse mit etwas weniger Druck und damit schonender gegart werden. Wählen Sie dazu die entsprechende Einstellung.

ÜBERBACKENER FENCHEL

(Foto 4)
2 Fenchelknollen dämpfen, in eine ausgefettete Auflaufform legen, mit etwas Käse oder Käsesauce (Seite 261) bestreuen, Butterflöckchen darauf setzen und das Gemüse überbacken.

Foto 1

Foto 2

Foto 3

Foto 4

Foto 5

PANIERTE GEMÜSE-PLÄTZCHEN

(Foto 5)
Nicht nur in der vegetarischen Küche sind panierte Gemüsescheiben aus Kohlrabi, Sellerie oder Auberginen beliebt. Zu ihnen serviert man eine Tomaten- oder Paprikaschotensauce (Seiten 264 und 265) oder eine Quarksauce (Seite 273). Kohlrabi oder Sellerie schälen, in etwa 4 mm dicke Scheiben schneiden und in Gemüsebrühe (Seite 100) vorgaren oder dämpfen und erkalten lassen. Mit Küchenpapier trockentupfen. Die Scheiben zuerst in Mehl, dann in verquirltem gewürztem Ei und zuletzt in geriebenem Brot wenden. Die Panierung gut andrücken und die Plätzchen auf beiden Seiten in heißem Butterschmalz goldgelb braten. Auberginen müssen ebenfalls vorgekocht werden. Sie benötigen 10 bis 15 Minuten in leicht gesalzenem Wasser.

DIE GARZEITEN DER GEMÜSESORTEN

Es gibt hierfür keine wirklich verbindlichen Tabellen. Auch die Zeiten in den Rezepten stellen lediglich Richtlinien dar und können je nach Qualität des Gemüses variieren. Die Garzeit hängt stets vom Erntezeitpunkt, vom Herkunftsland, von der Anbaumethode, der Sorte und letztlich auch von der Zubereitungsart ab. Zudem ist der Weichheitsgrad des Gemüses Geschmackssache. Heute zieht man immer häufiger knackig gegartes Gemüse vor, wie es zum Beispiel in der chinesischen Küche üblich ist. Es eignen sich dazu jedoch nicht alle Gemüsesorten. Bohnen zum Beispiel müssen gar, dürfen jedoch nicht zu weich sein, sonst haben sie keinen Geschmack. Auch Auberginen schmecken halbgar nicht besonders gut. Karotten, weiße Rübchen, Kohlrabi, Sellerie und Rosenkohl dagegen dürfen noch Biß haben, jedoch nicht mehr roh sein.

Hier einige Richtwerte:

Blumenkohl: 10 – 20 Minuten
Brokkoli: 8 – 10 Minuten
Erbsen, frische: 8 – 10 Minuten
grüne Bohnen: 10 – 15 Minuten
Gurken: 8 – 10 Minuten
Kohlrabi: 8 – 12 Minuten
Knollensellerie: 10 – 15 Minuten
Lauch: 5 – 8 Minuten
Karotten: 12 – 15 Minuten
Rosenkohl: 10 – 15 Minuten
Schwarzwurzeln: 20 – 30 Minuten
Staudensellerie: 15 – 20 Minuten
weiße Rüben: 10 – 15 Minuten
Zucchini: 3 – 5 Minuten

GRUNDREZEPT

GEDÜNSTETE ZUCCHINI

Viele Gemüsesorten entfalten beim Dünsten ihr Aroma besonders gut, da sie mit Fett in Berührung kommen.

FÜR 2 PORTIONEN
2 mittelgroße Zucchini
1 vollreife Tomate
2 EL Olivenöl oder
1 EL Butterschmalz
½ TL Rosmarinnadeln
oder 1 TL feingehacktes
Basilikum
1 Knoblauchzehe
Salz
frisch gemahlener weißer
Pfeffer

ZUBEREITUNGSZEIT
ca. 20 Minuten

KALORIEN
Pro Portion ca. 125 kcal

DAS PASST DAZU
Omelettes (Seite 124), verschiedene Fleischgerichte, gebratenes Geflügel (Seite 170), Kartoffelpfannkuchen (Seite 233), Nudeln (Seite 134) oder Risotto (Seite 144).

SO WIRD'S GEMACHT
1. Die Zucchini waschen und ungeschält in kleine fingerdicke Stäbchen von etwa 4 cm Länge schneiden. Die Tomate mit heißem Wasser überbrühen, dann abschrekken und schälen. Nun die Tomate halbieren, die Kerne entfernen und das Fruchtfleisch kleinschneiden.

2. Das Öl oder das Butterschmalz in einer großen Pfanne erhitzen. Die Zucchinistäbchen hineingeben, kurz anbraten, dabei mehrmals wenden.

3. Die Hitzezufuhr verringern, aber so, daß das Gemüse keinen Saft mehr zieht. Dabei immer wieder die Pfanne rütteln oder die Zucchini umrühren.

4. Nach ungefähr 8 Minuten die Tomate, den Rosmarin oder das Basilikum und den geschälten, zerdrückten Knoblauch hinzufügen. Die Zucchini weiterdünsten, bis sie gar, aber noch bißfest sind. Mit Salz und Pfeffer abschmecken.

WELCHES GEMÜSE KANN MAN DÜNSTEN?
Diese Zubereitungsart eignet sich für alle Gemüsesorten. Gemüse, das nicht so viel Wasser enthält, wird ebenso kurz angebraten und dann mit etwas Wasser oder Gemüsebrühe gedünstet. Manchmal gibt man beim Dünsten einige Zwiebel- oder Schalottenwürfel hinzu. Sehr feine Gemüsesorten, wie zum Beispiel Chicorée, Mangold, Lauch oder Staudensellerie, sollten jedoch ohne Zwiebeln oder Schalotten gedünstet werden. Auch Wirsing wird auf diese Weise gedünstet, manchmal zum Schluß mit etwas Sahne verfeinert.

GEDÜNSTETER CHICOREE
2 Chicoréestauden längs halbieren. Den bitteren Strunk am Stielansatz keilförmig herausschneiden. Die Chicoréehälften in 1 Eßlöffel Butter andünsten und mehrmals wenden, bis die Stauden ein wenig weich sind. 3 bis 4 Eßlöffel Wasser oder Gemüsebrühe (Seite 100) hinzufügen, mit 1 Eßlöffel Zitronensaft, wenig Salz und weißem Pfeffer würzen und die Stauden zugedeckt bei kleiner Hitzezufuhr 15 bis 20 Minuten dünsten. Nach Belieben 1 bis 2 Eßlöffel Portwein oder Sahne hinzufügen und den Chicorée etwa 5 Minuten weiterdünsten.

GEDÜNSTETER STAUDENSELLERIE
300 g Staudensellerie in die einzelnen Stangen teilen, die Fasern sorgfältig abziehen, die Stangen waschen und in 2 bis 3 cm lange Stücke schneiden. Das Selleriekraut fein hacken und in 2 Eßlöffeln Butter andünsten. ⅛ l Gemüse- oder Kalbsbrühe (Seite 100) hinzufügen und zugedeckt 20 bis 30 Minuten dünsten. Mit Salz und Pfeffer würzen. Eventuell kleine Tomatenwürfel mitdünsten.

GEDÜNSTETER SPINAT
Bei dieser Zubereitungsart werden die Blätter vor dem Dünsten blanchiert. 300 g Spinatblätter verlesen, waschen und grobe Stiele entfernen. Die Blätter in reichlich Salzwasser blanchieren, herausnehmen, mit eiskaltem Wasser kurz abschrecken und gut abtropfen lassen.
Den Spinat in 1 Eßlöffel kaltgepreßtem Olivenöl und 2 Eßlöffeln Butter langsam dünsten, bis die gesamte Flüssigkeit verdampft ist. Mit Salz, Pfeffer und wenig Muskat würzen.

GRUNDREZEPT

GLASIERTE KAROTTEN

Die Gartechnik, die vor allem bei Karotten sehr beliebt ist, ist eine Variante des Dünstens. Den charakteristischen glänzenden Überzug erhält das Gemüse durch Butter und wenig Zucker, der aber nicht karamelisieren darf.

FÜR 2 PORTIONEN
250 g zarte junge Karotten
Salz
2 EL Butter
1 TL Zucker

ZUBEREITUNGSZEIT
ca. ¼ Stunde

KALORIEN
Pro Portion ca. 120 kcal

SO WIRD'S GEMACHT

1. Die Karotten mit einem Messer abschaben oder mit dem Sparschäler schälen, waschen und in 3 mm dicke Scheiben oder in kleine Stäbchen schneiden. Sehr kleine Karotten können ganz gelassen werden.

2. Die Karotten in einen weiten großen Topf geben, knapp mit leicht gesalzenem Wasser bedecken und bei mittlerer Hitzezufuhr 5 bis 10 Minuten kochen lassen, so daß sie gerade weich sind (Foto 1). Es sollten nur noch 1 bis 2 Teelöffel Flüssigkeit vorhanden sein, sonst den Überschuß abgießen.

3. Die Butter und den Zucker zu den Karotten geben und sie bei sehr geringer Hitzezufuhr 5 Minuten dünsten, dabei ab und zu wenden (Foto 2). Die Karotten sollen schön glänzen, der Zucker aber nicht karamelisiert sein.

TIP

Man kann die Karotten noch mit feingehacktem Kerbel, Schnittlauch oder mit feingehackter Petersilie bestreuen.

WELCHES GEMÜSE KANN MAN GLASIEREN?

Alle Gemüsesorten mit einer festen Struktur und einer glatten Oberfläche, wie Kohlrabi (Foto 3), Rosenkohl, weiße Rübchen (Navetten), Karotten, Schwarzwurzeln (Foto 4), Spargel, grüne Erbsen, Zuckerschoten (Foto 5), dicke Bohnen, Gurken, Zucchini, Frühlingszwiebeln, Schalotten und Mais.

WIE WIRD GEMÜSE ZUM GLASIEREN GESCHNITTEN?

Je nach Gemüseart sind runde Scheibchen, Würfel oder Stäbchen möglich. Kohlrabi, weiße Rüben, Karotten, Schwarzwurzeln, Gurken und Zucchini kann man auch tournieren (Seite 12).

Foto 1

Foto 2

Foto 3

Foto 4

Foto 5

GRUNDREZEPT

GEKOCHTE ARTISCHOCKEN

Artischocken sind Distelgewächse, die zwar teuer, aber eine Delikatesse sind. Verzehrt wird nur der fleischige Teil der Blätter und der Boden, und zwar meist als Vorspeise. Das hat seinen guten Grund, denn Artischocken regen die Verdauung an.

FÜR 2 PORTIONEN
2 große Artischocken
½ Zitrone
Salz

ZUBEREITUNGSZEIT
ca. ¾ Stunden

KALORIEN
Pro Portion ca. 75 kcal

DAS PASST DAZU
Vinaigrette (Seite 84) oder Holländische Sauce (Seite 266)

SO WIRD'S GEMACHT

1. Das obere Drittel der Artischocken mit einem scharfen Messer abschneiden. Die Stiele abbrechen (Foto 1) und die Schnittflächen sofort mit der halbierten Zitrone abreiben.

2. Die Artischocken in einen hohen Topf geben, mit leicht gesalzenem Wasser bedecken und 20 bis 35 Minuten kochen lassen. Sie sind gar, wenn man die Blätter mühelos herausziehen kann. Die Artischocken im Sud leicht abkühlen lassen.

3. Die Artischocken aus dem Sud nehmen, gut abtropfen lassen. Die mittleren Blätter etwas auseinanderbiegen und die kleinen Herzblätter herausdrehen (Foto 2). Dann das „Heu" mit einem Kugelausstecher herauslösen (Foto 3).

4. Die äußeren Blätter abzupfen (Foto 4), um die Artischocke legen. Die Herzblätter verkehrt herum in die Artischocke setzen. Bei Tisch zupft man die einzelnen Blätter ab, dipt die fleischigen Enden in eine Sauce und streift das Fleisch mit den Zähnen ab. Sind alle Blätter entfernt, liegt der zarte Artischockenboden frei.

TIPS

– Die Artischocken haben mehr Geschmack, wenn man sie lauwarm serviert. Sind sie bereits zu kalt, sie eventuell noch einmal im Sud kurz erwärmen.
– Kochen Sie Artischocken nicht in Aluminiumtöpfen, sonst färben sich die Artischocken schwarz.

Foto 1

Foto 2

Foto 3

Foto 4

Foto 5

GRUNDREZEPT

ARTISCHOCKEN MIT REISFÜLLUNG

(Foto 5: oben)

Für 2 große Artischocken
100 g Kreolenreis oder Pilawreis (Seite 142) mit gedünsteten Würfeln von geschälten, entkernten Tomaten oder Paprikaschoten mischen und zusammen langsam erwärmen. 50 g geriebenen Käse und etwas Butter darunterziehen und alles mit Salz, Pfeffer und etwas Cayennepfeffer pikant abschmecken. Die Reismischung in die Artischocken geben, mit etwas gut schmelzendem Käse bestreuen und kurz überbacken.
Dazu eine pikante Tomaten- oder Paprikasauce (Seiten 264 und 265) servieren.

ARTISCHOCKEN MIT FLEISCHFÜLLUNG

(Foto 5: unten)

Für 2 große Artischocken
100 g kleingewürfeltes Geflügel- oder Kalbfleisch mit 1 feingewürfelten kleinen Schalotte in wenig Butter andünsten. 1 Eßlöffel kleingewürfeltes Gemüse (Karotten, Lauch Sellerie) dazugeben und so lange mitdünsten, bis es knapp gar ist. Die Mischung mit sehr wenig Mehl bestreuen, dann mit 1 bis 2 Eßlöffeln Weißwein oder trockenem Vermouth ablöschen. 2 Eßlöffel Crème double dazugeben, alles gut mischen und mit Salz, Pfeffer sowie 1 Prise Cayennepfeffer recht pikant abschmecken. Die noch warmen Artischocken damit füllen, mit gehacktem Kerbel bestreuen und sofort servieren.

Foto 6

Foto 7

Foto 8

Foto 9

Foto 10

ARTISCHOCKENBÖDEN MIT SAUCE BEARNAISE

(Foto 10)

Die Artischocken so putzen, daß nur noch die Böden vorhanden sind. Dazu erst die Stiele abbrechen, die äußeren Blätter mit der Hand entfernen und beiseite legen, die restlichen Blätter über dem Boden (Foto 6) und am Rand (Foto 7) mit einem scharfen Messer abschneiden und das Heu entfernen. Die „narbige" Innenschicht mit einem Kugelausstecher herauslösen (Foto 9). Die Böden und die fleischigen Außenblätter in reichlich Salzwasser 10 bis 15 Minuten kochen. Alles im Sud etwas abkühlen lassen. Vor dem Servieren die Artischockenböden im Kochsud nochmals langsam erwärmen, herausnehmen und gut abtropfen lassen, in kleinen Eierpfännchen anrichten, mit Bèarner Sauce (Seite 267) überziehen und bei Oberhitze im Backofen kurz überbacken.
Die fleischigen Blätter kranzförmig um die Böden legen.

ARTISCHOCKENBÖDEN MIT PETERSILIE UND ZITRONE

Von 2 großen Artischocken die Böden freilegen (siehe oben). Die Böden in Stücke schneiden und mit wenig Zitronensaft beträufeln. Zusammen mit ½ Knoblauchzehe, 1 ½ Eßlöffeln feingehackter, glattblättriger Petersilie, 2 Eßlöffeln kaltgepreßtem Olivenöl und 50 ml Gemüse- oder Kalbsfond (Seite 100 oder aus dem Glas) in einen Topf geben und die Artischocken zugedeckt 15 bis 20 Minuten schmoren lassen. 2 Eßlöffel Butter dazugeben, den Topf etwas schwenken und so die Butter unter das Gemüse ziehen. Die Flüssigkeit muß eingekocht und das Gemüse schön glänzend sein. Mit Salz und Pfeffer abschmecken.

GRUNDREZEPT

GEKOCHTER SPARGEL

Während der Spargelsaison, die in der Regel von Mitte April bis zum 24. Juni dauert, kann wohl kaum einer diesem Gemüse widerstehen. Auch grüner Spargel erobert langsam den einheimischen Markt, er ist etwas kräftiger im Geschmack.

FÜR 2 PORTIONEN
1 kg Spargel (grüner oder weißer Spargel)
1 EL Salz
1 EL Butter
1 TL Zucker

ZUBEREITUNGSZEIT
ca. ½ Stunde

KALORIEN
Pro Portion ca. 115 kcal

DAS PASST DAZU
Reichen Sie eine Sauce, wie Vinaigrette (Seite 84), Holländische Sauce oder Malteser Sauce (Seiten 266 und 267), sowie junge Salzkartoffeln oder Pellkartoffeln (Seiten 230 und 231) dazu. Der Spargel kann aber auch mit Käse bestreut und mit hellbraun erhitzter Butter begossen werden

WAS MACHE ICH MIT RESTEN?
Gekochter Spargel läßt sich problemlos im Sud aufbewahren und auch langsam darin wieder erwärmen. Der Spargelsud selbst kann, wenn er nicht zu stark gesalzen wurde, Basis einer Spargelcremesuppe (Seite 105) sein.

SO WIRD'S GEMACHT
1. Die weißen Spargelstangen von oben nach unten großzügig schälen (am besten geht das mit einem Sparschäler). Grüner Spargel muß nur am unteren Ende geschält werden (Foto 1). Das untere holzige Ende der Stangen abschneiden.

2. Den Spargel portionsweise mit Küchenschnur zusammenbinden (Foto 2). 2 Liter Wasser mit dem Salz, der Butter und dem Zucker in einem großen Topf aufkochen lassen. Die Spargelstangen in das kochende Wasser geben (Foto 3), den Topf abdecken und den Spargel bei geringer Hitzezufuhr gar kochen. Der grüne Spargel benötigt ungefähr 12 Minuten, der weiße Spargel etwa 16 Minuten.

3. Den Spargel aus dem Wasser heben, gut abtropfen lassen und auf einer Platte, die mit einer gefalteten Serviette ausgelegt ist, oder auf einer Spezialplatte mit Abtropflöchern anrichten.

Foto 1

Foto 2

Foto 3

Foto 4

Foto 5

TIPS

– Wird der Spargel kalt serviert, soll er im Sud erkalten, er bleibt dann aromatischer.
– Bei speziellen hohen, aber schmalen Spargeltöpfen, die Stangen mit dem Kopf nach oben hineinstellen.

SPARGELGRATIN

(Foto 4)
Von den knapp gegarten Spargelstangen 2 bis 3 cm abschneiden und mit 100 g Sahnequark oder süßer Sahne pürieren. Mit 1 Eßlöffel steifgeschlagener süßer Sahne, ½ geriebenen Zwiebel und 1 Ei mischen. Mit Salz und weißem Pfeffer abschmecken. Den Spargel auf eine ausgefettete Gratinplatte legen, mit der Spargel-Sahne-Masse überziehen, mit wenig geriebenem Käse bestreuen und einige Butterflöckchen darauf setzen. Das Ganze 5 bis 10 Minuten bei 200°C überbacken. Das Gratin darf nur ganz leicht gebräunt sein.

SPARGELFEUILLETE

(Foto 5)
4 tiefgekühlte Blätterteigrechtecke (Feuilletés), 4 cm breit und etwa 6 cm lang auftauen, mit Eigelb bestreichen und 10 Minuten bei 200°C backen. Von 500 g gekochten Spargelstangen 2 cm abschneiden und die Stangen im Spargelsud wieder erwärmen. ⅛ l Sud auf 2 Eßlöffel Flüssigkeit einkochen lassen. Mit den Spargelabschnitten pürieren.
250 g süße Sahne 5 Minuten einkochen lassen. 1 Eßlöffel feingehackten Kerbel und das Spargelpüree dazugeben und mit Salz und weißem Pfeffer abschmecken. Die Sauce langsam erwärmen, aber nicht mehr kochen lassen. Die Feuilletés nach dem Backen quer durchschneiden, die untere Hälfte mit Spargelspitzen belegen und so mit Sauce bedecken, daß die Spitzen noch sichtbar sind, mit dem zweiten Blätterteigstück abdecken.

GEKOCHTER BLUMENKOHL

Blumenkohl sieht sehr dekorativ aus, wenn er im Ganzen gekocht und serviert wird. Wer eine kürzere Garzeit vorzieht, sollte ihn in Röschen zerteilen.

FÜR 2 PORTIONEN
1 kleiner Blumenkohl (ca. 500 g)
Salz
1 – 2 EL Milch

ZUBEREITUNGSZEIT
ca. 25 Minuten

KALORIEN
Pro Portion ca. 90 kcal

SO WIRD'S GEMACHT

1. Die Blumenkohlblätter abschneiden und den ganzen Blumenkohl mit dem Kopf nach unten in leicht gesalzenes Wasser legen oder den Strunk abschneiden und den Blumenkohl in die einzelnen Röschen zerteilen. Die Röschen nicht in Wasser legen, sondern nur kalt abspülen.

2. Etwa 1 ½ l Wasser aufkochen, etwas Salz und die Milch hinzufügen.

3. Den Blumenkohl in das Wasser legen und etwa 20 Minuten bei geringer Hitzezufuhr garen. Der Blumenkohl ist gar, wenn man den Strunk leicht durchstechen kann. Röschen ohne Strunk garen schneller.

4. Den Blumenkohl aus dem Wasser heben und mit dem Strunk nach unten in ein Abtropfsieb legen.

TIP

Der Blumenkohl kann in Röschen zerteilt auch gedämpft werden oder im Schnellkochtopf gegart werden, dann aber die Milch weglassen.

BLUMENKOHL MIT MAYONNAISE

Den lauwarmen Blumenkohl mit Mayonnaise (Seite 270) überziehen. Nach Belieben diese mit etwas Quark oder saurer Sahne mischen.

BLUMENKOHL MIT SAUCE HOLLANDAISE

Den gekochten Blumenkohl mit Holländischer Sauce (Seite 266) überziehen.

BLUMENKOHL MIT BUTTER ODER KÄSE

30 bis 40 g Butter erhitzen und über den Blumenkohl geben. Man kann ihn zuvor auch mit etwas gut schmelzendem Käse bestreuen. (Foto unten)

BLUMENKOHL MIT SEMMELBRÖSELN

Fein geriebenes Brot oder fertiges Paniermehl in Butter leicht anrösten, über den Blumenkohl geben und ihn nach Belieben mit gehackter Petersilie bestreuen.

BLUMENKOHL MIT GEHACKTEM EI

1 hartgekochtes Ei mit dem Eischneider einmal längs und einmal quer schneiden. Die Würfel mit feingehackter Petersilie mischen, über den Blumenkohl streuen und mit heißer Butter begießen. Man kann auch etwas Paniermehl und eventuell etwas Käse dazugeben.

BLUMENKOHL MIT KÄSESAUCE

Den Blumenkohl nur ganz knapp gar kochen, abseihen und in eine gebutterte Auflaufform legen. Mit Käsesauce (Seite 261) bedecken und etwa 10 Minuten überbacken. Es soll keine Kruste entstehen, sondern nur einzelne braune Flecken.

GEKOCHTER BROKKOLI

Auch Brokkoli kann wie Blumenkohl zubereitet werden, allerdings dann die Milch weglassen. Es ist jedoch besser, die Brokkoliröschen zu dämpfen, denn sie sind besonders empfindlich. Man kann den Brokkoli auch in ganz wenig Gemüsebrühe oder Wasser dünsten. In diesem Fall die Strünke in Scheiben schneiden und unter die Röschen legen. Brokkoli kann ebenso wie Blumenkohl angerichtet werden.

GEFÜLLTE PAPRIKASCHOTEN

Gemüse zu füllen ist in vielen Ländern beliebt. Ob Paprikaschoten oder andere Fruchtgemüse in mediterranen Gegenden oder Kohlrabi und Kohlblätter hierzulande, meist spielten Fleisch oder eine stärkereiche Zutat bei der Füllung die Hauptrolle.

FÜR 2 PORTIONEN
2 große Paprikaschoten
1 Tomate
Salz
frisch gemahlener weißer Pfeffer
je 1 Prise Thymian und edelsüßer Paprika
½ Brötchen (ca. 30 g)
70 ml Milch
½ Zwiebel
½ EL Butter
200 g Hackfleisch (halb Rind-, halb Schweinefleisch)
1 Eiweiß
geriebene Muskatnuß
1 Prise Koriander
Butter zum Ausfetten
⅛ l Gemüse- oder Kalbsbrühe (Seite 100) oder -fond (aus dem Glas)

BESONDERES KÜCHENGERÄT
Auflaufform, in die 2 Paprikaschoten passen

ZUBEREITUNGSZEIT
ca. 1 Stunde

KALORIEN
Pro Portion ca. 395 kcal

DAS PASST DAZU
Pilawreis (Seite 142), Kartoffelpüree (Seite 232) oder Polenta (Seite 146)

SO WIRD'S GEMACHT

1. Von den Schoten am Stielende einen etwa 2 cm dicken Deckel abschneiden. Dann das Fruchtfleisch des Deckels in sehr kleine Würfel schneiden. Das Kerngehäuse entfernen.

2. Die Tomate schälen und entkernen (Seite 13), dann in kleine Würfel schneiden. Die Paprikaschotenwürfel mit Salz, Pfeffer, Thymian und Paprika abschmecken.

3. Das Brötchen mit der lauwarmen Milch begießen. Nach 5 Minuten Quellzeit durch ein grobes Sieb drücken.

4. Die Zwiebel schälen, fein würfeln und in der Butter kurz andünsten.

5. Das Fleisch mit den Zwiebelwürfeln, dem Brötchen, dem Eiweiß, den Tomaten, den Paprikawürfeln und den Gewürzen gut mischen. Mit Salz und Pfeffer würzen.

6. Den Backofen auf 180°C vorheizen. Die Masse in die Paprikaschoten füllen und die Schoten in eine ausgefettete Auflaufform setzen. Die Brühe dazugießen.

7. Die gefüllten Schoten in den Ofen schieben und etwa 40 Minuten backen. Wenn sie zu braun werden, mit einem Stück Aluminiumfolie abdecken.

VARIATIONEN
– Die Füllung mit etwas Käse bestreuen und mit Butterflöckchen belegen.
– Anstelle der Paprikaschoten können Sie auch Tomaten und Zucchini mit dieser Füllung zubereiten.
– Das Brötchen durch gekochten Reis ersetzen.

GEFÜLLTE KOHLRABI ODER ZWIEBELN

Kohlrabi oder Gemüsezwiebeln kann man mit der gleichen Masse füllen. Allerdings müssen sie nach dem Aushöhlen etwa 20 Minuten in Salzwasser gegart werden, bis sie bißfest sind.

GEFÜLLTE AUBERGINEN

Große Auberginen halbieren, mit der Schnittfläche nach unten im Backofen bei 180°C etwa ¼ Stunde backen, dann das Auberginenfleisch mit einem Löffel herauslösen und unter die Füllung mischen. Die Masse in die Auberginenschalen geben, mit wenig Käse bestreuen und dann 15 bis 20 Minuten überbacken.

PAPRIKASCHOTEN MIT QUARKFÜLLUNG

150 g Magerquark sehr gut abtropfen lassen. 1 Eigelb, 1 Ei und 1 ½ Eßlöffel geschmolzene Butter verrühren. 75 g Haferflocken mit dem Quark und der Butter-Ei-Mischung verrühren und mit gehacktem Majoran, Salz, Pfeffer und Muskat abschmecken. 1 Stunde stehen lassen. Anschließend in die Schoten füllen, 75 ml Kalbsfond (Seite 100) angießen und die Schoten im Backofen bei 200°C etwa ¼ Stunde backen. Sehr gut paßt dazu eine Sauce, die leicht vorbereitet werden kann, während die Paprikaschoten garen. Dazu etwa 100 ml Kalbsfond (Seite 100 oder aus dem Glas) auf die Hälfte einkochen lassen, 100 g süße Sahne dazugeben und nochmals etwas einkochen lassen. Sobald die Paprikaschoten fertig sind, den Garfond zur Sauce geben und alles so lange kochen lassen, bis die Sauce leicht dicklich und sämig ist.

GEFÜLLTE TOMATEN MIT BROTKRUSTE

Tomaten, gefüllt mit gedünsteten Zucchini und mit einer Kruste aus Basilikum, Knoblauch und Weißbrot, bereichern die Palette der Gemüsegerichte um eine sommerliche Variante.

FÜR 2 PORTIONEN
4 Tomaten
1 kleiner Zucchino
2 EL Butter
Salz
weißer Pfeffer
2 TL feingehacktes Basilikum
1 Scheibe feingeriebenes Weißbrot
1 Knoblauchzehe
Butter zum Ausfetten

BESONDERES KÜCHENGERÄT
flache Gratinform oder Auflaufform

ZUBEREITUNGSZEIT
ca. ½ Stunde

KALORIEN
Pro Portion ca. 150 kcal

PASST ZU
kurzgebratenem Fleisch vom Rind oder vom Lamm (Seite 193)

SO WIRD'S GEMACHT

1. Den Blütenansatz der Tomaten entfernen, von den Tomaten oben einen Deckel abschneiden und die Tomaten aushöhlen.

2. Den Zucchino waschen, in feine Würfel schneiden und unter Rühren in 1 Eßlöffel heißer Butter andünsten. Mit Salz und Pfeffer würzen und die Hälfte des Basilikums dazugeben.

3. Das Weißbrot mit dem restlichen Basilikum und der geschälten, zerdrückten Knoblauchzehe mischen.

4. Den Backofen auf 250°C vorheizen. Die Tomaten mit den Zucchinowürfeln füllen, mit Salz und Pfeffer würzen und in der Kräuter-Brot-Mischung wenden.

5. Die Tomaten auf eine ausgefettete, flache Gratinplatte oder eine feuerfeste Auflaufform geben, die restliche Butter in kleinen Flöckchen darauf setzen und die Tomaten etwa 10 Minuten backen.

VARIATION
Man kann auch eine Champignonfüllung in die Tomaten geben. 250 g kleine Champignons mit einem feuchten Tuch abwischen und in feine Scheibchen schneiden. 1 kleine Schalotte fein würfeln und zusammen mit den Champignons in ½ Eßlöffel Butter anschwitzen. Mit 2 cl trockenem Sherry ablöschen und 150 g Sahne angießen. Alles kochen lassen, bis die Sahne bindet, dann mit Salz und frisch gemahlenem weißen Pfeffer abschmecken. 2 Eßlöffel Schnitlauchröllchen hinzufügen. Die Füllung in die vorbereiteten Tomaten geben und diese etwa 10 Minuten bei 250°C im Ofen backen.

GRUNDREZEPT

PFANNENGERÜHRTES GEMÜSE NACH CHINESISCHER ART

In der chinesischen Küche wird Gemüse schon immer schonend zubereitet. Kurz unter Rühren im heißen Fett gegart, bleibt alles knackig und verliert keine wertvollen Inhaltsstoffe.

FÜR 2 PORTIONEN
je ½ rote und gelbe Paprikaschote
1 kleiner Zucchino
2 kleine Tomaten
50 g frische Sojabohnen- oder Mungbohnensprossen
1 EL Erdnußöl
Salz
100 g kleine Brokkoliröschen oder kleine Rosenköhlchen
1 Knoblauchzehe
eventuell 1 EL sehr fein gewürfelte Ingwerwurzel
1 EL Sojasauce
2 bis 3 Tropfen Sesamöl oder 2 Tropfen Austernsauce

ZUBEREITUNGSZEIT
ca. 25 Minuten

KALORIEN
Pro Portion ca. 130 kcal

DAS PASST DAZU
Reis (Seite 142), kurzgebratenes Fleisch (Seite 193)

SO WIRD'S GEMACHT

1. Die Paprikaschoten entkernen und in kleine Quadrate schneiden. Den Zucchino waschen und ungeschält würfeln. Die Tomaten nach Belieben schälen (Seite 13), halbieren, entkernen und das Fruchtfleisch in Würfel schneiden.

2. Die Sprossen in einer Schüssel mit kochendem Wasser übergießen.

3. Das Öl mit wenig Salz in einer großen Pfanne oder in einem Wok mittelstark erhitzen. Die Brokkoliröschen oder den Rosenkohl hineingeben. Unter häufigem Rühren kurz braten, aber nicht bräunen lassen (Foto 1). Die Pfanne abdecken und das Gemüse ungefähr 1 Minute dämpfen. Danach den Knoblauch schälen, zerdrücken und zusammen mit den Paprikaschoten und den Zucchinowürfeln zu dem Brokkoli bzw. zum Rosenkohl geben (Foto 2). Je nach Wunsch den Ingwer dazugeben. Alles etwa 1 Minute unter Rühren garen.

4. Das Gemüse sollte gerade gar sein. Die Tomaten und die abgetropften Sprossen darin erhitzen (Foto 3).
Das Gemüse darf aber nicht Wasser ziehen, sondern muß knackig bleiben.

5. Zuletzt alles mit der Sojasauce und Sesamöl oder Austernsauce würzen.

TIP
Wird das Gemüse nicht als Beilage zu Hauptgerichten mit Saucen, sondern als Gemüsegericht zu Reis serviert, sollte nach dem Anrichten etwas Rinderfond (Seite 100 oder aus dem Glas), Sherry, Sojasauce und Maisstärke gemischt, zu einer Sauce verkocht (Foto 4) und unter das Gemüse gezogen werden (Foto 5).

Foto 1

Foto 2

Foto 3

Foto 4

Foto 5

ROTKRAUT MIT APFEL

Eine klassische Beilage zu Wildgerichten und großen Festtagsbraten darf nicht fehlen. Das Rotkraut wird langsam geschmort, zum Schluß sorgt der Essig für den richtigen Geschmack und die schöne rote Farbe.

FÜR 2 PORTIONEN
300 g Rotkraut
½ Zwiebel
1 kleiner Apfel
½ Lorbeerblatt
1 Nelke
1 kleine Speckschwarte
3 EL Rotwein
Salz
frisch gemahlener schwarzer Pfeffer
Majoran
1 ½ EL Essig

ZUBEREITUNGSZEIT
ca. 1 ½ Stunden

KALORIEN
Pro Portion ca. 70 kcal

DAS PASST ZU
Schweinebraten (Seite 192) oder Wildgerichten (Seiten 181 und 184)

SO WIRD'S GEMACHT

1. Den Strunk des Rotkrauts herausschneiden, dann das Kraut in Streifen schneiden. Die Streifen waschen und tropfnaß in einen Topf geben.

2. Die Zwiebel schälen und fein hacken, den Apfel waschen und grob raspeln. Die Zwiebel, den Apfel, das Lorbeerblatt, die Nelke und die Speckschwarte zum Kraut geben und alles zugedeckt etwa ¼ Stunde schmoren lassen.

3. Den Rotwein dazugeben und das Kraut mit Salz, Pfeffer und 1 Prise Majoran würzen, dann etwa 1 Stunde weiterschmoren lassen. Die Speckschwarte und das Lorbeerblatt entfernen. Kurz vor dem Anrichten mit dem Essig abschmecken und eventuell nachwürzen.
(auf dem Foto unten: links)

SAUERKRAUT NACH ELSÄSSER ART

Das elsässische Kraut ist weit über die Landesgrenzen hinaus berühmt. Weißwein, ein guter Fond und der berühmte Schuß Cognac sorgen für den unvergleichlichen Geschmack.

FÜR 4 PORTIONEN
1 mittelgroße Zwiebel
2 EL Butterschmalz
500 g Sauerkraut
0,2 l Weißwein
1 kleiner Apfel
10 Wacholderbeeren
200 ml Rinderbrühe (Seite 100) oder Rinderfond (aus dem Glas)
200 g geräucherter Speck
½ EL Cognac oder Weinbrand (nach Belieben)

ZUBEREITUNGSZEIT
ca. 1 Stunde

KALORIEN
Pro Portion ca. 270 kcal

WAS MACHE ICH MIT RESTEN?
Sauerkraut mit grob geraspelten Kartoffeln wie eine Rösti (Seite 236) braten. Man kann das Sauerkraut aber auch unter ein pikantes Gulasch mischen und mit saurer Sahne, Paprika und Dill anrichten oder mit geschnetzeltem, gebratenem Fleisch in eine Auflaufform geben und mit einer Käsesauce (Seite 261) überbacken.

SO WIRD'S GEMACHT

1. Die Zwiebel schälen und in feine Würfel schneiden. Dann im heißen Butterschmalz glasig dünsten.

2. Das Sauerkraut mit der Gabel etwas auflockern und zu den Zwiebeln geben.

3. Den Wein hinzufügen und aufkochen lassen. Die Hitzezufuhr reduzieren.

4. Den Apfel schälen, halbieren und das Kerngehäuse entfernen. Dann die Hälften in kleine Würfel schneiden. Die Wacholderbeeren zerdrücken.

5. Die Apfelwürfel und die Wacholderbeeren zum Sauerkraut geben. Mit der Rinderbrühe oder dem Rinderfond auffüllen. Das Sauerkraut sollte knapp bedeckt sein. Den Speck auf das Kraut legen und es 45 bis 50 Minuten zugedeckt bei mittlerer Hitzezufuhr köcheln lassen.

6. Den Speck entfernen und den Cognac vor dem Anrichten unter das fertige Sauerkraut rühren.
(auf dem Foto unten: rechts)

GRUNDREZEPT

RATATOUILLE

Ein richtiges Ratatouille darf weich, aber nicht zerkocht und auf keinen Fall flüssig sein. Wichtig ist, daß die einzelnen Gemüsesorten in der richtigen Reihenfolge dazugegeben werden. Man beginnt mit Auberginen und Paprikaschoten und erst nach einer Weile kommen die relativ wasserhaltigen Zucchini und Tomaten hinzu.

FÜR 2 PORTIONEN
1 kleine Aubergine
1 kleiner Zucchino
oder 150 g Kürbis
je ½ rote und grüne Paprikaschote
1 Tomate
1 kleine Zwiebel
1 EL Olivenöl
1 Knoblauchzehe
½ Lorbeerblatt
1 kleiner Thymianzweig
Salz
frisch gemahlener weißer Pfeffer

ZUBEREITUNGSZEIT
ca. 1 ½ Stunden

KALORIEN
Pro Portion ca. 190 kcal

DAS PASST DAZU
frisches Stangenweißbrot, Ratatouille schmeckt jedoch auch zu gebratenem Fleisch oder aber zu Teigwaren (Seite 134) sehr gut.

WAS MACHE ICH MIT RESTEN?
Ratatouille schmeckt auch kalt sehr gut. Es wird dann zu gebratenem Fleisch serviert.

SO WIRD'S GEMACHT

1. Die Aubergine und den Zucchino oder den Kürbis waschen, ungeschält (Kürbis schälen, halbieren und entkernen) in ½ cm dicke Scheiben schneiden. Die Paprikaschoten waschen, vierteln, entkernen und in 2 cm große quadratische Stückchen schneiden. Die Tomate waschen, achteln und entkernen. Die Zwiebel schälen und dann in Ringe schneiden.

2. Das Olivenöl in einem Schmortopf erhitzen.

3. Die Auberginenscheiben und die Paprikaschoten darin bei mittlerer Hitzezufuhr andünsten, das Gemüse sollte dabei keinen Saft ziehen, sonst eventuell die Hitzezufuhr steigern.

4. Die Zucchinoscheiben, die Zwiebelringe und die Tomatenachtel hinzufügen und alles 2 bis 3 Minuten weiterdünsten.

5. Den geschälten, zerdrückten Knoblauch, das Lorbeerblatt, den Thymian sowie etwas Salz und Pfeffer zum Gemüse geben.

6. Den Topf mit einem möglichst schweren Deckel gut verschließen und das Ratatouille bei geringster Hitzezufuhr etwa ½ Stunde schmoren lassen.

7. Sollte das Gemüse noch knackig, aber keine Flüssigkeit mehr im Topf sein, noch 1 bis 2 Eßlöffel Wasser hinzugeben und das Ratatouille dann kurz weiterschmoren lassen bis es weich ist. Vor dem Anrichten nochmals abschmecken.

CAPONATA

Für 2 Portionen etwa ½ kg Auberginen waschen, dünn schälen und dann in Scheiben schneiden. Mit Salz bestreuen und etwa ½ Stunde ziehen lassen. Das Salz zieht dabei die Bitterstoffe aus der Frucht. Die Auberginenscheiben mit Küchenpapier abtupfen und in 2 Eßlöffeln

heißem Olivenöl von beiden Seiten braten. Aus der Pfanne nehmen und auf Küchenpapier abtropfen lassen. 1 kleine geschälte und gewürfelte Zwiebel sowie 2 mittelgroße geschälte Tomaten (Seite 13) in die Pfanne mit dem restlichen Bratfett geben und unter mehrmaligem Rühren etwa ¼ Stunde dünsten.
½ kleinen Staudensellerie putzen, in kleine Stücke schneiden, zu den Tomaten geben und mit 65 ml Weißweinessig und 1 Eßlöffel Zucker in 10 Minuten fertiggaren. 30 g grüne Oliven entsteinen, kleinschneiden und zusammen mit ½ Eßlöffel abgetropften Kapern zum Gemüse in der Pfanne geben und alles mit Salz und viel schwarzem Pfeffer würzen. Die Caponata kann auch mit kleinen Garnelen, Muscheln oder anderen Meeresfrüchten garniert werden und avanciert so zum selbständigen Hauptgericht. Die Caponata wird aber häufig auch als Vorspeise serviert.

PEPERONATA

350 g Paprikaschoten (rote, grüne und gelbe Schoten) gut waschen, halbieren, entkernen und in 2 ½ cm große Quadrate schneiden. Die Stückchen in 1 ½ Eßlöffeln Olivenöl bei mittlerer Hitzezufuhr andünsten. Nun 1 geschälte, zerdrückte Knoblauchzehe hinzufügen und kurz mitdünsten. 2 kleine Tomaten schälen (Seite 13), achteln, entkernen und mit einer grobgeschnittenen Zwiebel zu den Paprikaschoten geben. Salzen und pfeffern und die Peperonata etwa ½ Stunde bei geringer Hitzezufuhr zugedeckt schmoren lassen.

ZUCCHINIGRATIN

Zucchini mal ganz anders. Sie werden geraspelt, mit Ei und Mehl gemischt und gratiniert. Das schmeckt gut und ist nicht besonders aufwendig. Pressen Sie jedoch die Zucchini richtig aus, sonst zieht das Gratin zuviel Wasser.

FÜR 2 PORTIONEN
300 g Zucchini
Salz
1 Schalotte
2 EL feingehackte Petersilie
1 Ei
1 EL Mehl
geriebene Muskatnuß
Butter zum Ausfetten

BESONDERES KÜCHENGERÄT
Auflaufform (ca. ½ l Inhalt)

ZUBEREITUNGSZEIT
ca. ½ Stunde
Zeit zum Ziehen:
ca. ½ Stunde

KALORIEN
Pro Portion ca. 95 kcal

PASST ZU
kurz gebratenem Fleisch (Seite 193) oder Geflügelgerichten (Seite 166 bis 179)

SO WIRD'S GEMACHT

1. Die Zucchini waschen, auf einer Rohkostreibe grob raspeln, leicht salzen und ½ Stunde ruhen lassen.

2. Den Backofen auf 200°C vorheizen. Die Zucchini auspressen. Die Schalotte schälen und fein würfeln, zusammen mit der Petersilie, dem Ei und dem Mehl unter die Zucchiniraspel mischen, mit Salz und wenig Muskat abschmecken.

3. Die Zucchinimasse in eine ausgefettete Auflaufform geben und glattstreichen. 15 bis 20 Minuten überbacken.

STEINPILZE MIT KNOBLAUCH UND PETERSILIE

Ausgehend von gebratenen Pilzen mit Knoblauch und Petersilie zeigen wir hier, wie eine Reihe weiterer Pilze zubereitet werden kann. Kräuter runden dabei oft das Gericht erst ab.

FÜR 2 PORTIONEN
300 g frische Steinpilze
2 EL Oliven- oder Traubenkernöl
2 Spritzer Zitronensaft
2 EL Butter
2 Knoblauchzehen
2 EL feingehackte Petersilie
Salz
frisch gemahlener weißer Pfeffer

ZUBEREITUNGSZEIT
ca. 25 Minuten

KALORIEN
Pro Portion ca. 225 kcal

PASST ZU
gebratenem Fleisch oder Risotto (Seite 144). Das Gericht kann aber auch eine Vorspeise sein

SO WIRD'S GEMACHT

1. Die Pilze mit Küchenpapier gut abreiben, aber nicht waschen.
2. Nun 1 Eßlöffel Öl erwärmen, die Pilze im Ganzen hineingeben, den Zitronensaft dazugeben und etwa 3 Minuten bei kleiner Hitzezufuhr garen. Herausnehmen und auf Küchenpapier abtropfen lassen.
3. Die Stiele der Pilze heraus drehen und beiseite legen. Die Pilzköpfe in Scheiben schneiden.
4. Das restliche Öl mit der Butter erhitzen und die Pilzscheiben bei starker Hitze anbraten.
5. Die Pilzstiele fein hacken, dazugeben und ungefähr 1 Minute mitbraten.
6. Den Knoblauch schälen, zerdrücken und mit der Petersilie zu den Pilzen geben. Mehrmals durchrühren, salzen, pfeffern und die Steinpilze anrichten. (auf dem Foto rechts oben)

TIP
Wer nicht so gerne Knoblauch mag, kann feingewürfelte Schalotten oder eine Mischung von Schalotten und wenig Knoblauch verwenden.

STEINPILZE IN SAHNESAUCE

Die Steinpilze wie beschrieben braten, dabei jedoch nur 1 Knoblauchzehe dazugeben und 80 g süße Sahne angießen. Die Pilze fertiggaren und zum Schluß mit Petersilie bestreuen.
Noch mehr Geschmack bekommt die Sauce, wenn 3 bis 4 gehackte, getrocknete Steinpilze dazugegeben werden. Diese vorher einweichen.

STEINPILZE AUF TOASTBROT

Die Steinpilze nach dem Grundrezept oder mit Sahnesauce (siehe oben) zubereiten und auf geröstete Toastbrotscheiben anrichten. Das Brot nach Belieben vor dem Toasten mit Butter bestreichen.

SHIITAKEPILZE NACH CHINESISCHER ART

12 getrocknete große Shiitakepilze (Tongupilze) über Nacht in Wasser quellen lassen. Herausnehmen und mit Küchenpapier trockentupfen. Die Stilenden abschneiden. 1 Stück Ingwerwurzel fein hacken und zusammen mit etwas Salz in 1 bis 2 Eßlöffeln Erdnußöl in einem Wok oder in einer Bratpfanne unter Rühren braten. Die Pilze dazugeben und 2 bis 3 Minuten unter Rühren braten. 70 ml Sherry, 70 ml Rinderfond (Seite 100 oder aus dem Glas), 1 Eßlöffel Sojasauce, ¼ Teelöffel Zucker und 1 Teelöffel Maisstärke verrühren, zu den Pilzen geben und unter Rühren aufkochen lassen, bis die Sauce gebunden ist. Dann das Pilzgericht etwa ½ Stunde zugedeckt bei geringer Hitzezufuhr ziehen lassen. Die Pilze müssen anschließend weich sein. Wenn nötig die Garzeit etwas verlängern. Dann das Gericht mit wenig Salz und nach Belieben mit einigen Tropfen Sesamöl gut abschmecken.
Man kann auch frische Shiitakepilze auf diese Art zubereiten. Diese werden natürlich nicht in Wasser gelegt, und die Garzeit reduziert sich auf 10 bis 15 Minuten. (auf dem Foto rechts unten)

PFIFFERLINGE MIT KRÄUTERN

300 g Pfifferlinge ganz kurz kalt abspülen und auf Küchenpapier abtropfen lassen. Große Pilze halbieren oder längs vierteln und in 1 Eßlöffel Butterschmalz rasch braten. Die Hitzezufuhr so regulieren, daß die Pilze keinen Saft ziehen, aber auch keine Farbe annehmen. 1 Eßlöffel feingewürfelte Schalotten dazugeben und alles 2 bis 3 Minuten weiterdünsten lassen. Die Pilze mit 1 Teelöffel Mehl bestreuen. 125 g süße Sahne dazugeben und die Pfifferlinge mit Salz und Majoran würzen. Sie passen zu Nudeln oder Reis, können aber auch auf Toastbrot oder Blätterteig angerichtet und mit Schnittlauch bestreut werden.

AUSTERNPILZE MIT BASILIKUM

300 g Austernpilze wenn nötig kalt abspülen und in Stücke schneiden. 2 Eßlöffel Butterschmalz erhitzen und die Pilze darin unter ständigem Rühren 3 Minuten braten, aber keine Farbe annehmen lassen. Mit 2 Eßlöffeln in Streifen geschnittenem Basilikum und 1 geschälten, zerdrückten Knoblauchzehe mischen. 2 Eßlöffel Butter in kleinen Stücken unter die Pilze rühren und das Ganze mit Salz und Pfeffer würzen. Die Pilze auf einem Risotto (Seite 144) oder auf Nudeln (Seite 134) anrichten oder mit gedünstetem Spinat servieren.

GEDÜNSTETE CHAMPIGNONS

300 g Champignons mit einem feuchten Tuch abreiben. Die Stielenden abschneiden und die Pilze in Scheiben schneiden. 1 Eßlöffel feingewürfelte Schalotten in 1 Teelöffel Butter 3 bis 4 Minuten dünsten.

PILZPASTETCHEN

Etwa ⅛ l Béchamelsauce (Seite 261) zubereiten, mit 2 Eßlöffeln Weißwein und 3 Eßlöffeln süßer Sahne mischen. 300 g gedünstete Pilze (Champignons oder Pfifferlinge) darunterziehen und mit Salz, Pfeffer und 1 Prise Thymian würzen. 2 kleine Blätterteigpastetchen bei 200°C etwa 5 Minuten aufbacken und das Ragout hineinfüllen.

PILZFOND

Champignons oder andere Pilze mit einem feuchten Küchentuch abreiben und die Stielenden abschneiden. Die Pilze mit ganz wenig Wasser und etwas Zitronensaft in einem geschlossenen Topf 3 bis 4 Minuten garen lassen. Die Pilze ziehen Flüssigkeit. Diesen Pilzfond kann man zum verfeinern von Saucen nehmen.

GRUNDREZEPT

PELLKARTOFFELN

Kenner dämpfen die Pellkartoffeln. So bleiben wertvolle Inhalts- und Geschmacksstoffe optimal erhalten. Das ist nicht nur wichtig, wenn die Kartoffeln als Beilage serviert werden, sondern auch, wenn man sie für Kartoffelmassen verwendet.

FÜR 2 PORTIONEN
400 g Kartoffeln
Salz

BESONDERES KÜCHENGERÄT
Topf mit Dämpfeinsatz

ZUBEREITUNGSZEIT
35 – 50 Minuten

KALORIEN
Pro Portion ca. 110 kcal

DAS PASST DAZU
Käse, Frischkäse oder Quark mit Kräutern und Meerrettich

WAS MACHE ICH MIT RESTEN?
Bratkartoffeln (Seite 237) oder ein anderes Kartoffelgericht, für das gekochte Kartoffeln benötigt werden

SO WIRD'S GEMACHT

1. Einen Topf mit passendem Dämpfeinsatz etwa halbhoch mit Wasser füllen (das Wasser darf aber nicht bis zum Dämpfeinsatz reichen) und es aufkochen lassen.

2. In der Zwischenzeit die Kartoffeln sehr gut unter fließendem kaltem Wasser abbürsten und in den Dämpfeinsatz legen. Den Einsatz in den Topf stellen (Foto 1) und den Topf abdecken. Die Kartoffeln je nach Größe ½ bis ¾ Stunde dämpfen.

TIPS

– Auch im Schnellkochtopf können Pellkartoffeln zubereitet werden. Hier auch den Dämpfeinsatz verwenden und nur etwa ¼ l Wasser in den Topf geben. Ist kein Einsatz vorhanden, etwa ¼ l leicht gesalzenes Wasser in den Topf geben.
– Ob Sie festkochende oder mehligkochende Sorten nehmen, hängt von der späteren Verwendung der Kartoffeln ab. Werden sie im Ganzen serviert, sind festkochende Sorten (Foto 2) vorzuziehen, für Teige und Massen nimmt man mehligkochende Sorten (Foto 3), da sie stärkehaltiger sind.

PETERSILIEN-KARTOFFELN

(Foto 4)
Kleine Kartoffeln wie Pellkartoffeln zubereiten und schälen. 3 Eßlöffel Wasser und 1 ½ Eßlöffel Butter aufkochen lassen und die Kartoffeln in dieser Mischung schwenken. Dann mit viel feingehackter Petersilie bestreuen.

Foto 1

Foto 2

Foto 3

Foto 4

Foto 5

GRUNDREZEPT

SALZKARTOFFELN

Nicht zu hart, aber auch nicht zu weich dürfen Salzkartoffeln sein und auf keinen Fall zu feucht. Deshalb müssen sie nach dem Kochen noch einmal kurz im Topf getrocknet werden.

FÜR 2 PORTIONEN
350 g Kartoffeln
Salz
1 EL Butter nach Belieben

ZUBEREITUNGSZEIT
ca. 40 Minuten

KALORIEN
Pro Portion ca. 160 kcal

SO WIRD'S GEMACHT

1. Die Kartoffeln waschen, mit dem Kartoffelschäler die Schale dünn abschälen, eventuell vorhandene „Augen", das sind die dunklen Stellen, an denen die Kartoffel auskeimt, ausstechen.

2. Die Kartoffeln kurz waschen und, wenn sie nicht sofort gekocht werden können, im kalten Wasser liegen lassen.

3. Die Kartoffeln je nach Größe halbieren, vierteln, in kleine Würfel oder in etwa 2 cm dicke Stifte schneiden.

4. Die Kartoffeln in einen Topf geben, knapp mit Wasser bedecken und etwas Salz hinzufügen. Das Wasser aufkochen lassen, dann die Hitzezufuhr etwas reduzieren und die Kartoffeln je nach Größe ¼ bis ½ Stunde kochen lassen.

5. Die Kartoffeln abseihen und im Topf 2 bis 3 Minuten trocknen lassen, dabei den Topf etwas schütteln.

6. Die Kartoffeln nach Belieben mit heißer Butter begießen.

SALZKARTOFFELN IM SCHNELLKOCHTOPF ZUBEREITET

Die Kartoffeln mit wenig Salz und ⅛ l Wasser unter Druck je nach Größe der Stücke 10 Minuten garen. Die Kartoffeln abseihen und im Topf leicht trocknen lassen.

SALZKARTOFFELN DÄMPFEN

Die Kartoffeln in einem Dämpfeinsatz zugedeckt je nach Größe 18 bis 40 Minuten dämpfen.
Auch bei Salzkartoffeln ist das Dämpfen zu empfehlen, denn die Kartoffeln werden nicht so feucht wie beim Kochen in Wasser. Das ist vor allem für die Weiterverarbeitung in Gnocchi und Kroketten von Vorteil.

GRUNDREZEPT

KARTOFFELPÜREE

Mehligkochende Kartoffeln, etwas Milch und gute Butter, kaum mehr benötigt ein Kartoffelpüree, das durch die Zugabe von ein paar Zutaten vielseitig variiert werden kann.

FÜR 2 PORTIONEN
500 g Kartoffeln
200 ml Milch
Salz
geriebene Muskatnuß
2 EL Butter

BESONDERES KÜCHENGERÄT
Kartoffelpresse

ZUBEREITUNGSZEIT
ca. 1 Stunde

KALORIEN
Pro Portion ca. 320 kcal

PASST ZU
allen Gerichten mit Sauce

SO WIRD'S GEMACHT

1. Die Kartoffeln schälen, waschen und wie die Salzkartoffeln (Seite 231) kochen oder dämpfen.
2. Die Kartoffeln abseihen, leicht ausdampfen lassen und durch die Kartoffelpresse in einen Topf drücken.
3. Die Milch aufkochen lassen und nach und nach mit einem Holzlöffel unter die Kartoffeln mischen.
4. Das noch heiße Kartoffelpüree kräftig mit dem Holzlöffel rühren, das Püree sollte ganz schaumig sein. Wenn nötig, das Püree mit wenig Salz nachwürzen, dann mit Muskatnuß abschmecken. Die Butter in kleinen Flocken darunterrühren.

TIP
Ist keine Kartoffelpresse vorhanden, können Sie die Kartoffeln auch mit einem speziellen Stampfer oder einfach mit einer Gabel zerdrücken. Allerdings wird das Püree nicht so locker und luftig wie mit der Presse. Einen Pürierstab sollten Sie nicht verwenden, das Püree wird sonst seifig.

VARIATION
Anstelle der Butter kann man 2 bis 3 Eßlöffel Sahne hinzufügen.

GRÜNES KARTOFFELPÜREE

50 g sehr fein gehackten Spinat mit 1 bis 2 Eßlöffeln Sahne pürieren und unter das Kartoffelpüree mischen. Man kann auch 1 bis 2 Eßlöffel feingehackte Kräuter unter das fertige Kartoffelpüree rühren.

ROTES KARTOFFELPÜREE

1 Eßlöffel Tomatenmark und 1 Prise edelsüßen Paprika mit 1 bis 2 Eßlöffeln Sahne verrühren und unter das Kartoffelpüree mischen.

GELBES KARTOFFELPÜREE

1 kleine zerdrückte Knoblauchzehe und 1 Prise Safran oder Kurkumapulver mit 1 Eßlöffel Olivenöl gut verrühren und mit dem Kartoffelpüree mischen.

KARTOFFELSCHNEE

Die Kartoffeln wie Salzkartoffeln (Seite 231) oder Pellkartoffeln (Seite 230) kochen oder dämpfen, anschließend sofort durch die Kartoffelpresse auf eine vorgewärmte Servierplatte pressen. Nach Belieben mit etwas gehacktem Schnittlauch oder gehackter Petersilie bestreuen.
Kartoffelschnee muß weiß und luftig sein, deshalb nicht mehr umrühren oder kochen. Da weder Fett noch Milch zugefügt wird, ist Kartoffelschnee für die schlanke Küche besonders empfehlenswert.

KROKETTEN

Kroketten sind häufig auf festlichen Tafeln anzutreffen. Sie begleiten dann meist einen Braten oder Geflügel. Ihre Zubereitung ist, wie Sie sehen, nicht allzu kompliziert.

FÜR 2 PORTIONEN
500 g Kartoffeln
2 Eigelb
1 ½ EL Butter
Salz
frisch gemahlener weißer Pfeffer
1 – 2 EL Mehl
Öl zum Fritieren
1 Tasse Semmelbrösel

BESONDERES KÜCHENGERÄT
Kartoffelpresse

ZUBEREITUNGSZEIT
ca. 1 Stunde

KALORIEN
Pro Portion ca. 580 kcal

PASST ZU
verschiedenen Braten (Seite 190 bis 192) oder zu Gemüse

SO WIRD'S GEMACHT

1. Die Kartoffeln schälen, waschen und wie Salzkartoffeln (Seite 231) kochen oder dämpfen. Dann gut ausdampfen lassen, die Kartoffeln müssen ganz trocken sein.

2. Die Kartoffeln durch die Presse drücken.

3. Zuerst die Eigelbe, dann die Butter unter die Kartoffelmasse rühren und sie mit Salz und Pfeffer würzen. Sollte sie zu weich sein oder noch kleben, 1 bis 2 Eßlöffel Mehl hinzufügen.

4. Eine Probekrokette formen, in den Semmelbröseln wenden und in heißem Fett schwimmend ausbacken. Zerfällt sie, muß man noch etwas Mehl zum Teig geben.

VARIATIONEN
– Die Kroketten können unpaniert gebraten werden. Statt Semmelbröseln eignen sich dafür auch gehackte oder gehobelte Mandeln.
– Man kann auch 30 g feingehackten Schinken oder feingehackte Kräuter unter die Krokettenmasse mischen.

KARTOFFELN NACH KRONPRINZESSINNENART

(Pommes dauphine)
750 g mehligkochende Kartoffeln schälen und wie Salzkartoffeln (Seite 231) kochen oder dämpfen. Einen Brandteig (Seite 252) zubereiten. Die Kartoffeln wie beschrieben durchpressen, sehr gut ausdampfen lassen und mit dem Brandteig mischen. Mit einem Teelöffel kleine Portionen vom Teig abstechen und sie in heißem Erdnußöl schwimmend ausbacken. Da die Zubereitung etwas arbeitsaufwendig ist und der Brandteig nur sehr schwer in kleineren Mengen hergestellt werden kann, reichen die angegebenen Zutatenmengen für 4 Portionen aus.

HERZOGINKARTOFFELN

(Pommes duchesse)
300 g Kartoffeln schälen, würfeln und in leicht gesalzenem Wasser gar kochen lassen. Die Kartoffeln abseihen, abtropfen lassen und anschließend im Backofen bei 180°C auf einem Kuchenblech ausgebreitet trocknen lassen. Die Kartoffeln durch die Presse drücken, mit 1 Eßlöffel Butter und 1 bis 2 Eigelben mischen und mit Salz, Pfeffer und Muskatnuß abschmecken.
Die Masse in einen Spritzbeutel mit Sterntülle füllen und schöne Rosetten auf ein mit Backtrennpapier ausgelegtes Kuchenblech spritzen. Die Rosetten mit verquirltem Eigelb bepinseln und im Ofen bei 220°C goldbraun backen.

KARTOFFELPFANNKUCHEN

Das Kartoffelpüree links mit 2 verquirlten Eiern mischen. 1 bis 2 Eßlöffel Mehl dazugeben. Der Teig sollte leicht flüssig sein. In erhitztem Butterschmalz kleine Pfannkuchen ausbacken. Zum Teig nach Belieben etwas feingeriebene Zwiebel oder etwas Majoran geben.

KARTOFFELGRATINS

Zugegeben, ein Kartoffelgratin braucht etwas Zeit, doch die Mühe lohnt sich. Welche Zutaten unbedingt in einem Kartoffelgratin enthalten sein müssen, darüber streiten sich die kulinarischen Geister. Probieren Sie selbst, und wählen Sie Ihren Favoriten aus.

GRATIN DAUPHINOIS

FÜR 2 PORTIONEN
250 g Kartoffeln
½ Knoblauchzehe
Butter zum Ausfetten
⅛ l Milch
Salz
frisch gemahlener weißer Pfeffer
125 g süße Sahne

BESONDERES KÜCHENGERÄT
kleine, nicht zu hohe Auflaufform

ZUBEREITUNGSZEIT
ca. 25 Minuten
Backzeit: ca. 1 ½ Stunden

KALORIEN
Pro Portion ca. 355 kcal

PASST ZU
kurzgebratenem oder gegrilltem Fleisch (Seite 193)

SO WIRD'S GEMACHT

1. Die Kartoffeln schälen, unter fließendem Wasser rasch waschen, auf ein Tuch legen und abtrocknen. Die Kartoffeln nicht im Wasser liegen lassen, da sonst die Stärke ausgelöst wird. Sie sofort in sehr feine Scheiben schneiden.

2. Die Auflaufform mit der Knoblauchzehe ausreiben. Dann ausfetten und die Kartoffelscheiben hineinlegen. Den Backofen auf 200°C vorheizen.

3. Die Milch aufkochen, mit Salz und Pfeffer würzen und über die Kartoffeln gießen. Sie sollen von der Milch bedeckt sein.

4. Im Backofen oder auf dem Herd zum Kochen bringen. Die Hitzezufuhr auf 180°C reduzieren.

5. Sobald die Milch von den Kartoffeln aufgesogen ist, die Sahne hinzufügen und das Gratin fertigbacken. Insgesamt benötigt das Gratin 1 ½ Stunden. Während des Backens das Gratin immer wieder leicht aufrühren, damit sich keine Kruste bilden kann. Die Oberfläche darf am Schluß braune Flekken bekommen, sie sollte aber noch weich sein. Wird das Gratin zu schnell braun, während des Backens eine Zeitlang eine Alufolie locker darüberlegen. Das ist auch wichtig, damit das Gratin dann nicht austrocknet. Die Sahne sollte nach dem Garen zu einer sämigen Sauce eingekocht sein.
(auf dem Foto: links)

KARTOFFELGRATIN MIT KÄSE

FÜR 2 PORTIONEN
350 g Kartoffeln
1 EL Butter zum Ausfetten
½ Knoblauchzehe
Salz
80 g geriebener Greyerzer
100 g süße Sahne
1 Eigelb
100 ml Milch
weißer Pfeffer

BESONDERES KÜCHENGERÄT
kleine Gratinform

ZUBEREITUNGSZEIT
ca. 20 Minuten
Backzeit: ca. 1 ¼ Stunden

KALORIEN
Pro Portion ca. 353 kcal

PASST ZU
Schweinebraten (Seite 192) oder auch als Hauptgericht mit einem einfachen Blattsalat (Seite 86) servieren

SO WIRD'S GEMACHT

1. Die Kartoffeln schälen, waschen und mit dem Messer oder einem Hobel in feine Scheiben schneiden.

2. Den Backofen auf 200°C vorheizen. Eine Gratinform ausfetten. Den Knoblauch schälen, zerdrücken, in der Form verteilen und salzen.

3. Die Kartoffelscheiben in die Form schichten, und zwar so, daß sich die Scheiben leicht überlappen. Die einzelnen Lagen mit Käse bestreuen und mit etwas Sahne begießen. Das Gratin etwa 1 Stunde backen.

4. Das Eigelb mit der Milch verquirlen, mit Salz und Pfeffer würzen und über die Kartoffeln geben.

5. Das Gratin eine weitere ¼ Stunde backen. Es sollte dann goldbraun sein.
(auf dem Foto: rechts unten)

TIP
Für dieses Gratin muß man einen gut schmelzenden, fetten Käse wie Greyerzer verwenden, Parmesan ist nicht geeignet.

KARTOFFELGRATIN MIT BECHAMELSAUCE

350 g gekochte Kartoffeln (Seite 230) pellen, in etwa ½ cm dicke Scheiben schneiden und mit Béchamelsauce (Seite 260) und geriebenem Käse in eine ausgefettete Auflaufform schichten. Mit geriebenem Käse bestreuen und einige Butterflöckchen darauf setzen. Das Gratin etwa ¼ Stunde bei 220°C backen. Die Kartoffeln können mit leicht gerösteten Speckwürfelchen oder Schinkenstreifen gemischt werden.

KARTOFFELGRATIN NACH SAVOYER ART

350 g rohe Kartoffeln schälen und in dünne Scheiben schneiden. Die Kartoffelscheiben schuppenartig zusammenfügen und in eine Auflaufform setzen. Etwas Brühe (Seite 100 oder Fertigprodukt) angießen, so daß die Kartoffeln knapp bedeckt sind.
Die Kartoffeln mit geschmolzener Butter bestreichen und im Backofen bei 220°C etwa ½ Stunde backen. 2 bis 3 Eßlöffel geriebenen, gut schmelzenden Käse darüberstreuen und das Gratin etwa 5 Minuten weiterbacken.
(auf dem Foto: rechts oben)

VARIATIONEN
– Anstelle der Butter kann auch in kleine Stücke geschnittene Kräuterbutter (Seite 269) über die Kartoffeln verteilt werden.
– Auch kleine gedünstete Zwiebel- und Tomatenwürfelchen kann man mit den Kartoffelscheiben mischen oder zerdrückten Knoblauch dazugeben.
– Die Kartoffeln mit zerdrücktem Knoblauch mischen und die Butter durch Olivenöl ersetzen.

GRUNDREZEPT

RÖSTI

Rösti heißen in der Schweiz auf spezielle Art gebratene Kartoffeln. Um sie zuzubereiten, braucht man vor allem gute festkochende Kartoffelsorten.

FÜR 2 PORTIONEN
400 g festkochende Pellkartoffeln, bereits am Vortag gegart
Salz
3 EL Butterschmalz
2 EL Milch nach Belieben

ZUBEREITUNGSZEIT
ca. 3/4 Stunden

KALORIEN
Pro Portion ca. 295 kcal

SO WIRD'S GEMACHT

1. Die Kartoffeln schälen und mit einer Röstireibe in Streifen hobeln (Foto 1) oder mit einem Gemüsehobel in dünne Scheiben schneiden.

2. Die Kartoffeln mit wenig Salz bestreuen und gut mischen.

3. Das Butterschmalz in einer schweren Eisenpfanne oder einer beschichteten Pfanne bei starker Hitzezufuhr erhitzen. Die Kartoffeln hineingeben, mit dem Butterschmalz gut mischen und auf dem Pfannenboden andrücken (Foto 2). Nach Belieben mit der Milch beträufeln.

4. Die Kartoffeln mit einem Deckel oder einem Porzellanteller abdecken. Der Dekkel oder der Teller muß so groß sein, daß sie ganz bedeckt sind, jedoch zwischen Kartoffeln und Deckel kein Hohlraum mehr ist (Foto 3).

5. Nach 2 bis 3 Minuten die Hitzezufuhr reduzieren, damit die Kartoffeln nicht anbrennen, und die Rösti etwa 1/2 Stunde langsam weiterbraten.

6. Die Rösti auf eine runde Platte oder auf den Teller, der als Deckel gedient hat, stürzen (Foto 4).

TIP
Manchmal wird die Rösti auf beiden Seiten gebacken. Dann muß man sie mit Hilfe des Tellers wenden und nach dem Stürzen etwa 1/4 Stunde auf der zweiten Seite weiterbraten (Foto 5).

Foto 1

Foto 2

Foto 3

Foto 4

Foto 5

ROHE RÖSTI
(Foto 9)
Die Kartoffeln roh in ganz dünne Scheiben schneiden und die Rösti wie im Grundrezept beschrieben braten. Die Bratzeit verlängert sich nun etwa 10 Minuten. Nach Belieben etwas gehackten Rosmarin hinzufügen.

RÖSTI MIT SPECK
(Foto 6)
30 g mageren Speck ganz fein hacken, unter die Kartoffeln mischen und die Rösti wie beschrieben braten.

RÖSTI MIT ZWIEBELN
Geschälte, in Streifen geschnittene Zwiebeln zusammen mit den Kartoffeln wie beschrieben braten. Nach Belieben etwas Speck dazugeben.

KÄSERÖSTI
Geraspelten Appenzeller oder Greyerzer mit den gekochten, geraspelten Kartoffeln mischen. Nach Belieben etwas gehackten Speck, Zwiebelstreifen oder Speck und Zwiebeln dazugeben und die Rösti wie beschrieben braten.

RÖSTI MIT SCHINKEN UND SPIEGELEI
(Foto 7)
Die gekochten Kartoffeln raspeln, mit feingehacktem Schinken und Zwiebelstreifen mischen und die Rösti wie beschrieben braten.
5 Minuten vor Ende der Bratzeit wenig Greyerzer oder anderen Schweizer Käse darüberreiben, die Pfanne wieder abdecken und die Rösti weiterbraten, bis der Käse geschmolzen ist. Die Rösti in 2 Portionen teilen, anrichten und mit je 1 gebratenen Ei belegen.

Foto 6

Foto 7

Foto 8

Foto 9

Foto 10

BRATKARTOFFELN AUS GEKOCHTEN KARTOFFELN
(Foto 8)
Gekochte geschälte Kartoffeln in Würfel oder in Viertel schneiden. Mit wenig Salz bestreuen und in heißem Butterschmalz bei mäßiger Hitzezufuhr goldbraun braten. Dabei mehrmals vorsichtig wenden. Man kann die Kartoffeln auch auf ein mit Butterschmalz gefettetes Blech legen, mit heißem Butterschmalz begießen und bei 200°C im Backofen braten, bis die Kartoffeln goldgelb sind. Das dauert etwa 20 Minuten.

BRATKARTOFFELN AUS ROHEN KARTOFFELN
Die geschälten rohen Kartoffeln in Scheiben schneiden und unter häufigem Wenden wie die Rösti braten. Nach der Hälfte der Garzeit salzen, die Bratzeit verlängert sich um etwa ¼ Stunde. Bratkartoffeln können nach Belieben mit Zwiebelwürfeln, feingehackten Kräutern, Pilzen, geschältem, zerdrücktem Knoblauch, Kümmel, kleinen Gemüsewürfeln, Schinken und Speck gemischt werden.

ANNA-KARTOFFELN
(Foto 10)
Rohe Kartoffeln schälen, in dünne Scheiben schneiden, die Scheiben wieder schuppenartig zusammensetzen. Die Kartoffeln in eine mit Butterschmalz ausgefettete kleine Auflaufform legen und mit heißem Butterschmalz begießen. Die Kartoffeln im Backofen bei 180°C etwa 40 Minuten backen. Man kann die Kartoffeln auch in mehreren Lagen in kleine Förmchen schichten, die einzelnen Lagen mit Butterschmalz bestreichen und jeweils 10 Minuten vorbacken. Auch etwas geriebener Käse kann zwischen die Lagen gestreut werden.

KLÖSSE

Kloß ist nicht gleich Kloß, und der Kenner wählt sorgsam zwischen jenen aus rohen, jenen aus gekochten und jenen, die sowohl aus rohen als auch aus gekochten Kartoffeln bestehen, aus.

KLÖSSE AUS ROHEN KARTOFFELN

FÜR 4 PORTIONEN
750 g mehlig kochende Kartoffeln
200 g mehlige Pell- oder Salzkartoffeln (Seite 230 bis 231) vom Vortag
120 ml Milch
Salz
geriebene Muskatnuß
2 Scheiben Toastbrot
30 g Butter

BESONDERES KÜCHENGERÄT
Kartoffelpresse

ZUBEREITUNGSZEIT
ca. 1 Stunde

KALORIEN
Pro Portion ca. 260 kcal

PASST ZU
gebratenem Geflügel (Seite 170 bis 171), Sauer- und Schweinebraten (Seiten 192 und 196), zu Gulasch und zu Ragout (Seite 198 bis 199)

WAS MACHE ICH MIT RESTEN?
Die Klöße können in Scheiben geschnitten und in Butter gebraten als Beilage serviert werden.

SO WIRD'S GEMACHT

1. Die rohen Kartoffeln schälen und in eine Schüssel reiben. Dann in ein Küchentuch geben und gut ausdrücken.

2. Die Flüssigkeit auffangen, sie enthält die Kartoffelstärke, die noch benötigt wird. Sobald diese sich am Boden abgesetzt hat, das Wasser abgießen und die Stärke zu den geriebenen Kartoffeln geben.

3. Die gekochten Kartoffeln schälen und durch eine Presse drücken. Die Milch aufkochen und mit den gekochten, durchgedrückten Kartoffeln glattrühren. Die Masse unter die rohen Kartoffeln mischen und mit Salz und Muskat würzen.

4. Das Toastbrot in Würfel schneiden und in der Butter goldgelb rösten.

5. Mit feuchten Händen aus dem Kartoffelteig 8 gleich große Klöße formen, in die Mitte einige Brotwürfel drücken.

6. Die Klöße in siedendem Salzwasser in etwa 20 Minuten gar ziehen lassen. (auf dem Foto: links)

TIP
Bereitet man größere Mengen dieser Klöße zu, sollten die rohen Kartoffeln in eine Schüssel mit Wasser gerieben werden, sonst färben sie sich dunkel.

KLÖSSE AUS GEKOCHTEN KARTOFFELN

FÜR 4 PORTIONEN
700 g mehligkochende Kartoffeln
2 Scheiben Toastbrot
30 g Butter
50 g Mehl
35 g Weizengrieß
1 Ei
1 Eigelb
Salz
geriebene Muskatnuß

BESONDERES KÜCHENGERÄT
Kartoffelpresse

ZUBEREITUNGSZEIT
ca. 1 Stunde

KALORIEN
Pro Portion ca. 300 kcal

SO WIRD'S GEMACHT

1. Die Kartoffeln waschen und wie Pellkartoffeln (Seite 230) garen. Noch heiß schälen und durch eine Presse drücken. Die Masse flach ausbreiten und abkühlen lassen.

2. Das Toastbrot würfeln und in der Butter goldgelb rösten.

3. Das Mehl und den Grieß über die Kartoffeln streuen, das Ei und das Eigelb dazugeben, alles mit Salz und Muskatnuß würzen und zu einem festen Teig verkneten.

4. Aus dem Teig auf einer bemehlten Fläche eine dicke Rolle formen und sie in 8 gleich große Stücke schneiden.

5. In die Mitte der Stücke die Brotwürfel geben und mit bemehlten Händen daraus Klöße formen.

6. Die Klöße in leicht gesalzenem Wasser in etwa ¼ Stunde gar ziehen lassen.

(auf dem Foto: Mitte)

KLÖSSE AUS ROHEN UND GEKOCHTEN KARTOFFELN

500 g mehlige gekochte Kartoffeln durch eine Presse drücken und erkalten lassen. 500 g rohe Kartoffeln reiben, ausdrücken, mit der ausgetretenen Stärke mischen, wie bei den Klößen aus rohen Kartoffeln beschrieben ist. Rohe und gekochte Kartoffeln mischen, mit Salz und Muskat würzen, 1 Ei und 25 g Kartoffelstärke dazugeben und alles zusammenarbeiten. Zu einer dicken Rolle formen, in Stücke teilen und daraus Klöße formen. In die Mitte einige geröstete Brotwürfel geben. Die Klöße etwa 20 Minuten in leicht gesalzenem Wasser ziehen lassen.
(auf dem Foto: rechts)

TIPS

– Bevor die einzelnen Klöße aus dem Teig geformt werden, immer erst einen kleinen Probekloß kochen, um die Konsistenz des Teiges zu prüfen. Ist der Kloß zu weich, noch etwas Mehl, Grieß oder Kartoffelstärke zum Teig geben; ist er zu fest, etwas heiße Milch, dünnen Grießbrei oder geriebene, gekochte Kartoffeln dazufügen.
– Die Konsistenz der Klöße hängt vom Stärkegehalt der einzelnen Kartoffelsorten ab. Allgemein gilt, mehligkochende Kartoffeln binden besser als festkochende, jedoch gibt es auch da noch Unterschiede. Deshalb kann man nur ungefähr angeben, wieviel Flüssigkeit oder aber Mehl man für die Klöße braucht.
– Die Klöße glänzen außen schön, wenn man die Hände vor dem Formen der Klöße mit etwas Kartoffelstärke bestreut oder das Kochwasser leicht mit Kartoffelstärke bindet.

GRUNDREZEPT

POMMES FRITES

Gäbe es sie nicht schon, sie müßten erfunden werden, denn Pommes frites sind die beliebteste Kartoffelzubereitung, und das nicht nur als Begleiter zu Hamburger und Co.

FÜR 2 PORTIONEN
300 g große Kartoffeln
Öl zum Fritieren
Salz

BESONDERES KÜCHENGERÄT
Friteuse

ZUBEREITUNGSZEIT
ca. 40 Minuten

KALORIEN
Pro Portion ca. 290 kcal

PASST ZU
kurzgebratenem Fleisch (Seite 193 bis 194)

SO WIRD'S GEMACHT

1. Die Kartoffeln schälen und in gleichmäßige, bleistiftgroße Stäbchen von 6 bis 8 cm Länge schneiden.

2. Die Kartoffelstäbchen waschen und auf einem Tuch gut abtropfen lassen. Dann nochmals mit einem Küchentuch gut trockenreiben.

3. Dann das Öl in einer Friteuse auf 170°C erhitzen, die Kartoffeln in den Siebkorb geben, dann im heißen Fett etwa 4 Minuten garen, jedoch nicht braun werden lassen. Unbedingt darauf achten, daß die vorgeschriebene Temperatur nicht überschritten wird. Sonst den Fritierkorb kurz herausnehmen und das Öl wieder abkühlen lassen.

4. Die Pommes frites herausnehmen, die Fritiertemperatur auf 190°C erhöhen, die Kartoffeln nochmals hineingeben und nun in 1 bis 2 Minuten knusprig fritieren.

5. Die Pommes frites herausnehmen, auf sehr saugfähigem Küchenpapier gut abtropfen lassen. Mit wenig Salz bestreuen und sofort servieren.

TIPS

– Die Pommes frites können bereits einige Zeit vor dem Essen vorgebacken werden, kurz vor dem Servieren muß man sie dann noch knusprig fritieren.
– Gute Pommes frites sind innen weich und außen knusprig, dies kann man nur durch zwei Fritiervorgänge bei unterschiedlichen Öltemperaturen erreichen.
– Die Kartoffeln müssen vor dem Fritieren ganz trocken sein, sonst spritzt das Fett zu sehr.
– Zum Schneiden der Pommes frites gibt es mittlerweile spezielle Geräte, die in Haushaltwarengeschäften erhältlich sind.

STREICHHOLZ-KARTOFFELN

Geschälte Kartoffeln in streichholzgroße Stäbchen schneiden, waschen und gut mit einem Küchentuch abtrocknen. 2 Minuten bei 160°C vorfritieren, dabei den Fritierkorb ab und zu herausnehmen und die Kartoffeln aufschütteln, um zu vermeiden, daß sie zusammenkleben. Dann bei 170°C in 1 Minute goldgelb und knusprig fritieren.

POMMES CHIPS

Geschälte Kartoffeln mit dem Gurkenhobel in feine Scheiben schneiden, waschen und gut mit einem Küchentuch abtrocknen. Zuerst 2 Minuten bei 160°C, dann noch 1 Minute bei 180°C backen. Während des Fritierens die Chips häufig aufschütteln, so daß sie nicht zusammenkleben.

GRUNDREZEPT

KARTOFFELSALAT

Die meisten Kartoffelsalate, die heute angeboten werden, enthalten zuviel Mayonnaise und heben die vielen Vorteile der Kartoffel wieder auf. Darum stellen wir hier einige klassische Variationen vor, bei denen die Kartoffel wieder die Hauptrolle spielt.

FÜR 4 PORTIONEN
800 g festkochende Kartoffeln
1 Zwiebel
2 EL Weißweinessig
200 ml Brühe (Seite 100 oder aus einem Fertigprodukt)
Salz
frisch gemahlener weißer Pfeffer
3 EL Sonnenblumenöl
1 EL feingehackte Petersilie

ZUBEREITUNGSZEIT
ca. 40 Minuten

KALORIEN
Pro Portion ca. 200 kcal

DAS PASST DAZU
heiße Würstchen, panierter Fisch (Seite 157), Schnitzel (Seite 195), Frikadellen (Seite 205)

WAS MACHE ICH MIT RESTEN?
Kartoffelsalat hält sich leider nur ganz kurze Zeit, das heißt einige Stunden, im Kühlschrank. Vor allem wenn er Mayonnaise enthält, sollten Reste lieber weggeworfen werden.

SO WIRD'S GEMACHT

1. Die Kartoffeln waschen und wie die Pellkartoffeln (Seite 230) garen. Noch heiß schälen, in dünne Scheiben schneiden und in eine Schüssel geben.

2. Die Zwiebel schälen, fein würfeln und zusammen mit dem Essig und der Brühe aufkochen. Diesen Zwiebelsud sofort über die Kartoffelscheiben gießen. Sie mit Salz und Pfeffer würzen und das Öl dazugeben.

3. Die Kartoffeln so lange vorsichtig in der Schüssel schwenken, bis die Flüssigkeit aufgesaugt ist.

4. Den Salat einige Minuten durchziehen lassen, mit der Petersilie bestreuen und lauwarm servieren.

FRANZÖSISCHER KARTOFFELSALAT

Für diese Variation die Kartoffeln in 1 cm große Würfel schneiden und wie Salzkartoffeln (Seite 231) nicht zu weich garen. Für die Sauce 1 feingeriebene Zwiebel mit 1 ½ Eßlöffeln Weißweinessig und 180 ml Brühe aufkochen, kurz abkühlen lassen und 50 g Mayonnaise darunterrühren. Die Sauce mit Salz, Pfeffer und Zucker abschmecken, mit den noch warmen Kartoffeln mischen. Den Salat durchziehen lassen und mit Schnittlauch bestreuen.

KARTOFFELSALAT MIT SPECK

Den Salat wie im Grundrezept beschrieben zubereiten, zum Schluß 60 g gebratene, magere Speckwürfel daruntermischen.

KARTOFFELSALAT MIT MAYONNAISE

Den Salat nach dem Grundrezept zubereiten und dann mit etwa 40 g Mayonnaise (Seite 270) mischen.

TIPS
– Kartoffelsalate kann man mit Tomatenecken, Salat- oder Gewürzgurkenscheiben, Radieschen, Krevetten, hartgekochten Eiern, Basilikum-, Dill- und Kerbelzweigen garnieren.
– Kartoffelsalat immer mit frischgekochten, noch warmen Kartoffeln zubereiten und durchziehen lassen. Die Kartoffeln nehmen dann den Geschmack der Sauce besser an.
– Kartoffelsalat niemals direkt aus dem Kühlschrank auf den Tisch bringen.

GRUNDREZEPT

O · ÖL · OIL · HUIL

Wieviel Abwechslung bietet doch auf dem Mittags- oder Abendtisch etwas pikant Gebackenes. Gut, das Zubereiten erfordert schon ein wenig Erfahrung, aber mit unseren Rezepten wird jedem auch nur wenig Geübten ein solches Gericht gelingen.

Denken wir zuerst an die Pizza: Vor einigen Jahrzehnten bei uns noch völlig unbekannt, hat sie sich mit der „Eroberung" Italiens durch die deutschen Touristen auch bei uns etabliert – als Erinnerung an schöne Urlaubstage zunächst. Inzwischen gibt es Pizzerias in jeder Stadt, ja fast in jedem Dorf, und als preiswerte Zwischendurch- oder Hauptmahlzeit steht sie ganz oben auf unserer multikulturellen Speisekarte. Pizza läßt sich selbstverständlich auch zu Hause backen, das bereitet viel Vergnügen, und vor allem kann man den Belag ganz nach eigenem Geschmack gestalten.

Quiches, Strudel und Windbeutel, die man mit den verschiedensten Cremes füllen kann, machen aber ebenso Appetit, wenn sie im Backofen stehen und ihren Duft verströmen. Vergessen wir schließlich nicht den Blätterteig, den man heute meist fertig zubereitet kauft, und der sich äußerst vielseitig in pikante Köstlichkeiten verwandeln läßt.

PIKANTES GEBÄCK

GRUNDREZEPT

PIZZA

Ein einfacher Hefeteig, eine aromatische Tomatensauce und echter italienischer Käse – das sind die Hauptzutaten der Pizza. Variiert wird der Belag. Hier finden Sie einige klassische und neue Pizzaideen. Ihrer Phantasie sind jedoch keine Grenzen gesetzt.

FÜR CA. 300 G TEIG (2 PORTIONEN)

für den Teig:
⅓ Würfel frische Hefe (ca. 15 g)
300 g helles Weizenmehl
1 – 2 EL Olivenöl zum Ausfetten

für den Belag:
siehe Vorschläge rechts

ZUBEREITUNGSZEIT
ca. ¾ Stunden
Zeit zum Gehen:
ca. 2 Stunden

KALORIEN FÜR DEN TEIG
Pro Portion ca. 605 kcal

TIPS ZUM EINFRIEREN
Die fertig belegte Pizza läßt sich sehr gut für 2 bis 3 Monate einfrieren.

SO WIRD'S GEMACHT

1. Die Hefe zerbröckeln, in 3 Eßlöffeln lauwarmem Wasser auflösen und mit etwa 50 g Mehl verrühren (Foto 1). Diesen Vorteig abgedeckt für etwa ½ Stunde bei Küchentemperatur gehen lassen (Foto 2).

2. Das restliche Mehl auf eine Arbeitsfläche sieben und in die Mitte eine Mulde drücken. Den aufgegangenen Vorteig in die Mulde geben, etwas Mehl vom Rand darübergeben und alles miteinander verkneten. Dabei nach und nach 150 bis 175 ml lauwarmes Wasser dazugeben, je nach Quellfähigkeit des Mehles braucht man etwas mehr oder etwas weniger. Es soll ein fester, aber geschmeidiger Teig entstehen (Foto 3).

3. Den Teig etwa 10 Minuten lang weiterkneten, währenddessen ab und zu kräftig auf die Arbeitsfläche schlagen. Den Teig in eine Schüssel legen. Sie mit einem Tuch bedecken und den Teig bei Zimmertemperatur für 1 ½ bis 2 Stunden gehen lassen. Er sollte sein Volumen etwa verdoppeln (Foto 4).

4. Ein Backblech mit etwas Öl bestreichen. Den Teig mit den Händen zu einem runden Fladen drücken und etwa 8 mm dick ausrollen. Die Ränder sollen etwas dicker sein als die Mitte. (Foto 5).

5. Den Backofen auf die höchstmögliche Temperatur vorheizen. Den Pizzaboden auf das Blech legen und den gewünschten Belag darauf verteilen (siehe Vorschläge rechts; Zutaten in der angegebenen Reihenfolge auf den Teig legen und mit Salz und Pfeffer würzen. Beläge, die Sardellenfilets enthalten, nicht salzen). Etwas Olivenöl darüberträufeln und die Pizza in 20 bis 25 Minuten backen.

TIPS

– Den Belag erst unmittelbar vor dem Backen auf den Teig legen, denn sonst weicht dieser durch.
– Eine Pizza braucht möglichst hohe Backtemperaturen. In Italien und in Pizzerias wird sie in Holzbacköfen oder im elektrischen Ofen, der aus Schamottsteinen besteht, gebacken. Bei den üblichen Elektro- und Gasherden für den Haushalt muß man das Backen gut überwachen, denn jeder Ofen heizt ein bißchen anders. Am besten schiebt man das Blech auf die zweite Schiene von unten in den Ofen und backt die Pizza zuerst mit Unterhitze, damit der Teig so schnell wie möglich fest wird.
– Mit etwas dunklerem Mehl zubereitet schmeckt der Teig besser als mit weißem Mehl. Teig aus reinem Vollkornmehl wird leicht zu hart.
– Pizzen mit einem Belag aus Fisch, Krusten- und Schalentieren vor dem Backen nur mit wenig Öl beträufeln. Wenn die Pizza aus dem Ofen kommt, kann man noch etwas darübergeben, dann schmeckt man das Olivenöl besser.
– Anstelle von Tomatensauce gibt man oft geschälte Tomaten (Pelati) auf die Pizza. Bei ihrer Verwendung darauf achten, daß sie gut abgetropft sind. Die Tomaten gut würzen.

Foto links im Uhrzeigersinn von oben: Pizza mit Schinken, Pizza Napoletana, Pizza Frutti de Mare, Pizza Margherita, Pizza mit Knoblauch und Tomatensauce

PIZZA MIT KNOBLAUCH UND TOMATENSAUCE

2 gehackte Knoblauchzehen
300 g Tomatensauce für Pizza (Seite 265)
6 EL kalt gepreßtes Olivenöl

KALORIEN FÜR DIE PIZZA
Pro Portion ca. 855 kcal

PIZZA MIT THUNFISCH

160 g Thunfisch, in Stücken
2 Zwiebeln, in feinen Ringen
1 EL abgetropfte Kapern
100 g Tomatensauce für Pizza (Seite 265)
100 g kleingewürfelter Mozzarella
1 TL getrockneter Oregano
2 EL kalt gepreßtes Olivenöl

KALORIEN FÜR DIE PIZZA
Pro Portion ca. 1040 kcal

PIZZA MARGHERITA

150 g Tomatensauce für Pizza (Seite 265)
150 g Mozzarella, in Scheiben
3 EL kalt gepreßtes Olivenöl
3 EL grob geschnittenes Basilikum (nach dem Backen daraufgeben)

KALORIEN FÜR DIE PIZZA
Pro Portion ca. 885 kcal

PIZZA MIT GARNELEN

160 g Krevetten (Garnelen), geschält
100 g Tomatensauce für Pizza (Seite 265)
150 g Mozzarella, in Scheiben
3 EL kalt gepreßtes Olivenöl

KALORIEN FÜR DIE PIZZA
Pro Portion ca. 945 kcal

Foto 1

Foto 2

Foto 3

Foto 4

Foto 5

PIZZA MIT SCHINKEN

150 g Tomatensauce für Pizza (Seite 265)
150 g Schinken, in groben Streifen
150 g Mozzarella, in Scheiben
wenig getrockneter Oregano
3 EL kalt gepreßtes Olivenöl

KALORIEN FÜR DIE PIZZA
Pro Portion ca. 1025 kcal

PIZZA MIT PILZEN

150 g gekochte Champignons, in Scheiben
120 g getrocknete, eingeweichte und kleingeschnittene Steinpilze
150 g Tomatensauce für Pizza (Seite 265)
150 g kleingewürfelter Mozzarella
wenig getrockneter Oregano
3 EL kalt gepreßtes Olivenöl

KALORIEN FÜR DIE PIZZA
Pro Portion ca. 1065 kcal

PIZZA NAPOLETANA

12 Sardellenfilets
30 schwarze Oliven
150 g Tomatensauce für Pizza (Seite 265)
150 g Mozzarella, in Scheiben
wenig getrockneter Oregano
3 EL kalt gepreßtes Olivenöl

KALORIEN FÜR DIE PIZZA
Pro Portion ca. 1220 kcal

PIZZA FRUTTI DI MARE

180 g gemischte, gekochte und kleingeschnittene Meeresfrüchte (Muscheln, Garnelenschwänze, Sardellen)
150 g Tomatensauce für Pizza (Seite 265)
3 EL gehackte Petersilie
wenig getrockneter Oregano
150 g Mozzarella, in Scheiben
3 EL kalt gepreßtes Olivenöl

KALORIEN FÜR DIE PIZZA
Pro Portion ca. 965 kcal

GRUNDREZEPT

QUICHE LORRAINE

Der warme herzhafte Kuchen, der als Vorspeise oder mit einem Salat als kleine Mahlzeit serviert werden kann, kommt ursprünglich aus Frankreich. Deshalb zeigen wir die klassische französische Version der Quiche lorraine mit Speck, Sahne und Ei neben vielen anderen Anregungen.

FÜR 4 PORTIONEN
für den Teig:
200 g helles Weizenmehl
1 Ei
Salz
100 g weiche Butter

für die Füllung:
250 g magerer Speck
1 EL Butter
3 Eier
300 g süße Sahne
frisch gemahlener Pfeffer
20 g Butter

außerdem:
Butter zum Ausfetten

ZUBEREITUNGSZEIT
ca. 1 Stunde
Kühlzeit: ca. 1 Stunde

KALORIEN
Pro Portion ca. 1125 kcal

SO WIRD'S GEMACHT

1. Das Mehl in eine Schüssel sieben und in die Mitte eine Mulde drücken. Das Ei, etwas Salz und die weiche Butter hineingeben.

2. Alle Zutaten mit etwa 1 bis 2 Eßlöffeln Wasser rasch zu einem glatten Teig verkneten, ihn zu einer Kugel formen und in Klarsichtfolie wickeln. Den Teig für etwa 1 Stunde kühl stellen.

3. Den Speck in sehr dünne Scheiben schneiden. Die Butter erhitzen und den Speck darin leicht ausbraten.

4. Die Eier mit der Sahne verquirlen und mit Salz und Pfeffer vorsichtig würzen. Den Backofen auf 220°C vorheizen.

5. Den Teig zu einem etwa 3 mm dicken Kreis ausrollen. Das Kuchenblech mit Butter ausfetten und den Teig darauflegen. Oder den Teig in eine gefettete Springform (26 mm ⌀) legen und einen Rand hochdrücken. Den Teigboden mehrmals mit einer Gabel einstechen. Die Speckscheiben darauf verteilen, einige davon für die Garnitur zurückbehalten.

6. Den Quicheboden etwa 10 Minuten vorbacken. Danach die Eiersahne über den Speck gießen. Die Ofentemperatur auf 210°C reduzieren und die Quiche etwa 20 Minuten weiterbacken.

7. Etwa 5 Minuten vor Ende der Backzeit den zurückbehaltenen Speck und die Butter in Flöckchen auf die Quiche legen und sie fertig backen.

TIPS

– Sollten sich während des Backens Luftblasen bilden, die den Teig hochdrücken, mit einer Fleischgabel die Blasen aufstechen.
– Man kann auch kleine Förmchen (ca. 10 cm ⌀) mit Teig auslegen, die Füllung darauf verteilen und die Quiche 10 Minuten kürzer backen.
– Füllungen immer kalt auf den Teigboden geben, damit er nicht durchweicht.
– Man kann statt des Mürbeteigs auch Blätterteig verwenden. Der Blätterteig sollte dann jedoch vorgebacken werden. Eventuell den Teig mit Backtrennpapier belegen und mit Hülsenfrüchten beschweren, damit er beim Backen nicht nach oben steigt.

PASTETENTEIG

Für eine Pastete nehmen Sie die doppelte Zutatenmenge des Teigs, jedoch an Stelle von 2 Eiern nur 2 Eiweiße oder 2 Eigelbe und verkneten alles mit 4 bis 5 Eßlöffeln Wasser.

QUICHE MIT KÄSE UND ZWIEBELN

Eine echte Quiche lorraine wird ohne Käse und Zwiebeln zubereitet. Man kann aber sowohl die eine als auch die andere Zutat oder beide gemeinsam hinzufügen. Die in Ringe geschnittenen Zwiebeln in der Speckbutter glasig dünsten, dann erkalten lassen und unter den Guß ziehen. Den Käse reiben und unter die Ei-Sahne-Mischung rühren. Sie auf dem vorgebackenen Teigboden verteilen und die Quiche wie im Rezept angegeben backen.

QUICHE MIT TOMATEN, OLIVEN UND SARDELLEN

6 enthäutete, entkernte Tomaten kleinschneiden. Die Tomaten zusammen mit 2 feingewürfelten Schalotten in 2 Eßlöffeln Olivenöl so lange dünsten, bis die Flüssigkeit verdampft ist. Dann 1 Eßlöffel Tomatenmark und 4 gehackte Sardellen hinzufügen, alles mit Salz, Pfeffer und mit 1 zerdrückten Knoblauchzehe abschmecken und erkalten lassen.
50 g schwarze Oliven entsteinen, kleinschneiden und dazugeben. Die Masse auf dem vorgebackenen Teigboden verteilen, 2 bis 3 Eßlöffel geriebenen Käse und Pfeffer darüberstreuen und die Quiche wie im Rezept beschrieben backen.

QUICHE MIT PILZEN

1 Eßlöffel feingewürfelte Schalotten in 1 Eßlöffel Butter glasig dünsten. Pilze, zum Beispiel Champignons, Pfifferlinge, Steinpilze oder Herbsttrompeten dazugeben und sie so lange mitdünsten, bis die ausgetretene Flüssigkeit verdampft ist. Die Pilze dabei ständig wenden und mit Salz, Pfeffer und mit Thymian abschmecken.
¼ l Béchamelsauce (Seite 261) mit Sahne zubereiten. Die Pilze auf den vorgebackenen Teigboden verteilen und mit der Sauce begießen. Man kann auch einen Eierguß, wie er für die Quiche lorraine angegeben ist, verwenden. Die Quiche wie im Rezept angegeben backen.

QUICHE MIT QUARK UND KRÄUTERN

6 Eßlöffel gehackte Kräuter, 1 zerdrückte Knoblauchzehe und 300 g Sahnequark mischen. 4 Eigelbe verquirlen und hinzufügen. 3 Eiweiße steif schlagen und vor dem Backen unter die Füllung ziehen. Sie mit Salz, Pfeffer und etwas Paprikapulver abschmecken. Auf den vorgebackenen Teigboden nach Belieben einige entkernte Tomatenscheiben legen, dann die Füllung darauf geben. Die Quiche wie im Rezept beschrieben backen.

QUICHE MIT LAUCH UND KÄSE

500 g Lauch in etwa 2 cm lange Stücke schneiden. Kurz in wenig Butter dünsten. 6 Eßlöffel Weißwein hinzufügen und den Lauch zugedeckt garen, er sollte noch Biß haben. ¼ l Béchamelsauce (Seite 261) mit dem Lauchsud verrühren. 100 g geriebenen Käse (Greyerzer oder anderen Hartkäse) darunterziehen und die Sauce mit Salz und Pfeffer würzen. Die Lauchstücke auf Küchenpapier legen, erkalten lassen und dann auf dem vorgebackenen Teigboden verteilen. Die Käsesauce darübergießen. Die Quiche wie im Rezept beschrieben backen.

QUICHE MIT BUNTEM GEMÜSE

2 große enthäutete und entkernte Tomaten fein würfeln. 1 große Zwiebel, 1 gelbe oder grüne Paprikaschote, 1 Zucchino und 1 kleine Aubergine in Streifen schneiden. Das Gemüse in 2 Eßlöffeln Olivenöl andünsten, mit Salz, Pfeffer und 1 bis 2 zerdrückten Knoblauchzehen abschmecken und erkalten lassen. 2 Eier mit 200 ml süße Sahne verquirlen. Das kalte Gemüse auf den vorgebackenen Teigboden geben. Einige Pfefferminz- oder Basilikumblätter darauf verteilen und die Eiersahne darübergießen. Die Quiche wie im Rezept beschrieben backen.

Fotos links von oben: Quiche mit Tomaten, Oliven und Sardellen, Quiche mit Quark und Kräutern, Quiche mit Lauch und Käse, Quiche mit buntem Gemüse.

GRUNDREZEPT

STRUDEL

Zeit, Geduld und Ruhe braucht man bei der Zubereitung des Strudelteigs, der hauchdünn sein sollte. Denn erst dann kommt die Füllung genügend zur Geltung. Ist der Teig zu dick, schmeckt man den Inhalt des Strudels kaum mehr.

FÜR 1 STRUDEL (CA. 8 PORTIONEN)

<u>für den Teig:</u>
1 Ei
1 Prise Salz
1 EL Öl
350 g helles Weizenmehl

<u>für die Füllung:</u>
siehe Vorschläge rechts

<u>außerdem:</u>
Butter zum Ausfetten
süße Sahne zum Bestreichen

ZUBEREITUNGSZEIT
ca. ½ Stunde
Ruhezeit: ca. 3 Stunden

KALORIEN FÜR DEN TEIG
Pro 100 g ca. 252 kcal

TIPS ZUM EINFRIEREN
Strudelteig hält sich tiefgefroren 3 bis 4 Monate.

SO WIRD'S GEMACHT

1. Etwa ⅛ l lauwarmes Wasser mit dem Ei, einer Prise Salz und mit dem Öl gut mischen. Das Mehl darunterrühren und den Teig für etwa ¼ Stunde kneten, bis er nicht mehr an den Händen klebt (Foto 1).

2. Den Teig zu einer Kugel formen und eventuell auf einen Teller legen. Eine Schüssel oder einen Topf erwärmen, über den Teig stülpen (Foto 2) und ihn so für etwa 3 Stunden ruhen lassen.

3. Den Teig zunächst auf einer bemehlten Arbeitsfläche so dünn wie möglich ausrollen. Ein großes Küchentuch mit Mehl bestäuben. Auf das Tuch legen und darauf nochmals so dünn wie möglich ausrollen (Foto 3).

4. Dann über die Handrücken rundum ausziehen, so daß er hauchdünn wird. Man sollte durch ihn hindurch das Muster des Tuches erkennen können (Foto 4).

5. Dickere Ränder mit einer Schere abschneiden und eventuell als Suppeneinlage oder für einen kleineren Strudel verwenden.

6. Die Füllung (siehe Vorschläge rechts) auf dem Teig verteilen. Die Ränder frei lassen. Die Ränder an den kurzen Seiten über die Füllung klappen, die Längsseiten mit Wasser befeuchten (Foto 5).

Foto 1

Foto 2

Foto 3

Foto 4

Foto 5

7. Den Strudel mit Hilfe des Tuches von der Längsseite her aufrollen (Foto 6). Den Strudel auf ein gefettetes Blech legen und etwa ½ Stunde im vorgeheizten Backofen bei 190°C backen. Ab und zu mit süßer Sahne bestreichen.

TIPS

– Das Schwierigste bei der Herstellung eines Strudels ist das Ausziehen des Teiges. Dies muß vorsichtig geschehen, da der Teig nicht reißen darf.
– Die Zubereitung des Strudelteigs gelingt in größeren Mengen besser. Man kann den ungebackenen Teig problemlos einfrieren.
– Schneller läßt sich ein Strudel mit Blätterteig zubereiten. Sie sollten seine Oberfläche vor dem Backen mit einer Mischung aus einem Eigelb und 1 Eßlöffel süßer Sahne bestreichen.

KRAUTSTRUDEL

(Foto ganz links)
1 kg Weißkohl fein hobeln. Eine feingewürfelte Zwiebel in einem großen Topf mit 3 Eßlöffeln Butter in 3 bis 4 Minuten glasig dünsten, 150 g gehackten, mageren Speck hinzufügen und kurz mitbraten. Das Kraut dazugeben, mit Zwiebel und Speck mischen und abgedeckt bei geringster Hitzezufuhr etwa ¼ Stunde schmoren lassen, bis das Kraut zusammengefallen ist. Wenn nötig 1 bis 2 Eßlöffel Wasser zufügen. Das Kraut mit Salz, Pfeffer, Paprika, Koriander und Kümmel würzen und erkalten lassen.
Die Füllung auf den Teig geben und den Strudel wie beschrieben backen.

KALORIEN
Pro Portion ca. 360 kcal

TIP
Das Kraut sollte, wenn möglich, ohne zusätzliche Flüssigkeit geschmort werden. Sollte sich dabei Saft bilden, ihn abgießen, auffangen, stark einkochen lassen und wieder zum Kraut geben. Zu feuchte Füllungen weichen den Strudelteig auf. Die Füllung darf nur kalt auf den Teig gegeben werden.

SCHINKENSTRUDEL

(Foto 7)
125 g saure Sahne mit 2 Eigelben verrühren und den ausgezogenen Strudelteig damit bestreichen. 250 g gekochten Schinken hacken, mit 100 g Speisequark und 1 feingewürfelten, in Butter angedünsteten Zwiebel mischen. Alles mit wenig Salz und Pfeffer würzen und auf den ausgezogenen Teig geben. Den Strudel wie für den Krautstrudel beschrieben aufrollen und wie beschrieben backen. Den Strudel während des Backens mehrmals mit insgesamt 50 g zerlassener Butter bestreichen.

KALORIEN
Pro Portion ca. 305 kcal

Foto 6

Foto 7

Foto 8

Foto 9

Foto 10

GEMÜSESTRUDEL

(Foto 8)
400 g in feinste Streifen (Julienne) geschnittenes Gemüse der Saison (Karotten, Knollensellerie, Lauch, grüne Erbsen, Paprikaschoten, Zucchini, Kohlrabi, geschälte und entkernte Tomaten) zusammen mit 1 fein gewürfelten Zwiebel in 2 Eßlöffeln Butter dünsten. 1 bis 2 Eßlöffel gehackten Kerbel hinzufügen und alles mit Salz und Pfeffer würzen. Nach Belieben etwas Quark und 1 Ei dazugeben oder feingeschnittenen Tofu daruntermischen.
Die Füllung auf dem ausgezogenen Teig verteilen, ihn aufrollen und wie beschrieben backen.

KALORIEN
Pro Portion ca. 225 kcal

LAUCHSTRUDEL MIT CHAMPIGNONS

(Foto 9)
300 g feingeschnittenen Lauch in Butter andünsten. 150 g frische Champignons in feine Scheiben schneiden und separat in Butter sehr rasch andünsten und so lange weiterdünsten, bis alle Flüssigkeit verdampft ist. ⅛ l Béchamelsauce (Seite 261) mit 100 g geriebenem Käse mischen. Den Lauch und die Champignons unter die Käsesauce rühren und nach Belieben etwas gehackten Schinken dazugeben. Alles auf dem ausgezogenen Teig verteilen. Den Strudel, wie beschrieben, aufrollen und backen.

KALORIEN
Pro Portion ca. 380 kcal

SPINATSTRUDEL

(Foto 10)
Wie den Lauchstrudel zubereiten, aber statt des Lauchs 500 g ohne zusätzliche Flüssigkeit gedünsteten und gut ausgedrückten Spinat verwenden.

KALORIEN
Pro Portion ca. 385 kcal

BLÄTTERTEIGGEBÄCK ZUM APERITIF

Da die Herstellung eines Blätterteigs nicht ganz einfach ist, greifen wir für unsere Ideen zu kleinem Gebäck auf die tiefgekühlte Ware zurück, die in der Qualität sehr gut ist. Am besten ist es, Sie haben immer eine Packung als Vorrat im Haus, so können Sie ganz schnell ein paar Willkommenshäppchen für Gäste zaubern.

TIPS ZUM UMGANG MIT BLÄTTERTEIG

Wenn Sie Blätterteig verwenden, sollten Sie folgendes beachten:

– Den Blätterteig vor der Verwendung auftauen lassen. Dann die Platten so auf eine bemehlte Arbeitsplatte legen, daß sich die Seiten leicht überlappen und zu einem etwa 3 mm dicken Rechteck ausrollen.

– Beim Ausrollen des Blätterteigs den Tisch oder das Brett nur mit wenig Mehl bestreuen, damit das Mengenverhältnis der Zutaten im Teig nicht gestört wird. Überschüssiges Mehl deshalb nach dem Ausrollen wieder vom Teig abklopfen.

– Zum Abschneiden und Ausstechen nur scharfe Messer oder Formen verwenden, sonst werden die Ränder zusammengedrückt und der Teig geht nicht oder nur unregelmäßig auf.

– Die Ränder des Teiges nicht mit Eigelb bestreichen und vor allem darauf achten, daß es nicht über die Ränder hinausfließt, da sonst die Teigschichten verkleben und der Teig nicht richtig aufgehen kann.

– Den Teig immer kühl aufbewahren und erst 5 bis 10 Minuten vor dem Verarbeiten aus dem Kühlschrank nehmen. Tiefgekühlten Teig in der Verpackung im Kühlschrank oder, wenn es eilt, bei Küchentemperatur auftauen lassen.

– Der Blätterteig geht beim Backen gut auf, zieht sich jedoch in der Länge und der Breite etwas zusammen. Deshalb muß man die Stücke zum Auslegen von Formen immer etwas größer zuschneiden, als man sie sich fertig wünscht.

– Gebäck nach dem Formen, wenn möglich, nochmals kurz kühl stellen, es bleibt schöner in der Form, was besonders bei Garnituren wichtig ist.

– Blätterteigreste nicht zusammenkneten, sondern übereinanderlegen und mit leichtem Druck wieder ausrollen, damit die Teigschichtung bestehen bleibt und der Teig aufgehen kann. Teigreste vor dem Ausrollen für einige Zeit kühl stellen.

– Für Blätterteiggebäck brauchen Bleche nicht ausgefettet zu werden. Es genügt, sie mit kaltem Wasser abzuspülen oder mit Backtrennpapier zu belegen.

– Blätterteig benötigt relativ hohe Backtemperaturen, damit er gut aufgehen kann. Ihn am besten, vor allem bei größeren Stücken, bei Krapfen und Pasteten oder ähnlichen Zubereitungen, die ersten 10 bis 15 Minuten bei höchster Backofentemperatur backen. Sobald der Teig fest geworden ist und nicht mehr zusammenfallen kann, die Hitzezufuhr auf 200 bis 220°C reduzieren und den Teig fertigbacken. Sollte die Oberfläche eines Gebäckes zu schnell braun werden, sie mit einem Stück Aluminiumfolie abdecken. Bei Kleingebäck aus Blätterteig genügt von Anfang an eine Backtemperatur von 200 bis 220°C. Die Gebäckstücke möglichst in der Mitte des Ofens backen.

– Vorteilhaft ist, vor allem bei größerem Gebäck, die Ofentüre während des Backens einen Spalt breit offenstehen zu lassen, damit der Dampf entweichen kann. Man klemmt dafür einfach eine Kelle zwischen Ofentür und Rahmen.

– Füllungen nicht warm oder noch zu naß auf den Teig geben, sonst wird er weich und geht nicht auf.

GEWÜRZPLÄTZCHEN
(auf dem Foto S. 250: links)

450 g Blätterteig 3 mm dick ausrollen, Vierecke ausstechen und mit Eigelb bestreichen. Jeweils etwas Kümmel, Mohn- oder Sesamsamen daraufstreuen. Die Plätzchen bei 220°C in 5 bis 10 Minuten goldgelb backen.

KALORIEN
Insgesamt ca. 1740 kcal

SCHINKENSTANGEN
(auf dem Foto S. 250: Mitte)

450 g Blätterteig halbieren und jedes Stück 3 mm dick ausrollen oder bereits ausgerollten Blätterteig verwenden. Die Teigstücke sollten jedoch groß sein. Auf ein Rechteck sehr feingeschnittenen rohen Schinken verteilen (insgesamt etwa 150 g) und mit 1 Eßlöffel gehacktem Rosmarin bestreuen. Die zweite Teigplatte darüberlegen und die Ränder gut zusammendrücken. Die Teigplatte auf ein großes, mit Backtrennpapier belegtes Backblech legen und sie mit einem scharfen Messer zuerst längs, dann quer in etwa 2 ½ cm breite Streifen schneiden. Diese sorgfältig mit verquirltem Eigelb bestreichen und mit Sesamsamen bestreuen. Das Blech in den Ofen schieben und die Schinkenstangen etwa 10 Minuten bei 220°C backen.

KALORIEN
Insgesamt ca. 1965 kcal

LACHSSTANGEN
(auf dem Foto S. 250: rechts)

Die Stangen wie die Schinkenstangen zubereiten, jedoch mit dünnen Scheiben geräuchertem Lachs belegen und mit Dill bestreuen. Den Sesam weglassen.

KALORIEN
Insgesamt ca. 1860 kcal

SCHWEINSÖHRCHEN MIT KÄSE
(auf dem Foto oben: links)

450 g Blätterteig zu einem etwa 3 mm dicken Rechteck ausrollen. Den Teig dick mit frisch geriebenem Parmesan oder Sbrinz bestreuen. Das Teigrechteck von beiden Längsseiten her zweimal zur Mitte hin einschlagen oder aufrollen. Die entstandenen Rollen leicht aneinanderdrücken und den Teig mit einem Messer quer in 1 cm dicke Scheiben schneiden. Die Gebäckstücke im Abstand von 3 bis 4 cm auf ein mit kaltem Wasser abgespültes Blech legen, leicht andrükken und bei 220°C 10 bis 15 Minuten backen.

KALORIEN
Insgesamt ca. 2625 kcal

BLÄTTERTEIG-KRAPFEN MIT SPINAT UND MOZZARELLA
(auf dem Foto oben: rechts)

500 g zarte Spinatblätter ohne zusätzliche Flüssigkeit kurz erhitzen und zusammenfallen lassen. Das austretende Wasser abgießen, die Blätter gut ausdrücken und in 1 Eßlöffel Butter für 2 bis 3 Minuten dünsten, bis alle Flüssigkeit verdampft ist. Den Spinat mit ½ Teelöffel gehacktem Salbei, Salz, Pfeffer und ½ zerdrückten Knoblauchzehe würzen. 450 g Blätterteig 3 mm dick ausrollen und mit einem Ausstecher Kreise von 8 bis 10 cm Durchmesser ausstechen. Die Hälfte der Kreise zuerst mit einer kleinen Scheibe Schinken belegen und sie mit wenig Senf bestreichen, dann ein Scheibchen abgetropften Mozzarella darauflegen. Mit schwarzem Pfeffer und wenig Oregano bestreuen. Eine entkernte Tomatenscheibe und dann etwas Spinat daraufgeben. Nun den Rand der Kreise mit Wasser bestreichen und sie mit den restlichen Teigkreisen belegen. Die Ränder sehr gut andrücken. Die Teigtaschen mit Eigelb bestreichen und mehrmals mit einer Gabel einstechen. Sie 15 Minuten bei 240°C, dann noch weitere 10 bis 15 Minuten bei 200°C backen.

KALORIEN
Insgesamt ca. 3010 kcal

GRUNDREZEPT

WINDBEUTEL

Viele süße Gebäckstücke haben herzhafte Verwandte. So auch die Windbeutel, die mit verschiedensten Zutaten gefüllt werden können. Einige Anregungen geben die folgenden Rezepte.

FÜR CA. 500 G BRANDTEIG
¼ l Wasser oder Milch
½ TL Salz
80 – 100 g Butter
200 g helles Weizenmehl
4 Eier

außerdem:
Butterschmalz für das Blech

für die Füllung:
siehe Vorschläge rechts

ZUBEREITUNGSZEIT
ca. ¼ Stunde

KALORIEN
insgesamt ca. 1820 kcal

SO WIRD'S GEMACHT

1. Das Wasser oder die Milch, das Salz und die Butter in Stücken in einen Topf geben und aufkochen lassen.

2. Das Mehl auf ein großes Blatt Papier sieben und auf einmal in die kochende Flüssigkeit geben (Foto 1). Sofort mit einer Holzkelle kräftig rühren.

3. Das Ganze bei mittelstarker Hitzezufuhr so lange weiterrühren, bis daraus ein Kloß entsteht, der sich von den Topfwänden und vom -boden löst (Foto 2). Sollte dies nicht rasch genug geschehen, den Teig bei geringer Hitzezufuhr noch etwas länger rühren.

4. Den Topf vom Herd nehmen und drei Eier, eines nach dem anderen, sorgfältig unter den Teig arbeiten (Foto 3). Das nächste Ei immer erst dann dazugeben, wenn der Teig wieder glattgerührt ist und sich mit dem Ei verbunden hat. Das letzte Ei in einer Tasse verquirlen (Foto 4) und nur noch nach Bedarf hinzufügen. Der Teig soll fest und geschmeidig sein, so daß sich von ihm Portionen abstechen lassen.

5. Den Backofen auf 210°C vorheizen. Ein Backblech mit Backtrennpapier belegen und dieses mit etwas Butterschmalz bestreichen. Von dem Teig mit einem Löffel Kugeln in gewünschter Größe abstechen und auf das Blech setzen oder den Teig in einen Spritzbeutel füllen und portionsweise auf das Blech spritzen (Foto 5). Das Gebäck je nach Größe 10 bis 25 Minuten backen.

Foto 1

Foto 2

Foto 3

Foto 4

Foto 5

Verschiedene Größen der Windbeutel:
– kleine für Appetithappen: 1 Teelöffel Teig (ca. 10 g); etwa 12 Minuten backen
– mittelgroße: 1 Dessertlöffel Teig (ca. 15 g); 15 bis 20 Minuten backen
– große: 1 Suppenlöffel Teig (ca. 35 g); etwa 25 Minuten backen

TIPS
– Dieser Brandteig eignet sich auch, um süßes Gebäck daraus zu backen. In diesem Fall nur zwei Prisen Salz und 1 Eßlöffel Zucker hinzufügen.
– Das Mehl sollte gesiebt werden, damit es lockerer wird und sich leichter verrühren läßt.
– Die Ofentür während des Backens geschlossen halten, beim Öffnen kann es passieren, daß das Gebäck zusammenfällt.
– Die gebackenen Windbeutel erst aus dem Ofen nehmen, wenn der Teig wirklich fest geworden ist, sonst fallen sie zusammen.
– Die Windbeutel vor dem Füllen erkalten lassen. Dann seitlich mit einer Schere oder mit einem spitzen scharfen Messer aufschneiden und die Füllung mit einem Spritzbeutel hineinspritzen.

SCHINKENMOUSSE
(Foto 6)

150 g gekochten Schinken zusammen mit 2 Eßlöffeln Sahnequark fein hacken. 1 Eßlöffel feingeschnittenen Schnittlauch, wenig Salz und Pfeffer hineinrühren und 3 Eßlöffel steifgeschlagene Sahne darunterheben. Die Creme in einen Spritzbeutel füllen und in die Windbeutel spritzen.

KALORIEN
Insgesamt ca. 415 kcal

GARNELENFÜLLUNG
(Foto 7)

Die Füllung wie die Schinkenmousse zubereiten, aber statt des Schinkens gekochte, geschälte Garnelen oder Crab meat (Krebsfleisch) und statt des Schnittlauchs etwas Dill verwenden.

KALORIEN
Insgesamt ca. 320 kcal

KÄSEFÜLLUNG
(Foto 9)

50 g Speisequark mit 1 Eßlöffel Butter mischen. 40 g Roquefort oder Gorgonzola mit einer Gabel gut zerdrükken und unter den Quark mischen. Ihn mit etwas Pfeffer würzen. Nach Belieben 1 Eßlöffel gehackte Walnußkerne daruntermischen. Die Creme in einen Spritzbeutel füllen und in die Windbeutel spritzen.

KALORIEN
Insgesamt ca. 320 kcal

AVOCADOMOUSSE
(Foto 10)

2 reife Avocados schälen, halbieren, den Kern herauslösen und das Fruchtfleisch in Stücke schneiden. Sofort zusammen mit 1 feingewürfelten Schalotte und 2 Eßlöffeln Sahnequark im Mixer pürieren. Das Püree nach Belieben mit ½ zerdrückten Knoblauchzehe, ½ Teelöffel gehacktem Estragon, Salz und Pfeffer abschmecken. 3 Eßlöffel steifgeschlagene Sahne darunterheben. Die Creme in einen Spritzbeutel füllen und sie sofort in die Windbeutel spritzen.

KALORIEN
Insgesamt ca. 570 kcal

Foto 6

Foto 7

Foto 8

Foto 9

Foto 10

BURGUNDER KÄSEKRANZ
Etwa 500 g Brandteig zubereiten, dabei aber ½ Teelöffel Backpulver unter das Mehl mischen. Den Teig vor der Verarbeitung für etwa ¼ Stunde ruhen lassen.
90 g Käse (Greyerzer oder Emmentaler) reiben, weitere 90 g Käse in kleine Würfel schneiden.
Den Backofen auf 210°C vorheizen. Den Teig in 5 gleich große Portionen teilen und daraus Kugeln formen.
Diese Kugeln im Kreis auf ein mit Butter bestrichenes Backblech setzen, sie sollen sich gerade berühren. Den Kranz mit den Käsewürfelchen spicken und ihn nach Belieben vor dem Backen mit 1 Eigelb bestreichen.
Den Käsekranz etwa 25 Minuten bei 210°C backen.
Der Käsekranz paßt zu Weißwein oder Bier.

KALORIEN
Insgesamt ca. 2960 kcal

KÄSEKÜCHLEIN
(Foto 8)
Man kann aus dem Brandteig für den Käsekranz auch mit einem Spritzbeutel mit gezackter Tülle längliche Küchlein auf das Blech spritzen und sie mit jeweils 3 bis 4 kleinen Käsestiften spicken.
Die Windbeutel kann man gut zum Aperitif als kleine Appetithappen servieren.

KALORIEN
Insgesamt ca. 2915 kcal

SAUCEN

Saucen zubereiten ist die hohe Schule der Kochkunst. Wie oft müssen unbeteiligte „Topfgucker" mithelfen, die Sauce abzuschmecken. Tatsächlich mundet dann das Gemeinschaftswerk besser, und die Verantwortung ist geteilt. Saucen entstehen oft fast von selbst, wenn man zum Braten beispielsweise die entsprechenden Gemüsesorten, Gewürze und Kräuter dazugibt und den Fond vielleicht nur noch mit Crème fraîche verfeinert. Viele kalte und warme Saucen kann man aber auch eigens für ein Gericht herstellen.

Eines steht freilich fest: Eine Sauce kann nur so gut werden, wie es die verwendeten Zutaten sind, und bei aller Kreativität, die beim Kochen ansonsten erwünscht ist, sollte man sich schon ein wenig an die bewährten Regeln großer Köche halten.

Und an dieser Stelle ein Wort zum Wein: Vielfach wird behauptet, daß die Fleischfarbe den Wein bestimme. Wer kennt nicht die Regel „helles Fleisch – heller Wein, dunkles Fleisch – dunkler Wein". Doch das ist nur bedingt richtig so. Die Weinauswahl wird immer von der Sauce beeinflußt. Wer zum hellen Geflügel eine kraftvolle dunkle Sauce zaubert, kann ohne weiteres auch einen Rotwein dazu servieren.

GRUNDREZEPT

KALBSJUS (BRAUNER KALBSFOND)

Die Kalbsjus ist eine Grundzutat der Saucenküche, denn mit ihr werden braune gebundene und ungebundene Saucen sowie Rahmsaucen zubereitet.

FÜR CA. 1 LITER
900 g Kalbsknochen und -sehnen
2 EL Öl oder Schmalz
2 mittelgroße Zwiebeln
1 mittelgroße Karotte
1 EL Tomatenmark, doppelt konzentriert
½ TL Zucker
2 Knoblauchzehen
⅛ Stange Lauch
1 kleines Stück Knollensellerie
1 kleiner Thymianzweig
1 Petersilienzweig
10 weiße Pfefferkörner

ZUBEREITUNGSZEIT
Vorbereitungszeit: ca. ½ Stunde
Kochzeit: ca. 5 Stunden

KALORIEN
Pro Portion ca. 25 kcal

WAS MACHE ICH MIT RESTEN?
Im Kühlschrank kann die Jus etwa 10 Tage aufbewahrt werden. Sie dürfen die Oberfläche jedoch nicht mit der Hand berühren. Die Jus kann auch kochend heiß in sterile Gläser abgefüllt werden. Sie hält sich dann kühlgestellt mehrere Wochen.

TIP ZUM EINFRIEREN
Die Jus kann in kleinen Portionen eingefroren werden und hält sich im Tiefkühlfach mehrere Wochen.

SO WIRD'S GEMACHT
1. Den Backofen auf 250°C vorheizen. Einen großen Bräter oder eine Pfanne hineinstellen und ihn erhitzen.

2. Die Kalbsknochen sehr klein hacken (eventuell bereits vom Metzger hacken lassen), die Sehnen kleinschneiden (Foto 1). Alles zusammen mit dem Öl oder dem Schmalz in den aufgeheizten Bräter geben. Im Backofen unter mehrmaligem Wenden goldbraun rösten (Foto 2).

3. Die Zwiebeln und die Karotte schälen und in würfelzuckergroße Stücke schneiden. Zu den Knochen geben und im Backofen hellbraun rösten.

4. Den Bräter aus dem Ofen nehmen. Das Fett von den Knochen abgießen. Das Tomatenmark und den Zukker in den Bräter geben und wieder zum Anrösten in den Backofen schieben. Mehrmals mit wenig Wasser (insgesamt 1 Tasse) ablöschen und dieses immer wieder einkochen lassen. Den Vorgang so lange wiederholen, bis die Knochen glänzend überzogen sind (Foto 3). Alles zum Abkühlen beiseite stellen.

5. Die Knochen in einen Topf geben und etwa 3 l kaltes Wasser dazugießen. Es aufkochen lassen und die Hitzezufuhr reduzieren. Den aufsteigenden Schaum und das Fett abschöpfen (Foto 4) und die Jus etwa 5 Stunden leicht sieden lassen.

6. Den Knoblauch schälen und zerdrücken, den Lauch putzen und waschen, den Sellerie schälen. 1 Stunde vor Ende der Kochzeit den Knoblauch, den Lauch, den Sellerie, den Thymian, die Petersilie und den zerdrückten Pfeffer in die Jus geben.

7. Die Jus nach Ende der Garzeit durch ein Passiertuch oder ein feines Sieb passieren (Foto 5), erkalten lassen und die Fettschicht abheben (Foto 6).

TIPS
– Die Jus nur aus Gelenk-, Hüft- oder Rückenknochen zubereiten, da sie gelatinereicher als die Rippen- und Schulterknochen sind.
– Die Knochen können ein zweites Mal ausgekocht werden. Dieser Fond läßt sich zum Auffüllen von braunen Saucen, Ragouts, Sauer- und Schmorbratensaucen verwenden.
– Jus wird ebenso wie Fond nicht gesalzen, da man sie sonst nicht mehr reduzieren kann.

GEFLÜGELJUS (BRAUNER GEFLÜGELFOND)

(Foto 7)
700 g kleingehackte Geflügelknochen und 300 g kleingehackte Kalbsknochen wie bei der Kalbsjus mit dem Gemüse rösten. 1 Eßlöffel Tomatenmark und ½ Teelöffel Zucker zufügen und mitrösten, bis die Knochen glänzend überzogen sind. Anschließend 2 l kaltes Wasser angießen und die Jus etwa 3 Stunden sieden lassen. Dann 1 zerdrückte Knoblauchzehe, 6 zerdrückte weiße Pfefferkörner, 4 Salbeiblätter, 10 Rosmarinnadeln, 1 kleinen Thymianzweig, 1 Stange Staudensellerie und ⅛ Stange Lauch in die Jus geben und sie etwa 1 Stunde köcheln lassen. Passieren und entfetten.

Foto 1

Foto 2

Foto 3

Foto 4

Foto 5

Foto 6

Foto 7

Foto 8

Foto 9

Foto 10

GRUNDREZEPT

WILDJUS (BRAUNER WILDFOND)

(Foto 8)
Für Wildjus nimmt man meist Rehknochen, denn die Rehjus ist wie die Kalbsjus vielseitig verwendbar.
1 kg kleingehackte Wildknochen wie bei der Kalbsjus mit dem Gemüse rösten. Mit wenig Wasser oder Rotwein (insgesamt 1 Tasse) ablöschen und die Flüssigkeit immer wieder einkochen lassen.
Die Knochen mit 3 l kaltem Wasser aufgießen, 2 ½ Stunden köcheln lassen. 1 kleines Stück Knollensellerie, 2 kleine zerdrückte Knoblauchzehen und 8 zerdrückte Wacholderbeeren, 6 Salbeiblätter, 10 Rosmarinnadeln und 1 kleinen Thymianzweig in die Wildjus geben. Die Jus etwa 1 Stunde weiterziehen lassen. Dann passieren und entfetten.

FLEISCHEXTRAKT (GLACE DE VIANDE)

Fleischextrakt verstärkt den Geschmack von Saucen und Suppen und wird auch zum Glasieren von Fleisch verwendet.
Den Fond bei mäßiger Hitzezufuhr einkochen lassen, dabei ständig den Schaum entfernen. Von Zeit zu Zeit in einen kleineren Topf passieren und den Fond so lange weiterkochen lassen, bis er sirupartig ist (Foto 9).
Den Extrakt in kleine, verschließbare, sterile Gläser füllen (Foto 10) und abkühlen lassen. Die Gläser verschließen und den Extrakt kühl aufbewahren.
Der Fleischextrakt ist mehrere Monate haltbar.

GRUNDREZEPT

KRUSTENTIER-RAHMSAUCE

Krustentiersaucen können sowohl mit als auch ohne Sahne zubereitet werden. Man ersetzt die Sahne dann durch einen Fond (siehe Variation Hummersauce). Für diese Sauce eignen sich die Krusten von Hummern, Krebsen, Langusten, Scampi und Taschenkrebsen.

FÜR CA. 4 PORTIONEN
1 kleine Zwiebel
1 kleine Karotte
8 Champignons
300 g Scampikrusten und -scheren
1 EL Butter
3 cl Weinbrand
6 cl roter Portwein
100 g reife Fleischtomaten
60 g Tomatenmark, doppelt konzentriert
400 g süße Sahne
je 1 kleines Stück Lauch und Staudensellerie
einige Petersilienzweige
4 Basilikumblätter
1 Knoblauchzehe
4 weiße Pfefferkörner, Salz
1 Prise Cayennepfeffer

ZUBEREITUNGSZEIT
ca. 1 Stunde

KALORIEN
Pro Portion ca. 320 kcal

PASST ZU
im Sud gargezogenen Fischfilets oder -medaillons von Seezunge, Steinbutt und Lachs (Seite 150), zu Krusten- und Schalentieren, Artischockenböden (Seite 219) und zu mit Pilzen oder Krustentierfleisch gefüllten Teigtaschen (Seite 136)

WAS MACHE ICH MIT RESTEN?
Aus Krustentiersaucen können Suppen oder Meeresfrüchteragouts (Seite 164) zubereitet werden.

SO WIRD'S GEMACHT
1. Die Zwiebel und die Karotte schälen und dann in kleine Würfel, die geputzten Champignons in Scheiben schneiden. Die Krusten und Scheren grob zerkleinern.

2. Die Butter in einem breiten Topf erhitzen. Die Zwiebel- und die Karottenwürfel sowie die Champignonscheiben darin andünsten, jedoch keine Farbe nehmen lassen (Foto 1).

3. Die Krusten dazugeben und anschwitzen, auf keinen Fall rösten (Foto 2) Mehrmals mit dem Weinbrand und dem Portwein ablöschen (Foto 3) und die Flüssigkeit immer wieder einkochen lassen.

4. Die Tomaten in Stücke schneiden und mit dem Tomatenmark zu den Krusten geben. Kurz mitdünsten lassen. Die Sahne in einem extra Topf aufkochen lassen und durch ein feines Sieb zu den anderen Zutaten passieren. Die Sauce aufkochen und bei mäßiger Hitzezufuhr köcheln lassen.

Foto 1

Foto 2

Foto 3

Foto 4

Foto 5

5. Den Lauch und den Staudensellerie putzen und in feine Ringe schneiden. Die Petersilie und die Basilikumblätter hacken, die geschälte Knoblauchzehe und die Pfefferkörner zerdrücken und alles in die Sauce geben. Nach etwa 25 Minuten Kochzeit die Sauce erst durch ein grobes, dann durch ein feines Sieb passieren (Foto 4) und mit Salz und 1 Prise Cayennepfeffer würzen.

HUMMERSAUCE

(Foto 5)
Für diese Variation sollte man das Grundrezept gut beherrschen. Diese berühmte Krustentiersauce ist fester Bestandteil des Hummer americaine. Dazu 4 kleingewürfelte Schalotten und 1 kleingeschnittene Karotte in 3 Eßlöffeln Olivenöl andünsten.
400 g Hummerkrusten anschwitzen, nicht rösten. Mehrmals mit 6 cl Cognac oder Whisky und 100 ml Madeira ablöschen. 50 g Tomatenmark und 100 g kleingeschnittene Tomaten dazugeben und mitdünsten. Dann ½ l hellen Kalbsfond (Seite 100 oder aus dem Glas) dazugießen, die Sauce aufkochen lassen. Etwas Lauch, Sellerie und Petersilie, ½ Lorbeerblatt, 1 Thymianzweig, 1 zerdrückte Knoblauchzehe und 5 zerdrückte weiße Pfefferkörner in die Sauce geben. Die Sauce ungefähr 35 Minuten leise köcheln lassen. Durch ein feines Sieb passieren und mit Salz und 1 Prise Cayennepfeffer würzen.
Die Hummersauce kann nach Wunsch mit Mehlbutter (Seite 263) oder mit Mehl bestäubtem Hummermark (Corail) gebunden werden.

FISCHSAUCE

Diese Fischsauce wird „à la minute", das heißt kurz vor dem Servieren, zubereitet und mit Sahne gebunden. Diese wird separat eingekocht, dadurch verringert sich die Zubereitungszeit und die Sahne flockt später nicht mehr aus.

FÜR CA. 300 MILLILITER (4 PORTIONEN)
4 Champignonköpfe
1 ½ EL Butter
½ EL feingewürfelte Schalotten
60 ml Weißwein
400 ml Fischbrühe (Seite 101)
300 g süße Sahne
Salz
frischgemahlener, weißer Pfeffer

ZUBEREITUNGSZEIT
ca. ½ Stunde

KALORIEN
Insgesamt ca. 1120 kcal

PASST ZU
Fisch im Sud (Seite 150) oder zu gedämpftem Fisch (Seite 152). Wenn Sie die Sauce zu Schalen- oder Krustentieren reichen, sollten Sie Kalbsbrühe anstelle der Fischbrühe nehmen

WAS MACHE ICH MIT RESTEN?
Die Fischsauce kann etwa 8 Tage im Kühlschrank aufbewahrt werden. Mit Klarsichtfolie abdecken.

SO WIRD'S GEMACHT
1. Die Champignonköpfe putzen, waschen und in feine Scheiben schneiden. Die Butter erhitzen und den Molkeanteil verdunsten lassen, ohne daß die Butter braun wird.

2. Die Schalotten und die Champignonscheiben dazugeben und andünsten, aber keine Farbe nehmen lassen.

3. Mehrmals mit Wein ablöschen und ihn immer wieder einkochen lassen. Die Fischbrühe dazugeben und auf etwa die Hälfte einkochen, den Schaum abschöpfen.

4. Die Sahne in einem anderen Topf auf etwa die Hälfte einkochen lassen. Durch ein feines Sieb in die Fischbrühe passieren.

5. Die Sauce so lange weiter kochen lassen, bis sie sämig ist. Sie mit Salz und Pfeffer würzen und durch ein feines Sieb passieren. Bis zum Servieren in einem Wasserbad warm halten. Wenn sie bereits abgekühlt ist, sie noch einmal kurz erwärmen und aufschlagen.

VARIATION
Man kann die Sauce zusätzlich mit frischer, kalter Butter aufschlagen und mit feingehackten Kräutern (Dill, Estragon, Kerbel), Champignon-, Gemüse- oder Trüffelwürfeln verfeinern. Die mit Sahne gebundene und mit Butter aufgeschlagene Sauce darf auf keinen Fall durch ein Tuch passiert werden, da sie sonst ihre Bindung verliert.

SAFRANSAUCE

Die Safransauce wie die Fischsauce zubereiten, jedoch keine Champignons nehmen, sondern nur 1 Eßlöffel feine Zwiebelwürfel andünsten. Mit Fisch- oder Kalbsbrühe (Seiten 100 und 101) aufgießen, einkochen lassen und 350 g reduzierte Sahne dazupassieren. Die Sauce fertigstellen. Zum Schluß ½ g Safranfäden mit dem Messerrücken leicht anschlagen und dazu geben. Die Sauce kann noch mit Butterflocken verfeinert werden. Sie paßt zu gebratenen Fischfilets (Seite 155). Wird für die Sauce statt Fischbrühe Kalbsfond (Seite 100) verwendet, kann man sie auch zu Schalentieren servieren.

FENCHELSAUCE

Sie wird im Prinzip wie die Fischsauce zubereitet. 300 g in Streifen geschnittene Fenchelknolle mit 1 Eßlöffel Zwiebelwürfel in Butter andünsten. Mit 6 cl Pernod ablöschen und 200 ml Fischbrühe (Seite 101) dazugießen. Bei geringer Hitzezufuhr den Fenchel weich kochen.
200 g süße Sahne auf die Hälfte einkochen lassen und zum Fenchel passieren. Die Sauce mit Salz und Pfeffer würzen, sie pürieren und durch ein Sieb drücken.
Zum Schluß ½ Eßlöffel Fenchelkraut dazugeben.
Die Sauce paßt zu gedämpften Fischfilets (Seite 153), gekochten Kartoffeln (Seite 230) oder Reis (Seite 142).

GRUNDREZEPT

WEISSE GRUNDSAUCE

Die Grundsauce kann mit einem hellen Geflügel-, Kalbs- oder Lammfond zubereitet werden. Mit etwas Weißwein, Zitronensaft und -schale sowie mit Kräutern läßt sie sich vielseitig variieren.

FÜR CA. ½ LITER
35 g Butter
45 g Mehl
¾ l heller Fond (Seite 100)
Salz
frisch gemahlener weißer Pfeffer

ZUBEREITUNGSZEIT
ca. 35 Minuten

KALORIEN
Insgesamt ca. 445 kcal

PASST ZU
gekochtem Fleisch von Geflügel, Kalb und Lamm. Wird die Sauce mit Kalbs- oder Lammfond zubereitet, kann man Kapern, Schnittlauch, Majoran oder auch Thymian dazugeben

WAS MACHE ICH MIT RESTEN?
Die Sauce hält sich im Kühlschrank 4 bis 5 Tage. Sie kann Basis für ein feines Ragout oder eine Rahmsuppe sein.

SO WIRD'S GEMACHT

1. Etwa 30 g Butter in einem Topf so lange erwärmen, bis der Molkeanteil verdunstet ist. Die Butter darf dabei weder überhitzt noch braun werden (Foto 1).

2. Das Mehl darüberstäuben, mit einem Holzlöffel umrühren und es etwa 2 Minuten anschwitzen, ohne daß es Farbe annimmt (Foto 2).

3. Den Topf vom Herd nehmen. Die Brühe zur Mehlschwitze gießen und alles mit einem Schneebesen glattrühren (Foto 3).

4. Die Sauce unter ständigem Rühren zum Kochen bringen. Die Hitzezufuhr reduzieren, den nach oben steigenden Schaum entfernen (Foto 4) und die Sauce etwa 25 Minuten köcheln lassen.

5. Die Sauce mit wenig Salz und Pfeffer würzen. Durch ein Tuch oder ein feines Sieb passieren. Die restliche Butter in Flocken auf die Sauce setzen und sie mit einer Gabel vorsichtig verteilen (Foto 5), um die Hautbildung einzuschränken.

Foto 1

Foto 2

Foto 3

Foto 4

Foto 5

WEISSE GEFLÜGEL-RAHMSAUCE (SAUCE SUPREME)

Für diese Variation sollte man das Grundrezept gut beherrschen. Für etwa ¼ l Sauce aus 10 g Butter und 15 g Mehl eine Mehlschwitze zubereiten. 5 cl Weißwein oder 50 ml Champignonfond (Seite 229) und ¼ l Geflügelfond (Seite 100 oder aus dem Glas) dazugießen und alles glattrühren. Die Sauce unter ständigem Rühren zum Kochen bringen, abschäumen. Sie bei geringer Hitzezufuhr etwa 15 Minuten köcheln lassen. 80 g süße Sahne dazugeben und die Sauce noch 5 Minuten kochen lassen. Mit Salz, weißem Pfeffer und einigen Tropfen Zitronensaft gut abschmecken. Die Sauce durch ein feines Sieb passieren und 1 Teelöffel Butterflocken unterrühren.
Die Sauce paßt zu gekochter Hähnchen- oder Poulardenbrust (Seite 168).
Die Geflügelrahmsauce kann man auch mit Pilzfond (Seite 229) oder Kräutern, Gemüse- oder Pilzstreifen variieren.
Auch mit Kurkuma-, Paprika- oder Safranpulver läßt sich die Sauce sowohl farblich als auch geschmacklich verändern.

LEGIERTE WEISSE SAUCE (LIAISON)

Die Sauce wird wie die Geflügelrahmsauce, aber ohne Sahne zubereitet. Dann 1 Eigelb mit 80 g süßer Sahne verrühren, mit 2 bis 3 Eßlöffeln heißer Sauce mischen und dies unter die heiße Grundsauce rühren. Die Sauce nochmals unter ständigem Rühren durchkochen, damit das Ei bindet und die Sauce später nicht gerinnt.
Die Sauce mit Salz, weißem Pfeffer und einigen Tropfen Zitronensaft abschmecken. Anschließend durch ein feines Tuch oder Sieb passieren.

BECHAMELSAUCE

Die Béchamelsauce dient als Grundlage für viele weiße und helle Saucen, mit denen verschiedene Speisen gebunden oder überbacken werden können. In diesem Rezept bereiten wir die Sauce nur mit Milch zu, ein Teil der Flüssigkeit kann jedoch durch einen hellen Fond von Fleisch, Fisch oder Gemüse ersetzt werden.

FÜR CA. ½ LITER
35 g Butter
1 EL feingewürfelte Zwiebel
40 g Mehl
¾ l Milch
Salz
geriebene Muskatnuß

ZUBEREITUNGSZEIT
ca. ½ Stunde

KALORIEN
Insgesamt ca. 880 kcal

PASST ZU
Gerichten, die mit Eiern, Fleisch, Fisch, Gemüse, Käse, Krusten- und Schalentieren oder Wild zubereitet sind

WAS MACHE ICH MIT RESTEN?
Im Kühlschrank ist die Sauce bis zu 5 Tage haltbar. Reste können sehr gut Ausgangspunkt für eine Suppe oder Aufläufe sein.

SO WIRD'S GEMACHT

1. Etwa 30 g der Butter in einem Topf erhitzen, ohne daß sie Farbe annimmt. Die Zwiebeln dazugeben und unter Rühren dünsten, aber keine Farbe nehmen lassen.

2. Das Mehl darüberstreuen, mit einem Holzlöffel alles verrühren und 2 bis 3 Minuten anschwitzen lassen.

3. Den Topf vom Herd nehmen. Die Milch zu der Mehlschwitze gießen und alles mit einem Schneebesen glattrühren. Die Sauce unter Rühren zum Kochen bringen.

4. Die Sauce bei geringer Hitzezufuhr und unter ständigem Rühren etwa 20 Minuten weiterkochen lassen. Achtung, die Sauce brennt leicht an!

5. Mit Salz und sehr wenig Muskatnuß würzen. Die Sauce durch ein feines Sieb passieren. Die restliche Butter in kleinen Flocken auf die Sauce setzen und mit einer Gabel verteilen. Das schränkt die Hautbildung ein.

MORNAYSAUCE (KÄSESAUCE)

Für die etwa ¼ l Sauce 1 Eigelb mit 60 g Sahne verrühren, etwa ¼ l Béchamelsauce aufkochen lassen und die Ei-Sahne-Mischung (Liaison) darunterrühren. Die Sauce noch etwa 2 Minuten unter ständigem Rühren kochen lassen und anschließend durch ein Sieb passieren. ½ Eßlöffel frische Butter und 30 g geriebenen Parmesan daruntermischen. Kurz vor dem Gratinieren 1 Eßlöffel geschlagene süße Sahne darunterziehen.
Diese Käsesauce wird zum Gratinieren von Gerichten aus Eiern, Fleisch, Fisch, Gemüse, Pilzen und Meeresfrüchten verwendet.
Die Sauce kann auch ohne Käse zum Überbacken genommen werden. Man muß sie dann mit 2 Eigelben und 80 g süßer Sahne legieren.

MEERRETTICHSAUCE

Für etwa ¼ l Sauce 200 ml Béchamelsauce mit 100 ml Rinderbrühe (Seite 100 oder aus dem Glas) einkochen lassen. Die Sauce sollte nicht zu dick, sondern nur leicht gebunden sein. Etwa 40 g frisch geriebenen Meerrettich daruntermischen. Die Sauce zusammen mit dem Meerrettich nicht mehr kochen, die ätherischen Öle, die den typischen Meerrettichgeschmack ausmachen, gehen sonst verloren. Die Sauce mit etwa ½ Eßlöffel Essig, 1 Prise Zucker, Salz und frisch gemahlenem weißem Pfeffer abschmecken. Etwa ½ Eßlöffel Butter in Flocken mit einem Schneebesen unter die Sauce rühren. Die Meerrettichsauce wird hauptsächlich zu gekochtem Fleisch serviert.

GRUNDREZEPT

WILDRAHMSAUCE

Rahmsaucen sind eigenständige Grundsaucen, die im Prinzip wie eine Jus gemacht und zusätzlich mit Mehl angestäubt werden. Um die lange Zubereitungszeit zu verkürzen, verwendet man in der modernen Küche dazu einen klaren Fond oder eine Jus.

FÜR CA. 4 PORTIONEN
1 Schalotte
1 TL Butter
3 weiße Pfefferkörner
4 Wacholderbeeren
100 ml Rotwein
300 ml Wildjus (Seite 257)
200 g süße Sahne
½ TL Johannisbeergelee
Salz
frisch gemahlener weißer Pfeffer
½ EL Butter

ZUBEREITUNGSZEIT
ca. ¾ Stunden

KALORIEN
Pro Portion ca. 190 kcal

PASST ZU
Steaks, Medaillons und gebratenem Rücken von Hase, Hirsch und Reh (Seite 181)

WAS MACHE ICH MIT RESTEN?
Die Sauce kann im Kühlschrank, mit Klarsichtfolie abgedeckt, bis zu 5 Tage aufbewahrt werden.

SO WIRD'S GEMACHT

1. Die Schalotte schälen und in feine Würfel schneiden. In der heißen Butter so lange dünsten, bis sie goldgelb sind.

2. Die Pfefferkörner und Wacholderbeeren zerdrükken, zu den Schalotten geben und diesen Ansatz zwei- bis dreimal mit insgesamt etwa 70 ml Rotwein ablöschen (Foto 1), ihn jedesmal gut einkochen lassen.

3. Die Wildjus dazugießen und einkochen lassen (Foto 2). Die Sahne getrennt um etwa die Hälfte reduzieren.

4. Anschließend die Sahne durch ein Sieb in die Sauce passieren (Foto 3). Den restlichen Rotwein dazufügen und die Sauce einkochen lassen, bis sie genügend gebunden ist.

5. Das Johannisbeergelee zur Sauce geben, diese mit Salz und Pfeffer würzen und durch ein feines Sieb passieren. Die Butter in Flocken mit einem Schneebesen darunterrühren (Foto 4).

Foto 1

Foto 2

Foto 3

Foto 4

Foto 5

PORTWEIN-RAHM-SAUCE

Für diese Variation sollte man das Grundrezept gut beherrschen. ½ gewürfelte Zwiebel in 1 Teelöffel Butter andünsten, mehrmals mit insgesamt 100 ml Portwein ablöschen. 350 ml Kalbsjus (Seite 256) dazugießen und in etwa 20 Minuten auf die Hälfte reduzieren lassen. 200 g süße Sahne getrennt einkochen. Anschließend durch ein Sieb in die Sauce passieren und sie sämig einkochen lassen. Mit Salz und weißem Pfeffer würzen, durch ein feines Sieb passieren und ½ Eßlöffel Butter in kleinen Flocken mit einem Schneebesen unter die Sauce rühren.
Die Sauce paßt zu Medaillons, Steaks und Koteletts von Kalb und Schwein (Seite 194) sowie zu Kalbsleber, -nieren und -bries (Seite 208 bis 211).

WILDPFEFFERSAUCE

Für diese Variation sollte man das Grundrezept gut beherrschen. 1 Eßlöffel feingewürfelte Zwiebeln in 1 Teelöffel Butter glasig dünsten, 10 zerdrückte schwarze Pfefferkörner dazugeben und mit 1 ½ Eßlöffeln Weißweinessig und 2 cl Weißwein ablöschen. 400 ml Wildjus (Seite 257) dazugießen, auf die Hälfte reduzieren. Vom Herd nehmen und ½ Teelöffel Mehlbutter (siehe rechts) in kleinen Flocken mit einem Schneebesen vorsichtig darunterrühren. Die Sauce nochmals 2 Minuten kochen lassen. Mit 1 Teelöffel Johannisbeergelee, etwas Salz, schwarzem Pfeffer und Zitronensaft abschmecken. ½ Eßlöffel kleine Butterflocken mit einer flachen Saucenkelle unter die Sauce rühren.
Die Sauce paßt zu Wildsteaks, -medaillons, -koteletts, -rücken und -keulen

APRIKOSEN-WILDSAUCE

Für diese Variation sollte man das Grundrezept gut beherrschen. 1 Eßlöffel feine Zwiebelwürfel in ½ Eßlöffel Butter andünsten. 2 gewürfelte reife Aprikosen etwa 2 Minuten mitdünsten. Mehrmals mit insgesamt 5 cl Aprikosenbrandy ablöschen und 350 ml Wildjus (Seite 257) dazugießen. Die Sauce etwa ¼ Stunde leise köcheln lassen. Vom Herd nehmen und etwa ½ Teelöffel Mehlbutter (siehe unten) in kleinen Flocken darunterrühren. Die Sauce anschließend noch 2 Minuten weiterkochen. Durch ein feines Sieb passieren, mit Salz und weißem Pfeffer gut abschmecken.
Die Sauce paßt zu gebratenen Wildenten und Hasen (Seite 180) sowie zu gebratenem Wildschwein.

MEHLBUTTER

Mit Mehlbutter können Sie Saucen und Suppen problemlos nachträglich binden. Sie darf aber niemals direkt in die noch kochende Flüssigkeit gegeben werden. Deshalb die Sauce immer vom Herd nehmen und die Mehlbutter in kleinen Flokken mit einem Schneebesen darunterrühren. Die Sauce nochmals 2 bis 3 Minuten weiterkochen lassen.
Für die Mehlbutter 25 g weiche Butter in eine Schüssel geben und 30 g Mehl darübersieben. Mit einem Holzlöffel verrühren (Foto 5). Die Mehlbutter in ein gut verschließbares Gefäß füllen und kühl aufbewahren. Mit dieser Menge kann man ½ bis 1 l Sauce binden.
Die Mehlbutter läßt sich auf Vorrat zubereiten und hält sich im Kühlschrank bis zu 2 Wochen, im Tiefkühlfach bis zu 3 Monaten. Vor dem Gebrauch die Mehlbutter in der Hand weich kneten.

ROTWEINSAUCE

GRUNDREZEPT

Die Rotweinsauce kann mit Kalbs- oder mit Wildjus zubereitet werden. Das hängt davon ab, wozu man die Sauce serviert.

FÜR CA. 4 PORTIONEN
1 Schalotte
1 TL Butter
4 weiße Pfefferkörner
¼ TL Zucker
1 EL Tomatenmark, doppelt konzentriert
120 ml Rotwein (Burgunder)
350 ml Kalbsjus (Seite 256)
½ kleine Knoblauchzehe
1 kleiner Thymianzweig
Salz
frisch gemahlener weißer Pfeffer
½ EL Butter

ZUBEREITUNGSZEIT
ca. 20 Minuten

KALORIEN
Pro Portion ca. 70 kcal

PASST ZU
Steaks und Koteletts von Lamm, Rind und Schwein (Seite 194)

SO WIRD'S GEMACHT

1. Die Schalotte schälen und fein würfeln. Die Butter erhitzen, die Schalottenwürfel dazugeben und darin goldgelb dünsten.

2. Die Pfefferkörner zerdrükken, zusammen mit dem Zucker und dem Tomatenmark zu den Schalotten geben und 3 bis 4 Minuten anschwitzen.

3. Den Saucenansatz mehrmals mit insgesamt 80 ml Rotwein ablöschen und immer wieder einkochen lassen. Die Kalbsjus dazugießen, aufkochen lassen und den Schaum entfernen.

4. Die Knoblauchzehe, den Thymianzweig und den restlichen Rotwein dazugeben und die Sauce bei geringer Hitze 10 Minuten köcheln.

5. Die Sauce mit Salz und Pfeffer würzen (wenn sie zu dünn ist, kann man sie mit Mehlbutter binden). Anschließend durch ein feines Sieb passieren und die Butter in kleinen Flocken mit einer flachen Saucenkelle vorsichtig unter die Sauce rühren.

TIP
Saucen, die keine Sahne enthalten, dürfen nicht mit einem Schneebesen aufgeschlagen werden, sie verändern sonst Konsistenz und die Farbe.

PESTO

Einen originalitalienischen Pesto zuzubereiten erfordert ein wenig Geduld und vor allem Zeit, und nur dann bekommt die Sauce den typischen Geschmack.

FÜR CA. 4 PORTIONEN
200 g Basilikum
2 Knoblauchzehen
Salz
1 EL Pinienkerne oder Walnußkerne
6 EL frisch geriebener Parmesan oder eine Mischung aus 3 EL Parmesan und 3 EL Pecorino sardo
⅛ l kalt gepreßtes Olivenöl
frisch gemahlener schwarzer Pfeffer

ZUBEREITUNGSZEIT
ca. 50 Minuten

KALORIEN
Pro Portion ca. 380 kcal

PASST ZU
allen Nudelgerichten (Seite 134), zu Polenta (Seite 146) und zu weißem Risotto (Seite 144)

TIPS ZUM EINFRIEREN
Den Pesto wie im Rezept beschrieben zubereiten, aber keinen Knoblauch und nur die Hälfte des Käses verwenden. Ihn in kleine Portionsbecher füllen, diese luftdicht verschließen und den Pesto in das Gefrierfach stellen. Nach dem Auftauen zerdrückten Knoblauch und den restlichen Käse daruntermischen.

SO WIRD'S GEMACHT
1. Das Basilikum waschen, gut abtropfen lassen, die Blätter von den Stielen zupfen und ein wenig zerkleinern. Die Knoblauchzehen schälen und halbieren oder vierteln.

2. Die Basilikumblätter, den Knoblauch und etwas Salz in einen Mörser geben und alles zu einer homogenen Masse zerstoßen. Nach kurzer Zeit die Pinienkerne oder die grobgehackten Walnußkerne dazugeben.

3. Nach und nach den geriebenen Käse daruntermischen. Das Olivenöl tropfenweise dazugeben, dabei die Sauce ständig mit dem Stößel rühren. Den Pesto mit Salz und Pfeffer würzen. (auf dem Foto Seite 265: links)

TIPS
– Leider braucht die Zubereitung im Mörser sehr viel Zeit. Wer zuwenig Geduld hat, kann den Pesto im Mixer zubereiten, allerdings wird dann die Sauce nicht so aromatisch.
– Den Pesto im Sommer, wenn es viel frisches, aromatisches Basilikum gibt, auf Vorrat zubereiten. Ihn in ein hohes, schmales Konservenglas geben und 1 cm hoch mit Olivenöl bedecken, das Glas sehr gut verschließen und den Pesto so für den Winter aufbewahren.
– Der Pesto sollte niemals erhitzt oder gar gekocht werden. Als Nudelsauce wird er mit 2 bis 3 Eßlöffeln Nudelwasser verrührt und dann sofort mit den sehr heißen Nudeln gemischt.

SAUCE AUS PAPRIKASCHOTEN

Paprikaschoten stehen im Mittelpunkt bei dieser Sauce, für die keine Flüssigkeit angegossen werden muß. Der Wassergehalt der Schoten reicht aus, um der Sauce eine geschmeidige Konsistenz zu geben.

FÜR CA. 4 PORTIONEN
3 große rote oder gelbe Paprikaschoten
Salz
frisch gemahlener weißer Pfeffer
1 Prise Zucker
20 g frische Butter

BESONDERES KÜCHENGERÄT
Topf mit Dämpfeinsatz

ZUBEREITUNGSZEIT
ca. 10 Minuten

KALORIEN
Pro Portion ca. 60 kcal

PASST ZU
Nudeln (Seite 134), Reis (Seite 142), gedünstetem Gemüse (Seite 216), gedämpftem oder gebratenem Fisch (Seite 152 und Seite 155) und zu Fleisch

SO WIRD'S GEMACHT
1. Die Paprikaschoten halbieren, die Kerngehäuse und die Stielansätze herausschneiden und die Schotenhälften in einen Dämpfeinsatz legen. Den Einsatz in einen passenden Topf mit kochendem Wasser stellen, den Topf abdecken und die Paprikaschoten 3 bis 4 Minuten dämpfen.

2. Die Paprikaschoten durch ein feines Sieb drücken, damit die Häute zurückbleiben, und das Püree mit Salz, Pfeffer und Zucker würzen. Die Butter darunterrühren. (auf dem Foto Seite 265: Mitte)

TIP
Man kann die Paprikaschoten auch im Ganzen auf ein Backblech legen und bei 200°C so lange braten, bis sich die Haut braun färbt. Dann die Schoten wenden und von der anderen Seite braten. Die Schoten in eine Schüssel legen, zugedeckt etwas erkalten lassen und enthäuten. Wenn man die Schoten auf diese Weise enthäutet, wird die Sauce noch aromatischer.

VARIATIONEN
– Das feingewürfelte Fleisch einer reifen Tomate dazugeben.
– Die Sauce mit 2 Eßlöffeln Crème double oder Mascarpone verfeinern.
– Eine größere Menge Paprikaschotenpüree zubereiten, mit Sahne und hellen Kalbsfond in einem Mixer pürieren und als Suppe servieren.

ITALIENISCHE TOMATENSAUCE

Sehr reife, aromatische Tomaten und aromatische Kräuter, italienische Köche brauchen kaum mehr, um die klassische Tomatensauce immer neu zu variieren. Ein paar der besten Rezepte finden Sie hier.

FÜR CA. 2 PORTIONEN
½ kg vollreife Tomaten
1 Zweig Basilikum
1 Knoblauchzehe (nach Belieben)
1 EL Tomatenmark
Salz
frisch gemahlener weißer Pfeffer
1 Prise Zucker

ZUBEREITUNGSZEIT
ca. 1 Stunde

KALORIEN
Pro Portion ca. 50 kcal

PASST ZU
allen Nudeln (Seite 134) oder zu Polenta (Seite 146)

WAS MACHE ICH MIT RESTEN?
Die Tomatensauce kann Ausgangspunkt für eine Suppe (Seite 110) sein oder gibt einer braunen Fleischsauce eine italienische Note.

SO WIRD'S GEMACHT

1. Die Tomaten waschen, vierteln, in eine Schüssel geben und mit einer Gabel leicht zerdrücken.

2. Die Basilikumblätter von den Stielen zupfen, zusammen mit den Tomaten etwa 20 Minuten bei starker Hitzezufuhr kochen lassen.

3. Die Tomaten durch ein Sieb passieren, Haut und Kerne bleiben darin zurück.

Den Knoblauch schälen, zerdrücken und zum Tomatenpüree geben. Die Sauce etwa 20 Minuten bei geringer Hitzezufuhr weiterkochen lassen. Mit Salz, Pfeffer und dem Zucker würzen.
(auf dem Foto oben: rechts)

VARIATION
Man kann zuerst 1 kleingewürfelte Zwiebel in Olivenöl oder Butter andünsten und danach die Tomaten dazugeben. Im Winter sollten Sie geschälte Tomaten aus der Dose verwenden, sie sind dann aromatischer als die frischen Tomaten.

TOMATENSAUCE FÜR PIZZA

250 g vollreife Tomaten in 3 Eßlöffeln Olivenöl dünsten. 1 durchgepreßte Knoblauchzehe und ½ Teelöffel feingehackten Oregano dazugeben und die Sauce 10 Minuten kochen lassen. Durch ein Sieb streichen und das Püree anschließend nochmals stark einkochen lassen. Mit Salz und Pfeffer würzen.

Je nach Art der Pizza kann man feingeschnittene Oliven, Kapern, gehackte Sardellen, feingewürfelte Zwiebeln oder noch etwas Knoblauch in die fertige Sauce geben.

ROHE TOMATENSAUCE

½ kg vollreife Tomaten mit heißem Wasser überbrühen, dann abschrecken und enthäuten. Den Stielansatz entfernen. Die Tomaten halbieren, entkernen. 2 bis 3 Basilikumblätter fein hacken und zusammen mit 3 Eßlöffeln kaltgepreßtem Olivenöl unter die Tomaten mischen. Die Sauce 2 bis 3 Stunden zugedeckt bei Küchentemperatur ziehen lassen. Anschließend durch ein feines Sieb streichen und mit Salz, Pfeffer und etwas Knoblauch würzen.
Man kann zu dieser Sauce 2 bis 3 gehackte schwarze Oliven oder 1 kleines Stück gehackte scharfe rote Pfefferschote geben.

GRUNDREZEPT

HOLLÄNDISCHE SAUCE

Die Holländische Sauce ist wie Béarner Sauce eine aufgeschlagene Buttersauce, deren Zubereitung etwas Fingerspitzengefühl erfordert.

FÜR CA. ¼ LITER
250 g Butter
1 Schalotte
5 weiße Pfefferkörner
1 EL Weißweinessig
3 Eigelb
Salz
Cayennepfeffer
einige Tropfen Zitronensaft

ZUBEREITUNGSZEIT
ca. ½ Stunde

KALORIEN
Insgesamt ca. 2105 kcal

PASST ZU
gekochten Artischocken, Blumenkohl und Spargel (Seite 218 bis 221), zu Fleisch, zu Fischen, Krusten- und Schalentieren. Mit der Holländischen Sauce können auch weiße Saucen verfeinert werden. Zum Gratinieren ist sie auch geeignet.

SO WIRD'S GEMACHT

1. Die Butter in einen Topf so lange erwärmen, bis sie klar ist und das Molkeneiweiß sich abgesetzt hat (Foto 1). Die Butter darf dabei aber nicht zu heiß werden.

2. Für die Reduktion die Schalotte schälen, fein würfeln, die Pfefferkörner zerdrücken. Schalotte, Pfefferkörner, Essig und 5 Eßlöffel Wasser in eine Kasserolle geben und 4 bis 5 Minuten kochen lassen. Die Reduktion durch ein feines Sieb in eine Edelstahlschüssel passieren (Foto 2).

3. Die Eigelbe zu der Reduktion geben und alles im heißen, aber nicht kochenden Wasserbad mit dem Schneebesen so lange aufschlagen, bis alles dick und cremig ist (Foto 3). Dann die Sauce aus dem Wasserbad nehmen.

4. Die warme Butter tropfenweise unter die Sauce rühren (Foto 4). Sollte sie zu dick werden, einige Tropfen Wasser oder Zitronensaft dazufügen, dann die restliche Butter darunterschlagen.

5. Die Sauce kräftig durchrühren (Foto 5). Mit wenig Salz, Cayennepfeffer und Zitronensaft abschmecken.

TIPS

– Wird die Holländische Sauce sofort serviert, muß man die Butter nicht unbedingt klären; die Gefahr, daß die Sauce durch den Molkeanteil der Butter sauer wird, besteht nur, wenn die fertige Sauce länger aufbewahrt wird.
– Aluminium-, Eisen-, Glas- und Keramikschüsseln sind für die Zubereitung der Holländischen Sauce nicht geeignet.
– Die Sauce kann man im Wasserbad warm halten.
– Damit die Sauce nicht gerinnt, müssen folgende Bedingungen unbedingt erfüllt werden:
Die Eigelbe sollten sehr gut aufgeschlagen und cremig sein.
Eigelbe und Butter müssen die gleiche Temperatur haben.
Die Butter sollte tropfenweise und nicht schnell eingerührt werden.
– Wenn die Sauce gerinnt, nicht mehr weiterrühren, sondern erst etwas kaltes Wasser darauf träufeln. Es dann mit einem Schneebesen in kleinen kreisenden Bewegungen unter die Sauce rühren. Sobald sie bindet, die Kreise vergrößern. Sollte sich die Sauce auf diese Weise nicht wieder binden lassen, nochmals 1 Eigelb mit wenig Flüssigkeit im Wasserbad aufschlagen und die geronnene warme Sauce vorsichtig darunterrühren.

ZUBEREITUNG IM MIKROWELLENGERÄT

Die Holländische Sauce gelingt im Mikrowellengerät sehr gut, allerdings müssen Zeiten und Wattangaben genau eingehalten und verschiedene Handgriffe präzise durchgeführt werden.
1 feingewürfelte Schalotte mit 5 zerdrückten weißen Pfefferkörnern, 1 ½ Eßlöffeln Weißweinessig und 2 Eßlöffeln Wasser in ein Mikrowellengeschirr geben und bei 600 Watt 2 Minuten einkochen lassen. Die Reduktion (es sollten dann noch etwa 1 ½ Eßlöffel Flüssigkeit sein) in ein anderes Mikrowellengeschirr passieren und mit 2 Eigelben verrühren.

Foto 1

Foto 2

Foto 3

Foto 4

Foto 5

100 g Butter in kleine Würfel schneiden und die Hälfte davon mit einem Schneebesen unter die Eigelbe rühren. Bei 440 Watt 1 ½ Minuten garen. Dabei die Sauce alle 20 Sekunden durchrühren. Die Sauce aus dem Gerät nehmen und die restlichen Butterwürfel darunterrühren. Mit Salz und Cayennepfeffer würzen und die Sauce bei 250 Watt nochmals etwa ½ Minute erwärmen.

BEARNER SAUCE (SAUCE BEARNAISE)

(Foto 6)
Die Sauce unterscheidet sich von der Holländischen Sauce durch die Reduktion und die Kräutereinlage. Für die Reduktion 1 feingewürfelte Schalotte, 6 zerdrückte weiße Pfefferkörner, 1 Eßlöffel Weißweinessig, 3 Eßlöffel Weißwein, 2 Eßlöffel Wasser und je 1 kleinen Estragon- und Kerbelzweig 4 bis 5 Minuten kochen lassen. Die Béarner Sauce dann weiter wie die Holländische Sauce zubereiten, durch ein Tuch passieren und 1 Eßlöffel gehackte Kräuter (Estragon und Kerbel) dazufügen.

SAUCE CEDARD

80 ml Champignonsud (Seite 229) auf 2 Eßlöffel Flüssigkeit reduzieren. Zusammen mit ½ Eßlöffel erwärmtem Fleischextrakt (Seite 257) unter ¼ l Holländische Sauce mischen. Mit Zitronensaft und Cayennepfeffer abschmecken.
Die Sauce paßt zu Kalbskoteletts (Seite 194) oder zu Hähnchen- und Poulardenbrüsten vom Grill, zu gekochten oder gegrillten Fischen (Seite 150 und 158) und Krustentieren, zu gekochten Artischocken (Seite 218), Champignons (Seite 229) und grünem oder weißem Spargel (Seite 220).

Foto 6

Foto 7

Foto 8

Foto 9

Foto 10

SAUCE CHORON

(Foto 7)
2 Eßlöffel Tomatenmark zusammen mit 6 Eßlöffeln Wasser unter Rühren dick einkochen lassen. Mit ¼ l Holländischer Sauce mischen und mit Salz, Cayennepfeffer und Estragonessig pikant abschmecken.
Die Sauce paßt zu gegrilltem oder gebratenem Rind- und Lammfleisch, zu gegrillten Fischen oder Krustentieren und auch zu diversen Eiergerichten.

SCHAUMSAUCE

(Foto 8)
Unter ¼ l Holländische Sauce 1 Eßlöffel geschlagene Sahne ziehen. Nach dem Anrichten kann die Sauce noch mit geschlagener Sahne garniert werden.
Die Sauce paßt zu gekochtem Fisch (Seite 150) und Gemüse (Seite 212 bis 223).

MALTESER SAUCE

(Foto 9)
Von 1 kleinen unbehandelten Blutorange die Schale abreiben und den Saft auspressen. Schale und Saft sirupartig einkochen lassen und unter ¼ l Holländische Sauce mischen.
Die Sauce paßt zu gekochtem grünem und weißem Spargel (Seite 220) sowie zu im Sud gargezogenem Lachs (Seite 150) und gekochten Krustentieren (Seite 162).

VENEZIANISCHE SAUCE

(Foto 10)
¼ l Holländische Sauce mit 1 Teelöffel Spinatmatte (Seite 79) färben, 1 Eßlöffel gehackte Kräuter (Estragon, Kerbel, Petersilie) dazugeben und die Sauce gut abschmecken.
Sie paßt zu gekochten oder pochierten Eiern (Seiten 120 und 123) sowie zu gekochten Fischen (Seite 150) oder Krustentieren (Seite 162) und zu gebratenem Geflügel- und Kalbfleisch (Seiten 170 und 194).

WEISSE BUTTERSAUCE (BEURRE BLANC)

Diese Sauce ist ein Lieblingskind der klassischen, französischen Cuisine. Sie ist sehr schnell zubereitet und paßt zu vielen Gerichten.

FÜR 4 PORTIONEN
2 Schalotten
2 EL Weißweinessig
4 EL trockener Weißwein
100 g kalte Butter
2 EL süße Sahne
Salz
frisch gemahlener weißer Pfeffer

ZUBEREITUNGSZEIT
ca. ¼ Stunde

KALORIEN
Pro Portion ca. 210 kcal

PASST ZU
Fisch und Meeresfrüchten (Seite 148 bis 165), hellem Fleisch oder gedünstetem Gemüse (Seite 216)

SO WIRD'S GEMACHT

1. Die Schalotten schälen und fein hacken. Die Schalotten, den Essig und den Weißwein bei geringer Hitzezufuhr auf etwa 3 Eßlöffel Flüssigkeit einkochen lassen. Die Reduktion vom Herd nehmen und noch 10 Minuten durchziehen lassen.

2. Die Reduktion durch ein feines Sieb in einen Topf gießen. Dabei die Schalotten mit einem Löffelrücken sehr gut auspressen, damit der Zwiebelsaft mitverwendet wird. Die Butter in kleine Würfel schneiden.

3. Die Sahne in die Reduktion einrühren und das Ganze 1 Minute einkochen lassen, die Hitzezufuhr reduzieren und die Butter stückchenweise mit dem Schneebesen oder einem Holzlöffel darunterschlagen. Die Sauce soll dabei heiß bleiben, darf aber nicht kochen. Mit Salz und Pfeffer würzen.

TIPS

– Sollte sich die Butter wieder von der Sauce trennen, 1 Eßlöffel heißes Wasser dazugeben und die Sauce kräftig aufschlagen oder aufmixen. Man muß die Butter immer mit genügend Flüssigkeit aufschlagen, damit sie sich nicht abtrennt.
– Die Sauce sollte sofort serviert werden. Muß man sie warm halten, sie auf einen mit heißem Wasser gefüllten Topf stellen. Eine bereits abgekühlte Sauce kann langsam wieder erwärmt und, wenn nötig, nochmals aufgemixt werden.

VARIATIONEN

– Champagner-, Sherry- oder Estragonessig anstelle des Weißweinessigs verwenden.
– 1 bis 2 Eßlöffel trockenen weißen Vermouth zu der Sauce geben.
– 1 Eßlöffel Kaviar oder feingehackte Kräuter (Schnittlauch, Estragon, Thymian und Kerbel) unter die Sauce ziehen.

KALTE BUTTERMISCHUNGEN

Kalte Buttermischungen können oft die Sauce ersetzen, aber auch Saucen abrunden oder auf Canapés und kleine Schnitten gestrichen werden.

FÜR 2 PORTIONEN

ZUBEREITUNGSZEIT
ca. ¼ Stunde
Kühlzeit: ca. 2 Stunden

TIPS ZUM EINFRIEREN
Buttermischungen lassen sich bis zu 8 Monate lang einfrieren. Sie müssen jedoch sehr gut verpackt sein, da sie schnell fremde Geruchsstoffe annehmen. Man kann sie auch in Form gespritzter Rosetten einfrieren.

SO WIRD'S GEMACHT

1. Die Butter bei Zimmertemperatur stehen lassen, damit sie weich wird, oder in der Mikrowelle bei 360 Watt ½ Minute weich machen. Die Butter jedoch auf keinen Fall erwärmen. Die für die jeweilige Buttermischung benötigten Würzzutaten mit einer Gabel gut daruntermischen.

2. Ein großes, rechteckiges Stück Klarsichtfolie ausbreiten, die Butter darauf legen, einrollen und die Folie gut verschließen. Die Butter für 1 bis 2 Stunden in den Kühlschrank stellen.

3. Etwa ½ Stunde vor dem Gebrauch herausnehmen und nach Belieben in Scheiben schneiden, mit einer Sterntülle kleine Mengen auf einen Teller spritzen oder mit einem Teelöffel die Butter abstechen. Es ist wichtig, daß die Butter nicht zu kalt auf den Fisch oder das Fleisch gelegt wird, damit sie gut schmilzt und ihr Aroma entfalten kann.
Benötigt man größere Mengen, muß man die Buttermischung früher aus dem Kühlschrank nehmen. Die Mischung kräftig mit dem Schneebesen aufschlagen, damit sie schaumig wird, sie darf dann aber nicht flüssig sein.

TIP
Für die Zubereitung kann man Süßrahmbutter, Sauerrahmbutter oder gesalzene Butter verwenden. Süße Butter paßt besonders gut zu pikanten, salzigen Zutaten, wie zum Beispiel Kaviar oder Roquefort, da sie den Salzgeschmack aufnimmt. Gesalzene Butter hat den Vorteil, daß kein Salz mehr dazugegeben werden muß.

LACHSBUTTER

50 g Süßrahmbutter
25 g Räucherlachs, zusammen mit 1 EL süßer Sahne gemixt

KALORIEN
Pro Portion ca. 225 kcal

PASST ZU
gegrillten oder zu gebratenen See- und Süßwasserfischen (Seiten 155 und 158)

KRÄUTERBUTTER

50 g gesalzene Butter
frisch gemahlener schwarzer Pfeffer
½ TL Zitronensaft
1 EL feingehackte Kräuter (Estragon, Thymian, Rosmarin oder Kresse)
oder Kräutermischungen (Petersilie, Schnittlauch, Estragon und Kerbel oder Petersilie, Schnittlauch, Dill und Borretsch oder Schnittlauch, Petersilie, Estragon und Liebstöckel)

KALORIEN
Pro Portion ca. 180 kcal

PASST ZU
gegrilltem Fisch (Seite 158), gegrillten Krustentieren und gebratenem Fleisch

MEERRETTICHBUTTER

50 g Butter
20 g frisch geriebener Meerrettich
½ TL Zitronensaft
1 Msp. scharfer Senf
Salz
frisch gemahlener schwarzer Pfeffer

KALORIEN
Pro Portion ca. 185 kcal

PASST ZU
Kabeljau (Seite 150) und zu Siedfleisch (Seite 188)

KAVIARBUTTER

50 g Süßrahmbutter
30 – 50 g Kaviar
1 EL Schalottensaft
frisch gemahlener weißer Pfeffer

KALORIEN
Pro Portion ca. 200 kcal

PASST ZU
gegrilltem Fleisch, zu Lachs oder zu gekochtem Seefisch (Seite 150)

ZITRONEN- ODER ORANGENBUTTER

50 g gesalzene Butter
Saft von ½ Zitrone oder ½ Orange
½ TL abgeriebene Schale einer unbehandelten Zitrone oder Orange
1 Prise Zucker
frisch gemahlener weißer Pfeffer

KALORIEN
Pro Portion ca. 200 kcal

PASST ZU
Seefisch, Geflügel und Kalbfleisch

PFEFFERMINZBUTTER

50 g gesalzene Butter
½ EL feingehackte Pfefferminzblätter
½ zerdrückte Knoblauchzehe (nach Belieben)
frisch gemahlener Pfeffer
½ TL Zitronensaft

KALORIEN
Pro Portion ca. 180 kcal

PASST ZU
Lammfleisch

ROTWEINBUTTER

50 g gesalzene Butter
1 feingehackte Schalotte, die in 3 EL gutem Rotwein aufgekocht und anschließend zusammen mit dem Wein püriert wurde
frisch gemahlener schwarzer Pfeffer

KALORIEN
Pro Portion ca. 200 kcal

PASST ZU
gebratenem Rindfleisch (Seite 193)

Foto links unten:
Im Uhrzeigersinn von links unten: Meerrettich-, Lachs-, Kräuter-, Zitronen-, Pfefferminz-, Kaviar- und Rotweinbutter

GRUNDREZEPT

MAYONNAISE

Auch hier kommt es auf eine sorgfältige Zubereitung und auf die richtige Temperatur der Zutaten an. Die klassische Mayonnaise kann durch Joghurt oder saure Sahne leicht „verlängert“ und so fettärmer gemacht werden.

FÜR CA. ¼ LITER
1 Eigelb
Salz
200 ml Öl
1 TL Weißweinessig
1 Prise Zucker
1 Msp. Senf

ZUBEREITUNGSZEIT
ca. ¼ Stunde

KALORIEN
insgesamt ca. 1870 kcal

PASST ZU
kalten Gerichten aus Eiern, Fisch, Fleisch, Meeresfrüchten und Gemüse

WAS MACHE ICH MIT RESTEN?
Die Mayonnaise kann in einem gut verschließbaren Gefäß bis zu 5 Tagen im Kühlschrank aufbewahrt werden. Sie ist eine sehr gute Grundlage für Salatsaucen.

SO WIRD'S GEMACHT

1. Das Eigelb und 1 Prise Salz in eine passende Schüssel geben, mit einem Schneebesen cremig rühren (Foto 1).

2. Das Öl, das dieselbe Temperatur wie das Eigelb haben muß, tropfenweise darunterrühren (Foto 2 und 3). Bevor man neues Öl dazugibt, muß das bereits dazugefügte Öl ganz aufgenommen worden sein.

3. Wird die Mayonnaise zu dick und kann sie kein Öl mehr aufnehmen, einige Tropfen Zitronensaft oder Wasser daruntermischen (Foto 4).

4. Die Mayonnaise noch 2 bis 3 Minuten rühren, sie muß dick und fest sein und darf auf keinen Fall fließen. Mit wenig Salz, dem Essig, 1 Prise Zucker und etwas Senf abschmecken.

Foto 1

Foto 2

Foto 3

Foto 4

Foto 5

Foto 6

Foto 7

Foto 8

Foto 9

Foto 10

TIPS

– Gerinnt die Mayonnaise, rühren Sie ein Eigelb cremig (siehe Schritt 1) und geben dann die geronnene Mayonnaise in kleinen Mengen darunter (Foto 5).

– Wenn Sie eine größere Menge Mayonnaise zubereiten, können Sie dafür auch den Mixer verwenden (Foto 6). Dazu 1 Eigelb und 1 ganzes Ei kurz aufmixen, während der Motor läuft, ganz langsam Öl dazugeben, bis eine feste Masse entsteht. Den Motor abstellen, den Deckel abnehmen und die Luft entweichen lassen. Den Saft von ½ Zitrone zur Mayonnaise geben und das restliche Öl (insgesamt benötigen Sie etwa 400 ml) langsam daruntermixen. Die Mayonnaise mit Salz und Pfeffer abschmecken.

REMOULADENSAUCE

(Foto 7)
1 kleine Gewürzgurke, 1 Teelöffel Kapern sowie 1 Sardellenfilet hacken und unter ¼ l Mayonnaise mischen. 1 Eßlöffel gehackte Kräuter (Estragon, Kerbel, Petersilie) dazugeben. Mit Salz, frisch gemahlenem weißem Pfeffer, Essig, wenig Senf und Worcestersauce gut abschmecken.
Die Sauce paßt zu Gelees (Seite 80), zu gebackenem Fisch (Seite 157), zu gebratenem kaltem Fleisch und gekochten kalten Eiern.

TIROLER SAUCE

(Foto 8)
200 ml Mayonnaise mit 2 bis 3 Eßlöffeln Tomatenketchup, ½ zerdrückten Knoblauchzehe und ½ Eßlöffel Schnittlauchröllchen mischen. Mit Salz, frisch gemahlenem weißem Pfeffer und Essig abschmecken. Das feingewürfelte Fleisch einer Tomate unter die Sauce mischen.
Sie paßt zu gekochten Eiern (Seite 120) und zu Fleisch (Seite 188 bis 211), zu Fischen und Meeresfrüchten (Seite 148 bis 165).

GRÜNE SAUCE

(Foto 9)
¼ l Mayonnaise mit ½ Eßlöffel Spinatmatte (Seite 79) grün färben. Je 1 Teelöffel gehackten Estragon, Dill, Kerbel und Schnittlauch sowie 1 Eßlöffel gehackte Petersilie im Mixer mit 2 Eßlöffeln grüner Mayonnaise pürieren und durch ein Sieb streichen. Mit der restlichen Mayonnaise mischen, mit etwas Essig, Salz, frisch gemahlenem weißem Pfeffer und einigen Tropfen Worcestersauce abschmecken. Die grüne Sauce paßt zu Eiern, zu gekochtem und zu gebratenem kaltem Fleisch (Seite 188 bis 193), zu gekochtem Fisch (Seite 150) und zu gekochten Meeresfrüchten (Seite 162).

COCKTAILSAUCE

(Foto 10)
3 Eßlöffel Mayonnaise mit 2 Eßlöffel Tomatenketchup, 2 cl Cognac und 1 Teelöffel gehacktem Dill mischen. Mit Salz, 1 Prise Cayennepfeffer und etwas Zitronensaft abschmecken. 1 ½ Eßlöffel geschlagene Sahne mit einem Gummispachtel vorsichtig darunterheben.
Die Cocktailsauce paßt zu gekochten kalten Krustentieren (Seite 162), zu gekochtem und gebratenem kaltem Geflügel (Seite 168 bis 171) sowie zu Salaten aus exotischen Früchten.

ROTE ORANGENSAUCE

Die Konfitüren und Fruchtgelees für diese Saucenarten müssen immer durch ein feines Sieb gestrichen werden.

FÜR CA. ¼ LITER
1 unbehandelte Orange
150 g Konfitüre von Bitterorangen
70 g Johannisbeergelee
1 cl Orangenlikör
1 cl Campari Bitter
4 EL Orangensaft
2 EL Zitronensaft
frisch geriebener Meerrettich
Cayennepfeffer

ZUBEREITUNGSZEIT
Vorbereitungszeit: ca. 20 Minuten
Ruhezeit: ca. 2 Stunden

KALORIEN
Insgesamt ca. 620 kcal

PASST ZU
Pasteten aus Geflügel, Wild und Wildgeflügel (Seite 74), zu gebratenem, kaltem Wild (Seite 180) und Geflügelfleisch (Seite 170)

WAS MACHE ICH MIT RESTEN?
Die Sauce hält sich gut verschlossen im Kühlschrank bis zu 3 Wochen.

SO WIRD'S GEMACHT
1. Die Orangenschale dünn abschälen und in feine Streifen schneiden. In etwas Wasser in 6 bis 8 Minuten weich kochen. Dabei das Wasser zwei- bis dreimal wechseln. Die Orangenschalenstreifen kalt abspülen und abtropfen lassen.

2. Die Orangenkonfitüre und das Johannisbeergelee durch ein feines Sieb in eine Schüssel streichen.

3. Den Likör, den Campari, den Orangen- und den Zitronensaft darunterrühren.

4. Die Sauce mit ganz wenig Meerrettich und Cayennepfeffer abschmecken. Die Orangenschalenstreifen unter die Sauce mischen und das Ganze für etwa 2 Stunden in den Kühlschrank stellen.
(auf dem Foto: oben)

HAGEBUTTENSAUCE

200 g Hagebuttenmarmelade durch ein feines Sieb streichen, mit 3 cl rotem Portwein verrühren und mit etwa 3 Eßlöffeln Zitronensaft und etwas Cayennepfeffer abschmecken. 2 Eßlöffel längs geviertelte Pistazien zur Sauce geben.

JOHANNISBEER-SAUCE MIT INGWER

200 g Johannisbeergelee durch ein feines Sieb streichen. 1 Messerspitze englisches Senfpulver mit 2 cl Weinbrand glattrühren. Zusammen mit 3 cl rotem Portwein, 1 Teelöffel Ingwersirup und etwa 2 Eßlöffeln Zitronensaft unter das Gelee mischen. 1 kleines Stück eingelegten Ingwer in feine Streifen schneiden und in die Sauce geben.

MEERRETTICHQUARK

Die Quarkdips sind leicht und bekömmlich. Sie können nicht nur zu Folien- oder Pellkartoffeln, sondern auch zu frischem Gemüse, zu frischen Salaten, zu kaltem und zu gegrilltem Fleisch serviert werden.

FÜR 4 PORTIONEN
150 g Quark
2 EL Milch
2 EL frisch geriebener Meerrettich
½ TL scharfer Senf
3 Radieschen
1 Bund Schnittlauch
Salz
frisch gemahlener weißer Pfeffer
1 Prise Zucker

ZUBEREITUNGSZEIT
ca. ¼ Stunde

KALORIEN
Pro Portion ca. 80 kcal

SO WIRD'S GEMACHT
1. Den Quark, die Milch, den Meerrettich und den Senf verrühren.

2. Die Radieschen waschen, fein würfeln, den Schnittlauch waschen und fein schneiden. Beides zum Quark geben und ihn mit Salz, Pfeffer und Zucker abschmecken.
(auf dem Foto: Mitte)

QUARKDIP
Etwa 150 g Speisequark mit 2 Eßlöffeln saurer Sahne glattrühren und mit Salz und weißem Pfeffer würzen. Folgende Würzzutaten daruntermischen:
– 3 Eßlöffel Tomatenketchup und 1 Eßlöffel frisch geriebener Meerrettich
– 1 zerdrückte Knoblauchzehe und 3 Eßlöffel gehackte Kräuter (Estragon, Kerbel, Petersilie und Schnittlauch)
– 3 Eßlöffel feine Salatgurkenwürfel und 1 Eßlöffel gehackter Dill
– 2 Eßlöffel feingehackte Zwiebel, 2 Eßlöffel Schnittlauchröllchen und 1 Teelöffel Kümmel

SAHNEMEERRETTICH

Frisch geriebener Meerrettich schmeckt natürlich am besten in diesem kalten klassischem Dip.

FÜR CA. 2 PORTIONEN
50 g süße Sahne
10 g frisch geriebener Meerrettich oder Meerrettich aus dem Glas
Salz
frisch gemahlener Pfeffer
einige Tropfen Zitronensaft

ZUBEREITUNGSZEIT
ca. 10 Minuten

KALORIEN
Pro Portion ca. 80 kcal

PASST ZU
Mariniertem Lachs (Seite 73), Siedfleisch (Seite 188) und kaltem Bratenfleisch (Seite 190)

SO WIRD'S GEMACHT
Die Sahne sehr steif schlagen. Den Meerrettich, Salz, Pfeffer und etwas Zitronensaft hinzufügen und alles vorsichtig mit einem Gummispachtel mischen. Eventuell salzen und pfeffern.
(auf dem Foto: unten)

DESSERTS

Krönender Abschluß eines Essens und eigentlich unerläßlich – selbst für ein kleines, dreiteiliges Menü – ist das Dessert. Schon vor Hunderten von Jahren, als die höhere Kochkunst entstand, spielte der süße Abschluß eine ganz besondere Rolle. Deutlich wird das ja auch durch einen eigenen gastronomischen Beruf für diesen Teil des Menüs. Das Dessert wird im allgemeinen nicht vom Koch bereitet, sondern vom „Patissier", der eine ganz spezielle Ausbildung genossen hat.

Zu Hause sieht das natürlich etwas anders aus. Hier muß die Hausfrau oder der Hausmann alles in einer Person machen. Doch unsere Rezepte sind ja so gestaltet, daß sie bestimmt gelingen werden. Ohnehin wird man viele Desserts – gleich, ob es Eiercremes, Eis, Sorbets oder die dazugehörigen Saucen sind – fast immer einige Stunden oder einen Tag vor dem Servieren in Ruhe zubereiten müssen. So kann man sich später auch mehr den Gästen oder der Familie widmen.

Bei der Menügestaltung empfiehlt es sich, auch an das Dessert zu denken und seinen Mengenanteil mit einzukalkulieren. Es wäre doch schade, wenn alle sagen würden: „Nichts geht mehr!"

GRUNDREZEPT

SORBET AUS FRUCHTPÜREE

Grundlage für dieses Sorbet sind pürierte Früchte. Wählen Sie je nach Saison besonders aromatische Sorten aus, denn mit der Qualität des Obstes steht und fällt der Geschmack des Sorbets.

FÜR 2 PORTIONEN (CA. 380 G)
300 g Erdbeeren oder andere Beeren
80 g Zucker
1 EL Zitronensaft

ZUBEREITUNGSZEIT
ca. 10 Minuten
Gefrierzeit:
ca. 1 bis 1 ½ Stunden

KALORIEN
Pro Portion ca. 215 kcal

DAS PASST DAZU
Fruchtcoulis (Seite 295)

SO WIRD'S GEMACHT

1. Die Beeren entstielen, waschen und mit dem Zukker und dem Zitronensaft im Mixer fein pürieren. Das Fruchtmark durch ein feines Sieb streichen, damit die Kerne zurückbleiben.

2. Das Püree in einer Eismaschine oder einer Sorbetière in 1 bis 1 ½ Stunden gefrieren lassen. Ist keine Eismaschine vorhanden, das Püree in eine Schüssel geben und im Tiefkühlgerät gefrieren lassen. Dabei alle 10 Minuten anfangs mit einem Schneebesen, dann mit einer Gabel das Sorbet durchrühren, damit sich keine großen Eiskristalle bilden.

3. Das Sorbet 10 Minuten vor dem Servieren aus dem Tiefkühlgerät nehmen. Einen Spritzbeutel mit einer Sterntülle am oberen Rand etwas umschlagen, den Beutel zur Hälfte mit Sorbet füllen und es in hohe Sektgläser spritzen. Man kann das Sorbet auch aus dem Tiefkühlgerät nehmen und davon sofort mit einem in warmes Wasser getauchten Dessertlöffel große ovale Nockerln abstechen.

VARIATION
Auch aus allen anderen Fruchtsorten kann ein Sorbet zubereitet werden. Die Früchte dann je nach Sorte waschen, schälen, entkernen und in Stücke schneiden. Mit Zucker und Zitronensaft pürieren und wie beschrieben gefrieren.

TIP
Eine Eismaschine ist nicht gerade preiswert und lohnt sich vor allem dann, wenn viel Eis zubereitet wird. In ihr wird die Eismasse ohne äußere Kälteeinwirkung gefroren. Die Sorbetière hingegen muß in das Tiefkühlgerät gestellt werden. Ein elektrisches Rührwerk rührt die Eismasse von Zeit zu Zeit um.

SORBET AUF SIRUPBASIS

Auch aus Fruchtsäften kann ein Sorbet zubereitet werden, allerdings muß man dann Zuckersirup hinzufügen. Er süßt, sorgt aber auch für eine weichere und feinere Konsistenz des Sorbets. Für den Zuckersirup werden 150 g Zucker und ¼ l Wasser bei mittlerer Hitzezufuhr zu einem leichten, hellen Sirup verkocht. Nun ⅛ l frisch gepreßten Saft (von Zitrusfrüchten oder anderen Obstsorten) hinzufügen, durchrühren und die Flüssigkeit erkalten lassen.
Sie nun wie beschrieben gefrieren lassen.
Kurz bevor es ganz gefroren ist, ½ leicht verschlagenes Eiweiß unter die Sorbetmasse ziehen. Wird das Sorbet in einer Eismaschine oder einer Sorbetière zubereitet, kann man darauf verzichten. Es behält dann seine klare Farbe.

SORBETS MIT WEISSWEIN ODER CHAMPAGNER

Ein Sorbet auf Sirupbasis zubereiten, das Wasser jedoch teilweise oder ganz durch Wein, Champagner oder Sekt ersetzen.

SORBETS MIT SPIRITUOSEN

Man kann der Sorbetmasse auf Sirupbasis Marc, Grappa oder andere Spirituosen zufügen. Wählen Sie eine Spirituose, die zum verwendeten Fruchtsaft paßt.

PARFAIT MIT APRIKOSEN

Das aufgeschlagene Eigelb und die steifgeschlagene Sahne sind charakteristische Zutaten für diese Eisspezialität. Sie sorgen für die cremige Konsistenz, die das Parfait auf der Zunge zergehen läßt.

FÜR 2 PORTIONEN
100 g frische Aprikosen
6 getrocknete Aprikosen
3 EL Zucker
1 Eigelb
1 TL Aprikosenlikör (nach Belieben)
150 g süße Sahne

BESONDERES KÜCHENGERÄT
1 kleine Kastenkuchenform (ca. ½ l Inhalt)

ZUBEREITUNGSZEIT
ca. 20 Minuten
Gefrierzeit 3 bis 4 Stunden

KALORIEN
Pro Portion ca. 465 kcal (2 Portionen)

DAS PASST DAZU
warme Aprikosensauce (Seite 294)

SO WIRD'S GEMACHT

1. Die Aprikosen halbieren und entsteinen. 3 getrocknete Aprikosen kleinschneiden, die restlichen 3 in Wasser einweichen.

2. Die frischen halbierten und die kleingeschnittenen getrockneten Aprikosen zusammen mit 1 ½ Eßlöffeln Zucker und 1 Eßlöffel Wasser etwa 5 Minuten bei geringer Hitzezufuhr kochen lassen.

3. Die gekochten Aprikosen im Mixer pürieren.

4. Das Eigelb mit dem restlichen Zucker im Wasserbad bei geringer Hitzezufuhr mit einem Schneebesen cremig schlagen. Die Masse muß nun weißlich sein. Die Masse aus dem Wasserbad nehmen.

5. Das Aprikosenpüree und den Likör daruntermischen und die Masse unter gelegentlichem Rühren abkühlen lassen.

6. Die Sahne steif schlagen und mit einem Gummispachtel unter die abgekühlte Masse heben.

7. Die eingeweichten getrockneten Aprikosen abtropfen lassen, mit Küchenkrepp trockentupfen und in winzige Würfel schneiden. Sie unter die Aprikosen-Sahne-Creme mischen.

8. Eine kleine Kastenkuchenform mit Klarsichtfolie auskleiden. Die Masse hineinfüllen, dabei die Form mehrmals auf ein gefaltetes Küchentuch stoßen, damit sich beim Einfüllen in der Masse keine Hohlräume bilden, die später im aufgeschnittenen Halbgefrorenen sichtbar sind.

9. Das Parfait für 3 bis 4 Stunden in das Tiefkühlgerät stellen.

10. Zum Anrichten die Form stürzen und das Halbgefrorene herausgleiten lassen. Die Klarsichtfolie entfernen und das Halbgefrorene in Scheiben schneiden.

TIP
Halbgefrorenes läßt sich natürlich auch in einer Eismaschine zubereiten. Es wird dann noch feiner und geschmeidiger. Leider hält es sich nur einige Tage im Tiefkühlgerät. Bereiten Sie es am besten immer frisch zu.

VARIATION
Man kann jedes beliebige Fruchtpüree und den dazu passenden Likör für diese Art des Parfaits verwenden.

JOGHURT- ODER KEFIREIS

Ein Halbgefrorenes nach dem Grundrezept zubereiten, aber einen Teil der Sahne durch Joghurt oder Kefir ersetzen.

GRUNDREZEPT

ENGLISCHE CREME

Die Zubereitung dieser Creme ist nicht ganz einfach. Wichtig sind zwei Dinge. Schlagen Sie die Ei-Zucker-Masse sehr gut auf, und erhitzen Sie sie dann vorsichtig mit der Vanillemilch. Das stetige Rühren ist vielleicht etwas mühsam, aber leider unerläßlich.

FÜR 4 PORTIONEN
(CA. 350 G)
3 Eigelb
50 g Zucker
1 TL Speisestärke
¼ l Milch
½ Vanilleschote
1 Prise Salz

ZUBEREITUNGSZEIT
ca. ½ Stunde

KALORIEN
Pro Portion ca. 150 kcal

WAS MACHE ICH MIT RESTEN?
Löffelbiskuits oder Rührkuchenreste mit Beeren, Kompott oder Apfelmus in eine Schale schichten und mit der Creme begießen. Die Creme hält sich im Kühlschrank etwa 1 Tag.

SO WIRD'S GEMACHT

1. Die Eigelbe sehr sorgfältig von den Eiweißen trennen. Es dürfen dabei keine Eiweißreste mehr am Eigelb haften bleiben.

2. Die Eigelbe und den Zucker mit einem Schneebesen cremig schlagen, die Masse muß weißlich sein (Foto 1), erst dann hat sich der Zucker aufgelöst und sich gut mit den Eigelben verbunden.

3. Die Speisestärke so lange mit der Milch verrühren, bis sie sich aufgelöst hat.

4. Die Vanilleschotenhälfte längs halbieren (Foto 2).

5. Die Milch mit wenig Salz und der Vanilleschote unter Rühren aufkochen lassen. Die Vanilleschote herausnehmen und die heiße Milch löffelweise unter die Eigelb-Zucker-Masse rühren (Foto 3).

6. Alles in einen sauberen Topf gießen und unter ständigem Rühren mit einem Schneebesen bei geringer Hitzezufuhr erwärmen, bis die Creme leicht bindet und eine sämige Konsistenz hat (Foto 4). Die Creme nicht kochen lassen, sonst gerinnen die Eigelbe.

7. Die Creme erkalten lassen, dabei ab und zu umrühren.

Foto 1

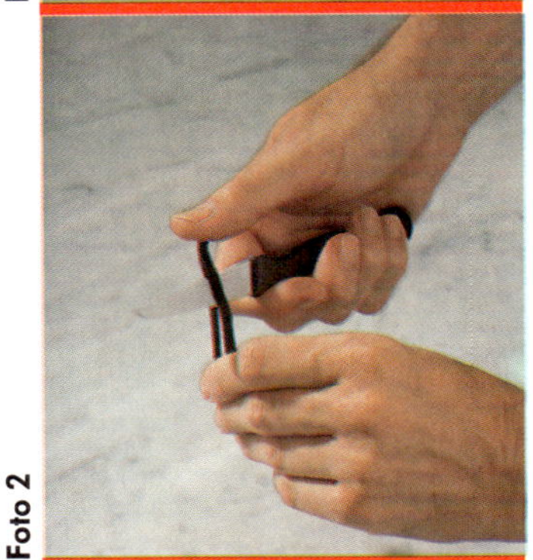
Foto 2

Foto 3

Foto 4

Foto 5

TIPS

– Diese Creme kann auch im Wasserbad aufgeschlagen werden. Sie braucht dann zwar etwas länger, bis sie gebunden ist, aber sie kann bei dieser Zubereitungsart nicht zu heiß werden und gerinnen.

– Häufig benötigt man für Rezepte nur die Hälfte der angegebenen Crememenge. Nehmen Sie 2 kleine Eigelbe und halbieren Sie die restlichen Zutatenmengen.

– Ursprünglich wird die Englische Creme ohne Speisestärke zubereitet, man muß dann aber 6 Eigelbe verwenden und ganz besonders auf die Hitzezufuhr achten. Die Creme darf nicht zu stark oder zu lange erhitzt werden, sonst wird sie schnell grießig, das Eigelb verbindet sich nicht mit der Milch, und die Creme wird wieder dünn.

– Wer die Eiweiße ebenfalls verwenden möchte, kann sie zu Schnee schlagen und unter die heiße Creme ziehen. Sie wird dadurch etwas leichter.

ENGLISCHE CREME MIT KROKANT

50 g geschälte Mandeln grob hacken. 50 g Zucker mit ½ Eßlöffel Wasser erhitzen und den Zucker hellbraun werden lassen. Die Mandeln und 2 bis 3 Tropfen Zitronensaft hinzufügen. Alles gut verrühren, die Zuckermasse auf eine gebutterte Folie oder Marmorplatte gießen und dann nach dem Erkalten mit dem Wellholz zerdrücken. Die Englische Creme nach dem Grundrezept zubereiten und den Krokant darüberstreuen.

ZIMTCREME

Die Englische Creme wie beschrieben zubereiten, dabei zu der Vanillemilch noch 1 bis 2 Teelöffel Zimtpulver geben. Nach Belieben etwas steifgeschlagene Sahne unter die erkaltete Creme ziehen.

SCHOKOLADENCREME

100 g Zartbitterschokolade in Stücke brechen und zusammen mit der Milch aufkochen lassen. Dann die Englische Creme wie beschrieben fertigstellen.

MOKKACREME

Die Englische Creme wie beschrieben zubereiten. Solange sie noch heiß ist, 3 bis 4 Teelöffel Instantkaffeepulver daruntermischen. Nach dem Erkalten etwas steifgeschlagene Sahne darunterziehen.

VANILLEEIS

Die englische Creme wie beschrieben zubereiten, jedoch anstelle der Milch Sahne nehmen und eine ganze Vanilleschote verwenden. Die Creme in einer Eismaschine oder einer Sorbetière etwa 1 ½ Stunden gefrieren lassen. Ist keine Eismaschine vorhanden, die Creme in eine kleine Kastenkuchenform füllen und gefrieren lassen (siehe Parfait Seite 277). Das Vanilleeis kann durch die Zugabe von Zimtpulver, Kakaopulver, feingehackten kandierten Früchten oder gemahlenen Nüssen vielseitig abgewandelt werden.

VANILLESAUCE

Die englische Creme wie beschrieben zubereiten und nach Belieben mit Milch oder Sahne verdünnen.

ENGLISCHE CREME FÜR FÜLLUNGEN

Die Englische Creme wie beschrieben zubereiten, aber 2 Teelöffel Speisestärke anstelle 1 Teelöffels verwenden. Die Creme in Blätterteigschnitten, Windbeutel und Torten füllen.

GRAND-MARNIER-EIS

(Foto 5)

Diese klassische Eisspezialität wird so zubereitet, daß sie wie ein kleines Soufflé aussieht. Man bezeichnet sie deshalb auch als Soufflé Grand Marnier. Eine Englische Creme mit Sahne zubereiten, abkühlen lassen und 2 bis 3 Eßlöffel Grand Marnier oder einen anderen Orangenlikör darunterheben.

4 Pergamentpapierstreifen, die so lang sind, daß sie um 4 kleine Souffléförmchen passen, und die 2 bis 3 cm breiter und höher als der Förmchenrand sind, um die Förmchen wickeln. Mit einer Büroklammer oder etwas Klebeband zusammenstecken oder -kleben. Die Creme in die Förmchen füllen und 3 bis 4 Stunden gefrieren lassen.

Das Papier entfernen und die Oberfläche des Eises mit Kakaopulver bestreuen. Damit sich keine Klümpchen bilden, den Kakao am besten durch ein Kaffeesieb streuen. Am Tisch mit einem Teelöffel eine kleine Vertiefung in die Oberfläche des Eises bohren und etwas Grand Marnier hineingießen.

RHABARBERGRATIN

500 g zarten jungen Rhabarber waschen und in etwa 3 cm lange Stücke schneiden. Mit 4 Eßlöffeln Zucker und 1 Teelöffel Zitronensaft zugedeckt langsam bißfest kochen. Die Stücke abseihen, den Saft dabei auffangen und in eine Pfanne geben. Ihn auf die Hälfte einkochen lassen. Dann mit 2 Eßlöffeln passierter Erdbeerkonfitüre, 1 Eßlöffel Orangen- oder Kirschlikör und ½ Teelöffel Maisstärke wie beschrieben zu einem dicken Sirup einkochen lassen. Die Rhabarberstücke in eine flache, gebutterte Gratinform geben. Eine Englische Creme (halbe Rezeptmenge) zubereiten, aber etwas mehr Speisestärke und den vorbereiteten Sirup hinzufügen. Die Creme über den Rhabarber verteilen, mit wenig Puderzucker bestreuen und etwa 15 Minuten bei 180°C überbacken.

TIP

Man kann rohe, in Scheiben geschnittene Erdbeeren unter den vorgekochten Rhabarber mischen. Nach Belieben dieses Gratin mit etwas frisch geriebenem Ingwer abschmecken.

GRUNDREZEPT

BAYRISCHE CREME

Im Prinzip wird die Bayrische Creme wie die Englische Creme zubereitet, aber, und das unterscheidet sie, mit Gelatine gestockt. Sie kann dadurch gestürzt werden.

FÜR 4 PORTIONEN
3 Blätter Gelatine
2 Eigelb
45 g Zucker
½ Vanilleschote
¼ l Milch
250 g süße Sahne

BESONDERE KÜCHENGERÄTE
4 kleine Portionsförmchen (à 150 ml Inhalt)

ZUBEREITUNGSZEIT
ca. 50 Minuten

KALORIEN
Pro Portion ca. 325 kcal

SO WIRD'S GEMACHT

1. Die Gelatineblätter in kaltes Wasser legen und quellen lassen.

2. Die Eigelbe und den Zukker mit einem Schneebesen so lange verrühren, bis eine cremige, weißliche Masse entstanden ist (Foto 1).

3. Die Vanilleschotenhälfte halbieren, in die Milch geben und diese aufkochen lassen.

4. Die Vanilleschote herausnehmen und die Milch löffelweise unter die Eigelb-Zucker-Masse rühren (Foto 2).

5. Die Eiermilch in einen sauberen Topf gießen und bei mittlerer Hitzezufuhr so lange mit einem Holzlöffel rühren, bis die Creme gebunden ist. Die Eiermilch nicht kochen lassen, sonst flockt sie aus. Die Creme ist fertig, wenn der Holzlöffel beim Herausnehmen mit Creme überzogen ist (Foto 3).

6. Die Gelatineblätter herausnehmen, gut ausdrücken und einzeln in die heiße Creme rühren, so daß sie sich auflösen (Foto 4).

7. Die Creme durch ein feines Sieb in eine Schüssel passieren, um eventuell geronnene Eireste abzutrennen.

8. Eine größere Schüssel zur Hälfte mit kaltem Wasser und Eiswürfeln füllen. Die Schüssel mit der Creme hineinsetzen und sie erkalten lassen, bis sie zu stocken beginnt. Dabei gelegentlich mit einem Schneebesen durchrühren.

9. Die Sahne steif schlagen. Sie mit dem Schneebesen locker unter die kalte, aber noch nicht ganz feste Creme ziehen (Foto 5).

10. Die Förmchen mit kaltem Wasser ausspülen, die Masse hineinfüllen und in 2 bis 3 Stunden im Kühlschrank fest werden lassen.

11. Die Creme stürzen, dazu die Förmchen vorher ganz kurz in heißes Wasser tauchen.

VARIATION
Die Sahne kann ganz oder zur Hälfte durch steifgeschlagenes Eiweiß ersetzt werden.

BAYRISCHE ORANGENCREME

Für diese Variation sollte man das Grundrezept gut beherrschen. Für 4 Soufflé-förmchen 2 Eigelbe, 35 g Zucker, die abgeriebene Schale von 1 kleinen unbehandelten Orange und deren Saft so lange rühren, bis die Masse cremig und weißlich ist. Die Masse wie beschrieben unter 200 ml aufgekochte Milch rühren und wieder zusammen erhitzen, bis sie dickflüssig wird, jedoch nicht kochen lassen. 3 Blätter gequollene Gelatine darin auflösen und die Creme abkühlen lassen. 200 g süße Sahne steif schlagen und unter die Creme ziehen. Sie in kleine Förmchen füllen, fest werden lassen und stürzen. Mit Schokoladensauce (Seite 292) anrichten.

Foto 1

Foto 2

Foto 3

Foto 4

Foto 5

MANDELCREME

¼ l Milch, 60 g Zucker, 100 g geschälte, geriebene Mandeln und ½ aufgeschlitzte Vanilleschote zusammen aufkochen lassen. ½ Teelöffel Mandelaroma (Essenz) hinzufügen und das Ganze 1 Stunde zugedeckt stehen lassen. Die Mandelmilch durch ein Sieb in einen Topf gießen und langsam erwärmen, aber nicht kochen lassen. 3 Blätter gequollene, ausgedrückte Gelatine darin auflösen. Die Creme in eine Schüssel passieren und erkalten lassen. Sobald sie zu stocken beginnt, 125 g steifgeschlagene süße Sahne darunterziehen und die Creme in 3 bis 4 Stunden im Kühlschrank fest werden lassen. Zum Anrichten der Creme die Schüssel kurz in heißes Wasser tauchen, stürzen und die Creme herausgleiten lassen. Nach Belieben mit steifgeschlagener Sahne garnieren und mit einer Fruchtsauce (Seite 296) servieren.

QUARKCREME MIT APRIKOSENSAUCE

2 Eigelbe, 100 g Zucker, ⅛ l Milch und die dünn abgeriebene Schale von ½ unbehandelten Zitrone unter ständigem Rühren im Wasserbad langsam erwärmen, dabei ständig rühren, bis eine cremige, weißliche Masse entstanden ist. 3 Blätter gequollene und ausgedrückte Gelatine in der warmen Creme auflösen. 200 g Sahnequark in einem Küchentuch auspressen und mit der erkalteten, noch nicht festen Creme mischen. Die Creme kühl stellen und ab und zu umrühren. Wenn die Creme fest zu werden beginnt, 125 g steifgeschlagene Sahne darunterziehen. Die Creme für etwa 5 Stunden kühl stellen. Dann mit Aprikosensauce (Seite 294) servieren.

ORIGINAL-TIRAMISU

GRUNDREZEPT

Dieses italienische Dessert steht auf der Beliebtheitsskala ganz weit oben. Kein Wunder, denn die Komposition aus mit Kaffee getränkten Biskuits und sahnigem Mascarpone schmeckt unvergleichlich gut.

FÜR 4 – 6 PORTIONEN
2 EL Zucker
¼ l starker Kaffee (am besten Espresso)
2 EL Kaffeelikör
100 g Löffelbiskuits
4 Eigelb
100 g Zucker
300 g Mascarpone
2 EL gesüßtes Kakaopulver

BESONDERES KÜCHENGERÄT
1 flache Gratinform

ZUBEREITUNGSZEIT
ca. 35 Minuten
Kühlzeit:
mindestens 3 Stunden

KALORIEN
Pro Portion ca. 440 kcal
(4 Portionen)

SO WIRD'S GEMACHT

1. Den Zucker im heißen Kaffee unter Rühren auflösen, dann den Kaffee abkühlen lassen. Den Likör dazugeben.

2. Eine flache Gratinform mit der Hälfte der Biskuits belegen und sie mit der Kaffee-Likör-Mischung tränken.

3. Für die Creme die Eigelbe und den Zucker im Wasserbad aufschlagen, bis eine cremige, weißliche Masse entsteht.

4. Den Mascarpone mit einem Gummispachtel darunterziehen und die Hälfte der Masse über die Löffelbiskuits geben. Die restlichen Löffelbiskuits darauf legen, mit der restlichen Kaffee-Likör-Mischung beträufeln und die restliche Creme darübergießen.

5. Das Tiramisu im Kühlschrank fest werden lassen. Es braucht dazu mindestens 3 Stunden, besser ist es jedoch, es für 5 Stunden kühl zu stellen.

6. Vor dem Servieren das Tiramisu mit dem Kakaopulver bestreuen und mit einem Metallspachtel schöne quadratische Portionen abstechen.

GESTÜRZTE HIMBEERMOUSSE MIT HIMBEERSAUCE

Grundlage der Mousse ist auch hier die aufgeschlagene Eicreme, den Geschmack prägen aromatische Himbeeren und Sahne.

FÜR 4 PORTIONEN
für die Mousse:
300 g Himbeeren (frische oder tiefgekühlte Beeren)
70 g Zucker
3 Blätter Gelatine
2 Eigelb
2 EL Himbeergeist
250 g süße Sahne
Butter zum Ausfetten
Puderzucker

zum Garnieren:
einige frische Himbeeren
Himbeercoulis (Seite 296)
frische Pfefferminzblätter
6 EL steifgeschlagene süße Sahne

BESONDERE KÜCHENGERÄTE
4 kleine Souffléförmchen

ZUBEREITUNGSZEIT
ca. ½ Stunde
Kühlzeit: 5 – 6 Stunden

KALORIEN
Pro Portion 460 kcal

SO WIRD'S GEMACHT

1. Die Himbeeren zusammen mit 40 g Zucker in einem Mixer pürieren und durch ein feines Sieb streichen, damit die Kerne zurückbleiben. Die Gelatine in Wasser quellen lassen.

2. Die Eigelbe zusammen mit dem restlichen Zucker im Wasserbad aufschlagen, bis die Masse cremig und weißlich ist. Dann diese in der Küchenmaschine schlagen bis sie etwas abgekühlt ist. Das Kaltschlagen sorgt für eine gleichmäßige schaumige Konsistenz der Mousse. Ist keine Küchenmaschine vorhanden, die Creme in einem kalten, mit Eiswürfeln gekühlten Wasserbad kaltschlagen.

3. Die Gelatineblätter ausdrücken, den Himbeergeist erwärmen, von der Heizquelle nehmen und die Gelatineblätter einzeln dazugeben. Immer so lange verrühren, bis jedes Blatt aufgelöst ist. Dann die Mischung in die Eimasse rühren.

4. Die pürierten Himbeeren daruntermischen und die Masse kühl stellen.

5. Die Sahne steif schlagen. Wenn die Fruchtmousse zu stocken beginnt, die Sahne mit einem Gummispachtel unter die Fruchtmasse heben.

6. Die Souffléförmchen leicht ausbuttern, mit Puderzucker ausstreuen und die Masse hineinfüllen. Die Förmchen auf ein feuchtes Küchentuch stoßen, damit keine Luftlöcher darin bleiben, und die Mousse für 5 bis 6 Stunden kühl stellen.

7. Zum Anrichten die Förmchen bis unter den Rand kurz ins heiße Wasser tauchen und die Mousse auf Teller stürzen.

8. Mit den Himbeeren, der Himbeercoulis, den Minzblättern und der steifgeschlagenen Sahne garnieren.

MASCARPONE-QUARK-MOUSSE MIT MANGO

Für diese Variation sollte man das Rezept „Himbeermousse" gut beherrschen. 4 Eigelbe mit 50 g Zucker und 1 Eßlöffel Zitronensaft im warmen Wasserbad cremig schlagen, dann kaltschlagen. 3 Blatt Gelatine in Wasser quellen lassen. 150 g Magerquark mit 120 g Mascarpone mischen und unter die Eicreme schlagen. Die Gelatine ausdrücken und in 3 Eßlöffeln heißem Eierlikör auflösen, dann unter die Quark-Eier-Masse rühren. 250 g Mangofruchtfleisch pürieren, unter die Creme rühren und sie kühl stellen. Sobald die Creme zu stokken beginnt, die Sahne steif schlagen und darunterziehen. Die Creme mit Minzblättern und Mangoscheiben garnieren.

MOUSSE AU CHOCOLAT

Abweichend von vielen klassischen Rezepten verzichtet man hier auf Butter. Wichtig ist vor allem eine gute Schokolade, und Sahne und Eiweiß müssen sehr steif geschlagen werden.

FÜR 4 PORTIONEN
150 g süße Sahne
2 kleine Eiweiß
2 EL Zucker
100 g Zartbitterschokolade
2 Eigelb

ZUBEREITUNGSZEIT
ca. 20 Minuten
Kühlzeit: ca. 1 Stunde

KALORIEN
Pro Portion ca. 305 kcal

SO WIRD'S GEMACHT

1. Die Sahne steif schlagen. Die Eiweiße zu steifem Schnee schlagen. Nach und nach den Zucker hinzufügen und mit dem Schneebesen darunterrühren.
2. Die Schokolade in Stücke brechen und in eine Schüssel geben. Mit ¼ l heißem Wasser übergießen und 1 ½ Minuten stehen lassen. Das Wasser sorgfältig abgießen.
3. Die Eigelbe gut verquirlen und mit einem Schneebesen unter die geschmolzene Schokolade rühren. Dann die Eiweiß-Zucker-Masse sorgfältig mit einem Gummispachtel unter die Schokoladenmasse ziehen und die Sahne darunterheben.
4. Die Mousse für ungefähr 1 Stunde in den Kühlschrank stellen.
5. Zum Anrichten einen Dessertlöffel in heißes Wasser tauchen und damit von der Mousse ovale Kugeln abstechen.

TIP
Die Schokolade so wie beschrieben zu schmelzen, ist vielleicht etwas ungewöhnlich, es geht aber sehr schnell. Allerdings dürfen Sie die Schokolade nicht aufrühren und auch nur Zartbitterschokolade verwenden. Man kann die Schokolade aber auch im Wasserbad oder in der Mikrowelle 20 Sekunden bei voller Leistung schmelzen lassen.

WEISSE SCHOKOLADENMOUSSE

Im Gegensatz zur dunklen Mousse au chocolat enthält die weiße Variante kein Eiweiß und auch weniger Zucker, dafür etwas mehr Sahne.

FÜR 4 PORTIONEN
100 g weiße Schokolade
220 g süße Sahne
1 Eigelb
1 EL Kirschwasser
1 EL Zucker

ZUBEREITUNGSZEIT
ca. 20 Minuten
Kühlzeit: ca. 1 Stunde

KALORIEN
Pro Portion ca. 335 kcal

SO WIRD'S GEMACHT

1. Die Schokolade in Stücke brechen und mit 2 Eßlöffeln süßer Sahne im Wasserbad schmelzen lassen.
2. Das Eigelb, das Kirschwasser und 1 Eßlöffel Wasser im Wasserbad mit dem Schneebesen gut aufschlagen, so daß eine cremige, weißliche Masse entsteht.
3. Die Eicreme aus dem Wasserbad nehmen und die geschmolzene Schokolade darunterziehen. Dann die Masse auf Handwärme abkühlen lassen.
4. Die restliche Sahne mit dem Zucker steif schlagen und rasch mit einem Gummispachtel unter die Schokoladen-Ei-Masse ziehen.
5. Die Masse in ein möglichst flaches Gefäß füllen, mit Klarsichtfolie abdecken und für mindestens 1 Stunde kühl stellen.
6. Die Mousse mit einem in heißes Wasser getauchten Dessertlöffel abstechen und anrichten.

VARIATIONEN
– Je 1 Kugel dunkle und weiße Mousse au chocolat servieren.
– Das Kirschwasser durch Sahne ersetzen.

GRIESSFLAMMERI

Ein Flammeri wird im Gegensatz zum einfachen Grießbrei mit Ei und Butter verfeinert. Rosinen und abgeriebene Zitronenschale prägen das Aroma dieser Variation.

FÜR 2 PORTIONEN
1 TL Rosinen
¼ l Milch
1 Prise Salz
45 g Weichweizengrieß
1 EL Butter
1 gehäufter EL Zucker
1 Eigelb
½ TL abgeriebene Schale von einer unbehandelten Zitrone
1 kleines Eiweiß

ZUBEREITUNGSZEIT
ca. ½ Stunde

KALORIEN
Pro Portion ca. 305 kcal

DAS PASST DAZU
Fruchtsaucen (Seite 294), Vanillesauce (Seite 279), Sabayon (Seite 291) oder Dörrzwetschgenkompott (Seite 285)

SO WIRD'S GEMACHT

1. Die Rosinen in kaltem Wasser quellen lassen.
2. Die Milch zusammen mit etwas Salz aufkochen lassen. Den Grieß zu der Milch geben und alles gut mit einem Holzlöffel verrühren.
3. Die Grießmilch 5 bis 10 Minuten unter mehrmaligem Rühren kochen lassen, so daß der Grieß ausquillt und ein dickflüssiger Brei entsteht.
4. Die Butter zusammen mit dem Zucker, dem Eigelb und der Zitronenschale mit einem Schneebesen schaumig schlagen und die Masse unter den noch heißen, aber nicht mehr kochenden Grießbrei rühren. Die Resthitze reicht aus, damit das Eigelb bindet.
5. Die Rosinen abtropfen lassen und unter den Grießbrei mischen.
6. Das Eiweiß sehr steif schlagen und vorsichtig mit dem Gummispachtel unter den Brei ziehen.
7. Den Flammeri erkalten lassen und servieren.

VARIATIONEN
– Anstelle der Rosinen gehackte, kandierte Früchte oder geriebene Nüsse unter den Grießbrei mischen.
– Den Flammeri mit Hirse- oder Maisgrieß zubereiten.

FLAN MIT BANANEN UND RUM

Die gestockte Eiermilch ist charakteristisch für den Flan. Wichtig ist, daß die Hitzezufuhr nicht zu groß ist, sonst flockt das Eiweiß aus.

FÜR 2 PORTIONEN
1 große Banane
3 Eier
¼ l Milch
1 EL Zucker
1 EL weißer Rum
1 Prise Salz
½ TL Vanillezucker
Butter zum Ausfetten

BESONDERES KÜCHENGERÄT
1 flache Gratinform (ca. 1 ½ l Inhalt, 2 ½ – 3 cm hoch)

ZUBEREITUNGSZEIT
ca. 40 Minuten

KALORIEN
Pro Portion ca. 370 kcal

SO WIRD'S GEMACHT

1. Die Banane schälen und in Scheiben schneiden.
2. Die Eier mit dem Schneebesen kurz verquirlen. Die Eier sollten nicht zu schaumig werden. Die Milch, den Zucker, den Rum, etwas Salz und den Vanillezucker darunterrühren.
3. Den Backofen auf 170°C vorheizen. Eine flache Gratinform mit Butter ausstreichen. Die Bananenscheiben darin verteilen und mit der Eiermilch begießen.
4. Den Flan mit Alufolie abdecken und 30 bis 40 Minuten backen. Die Masse sollte nur fest, auf keinen Fall trocken werden.
5. Sobald der Flan fest ist, ihn herausnehmen und lauwarm oder kalt servieren.

VARIATION
Die Milch kann durch Sahne ersetzt werden.

EINFACHER FLAN

Den Flan wie beschrieben zubereiten, jedoch die Bananen weglassen und noch 1 Eßlöffel Zucker und etwas abgeriebene Schale einer unbehandelten Zitrone oder Orange hinzufügen. Die Flanmasse wie beschrieben backen.

FLAN MIT OBST

Die Bananen durch sehr kleine, dünne Apfelscheiben oder auch durch Zwetschgen- oder Aprikosenschnitze ersetzen.

APFELKOMPOTT NACH ALTER ART

Bevor die Äpfel im Saft dünsten, werden sie leicht karamelisiert. Das gibt diesem Kompott den unvergleichlichen Geschmack.

FÜR 2 PORTIONEN
2 große feste, säuerliche Äpfel (ca. 350 g)
1 TL Butter
1 ½ EL Zucker
3 EL Apfelsaft oder -wein
½ Zimtstange
¼ unbehandelte Zitrone

ZUBEREITUNGSZEIT
ca. ½ Stunde

KALORIEN
Pro Portion ca. 140 kcal

SO WIRD'S GEMACHT

1. Die Äpfel waschen, gut abtrocknen, ungeschält in 6 bis 8 Schnitze teilen und die Kerngehäuse herausschneiden.

2. Die Butter in einer Pfanne erhitzen, den Zucker hinzufügen und unter Rühren bei mittlerer Hitzezufuhr hellbraun karamelisieren.

3. Die Apfelschnitze hinzufügen und sie im Karamel 2 bis 3 Minuten andünsten. Zwischendurch die Pfanne mehrmals rütteln und dadurch die Apfelschnitze im Karamel wenden.

4. Den Apfelsaft oder -wein, die Zimtstange und die Zitrone hinzufügen und die Äpfel bei geringer Hitzezufuhr etwa 7 Minuten dünsten. Sie müssen weich sein, dürfen aber nicht zerfallen.

5. Das Kompott lauwarm servieren.

VARIATION
Man kann 2 Eßlöffel Sultaninen zusammen mit den Apfelschnitzen kochen lassen.

DÖRRZWETSCHGENKOMPOTT

100 g gedörrte Zwetschgen 2 bis 3 Stunden in lauwarmem Wasser quellen lassen. ¼ l schwarzen Tee zubereiten. Die Zwetschgen gut abtropfen lassen und dann im Tee zusammen mit einer halbierten Vanilleschote 15 bis 20 Minuten kochen lassen. Das Kompott nach Belieben mit Zwetschgenwasser oder Cognac abschmecken.
Auch ein Dörrobstkompott aus verschiedenen Früchten ist möglich. Dann jedoch das Dörrobst nicht in Tee, sondern in Apfelsaft kochen.

GEMISCHTES FRÜCHTEKOMPOTT

1 große Birne und 1 großen Apfel schälen, halbieren und die Kerngehäuse herausschneiden. 200 g Zwetschgen, Pflaumen oder Aprikosen waschen, halbieren, entkernen und das gesamte Obst in Schnitze schneiden. Die Birnen- und Apfelschnitze in ⅛ l Wasser oder Orangensaft mit 2 bis 3 Eßlöffeln Zucker in etwa 10 Minuten weich kochen. Die Kochzeit hängt von der Dicke der Schnitze ab. Die Zwetschgen und die Aprikosen erst kurz vor Ende der Garzeit hinzufügen. Die Kochflüssigkeit aus dem Topf gießen und mit einem Stück dünn abgeschnittener Schale von einer unbehandelten Zitrone auf die Hälfte einkochen lassen. Das Obst in kleine Schälchen füllen, und die reduzierte Flüssigkeit darübergießen.

OBSTSALATE

Diese Desserts, die Kompositionen aus fein aufeinander abgestimmten Fruchtsorten darstellen, bilden einen wundervollen Abschluß auch eines etwas üppigen Menüs. Die Zubereitung ist nicht kompliziert und kann in den meisten Fällen bereits einige Stunden vor dem Servieren vorgenommen werden. Wichtig ist vor allem: nur aromatische, reife Früchte verwenden, sonst wird der Salat geschmacklos und fad.

GEFÜLLTE ANANAS

FÜR CA. 6 PORTIONEN
1 Ananas
1 Mango
1 Papaya
8 Rambutane oder Litschis
2 Kiwis
2 Tamarillos (Baumtomaten)
1 Karambole (Sternfrucht)
8 Kumquats (Zwergorangen)
1 Guave
2 Cherimoyas
3 EL Zucker
Saft von 2 Orangen
Saft von 1 Limette
Saft von 1 Zitrone

ZUBEREITUNGSZEIT
ca. 40 Minuten

KALORIEN
Pro Portion ca. 215 kcal

DAS PASST DAZU
Fruchtsorbets (Seite 276)

SO WIRD'S GEMACHT
1. Die Ananas längs halbieren und das Fruchtfleisch mit einem scharfen Messer aus der Schale schneiden, ohne sie zu verletzen. Den harten „Kern" herausschneiden, das Fruchtfleisch in kleine Stücke teilen.

2. Alle restlichen Früchte, außer den Kumquats und der Karambole, schälen. Das Fruchtfleisch der Mango mit einem spitzen Messer vom Stein schneiden. Die Papaya längs halbieren und die Kerne mit einem Löffel entfernen. Die Mango und die Papaya quer in Scheiben schneiden.

3. Das Fruchtfleisch der Rambutane vom Kern lösen. Die Kiwis, die Tamarillos, die Karambole und die Kumquats quer in dünne Scheiben schneiden.

4. Die Guave und die Cherimoyas in Schnitze schneiden und entkernen.

5. Die Früchte vorsichtig mischen, mit dem Zucker bestreuen, mit den Fruchtsäften beträufeln und für etwa ½ Stunde kalt stellen.

6. Den Salat in den Ananashälften anrichten.

TIP
Für 2 Personen sollte man 1 Babyananas verwenden und weniger Fruchtsorten nehmen.

VARIATIONEN
– Der Fruchtsalat kann mit Orangenlikör oder Kirschwasser parfümiert werden.
– Den Orangensaft durch das Fruchtmark von 4 Passionsfrüchten (Maracujas) ersetzen. Dadurch wird der Salat ganz besonders aromatisch.

FRISCHER FRUCHTSALAT MIT KIRSCHWASSER

FÜR 2 PORTIONEN
1 Apfel
1 Birne
1 Pfirsich
4 Zwetschgen, Aprikosen oder Pflaumen
1 Banane
Saft von 1 Orange
Saft von ½ Zitrone
200 g Beeren
1 – 2 EL Kirschwasser
1 EL Zucker

ZUBEREITUNGSZEIT
ca. ½ Stunde

KALORIEN
Pro Portion ca. 260 kcal

SO WIRD'S GEMACHT
1. Den Apfel, die Birne und den Pfirsich schälen, halbieren, das Kerngehäuse bzw. den Stein entfernen. Das Fruchtfleisch in dünne Schnitze schneiden und sie je nach Größe halbieren.

2. Die halbierten Zwetschgen, Aprikosen oder Pflaumen hinzugeben. Dann die Banane schälen, in Scheiben schneiden und mit dem Orangen- und dem Zitronensaft unter die anderen Früchte mischen.

3. Die Beeren waschen und über den Salat geben.

4. Das Kirschwasser mit dem Zucker verrühren und 5 bis 10 Minuten stehen lassen. Dann über den Salat gießen.

PFIRSICHSALAT

FÜR 2 PORTIONEN
500 g Pfirsiche
2 EL Zitronensaft
2 EL Weißwein
2 EL Zucker

ZUBEREITUNGSZEIT
ca. ¼ Stunde
Kühlzeit: ca. 2 Stunden

KALORIEN
Pro Portion ca. 150 kcal

SO WIRD'S GEMACHT

1. Die Pfirsiche ganz kurz in heißes Wasser tauchen. Herausnehmen und die Haut abziehen. Die Früchte halbieren, entkernen und in Schnitze schneiden. Sollten sich die Steine nicht herausnehmen lassen, die Schnitze direkt vom Stein schneiden.

2. Das Fruchtfleisch sofort mit dem Zitronensaft, dem Weißwein und dem Zucker mischen und den Salat für 2 Stunden kühl stellen.

VARIATION
Nach Belieben Erdbeeren oder Himbeeren unter diesen Salat mischen.

BEERENSALAT

FÜR 2 PORTIONEN
100 g Erdbeeren
100 g Himbeeren
2 EL frische Preiselbeeren
50 g Johannisbeeren
6 Kirschen
3 EL Zucker
3 EL Wein

ZUBEREITUNGSZEIT
ca. ¼ Stunde
Ruhezeit: ca. ¼ Stunde

KALORIEN
Pro Portion ca. 115 kcal

SO WIRD'S GEMACHT

1. Die Beeren waschen, von allen, außer von den Preiselbeeren, Stiele und Blättchen abzupfen und dann alle Beeren mischen. Die Kirschen entsteinen.

2. Den Zucker mit dem Wein mischen, etwa ¼ Stunde durchziehen lassen. Gut durchrühren und über die Beeren verteilen.

TIP
Man kann natürlich weniger Beerensorten verwenden oder dunkle Beeren dazumischen. Je größer die Auswahl an Beeren, desto attraktiver wird der Salat. Das lohnt sich aber erst, wenn mindestens 4 Portionen benötigt werden.

MELONENSALAT MIT INGWER

FÜR 2 PORTIONEN
1 kleine Zuckermelone
1 TL frisch geriebenen Ingwer
1 ½ EL Zucker oder Honig
90 g saure Sahne 15 % Fett oder Joghurt
2 EL geröstete Mandelblättchen (nach Belieben)

ZUBEREITUNGSZEIT
ca. ¼ Stunde

KALORIEN
Pro Portion ca. 235 kcal

SO WIRD'S GEMACHT

1. Die Melone schälen, halbieren und entkernen. Die Hälften in Schnitze und dann in Scheibchen schneiden. Dabei den Saft auffangen.

2. Den Ingwer, den Zucker oder den Honig, die saure Sahne oder den Joghurt und den Melonensaft verrühren und über den Salat geben.

3. Nach Belieben geröstete Mandelblättchen darüberstreuen.

ORANGENSALAT MIT DATTELN

2 große Orangen so schälen, daß auch die weißen Häutchen entfernt werden. Die Früchte quer in dünne Scheiben schneiden, dabei eventuell vorhandene Kerne entfernen. Die Orangenscheiben mit dem Saft von 1 Orange und 2 Eßlöffeln Muskateller- oder Portwein begießen. 3 frische oder getrocknete Datteln halbieren, entsteinen und in sehr feine Streifen schneiden. Die Pinienkerne in einer trockenen Pfanne leicht anrösten, bis sie anfangen zu duften. Datteln und Pinienkerne über den Salat streuen.

ERDBEEREN MIT BALSAMESSIG

250 g Erdbeeren waschen, putzen, vierteln, in 2 Schalen verteilen und mit je ½ Teelöffel Balsamessig beträufeln.

ERDBEEREN MIT SHERRY

250 g Erdbeeren waschen, putzen, vierteln und mit 2 Eßlöffeln Zucker mischen. Den Saft von 1 Orange und 2 Eßlöffel süßen Sherry mischen über die Beeren gießen und für mindestens 1 Stunde kühl stellen.

GRUNDREZEPT

CREMETÖPFCHEN MIT KARAMEL

Dieses Dessert heißt in Frankreich Crème caramel und ist klassischer Bestandteil der Nachspeisenküche. Wichtig ist das schonende Garen im Wasserbad. Die milde Hitze sorgt dafür, daß sich Eier und Milch zu einer schnittfesten Masse verbinden.

FÜR 2 – 3 PORTIONEN
50 g Zucker
3 Eier
1 Prise Salz
30 g Zucker
200 ml Milch
1 TL Vanillezucker

BESONDERE KÜCHENGERÄTE
2 – 3 kleine Timbale- oder Soufflêförmchen (ca. 200 ml Inhalt) und 1 feuerfeste Form, in die die Förmchen passen

ZUBEREITUNGSZEIT
ca. 1 ¼ Stunden

KALORIEN
Pro Portion ca. 300 kcal

SO WIRD'S GEMACHT

1. Den Zucker in eine kleine Edelstahlpfanne geben. Mit 1 bis 2 Teelöffeln Wasser befeuchten. 2 kleine Timbale- oder Souffléförmchen mit heißem Wasser füllen, so daß sie heiß werden.

2. Bei mittlerer Hitzezufuhr ohne umzurühren den Zukker erhitzen, er schmilzt zuerst und karamelisiert dann (Foto 1). Die Pfanne dabei ab und zu ein wenig rütteln.

3. Sobald der Zucker hellbraun geworden ist, das Wasser aus den Förmchen gießen und den Karamel hineingeben (Foto 2). Ihn durch Drehen der Förmchen auf den Böden verteilen.

4. Die Eier, das Salz und den Zucker gut verquirlen. Die Milch und den Vanillezukker dazugeben und alles gut durchrühren. Die Eiermilch in die Förmchen gießen, so daß sie etwa zu drei Vierteln gefüllt sind.

5. Den Backofen auf 140°C vorheizen. Eine rechteckige Auflaufform oder ein anderes feuerfestes Gefäß, in das die Förmchen passen, mit einem Tüchlein oder mit gefaltetem Pergamentpapier auslegen und etwa 3 cm hoch mit kochendem Wasser füllen. Das Tuch oder das Papier hält die Hitze von unten ab und sorgt dafür, daß die Förmchen nicht rutschen.

6. Die Förmchen in das sehr heiße Wasser stellen und mit einem großen Stück Alufolie oder einem passenden Dekkel abdecken (Foto 3), damit die Creme von oben nicht zuviel Hitze bekommt.

7. Die Eiermilch im Backofen oder bei geringer Hitzezufuhr auf dem Herd in etwa 35 Minuten stocken lassen. Das Wasser des Wasserbades darf nicht kochen, sondern nur ganz leicht sieden, es hat eine Temperatur von 80°C. Die Hitzezufuhr entsprechend regulieren.

8. Nach etwa 45 Minuten die Nadelprobe machen. Dazu mit einem Holzspießchen oder einer Bridiernadel in die Masse stechen (Foto 4). Es sollte keine Eiermilch mehr daran hängenbleiben. Je nach Resultat die Garzeit verlängern.

9. Wenn die Eiermilch fest ist, die Förmchen in kaltes Wasser stellen. Nach dem Erkalten mit einem spitzen Messer die Creme vom Rand der Förmchen lösen, die Förmchen ganz kurz in heißes Wasser tauchen, damit der Karamel am Boden wieder weich wird und sich löst. Dann die Creme auf 2 Teller stürzen (Foto 5).

TIPS

– Nach Belieben die doppelte Menge Karamel zubereiten. Die Hälfte davon wie beschrieben in die Förmchen gießen, den Rest zusammen mit 3 bis 4 Eßlöffeln Wasser zu einer Sauce verkochen, bis sich der Karamel gut aufgelöst hat. Die Karamelsauce nach dem Anrichten über die Creme verteilen.
– Das Wasserbad sollte nicht heißer, aber auch nicht kälter als 80°C sein, da sonst die Eiermilch nicht wie gewünscht stockt und die Eier nicht richtig binden. Bei zu großer Hitze wird die Masse löcherig und käsig.

Foto 1

Foto 2

Foto 3

Foto 4

Foto 5

GEBRANNTE CREME

GRUNDREZEPT

Wieder sind Eier, Milch und Zucker die Hauptzutaten. Diese Nachspeise unterscheidet sich allerdings in vielem vom Cremetöpfchen (links). Die Creme hat eine andere Konsistenz, und der Karamel wird daruntergezogen.

FÜR 4 PORTIONEN
für die Creme:
3 Eigelb
30 g Zucker
1 EL Speisestärke
½ l Milch
1 Prise Salz

für den Karamel:
70 g Zucker
2 bis 3 Tropfen Zitronensaft

ZUBEREITUNGSZEIT
ca. 50 Minuten

KALORIEN
Pro Portion ca. 195 kcal

SO WIRD'S GEMACHT:

1. Für die Creme die Eigelbe und den Zucker mit einem Schneebesen so lange aufschlagen, bis eine helle Creme entsteht.

2. Die Speisestärke mit 6 Eßlöffeln Milch glatt verrühren.

3. Den Zucker für den Karamel in einem Edelstahltopf bei mittlerer Hitzezufuhr mit 1 Eßlöffel Wasser und dem Zitronensaft karamelisieren. Er wird zuerst hellbraun, beginnt zu schäumen und wird dann braun. Er sollte aber nicht zu dunkel werden.

4. In der Zwischenzeit die restliche Milch mit dem Salz erhitzen.

5. Den fertigen Karamel vom Herd ziehen.

6. Die heiße Milch unter Rühren zum Karamel geben und so lange weiterrühren, bis sich der gesamte Karamel in der Milch aufgelöst hat.

7. Die angerührte Speisestärke hinzufügen, die Karamelcreme unter Rühren kochen lassen, bis sie leicht gebunden und sämig ist.

8. Die Karamelmilch löffelweise unter die Eier-Zucker-Masse rühren. Das Ganze in einen sauberen Topf gießen und unter ständigem Rühren bei geringer Hitzezufuhr erhitzen, bis die Creme bindet. Die Creme erkalten lassen, dabei ab und zu umrühren.

TIP
Wichtig ist, daß der Zucker richtig geschmolzen wird. Ist er zu dunkel, wird die Creme bitter, verwendet man ihn zu hell, hat die Creme zuwenig Karamelgeschmack.

VARIATION
Nach Belieben etwas steifgeschlagene süße Sahne unter die erkaltete Creme ziehen.

GEBRANNTE CREME MIT SCHNEEBÄLLCHEN

Die gebrannte Creme zubereiten und erkalten lassen. 2 Eiweiße zu sehr steifem Schnee schlagen, dabei nach und nach 50 g Zucker hinzufügen. ½ l Milch mit 1 Teelöffel Vanillezucker aufkochen lassen.
Aus dem Eischnee mit zwei Teelöffeln Klößchen formen und diese auf die kochende Milch legen, sie abdecken und bei geringer Hitzezufuhr in der Milch etwa 5 Minuten ziehen lassen. Sie sollen dann fest sein. Bitte nicht zu viele Klößchen auf einmal kochen, sonst kleben sie zusammen. Die Schneebällchen in eine weite Schüssel legen und sorgfältig mit der erkalteten gebrannten Creme begießen. Sie steigen dabei an die Oberfläche. Nach Belieben die Schneebällchen mit etwas Schokoladen- oder Zimtpulver bestreuen.

GRUNDREZEPT

SCHOKOLADEN-PUDDING

Dies ist ein richtiger klassischer Pudding, der nichts mit den Produkten aus der Tüte gemein hat. Er wird im Wasserbad schonend gegart und ist ausgezeichnet im Geschmack.

FÜR CA. 4 PORTIONEN
3 Eigelb
3 EL Zucker
1 TL Vanillezucker
120 g Zartbitterschokolade
1 EL Rum
125 g Crème double
3 Eiweiß
2 EL feingemahlene Haselnüsse oder Mandeln
Butter zum Ausfetten
1 bis 2 EL Semmelbrösel

BESONDERES KÜCHENGERÄT
1 verschließbare Puddingform aus Metall (ca. ½ l Inhalt) oder 4 kleine Soufflé-förmchen

ZUBEREITUNGSZEIT
ca. ¼ Stunde
Backzeit: ca. 50 Minuten

KALORIEN
Pro Portion ca. 420 kcal

DAS PASST DAZU
Vanillesauce (Seite 279), Fruchtsauce (Seite 294) oder Sabayon (Seite 291)

SO WIRD'S GEMACHT

1. Die Eigelbe, die Hälfte des Zuckers und den Vanillezucker mit einem Schneebesen zu einer sämigen, weißlichen Creme aufschlagen.

2. Die Schokolade im Wasserbad schmelzen lassen. Zusammen mit dem Rum unter die Eiercreme rühren. Die Masse erkalten lassen und die Crème double hinzufügen.

3. Die Eiweiße mit dem restlichen Zucker steif schlagen und zusammen mit den Nüssen mit einem Gummispachtel unter die Schokoladenmasse ziehen.

4. Den Backofen auf 200°C vorheizen. Eine kleine Puddingform oder die Soufflé-förmchen sehr gut ausbuttern und mit den Semmelbröseln ausstreuen.

5. Die Puddingmasse hineinfüllen, die Förmchen dürfen nur zu drei Vierteln gefüllt sein. Die Puddingform mit dem Deckel verschließen oder die Soufflé-förmchen mit Alufolie locker abdecken. Den Pudding im Wasserbad im Backofen etwa 50 Minuten backen. Die kleinen Puddinge benötigen etwa 35 Minuten. Der Pudding ist gar, wenn beim Hineinstechen mit einem Hölzchen nichts mehr daran hängenbleibt.

6. Den Pudding herausnehmen und in der (geschlossenen) Form etwa 10 Minuten abkühlen lassen. Dann den Pudding auf eine runde Platte stürzen.

TIP
Ist keine Crème double vorhanden, kann man süße Sahne verwenden, dann jedoch der Masse noch 30 bis 40 g weiche Butter hinzufügen.

MOHR IM HEMD

Nach Belieben die Puddinge nach dem Stürzen mit einer Schokoladenglasur überziehen. Dafür 50 g Zartbitterschokolade im Wasserbad oder in der Mikrowelle (20 Sekunden bei 100 % Leistung) schmelzen lassen. Die Puddinge mit steifgeschlagener Sahne servieren.

LEBKUCHENPUDDING

125 g Lebkuchen zerbröseln, in eine Schüssel geben und mit 3 Eßlöffeln Rum oder Milch begießen. 85 g zimmerwarme Butter und 100 g Zucker schaumig rühren. Nach und nach 4 Eigelbe hinzugeben. 40 g Zartbitterschokolade im Wasserbad schmelzen lassen, zur Eiercreme geben und alles gut verrühren. Die Lebkuchenbrösel und 30 g gemahlene Mandeln unter die Masse mischen. 4 bis 5 Eiweiße zusammen mit 1 Prise Salz und 1 Eßlöffel Zucker steif schlagen und vorsichtig unter die Masse heben. Die Puddingmasse wie beschrieben backen.

SABAYON MIT VANILLEEIS

Das Sabayon oder italienisch die Zabaione ist ein aufgeschlagener Eierschaum. Hier eine klassische Variante mit süßem Marsalawein, die über Vanilleeis gegossen wird.

FÜR 4 PORTIONEN
für das Sabayon:
4 Eigelb
150 ml Marsala
75 g Zucker
abgeriebene Schale von 1 unbehandelten Zitrone
1 Prise Salz

außerdem:
4 kleine Kugeln Vanilleeis

ZUBEREITUNGSZEIT
ca. 10 Minuten

KALORIEN
Pro Portion ca. 275 kcal

SO WIRD'S GEMACHT

1. Die Eigelbe, den Marsala, den Zucker, die Zitronenschale und das Salz in einer Schüssel mit dem Schneebesen gut verrühren (Foto 1).

2. Die Schüssel in ein Wasserbad stellen und die Masse bei geringer Hitzezufuhr mit dem Schneebesen so lange aufschlagen, bis eine dickflüssige, schaumige Creme entstanden ist (Foto 2 und 3).

3. Die Schüssel aus dem Wasserbad nehmen und das Sabayon noch etwa 2 Minuten weiterschlagen (Foto 4).

4. In 4 weite Dessertgläser oder aber Dessertschalen je 1 Kugel Vanilleeis geben und das Marsalasabayon darübergießen.

TIP
Auch für 2 Portionen kann das Sabayon zubereitet werden, dann die angegebenen Mengen halbieren. Das Aufschlagen dieser kleinen Menge ist jedoch schwieriger, und man muß ganz besonders darauf achten, daß der Schaum nicht zu heiß und damit zu fest wird.

VARIATIONEN
– Den Marsala ganz oder teilweise durch Weißwein ersetzen.
– Anstelle von Marsala Apfel- oder Traubensaft dazugeben.
– Etwa 2 italienische Mandelbiskuits zerbröckeln und auf 4 Gläser verteilen. Das Sabayon darübergeben (Foto 5).
– Marsala durch Portwein ersetzen, das Sabayon auf weichgekochten Birnenhälften anrichten.

Foto 1

Foto 2

Foto 3

Foto 4

Foto 5

AUFGESCHLAGENE DESSERTSAUCEN

Ähnlich wie das Sabayon wird eine Reihe von Dessertsaucen zubereitet. Hier eine kleine Auswahl der beliebtesten Varianten.

COGNACSAUCE

FÜR CA. 300 MILLILITER (CA. 6 PORTIONEN)
2 Eigelb
50 g Zucker
150 g süße Sahne
1 TL Vanillezucker
2 EL Cognac

ZUBEREITUNGSZEIT
ca. 25 Minuten

KALORIEN
Pro Portion ca. 145 kcal

PASST ZU
Schokoladen- und Nußeis, Pudding (Seite 290) und anderen Desserts

SO WIRD'S GEMACHT

1. Die Eigelbe und den Zucker mit dem Schneebesen zu einer cremigen, weißlichen Masse aufschlagen.

2. In der Zwischenzeit die Sahne mit dem Vanillezucker aufkochen lassen.

3. Unter Rühren zu der Ei-Zucker-Masse geben und im Wasserbad unter Rühren so lange erhitzen, bis die Sauce bindet.

4. Den Cognac darunterrühren und die Sauce in ein kaltes Gefäß umfüllen. Die Sauce erkalten lassen, dabei mehrmals umrühren.
(auf dem Foto: oben)

ANISSAUCE

FÜR CA. 300 MILLILITER (CA. 6 PORTIONEN)
½ Vanilleschote
200 ml Milch
50 g Zucker
2 TL Vanillepuddingpulver
2 Eigelb
3 – 4 EL Anislikör

ZUBEREITUNGSZEIT
ca. 25 Minuten

KALORIEN
Pro Portion ca. 95 kcal

PASST ZU
Crêpes (Seite 126), Pudding (Seite 290) und anderen Desserts

SO WIRD'S GEMACHT

1. Die Vanilleschotenhälfte längs aufschneiden und das Mark mit dem Messerrücken herauskratzen. Das Mark und die Schote, die Milch und den Zucker aufkochen lassen.

2. Dann das Vanillepuddingpulver mit den Eigelben mischen.

3. Die kochende Milch mit dem Schneebesen dazurühren und bei mittlerer Hitzezufuhr so lange aufschlagen, bis die Sauce gut gebunden ist.

4. Die Sauce durch ein feines Sieb passieren und auskühlen lassen. Mit dem Anislikör mischen, mit Klarsichtfolie abdecken und bis zum Gebrauch kühl stellen.
(auf dem Foto: unten links)

MOKKASAUCE

FÜR CA. 200 MILLILITER (4 PORTIONEN)
3 Eigelb
⅛ l starker Espresso
2 EL Zucker
1 – 2 EL Mokkalikör (nach Belieben)

ZUBEREITUNGSZEIT
ca. ¼ Stunde

KALORIEN
Pro Portion ca. 160 kcal

PASST ZU
Vanilleeis (Seite 279) und Parfait (Seite 277)

SO WIRD'S GEMACHT
Die Eigelbe, den Espresso und den Zucker mit dem Schneebesen in einem Wasserbad zu einer dickflüssigen Creme aufschlagen. Die Creme dann kaltschlagen und nach Belieben mit dem Mokkalikör abschmecken.
(auf dem Foto: Mitte)

SCHOKOLADEN-SAUCE

FÜR CA. 300 MILLILITER (6 PORTIONEN)
6 EL süße Sahne
200 g Zartbitterschokolade
2 cl Kirschwasser

ZUBEREITUNGSZEIT
ca. 10 Minuten

KALORIEN
Pro Portion ca. 290 kcal

PASST ZU
Pudding (Seite 290), Vanilleeis (Seite 279) und zu verschiedenen Desserts

SO WIRD'S GEMACHT
Die Sahne aufkochen lassen, vom Herd nehmen. Die Schokolade zerbrechen und in der Sahne schmelzen lassen, dabei häufig umrühren. Das Kirschwasser dazurühren und die Sauce warm servieren.
(auf dem Foto: unten rechts)

GRUNDREZEPT

ROTE GRÜTZE

Das Potpourri aus reifen Sommerbeeren, in leicht gedicktem Himbeerpüree kommt in Begleitung von flüssiger Sahne am besten zur Geltung.

FÜR 2 PORTIONEN
120 g Himbeeren
100 g Johannisbeeren
100 g Sauerkirschen
1 EL Speisestärke
2 EL Zucker
1 TL Zitronensaft
125 g Kaffeesahne (10 % Fett)

ZUBEREITUNGSZEIT
ca. ¼ Stunde
Kühlzeit: 4 – 5 Stunden

KALORIEN
Pro Portion ca. 205 kcal

SO WIRD'S GEMACHT

1. Die Himbeeren kurz waschen, 60 g davon zusammen mit 300 ml Wasser pürieren und durch ein Sieb streichen, damit die Kerne zurückbleiben.

2. Die Johannisbeeren waschen, mit einer Gabel von den Stielen abstreifen, die Kirschen waschen und mit einem Messer den Stein herauslösen.

3. Die Speisestärke mit dem Himbeerpüree verrühren. Den Zucker und den Zitronensaft hinzufügen. Die Masse in einen kleinen Topf geben, erhitzen und einige Minuten kochen lassen, bis sie leicht gebunden ist.

4. Die restlichen Himbeeren, die Kirschen und die Johannisbeeren darunterrühren. Alles nochmals kurz aufkochen lassen.

5. Die Grütze leicht abkühlen lassen und in einer hübschen Glasschüssel oder in Portionsschälchen anrichten. (Vorsicht! Die Grütze darf nicht mehr zu heiß sein, sonst zerspringt das Glas.)

6. Sobald die Grütze kalt geworden ist, sie für 2 bis 3 Stunden in den Kühlschrank stellen und erst kurz vor dem Servieren herausnehmen.

7. Die rote Grütze mit der Kaffeesahne übergießen.

VARIATION
Anstelle der Kaffeesahne kann man auch süße Sahne, saure Sahne oder einfach kühle Milch dazu servieren.

RHABARBERGRÜTZE
200 g Rhabarber waschen, die Stangen oben und unten knapp abschneiden. 50 g für die Garnitur beiseite legen. Den Rest in kleine Stücke schneiden und zusammen mit ⅛ l Wasser, sowie 30 g Himbeeren, 50 g Zucker, 2 Teelöffeln Weißwein und ½ Teelöffel Zitronensaft aufkochen lassen. Dann etwa ¼ Stunde ziehen lassen. Den Rhabarber durch ein Küchentuch passieren, den Saft wieder in den Topf geben. 1 Teelöffel Speisestärke mit 2 Eßlöffeln Rhabarbersaft glattrühren, die angerührte Stärke zum restlichen Saft geben und ihn unter Rühren so lange kochen, bis ein klares Gelee entsteht. Den restlichen Rhabarber in winzige Würfel schneiden und nach Belieben mit 50 g kleingeschnittenen Erdbeeren unter den gelierenden Saft ziehen. Die Grütze in Gläsern anrichten und im Kühlschrank vollständig erstarren lassen. Mit kühler, flüssiger Sahne oder Milch übergießen.

BEERENTERRINE
3 Blätter Gelatine in kaltem Wasser quellen lassen. ¼ l Orangensaft mit 40 g Zucker erwärmen. Die Gelatineblätter darin auflösen. Dann 1 kleine Terrinen- oder Kastenkuchenform (ca. ½ l Inhalt) mit Klarsichtfolie auslegen und die Hälfte des Orangensaftes hineingießen. Die Form in den Kühlschrank stellen und den Saft fest werden lassen. 200 g Himbeeren, Brombeeren oder Erdbeeren waschen, darauf verteilen, mit dem restlichen Saft übergießen, mit Folie abdecken und die Terrine in 2 bis 3 Stunden im Kühlschrank erstarren lassen.
Die Terrine in Scheiben schneiden und mit kalter Vanillesauce (Seite 279) servieren.

GRUNDREZEPT

WARME PASSIONS-FRUCHTSAUCE

Fruchtsaucen sind gute Begleiter von Desserts. Hier finden Sie eine Auswahl warmer Saucen, das Grundrezept mit Maracuja ist besonders aromatisch.

FÜR CA. ⅛ LITER (2 PORTIONEN)
5 Passionsfrüchte (Maracujas)
2 EL Weißwein
2 EL Orangensaft
1 EL Zucker
1 EL Butter
frisch gemahlener weißer Pfeffer

ZUBEREITUNGSZEIT
ca. ½ Stunde

KALORIEN
Pro Portion ca. 85 kcal

PASST ZU
Crêpes (Seite 126) und zu Vanilleeis (Seite 279)

SO WIRD'S GEMACHT

1. Die Passionsfrüchte halbieren und das Fruchtfleisch mit einem Teelöffel aus der Schale kratzen.

2. Das Fruchtfleisch in einen kleinen Topf geben, den Weißwein, den Orangensaft und den Zucker hinzufügen. Alles aufkochen lassen und anschließend bei geringer Hitzezufuhr 10 Minuten kochen lassen.

3. Die Sauce durch ein feines Sieb passieren. Die Butter in kleinen Flöckchen mit einem Saucenlöffel unter die Sauce rühren und sie nach Belieben mit wenig Pfeffer abschmecken.

TIP
Die Butter gibt der Sauce einen feinen Geschmack und sorgt dafür, daß sie schön glänzt. Wer mag, kann der Sauce vor dem Kochen etwas Speisestärke beigeben, sie ist dann stärker gebunden. Dann aber die Butter weglassen.

HEISSE BEERENSAUCE

250 g Himbeeren oder Brombeeren mit 1 Eßlöffel Zitronensaft, 1 Eßlöffel Zukker und 1 Eßlöffel Himbeer- oder Brombeergelee mischen und bei geringer Hitzezufuhr erwärmen. ½ Teelöffel Speisestärke in ½ Eßlöffel Wasser auflösen, zu der Beerenmasse geben und alles unter Rühren 2 bis 3 Minuten kochen. Die Beeren sollen nicht zerfallen, sondern ganz bleiben.

TIP
Man kann diese Sauce auch brennend auftragen: Dafür beim Anrichten etwas Saft zurückbehalten und mit 2 Eßlöffeln Himbeer- oder Brombeergeist erhitzen. Mit der Beerensauce mischen und anzünden. Die Sauce brennt nur, wenn sie ganz heiß ist.

WARME APRIKOSENSAUCE

250 g reife Aprikosen waschen, halbieren und entsteinen. 3 Eßlöffel Wasser mit 1 ½ Eßlöffeln Zucker aufkochen. Die Aprikosen dazugeben und zugedeckt etwa 5 Minuten bei geringer Hitzezufuhr kochen lassen. ½ Teelöffel Speisestärke mit 2 Teelöffeln Aprikosensaft verrühren. Die gekochten Aprikosen mit 1 Teelöffel Zitronensaft im Mixer pürieren, durch ein feines Sieb streichen. Die Speisestärke zum Aprikosenpüree geben und es unter Rühren nochmals erwärmen. Nach Belieben 1 Eßlöffel Butterflöckchen darunterrühren.

WARME ORANGENSAUCE

2 Orangen waschen, abtrocknen und mit einem Juliennereißer von der Schale feine Streifen abziehen. Die Orangenjulienne in 3 Eßlöffeln kochendem Wasser weich kochen. ¼ l Orangensaft mit 50 g Zucker sirupartig einkochen lassen. Mit den Orangenstreifen mischen.

TIPS
– Man kann den Zucker zuerst in einer Pfanne leicht karamelisieren und ihn dann erst wie beschrieben mit dem Orangensaft einkochen lassen.
– Etwas Orangenlikör oder 1 Eßlöffel Campari dazugeben.
– Anstelle der Orangen Mandarinen oder rote Grapefruits verwenden.

GRUNDREZEPT

KALTE FRUCHTSAUCE (COULIS)

Diese kalt zubereitete Fruchtsauce ist ganz besonders aromatisch und ergänzt viele Desserts sehr gut.

FÜR CA. ⅛ LITER (2 – 3 PORTIONEN)
200 g Himbeeren, Erdbeeren, Brombeeren, schwarze Johannisbeeren oder Heidelbeeren
1 bis 2 EL Zucker (je nach Säuregrad der Beeren)
2 TL Zitronensaft

ZUBEREITUNGSZEIT
ca. 10 Minuten
Ruhezeit: ca. ½ Stunde

KALORIEN
Pro Portion ca. 85 kcal

PASST ZU
Sorbets (Seite 276), Parfaits (Seite 277) und zu verschiedenen Mousses (Seite 282)

SO WIRD'S GEMACHT

1. Die Beeren kalt waschen, gut abtropfen lassen. Die Beeren entstielen (Erdbeeren kleinschneiden) (Foto 1).

2. Die Beeren in eine Schüssel geben, mit dem Zucker bestreuen (Foto 2) und gut durchrühren.

3. Den Zitronensaft hinzufügen und die Beeren mindestens ½ Stunde ruhen lassen, bis sie Saft gezogen haben und sich der Zucker aufgelöst hat (Foto 3).

4. Die Beeren durch ein feines Sieb streichen, damit die Kerne zurückbleiben (Foto 4).

TIPS
– Man kann auch tiefgekühlte Beeren verwenden.
– Die Coulis läßt sich auf Vorrat zubereiten und für den Winter einfrieren.

VARIATIONEN
– Andere Früchte verwenden, wie Mango, Kiwi, Pfirsiche oder Nektarinen. Die Früchte schälen, wenn nötig entkernen, kleinschneiden, etwas Zitronensaft und je nach Fruchtsorte Zucker hinzufügen. Im Mixer pürieren.
– Die Coulis mit 2 Eßlöffeln Sahne mischen (Foto 5).
– Nach Belieben eine passende Spirituose hinzufügen.
– Wenn Kiwis verwendet werden, sie nur ganz kurz mixen oder noch besser durch ein feines Sieb streichen, damit die Sauce nicht bitter wird.

Foto 1

Foto 2

Foto 3

Foto 4

Foto 5

MENÜS ZUSAMMENSTELLEN

Bereits eine Suppe, ein Hauptgang, der von Beilagen begleitet wird, und Käse oder ein Dessert zum Abschluß bilden ein sogenanntes Menü, eine Speisenfolge. Welche Gerichte man auswählt und zusammenstellt, hängt natürlich weitgehend vom persönlichen Geschmack und vom Anlaß ab, zu dem ein Menü serviert wird. So kann es eher klein und bescheiden, aber auch opulent und festlich sein. Bei der perfekten Zusammenstellung gilt es jedoch, einige wichtige Grundregeln zu beachten.

Alle Menübestandteile, also sowohl die Hauptgerichte als auch die Beilagen, sollten aufeinander abgestimmt sein. Sie müssen den Gaumen und das Auge erfreuen, dürfen nicht eintönig wirken, sondern Abwechslung bieten, und sollten, vom gesundheitlichen Aspekt her betrachtet, nicht zuletzt bekömmlich sein (siehe dazu auch Seite 6 und 7). Wie kann man diesen Ansprüchen gerecht werden?

Das oberste Prinzip heißt: Wiederholungen innerhalb eines Menüs vermeiden, und das gilt auch für die Zubereitungsart, das Anrichten, die Farbe der Lebensmittel und der Gerichte und für die verwendeten Produkte.

Schlechte Beispiele sind:

- Safransauce beim Hauptgericht und als Dessert eine gelbe Creme
- fritierter Fisch als Hauptgericht und ausgebackene Küchlein als Dessert
- braunes Ragout als Hauptgericht und als Dessert Schokoladencreme
- Ragout mit weißer Sauce, dazu Blumenkohl oder ein anderes helles Gemüse
- Käsegericht als Hauptgang, Käse als Dessert
- Pastete als Hauptgericht, Kuchen als Dessert
- Tomatensalat als Vorspeise, Hauptgericht mit Tomatensauce
- Saucengerichte, die mit einer saucenhaltigen Beilage serviert werden

Im Vordergrund bei der Auswahl der einzelnen Menükomponenten steht also, möglichst vielfältige, abwechslungsreiche Gerichte auszusuchen.

Die klassische französische Küche schreibt darüber hinaus gewisse Grundregeln vor, die allerdings heute nur noch für festliche Menüs gelten, die mehrere Gänge aufweisen:

- kalte vor warmen und leichte vor schweren Speisen
- helles vor dunklem Fleisch
- zarte, feine Gerichte vor intensiv gewürzten Speisen

Aber auch im Alltag sollte man ein wenig Sorgfalt bei der Zusammenstellung der meist dreiteiligen Menüs walten lassen und die oben genannten Grundregeln beachten. Ein kleines Menü kann durch einen Salat eröffnet werden, als Hauptgericht folgt ein Fisch-, Fleisch- oder Gemüsegericht mit Beilage, den Abschluß bildet etwas Obst oder ein Dessert.

Bei umfangreichen, sogenannten Gourmetmenüs, bei denen viele Gänge in kleinen Portionen serviert werden, wie im Spitzenrestaurant, werden die erwähnten Regeln nicht mehr beachtet. So gibt es Menüs, bei denen alle Gänge aus Fischen und Meeresfrüchten bestehen, jeder Gang aber anders zubereitet wird und anders aussieht. Dies gilt auch für Wildmenüs oder exotische Zubereitungen. Ein klassisches großes Menü beginnt mit einer kalten, gefolgt von einer warmen Vorspeise. Danach kann ein kleines Sorbet gereicht werden, bevor ein oder mehrere Hauptgerichte folgen. Als Dessert reicht man Käse, eine süße Speise, Kaffee eventuell mit etwas Gebäck.

Bei der Wahl des Menüs müssen auch die passenden Getränke ausgesucht werden. Wird kein Wein serviert, kann man ein neutrales Mineralwasser wählen. Gesüßte Limonaden passen in der Regel weder zu Fisch noch zu Fleisch und Saucen. Will man Wein zum Essen servieren, reicht man zu Fisch, kleinen Vorspeisen, hellem Fleisch, Geflügelgerichten und Eierspeisen in der Regel Weißwein oder Rosé. Rotweine passen eher zu Fleischgerichten. Hier ein paar Grundregeln zu den Getränken. Doch Ausnahmen bestätigen sie, und im Vordergrund steht immer der persönliche Geschmack.

- Weißwein vor Rotwein
- leichter Wein vor schwerem Wein
- süße Weine zum Dessert
- Bier paßt zu deftigen Gerichten, aber auch zu Curry oder exotischen Speisen
- Tee wird vor allem in asiatischen Ländern zum Essen gereicht. Er kann jedoch auch bei uns jederzeit getrunken werden. Zum Essen am besten ohne Beigabe von Zucker.

NOCH EIN WORT ZUR PORTIONSGRÖSSE

Die Gerichte dieses Buches sind vorwiegend für 2 Personen angelegt. Will man aus Hauptgerichten Vorspeisen machen, dann reichen die Zutaten für 4 Personen.

Für festliche Menüs mit mehreren Gängen kann man die angegebenen Mengen ebenfalls in mehrere Portionen teilen, man sollte aber immer darauf achten, daß jede Person mindestens ein schönes, kleines Stück Fisch oder Fleisch erhält.

Bei sogenannten Gourmetmenüs läßt man manchmal die Beilage weg, damit die Tischgäste nicht überfüttert werden.

Und noch etwas: Auf einen festlichen, gepflegten Tisch gehören immer Brot und Butter, besonders dann, wenn man Salat vorab serviert.

Gibt es Meeresfrüchte oder andere Gerichte, die man mit den Fingern essen darf, ist eine kleine Schale mit warmem Wasser, eine sogenannte Fingerbowle, ein Muß. Man kann das Schälchen mit einer Zitronenscheibe oder eventuell einem Blümchen oder ein paar Rosenblättern attraktiver machen.

SCHNELLES MENÜ

Blattsalat (Seite 86) mit italienischer Salatsauce (Seite 84)

✽

Hähnchenkeulen mit Morchelsauce (Seite 176)
und Salzkartoffeln (Seite 231)

✽

Frische Beeren

FESTLICHES MENÜ

Lachsterrine (Seite 76) mit Dillsauce (Seite 85)

✽

Kraftbrühe (Seite 103) mit Gemüseperlen (Seite 107)

✽

Hirschgeschnetzeltes mit Champignons (Seite 185),
Schwäbische Spätzle (Seite 140) und Preiselbeeren

✽

Gefüllte Ananas (Seite 286)

VEGETARISCHES MENÜ

Thaisalat mit Limettendressing
(ohne Riesengarnelen, Seite 95)

✽

Risotto mit drei Käsearten mit
gebratenen Zucchinischeiben (Seite 145)

✽

Sorbet (Seite 276)

EINFACHES MENÜ

Gekochte Artischocken (Seite 218)
mit Vinaigrette (Seite 84)

✽

Sauerbraten (Seite 196) mit
gedünstetem Gemüse (Seite 216)
und Kartoffelpüree (Seite 232)

✽

Obstsalat (Seite 286 bis 287)

GLOSSAR

abgießen
Koch- oder Einweichflüssigkeit zusammen mit dem Gargut in ein Sieb (Durchschlag) gießen und das Gargut abtropfen lassen

ablöschen
ein wenig Flüssigkeit zu angebratenem Fleisch, Gemüse oder Bratensatz gießen

abschäumen (abschöpfen)
den eiweißhaltigen Schaum, der sich beim Kochen auf Suppen und Fonds bildet, mit dem Schaumlöffel entfernen

abschmecken
ein Gericht vor dem Anrichten mit den im Rezept verwendeten Gewürzen nachwürzen

abschrecken
heiße, gegarte Lebensmittel mit kaltem Wasser überbrausen, um den Garvorgang abzubrechen oder um Eier besser schälen zu können

al dente
bißfest gekocht; häufig verwendeter Begriff für Nudeln, Reis, Gemüse

anschwitzen
Zwiebeln, Schalotten, Knoblauch oder auch andere Lebensmittel, wie Mehl, in heißem Fett andünsten. Dabei saugt das Gargut das Fett auf. Gemüse wird glasig, Mehl quillt auf

anziehen lassen
unter Wenden leicht dünsten, ohne daß das Gargut Farbe annimmt

aufkochen
Flüssigkeit zum Kochen bringen

aufschlagen
– Eier oder Eigelbe im Wasserbad mit einem Schneebesen cremig schlagen, bis sie binden
– rohe Eier an eine scharfe Kante schlagen, um die Schale zu öffnen
– Eier mit dem Schneebesen schaumig schlagen

aufwallen
das Kochgut in einer Flüssigkeit bis knapp unter den Siedepunkt erhitzen

backen
garen von Teigen, Aufläufen oder Massen bei 150 bis 250 °C im Ofen

Beurre manié (Mehlbutter)
halbweiche Butter mit Mehl verkneten, um Saucen und Suppen zu binden

binden
Saucen, Suppen und Cremes sämig machen, indem man Mehl, Speisestärke, Sahne, Ei, Butter oder Mehlbutter einrührt

blanchieren
– Lebensmittel schnell in viel Flüssigkeit aufkochen lassen, um Eiweiß-, Fett- und Schmutzteile zu entfernen. Danach kalt abschrecken
– diese Technik wird auch oft angewandt, um die grüne Farbe von Gemüse zu erhalten

blind backen
Torten- oder Kuchenböden vorbakken, dazu mit Backtrennpapier belegen, mit einer dicken Schicht aus Hülsenfrüchten beschweren und dann vorbacken

Bouillon
Gemüse-, Geflügel- oder Fleischbrühe

braisieren
mit sehr wenig Flüssigkeit in einem geschlossenen Kochgeschirr bei kleiner Hitze langsam garen

braten (anbraten)
garen in heißem Fett auf dem Herd in einer Bratpfanne oder im Backofen in einem Bräter, das Gargut nimmt dabei eine braune Farbe an. Unter Anbraten versteht man das rasche Bräunen von Fleisch, Geflügel oder Fisch vor dem Weitergaren

braten (dünsten) im eigenen Saft
Fleisch, Fisch, Gemüse oder Früchte werden ohne oder nur mit wenig Flüssigkeit und meistens ohne Fett gegart. Es handelt sich dabei um folgende Kochmethoden:
– in der Folie: Im Backofen mit Backbeutel oder Bratfolie in Schlauchform oder auf dem Grill in Alufolie
– im Römertopf: im Backofen unter Zugabe von wenig Flüssigkeit
in beschichteten Pfannen

Bratenfond (Bratensatz, Fleischsaft)
der während des Bratens aus dem Fleisch austritt und meist mit etwas Flüssigkeit losgekocht wird

bridieren
Geflügel mit Küchengarn binden

cremig rühren
eine Mischung so lange rühren, bis sie eine sämige Konsistenz hat

Croûtons
geröstete Brotscheiben oder -würfelchen, die in Butter knusprig geröstet werden

dämpfen
im Dampf garen; das Gargut wird dazu in einen Siebeinsatz gelegt, auf einen Topf mit siedendem Wasser gestellt und zugedeckt gegart

darunterrühren
eine Zutat unter Rühren dazugeben

darunterschlagen
eine Zutat mit Hilfe des Schneebesens dazugeben

darunterziehen
eine Zutat sorgfältig, locker und langsam mit einem Löffel oder Gummispachtel dazumischen, z. B. Eischnee

dünsten
garen in wenig Fett und etwas Flüssigkeit bei einer Temperatur, die knapp unter dem Siedepunkt liegt (ca. 90 °C)
andünsten: ganz kurz in wenig Fett unter Wenden dünsten
glasig dünsten: so lange dünsten, bis das Gargut etwas durchsichtig wird, z. B. bei Zwiebeln
dünsten im eigenen Saft: siehe braten im eigenen Saft

einfetten
eine Backform oder ein anderes Gefäß mit Butter oder Öl ausstreichen

einkochen
durch Kochen Flüssigkeit verdampfen lassen, eine Sauce oder Suppe dickt dadurch ein, das Aroma verstärkt sich

entfetten
nach dem Braten das überschüssige Fett abgießen

Farbe annehmen lassen
Gargut langsam rösten oder anbraten, so daß es hellbraun wird

Farce
Füllung, feingehackte Masse aus Fisch, Fleisch, Gemüse oder anderen Zutaten für Pasteten, Fleisch oder Gemüse

filetieren
– von Fischen oder Fleisch die Filets von den Gräten oder von den Knochen lösen
– bei Zitrusfrüchten die einzelnen Segmente aus den Häutchen lösen

flambieren
bereits gegarte Speisen oder Desserts mit erhitzten Spirituosen begießen, diese anzünden und abflammen lassen

Fond
– Saft, der nach dem Anbraten von Fleisch oder Knochen zurückbleibt
– Grundsauce zur Weiterverwendung
– konzentrierte Brühe

fritieren
Nahrungsmittel im heißen Öl oder Fett schwimmend ausbacken

garen unter Druck
Kochmethode, mit der Lebensmittel in einem speziellen Schnellkochtopf mit wenig Flüssigkeit bei leichtem Überdruck gegart werden

Gelatine auflösen
Gelatine in kaltem Wasser quellen lassen, ausdrücken und in warmer Flüssigkeit unter Rühren auflösen

gelieren
Sülze oder Speisen, denen Gelatine zugefügt wurde, fest werden lassen

glasieren
– Fleisch während des Bratens mit dem Fond begießen, um ihm einen glänzenden Überzug zu verleihen
– Gemüse mit wenig Zucker, Butter und etwas Wasser fertiggaren, bis sich ein glänzender Überzug bildet

gratinieren (überbacken)
ein Gericht mit Käse, Butter oder heller Sauce überziehen und bei Oberhitze im Ofen kurz überbacken

grillen
Fleisch, Fisch oder Gemüse auf einem Rost über heißer Glut, auf dem Elektrogrill oder unter der Grillschlange des Backofens rösten

karamelisieren
Zucker bei einer Temperatur von etwa 200 °C schmelzen und gelb oder hellbraun werden lassen

kochen
– Oberbegriff für Garen
– sieden, das heißt, ein Nahrungsmittel, ganz oder teilweise von Wasser oder Brühe bedeckt, garen

köcheln
Gargut bei kleinster Hitzezufuhr knapp unter dem Siedepunkt garen

kühl stellen
zubereitete Speisen bis zur Weiterverarbeitung oder bis zum Servieren in den Kühlschrank stellen

legieren
Saucen oder Suppen mit Butter, Sahne oder Eigelb oder einer Mischung aus Eigelb und Sahne oder Milch sämig machen. Ist die Sauce mit Mehl gebunden, kann sie zusammen mit der Legierung aufgekocht werden. Alle anderen Saucen nur ganz vorsichtig erhitzen und die Sauce so lange rühren, bis sie bindet

Liaison
eine Mischung aus Eigelb, Sahne oder Milch. Mit ihr werden Suppen und Saucen gebunden und sämig gemacht

Mehlbutter
siehe Beurre manié

Mehlschwitze
siehe anschwitzen

montieren
– Speisen mit dem Schneebesen schlagen, so daß sie an Volumen zunehmen
– vor dem Anrichten eine Suppe oder Sauce mit kalten Butterstückchen aufschlagen

panieren
Fleisch, Fisch oder andere Nahrungsmittel vor dem Braten oder Ausbacken in Mehl, verquirltem Ei und geriebenem Brot oder Nüssen wenden oder mit Butter bestreichen und in frisch geriebenem Weißbrot wenden

parieren
Fleisch- oder Fischstücke zurechtschneiden, dabei Fett, Sehnen und Häute entfernen

passieren
– gegarte oder gemixte Lebensmittel durch ein Sieb streichen
– eine Flüssigkeit durch ein Sieb oder Passiertuch gießen, damit die festen Bestandteile zurückbleiben

pochieren
Fisch, Fleisch oder Eier in Flüssigkeit bei kleiner Hitze ziehen lassen

pürieren
Fleisch, Fisch, Gemüse oder Obst in der Küchenmaschine (Cutter) oder im Mixer breiförmig zerkleinern

reduzieren
eine Flüssigkeit durch Einkochen konzentrieren

rösten
Gargut unter Wenden braten und dabei Farbe annehmen lassen

ruhen lassen
– gekochtes oder gebratenes Fleisch vor dem Aufschneiden oder Servieren ruhen lassen, damit der Saft gebunden wird und nicht ausläuft
– Teige vor der Weiterverarbeitung ruhen lassen, damit sie sich beim Ausrollen und Backen nicht zu stark zusammenziehen

sautieren
braten kleiner Fleischstücke in der Pfanne unter ständigem Wenden

schmoren
Fleisch oder auch Gemüse nach dem Anbraten in wenig Flüssigkeit zugedeckt auf dem Herd oder im Ofen gar werden lassen

schnetzeln
Fleisch, Fisch oder Gemüse in kleine Scheibchen schneiden

sieden
garen bei 90 bis 98 °C

stocken lassen
etwas fest werden oder gerinnen lassen, z. B. Rührei. Mit Gelee gebundene Speisen gelieren lassen

Timbale
– konische, hohe Metallform, die für die Zubereitung verschiedener Speisen aus Fleisch-, Fisch- oder anderen -farcen im Wasserbad oder im Ofen verwendet werden. Oft trägt das in diesen Formen zubereitete Gericht auch deren Namen
– auch Vorspeisen, die in gebackenen Teigkrusten serviert werden, werden Timbales genannt

verkneten
Mehl mit Butter, Wasser oder anderer Flüssigkeit zu einem Teig verarbeiten

verquirlen
Eier mit Hilfe einer Gabel, eines Holzquirls oder eines Schneebesens kurz aufschlagen

warm halten
ein Gericht anrichten und auf einem Rechaud (Stövchen) oder im Ofen bei etwa 60 °C warm stellen

Wasserbad
besteht aus einem mit heißem Wasser halbhoch gefüllten Gefäß, in welches ein kleinerer Topf oder entsprechende Gefäße gestellt werden können. In diesem kleinen Topf können empfindliche Lebensmittel geschmolzen, cremig gerührt oder erwärmt werden, die sonst bei zu großer Hitzezufuhr gerinnen, anbrennen oder ausflocken würden, z. B. Schokolade, Eierzubereitungen wie Cremes, Saucen. Das Wasser darf auf keinen Fall kochen. Das Wasserbad kann auf dem Herd und Backofen benutzt werden. Es eignet sich auch, um Saucen warm zu halten

würzen
– ein Gericht mit Salz, Pfeffer und Gewürzen geschmacklich abrunden
– Fleisch, Fisch und Geflügel vor dem Braten oder Grillen mit Salz und Pfeffer bestreuen

REZEPTVERZEICHNIS NACH MENÜKOMPONENTEN

HAUPTGERICHTE MIT REIS UND NUDELN

HAUPTGERICHTE MIT FISCH

HAUPTGERICHTE MIT MEERESFRÜCHTEN

HAUPTGERICHTE MIT FLEISCH UND WILD

HAUPTGERICHTE MIT INNEREIEN

HAUPTGERICHTE MIT GEFLÜGEL UND WILDGEFLÜGEL

FESTLICHE HAUPTGERICHTE

GEMÜSEBEILAGEN

STÄRKEBEILAGEN

REGISTER

REZEPTVERZEICHNIS

REGISTER

Warenkunde, Küchentechniken, Garmethoden, Schlagwörter

HINWEISE ZU DEN REZEPTEN

MENGEN
Die angegebenen Mengen in den Zutatenlisten beziehen sich auf die ungeputzte Rohware, es sei denn, es ist ausdrücklich anders angegeben. Bei Eßlöffel- und Teelöffelangaben gehen wir stets von gestrichenen Maßen aus.

ZEITEN
Alle Zeiten sind Richtwerte, die natürlich je nach individueller Fähigkeit kürzer oder länger sein können. Die Zubereitungszeit beinhaltet sowohl die Vorbereitungs- als auch die Garzeit, Ausnahmen bestätigen die Regel. Quellzeiten, Zeiten zum Kühlen, zum Ruhen etc. sind extra ausgewiesen und nicht in der Zubereitungszeit enthalten.

KALORIEN
Die Angaben beziehen sich in der Regel auf 1 Portion.

VARIATIONEN
Die Grundrezepte zeigen die wichtigsten Zubereitungstechniken einer guten Küche. Beherrscht man sie, ist es leicht, sie nach eigenen Vorstellungen abzuwandeln oder die angegebenen Variationen nachzukochen. Häufig kommen dabei weitere Zutaten hinzu oder andere werden ausgetauscht. In allen Fällen ist jedoch die Variation nur sehr knapp beschrieben und bezieht sich immer auf das vorangegangene Rezept. Manchen Hobbyköchen genügt dies wahrscheinlich, jenen, die jedoch die ersten Kocherfahrungen machen, sei empfohlen, sich zunächst an die ausführlich beschriebenen Rezepte und Grundrezepte zu halten oder sie zumindest genau durchzulesen, bevor man sich an die Variation wagt. Bei besonders schwierigen Abwandlungen wird noch einmal darauf hingewiesen, daß man das Grundrezept gut beherrschen sollte. Die Bildleisten zu den Rezepten zeigen häufiger sowohl die Arbeitsschritte des Grundrezepts als auch folgende Variationen.

BACKTEMPERATUREN
Sie beziehen sich auf einen Elektroherd mit Ober- und Unterhitze. Wer einen Gasherd besitzt, muß nach folgendem Schema umrechnen:

Elektroherd	Gasherd
150 °C/160 °C	Stufe 1
175 °C/180 °C	Stufe 2
200 °C	Stufe 3
220 °C/225 °C	Stufe 4
240 °C	Stufe 5
250 °C	Stufe 6

Wer mit Umluft backen möchte, reduziert die Temperaturangaben um 20 bis 30 Prozent.

ABKÜRZUNGEN

EL	= Eßlöffel
TL	= Teelöffel
mg	= Milligramm
g	= Gramm (1000 mg = 1 g)
kg	= Kilogramm (1000 g = 1 kg)
ml	= Milliliter /1000 ml = 1 l)
cl	= Zentiliter (10 ml = 1 cl)
l	= Liter (1000 ml/100 cl = 1 l)
Msp.	= Messerspitze

GEWICHTSANGABEN (BEISPIELE)

1 EL Mehl	= 10 g
1 TL Mehl	= 5 g
1 EL Speisestärke	= 10 g
1 TL Speisestärke	= 3 g
1 EL Zucker	= 15 g
1 TL Zucker	= 5 g
1 EL Flüssigkeit	= 15 g
1 EL süße Sahne	= 15 g
1 EL Butter	= 10 g
1 TL Butter	= 5 g
1 EL Öl	= 10 g
1 TL Öl	= 3 g
1 EL Essig	= 10 g
1 TL Essig	= 3 g
1 Ei mittelgroß	= 65 g
1 Eigelb	= 20 g
1 Eiweiß	= 35 g
1 EL Tomatenketchup/ Senf/Mayonnaise	= 15 g
1 TL Tomatenketchup/ Senf/Mayonnaise	= 5 g
1 EL feingehackte Kräuter	= 3 g
1 mittelgroße Zwiebel	= 40 g
1 mittelgroße Karotte	= 100 g
1 mittelgroße Tomate	= 65 g
1 mittelgroße Kartoffel	= 100 g

Im FALKEN Verlag sind zahlreiche Kochbücher mit schmackhaften und appetitlich fotografierten Rezepten erschienen. Fragen Sie Ihren Buchhändler.
Der Verlag dankt folgenden Firmen für die freundliche Unterstützung: Kronen GmbH, Nahrungsmitteltechnik, Willstätt; Spring GmbH, Konstanz; J. A. Henckels Zwillingswerk AG, Solingen.

Die Deutsche Bibliothek – CIP-Einheitsaufnahme

Unsere Kochschule / Marianne Kaltenbach ; Friedrich W. Ehlert. [Fotos: TLC-Foto-Studio GmbH, Velen-Ramsdorf]. – Niedernhausen/TS. : FALKEN, 1991
(FALKEN Sachbuch)
ISBN 3-8068-4526-3
NE: Kaltenbach, Marianne; Ehlert, Friedrich W.; TLC-Foto-Studio <Velen>

ISBN 3 8068 4526 3

Titelbild und Fotos: TLC-Foto-Studio GmbH, Velen-Ramsdorf; außer S. 58: Michael Wissing BFF, Waldkirch; S. 8 Mitte und unten: Grauel + Uphoff, Hannover; S. 38: Edith Gerlach, Frankfurt a. M.; S. 299: Photographie Brigitte Harms, Hamburg.

Satz: LibroSatz, Kriftel bei Frankfurt
Druck: Sebald Sachsendruck, Plauen

817 2635 4453 6271

... DAS GEMÜSE VERSALZEN IST?

Heißes Wasser daraufgießen, 2 bis 3 Minuten stehen lassen, dann das Wasser abgießen. Diese Methode ist nicht unbedingt ideal, aber immer noch besser, als das Gemüse wegzuwerfen.

... DIE SALZKARTOFFELN VERKOCHT SIND?

- Die Kartoffeln trockendämpfen, durch eine Kartoffelpresse drücken und als Kartoffelschnee servieren.
- Die Kartoffeln trockendämpfen und zu Kartoffelbrei oder -plätzchen verarbeiten.

... DIE KARTOFFELMASSE FÜR DIE KROKETTEN ZU WEICH IST?

- Kartoffelmehl und Kartoffelflocken unter den Teig arbeiten.

... DAS KARTOFFELPÜREE ZU DÜNN GEWORDEN IST?

- Das Püree bei ganz milder Hitze unter ständigem Rühren etwas einkochen lassen. Aber aufpassen, daß es nicht anbrennt!

... REIS ODER TEIGWAREN ZU LANGE GEKOCHT WURDEN?

Sie sofort abseihen, mit kaltem Wasser abschrecken, damit die Nudeln nicht nachgaren, und sie in wenig Butter unter Wenden kurz erhitzen. Das restliche Wasser verdampft so rasch und die Nudeln können nicht nachquellen.

... REIS ODER TEIGWAREN BIS ZUM ANRICHTEN KALT GEWORDEN SIND?

- Reis: 1 bis 2 Eßlöffel Wasser erhitzen, den Reis dazugeben und kurz erwärmen oder ihn in ein Sieb geben und zugedeckt über Wasserdampf nochmals erhitzen.
- Teigwaren: in ein Sieb geben und kurz in siedendes Wasser tauchen.

... NUDELN NACH DEM WARMHALTEN ZUSAMMENKLEBEN?

Sind die Nudeln nicht zu weich, sie kurz mit heißem Wasser überbrausen, abtropfen lassen und dann in etwas flüssiger Butter wenden.

... EIN GRATIN ZU DUNKEL WURDE?

Die oberste Schicht abheben, das Gratin mit leicht schmelzendem Käse bestreuen und nochmals kurz im Ofen überbacken.

... SALATBLÄTTER ODER KRÄUTER LEICHT WELK SIND?

Die Blätter kurz in kaltes Wasser legen, in das man dünn geschnittene Kartoffelscheiben oder Kartoffelstärke gibt. Danach den Salat oder die Kräuter gut trockenschleudern oder mit einem Küchentuch trockentupfen und sofort verwenden.

... DIE SALATSAUCE ZU SALZIG ODER ZU SAUER IST?

Etwas Brühe oder Wasser dazugeben.

... DAS FLEISCH NICHT GENÜGEND GAR GEWORDEN IST?

- Geflügel, das im ganzen gebraten wurde, dessen Fleisch am Knochen jedoch noch rosa ist, tranchieren. Die Stücke auf ein Blech legen und nochmals kurz in den Ofen schieben. Eventuell mit etwas Alufolie locker abdecken, damit es nicht austrocknet, oder in der Pfanne in heißer Butter nachbraten.
- Ganze Braten in Scheiben schneiden und diese ganz rasch in heißer Butter wenden.

... GESCHNETZELTES ODER SCHNITZEL BEIM BRATEN WASSER ZIEHEN?

Geschnetzeltes oder kleine, dünne Fleischstücke müssen rasch, bei großer Hitzezufuhr angebraten werden, damit sich die Zellen sofort schließen und der Fleischsaft nicht austreten kann. Zieht das Fleisch trotzdem Wasser, es sofort in ein Sieb geben und den ausgetretenen Saft auffangen. Erneut ein zum Braten geeignetes Fett gut erhitzen und das Fleisch ganz kurz nochmals braten. Den aufgefangenen Saft für die Sauce verwenden.

... DER BRATEN „SCHWARZ" WURDE?

- Die verbrannte Schicht mit einem scharfen Messer wegschneiden und die Schnittflächen kurz in der Pfanne anbraten.
- Die verbrannte Schicht wegschneiden, den Braten in Scheiben schneiden, anrichten und mit Sauce begießen.

... SICH BEIM BRATEN DIE PANADE VOM FLEISCH ODER FISCH LÖST?

Die panierten Stücke aus der Pfanne nehmen, die Panade entfernen und das Fleisch oder den Fisch sorgfältig trockentupfen.
1 Ei mit 2 Eßlöffeln Öl verquirlen, das Fleisch oder den Fisch in Mehl wenden und durch das Ei ziehen. Dann in Semmelbröseln wenden und sie fest andrücken. Das Fleisch oder den Fisch erneut in heißem Fett in der Pfanne braten.

... DER FISCH NICHT GENÜGEND GAR GEWORDEN IST?

Den Fisch, je nach Zubereitungsart, kurz in etwas Butter nachbraten oder in etwas Fond oder im Dampf nachgaren.

... EINE CREME AUF EIERBASIS NICHT FEST ODER WIEDER DÜNN WIRD?

- Wenn ausreichend Eigelbe verwendet werden, wie dies unsere Rezepte vorsehen, sollte die Creme beim Aufschlagen sämig werden. Sobald sie aber sämig ist, muß man sie im kalten Wasserbad (am besten in Eiswasser) kaltschlagen, denn nur dann bleibt die Bindung erhalten. Wird sie trotzdem zu dünn, kann man die Creme im Wasserbad nochmals erwärmen und etwas aufgelöstes Gelatinepulver, ein wenig aufgelöste Blattgelatine oder 1 bis 2 Eßlöffel Instant-Vanillecremepulver hineinrühren.
- Noch heißen Cremes, die beim Aufschlagen nicht sämig werden, etwas in kalter Flüssigkeit angerührte Speisestärke hinzufügen und im Wasserbad weiterschlagen, bis die Creme gebunden ist.
- Die zu flüssige, kalte Creme mit steifgeschlagener Sahne mischen.

... MIT GELATINE GEBUNDENE CREME ZU FEST WIRD, BEVOR MAN DIE SAHNE ODER DAS GESCHLAGENE EIWEISS DARUNTERZIEHEN KONNTE?

Die Creme in eine Schüssel mit heißem Wasser stellen und mit dem Schneebesen so lange durchrühren, bis sie wieder geschmeidig ist.

... EISCHNEE NICHT STEIF WIRD?

Einige Tropfen Zitronensaft dazugeben und das Eiweiß weiterschlagen, bis es steif wird.

PANNENHILFE

Ein Gericht „mißlingt" – das passiert jedem einmal, einerlei ob Profi- oder Hobbykoch. Doch manches, was auf den ersten Blick verloren scheint, läßt sich noch retten. Deshalb finden Sie hier eine Auswahl an bewährten Tips. Spezielle Hinweise für besonders schwierige Gerichte finden Sie auch bei den jeweiligen Rezepten.

WAS TUN, WENN ...

... DIE SUPPE ZU DÜNN IST?

- Creme- oder Sahnesuppen mit Ei und Sahne legieren. Dazu 1 Eigelb mit 80 g süßer Sahne verrühren, mit 2 bis 3 Eßlöffeln Suppe mischen und diese Mischung unter die restliche Suppe rühren. Sie nochmals unter ständigem Rühren leicht aufkochen lassen.
- Wenig Grieß einrühren und ihn unter Rühren ausquellen lassen.
- 1 bis 2 Eßlöffel Kartoffelflocken (für Kartoffelpüree) in die fertig gekochte Suppe rühren.
- Mit Mehlbutter (25 g Mehl mit 30 g Butter verrührt) binden.
- Mit etwas Speisestärke binden, diese jedoch zuvor mit kalter Flüssigkeit anrühren.

... DIE SUPPE ZU DICK IST?

Mit einer selbstgemachten Brühe (Seite 100), einem Fond (aus dem Glas) oder einer aus Fertigprodukten zubereiteten Brühe verdünnen und die Suppe nochmals mit den verwendeten Gewürzen abschmecken.

... DIE SUPPE VERSALZEN IST?

- Eine geviertelte Kartoffel dazugeben und in der Suppe weich kochen. Die Kartoffel nimmt das überschüssige Salz auf.
- Bei einer klaren Gemüsesuppe Teigwaren hinzufügen, die das Salz aufnehmen können.
- Nochmals etwas neue Suppe ohne Salz zubereiten und in die versalzene Suppe mischen. Suppe, die dann übrigbleibt, läßt sich gut einfrieren.

... EINTÖPFE ZU VIEL FLÜSSIGKEIT HABEN?

Das Gemüse und das Fleisch mit dem Sieblöffel herausnehmen. Die Flüssigkeit auf die gewünschte Konsistenz einkochen, die festen Lebensmittel wieder daruntermischen. Den Eintopf vorsichtig erwärmen.

... KRAFTBRÜHE BEIM KLÄREN NICHT KLAR WIRD?

- Die Kraftbrühe noch einmal kräftig aufkochen lassen. Falls dies nicht hilft:
- Einige Eiswürfel oder 1 kleingeschnittene Tomate vorsichtig in die Kraftbrühe geben.
- Sie können die Kraftbrühe aber auch durch ein grobes Sieb passieren und die ablaufende Brühe sowie den Kläransatz im Sieb abkühlen lassen. Dann den Kläransatz mit einigen Eiswürfeln und 1 Eiweiß in einem Topf vermengen, die abgekühlte Brühe hinzugießen und alles unter Rühren noch einmal zum Kochen bringen.

... DIE SAUCE GRIESSIG WIRD ODER SICH ZERSETZT?

- Sahnesaucen im Mixer aufschlagen.
- Buttersaucen, wie Beurre blanc, mit etwas heißer Flüssigkeit (Sahne oder Wasser) aufmixen, dann nochmals mit wenig Butter aufschlagen.

... DIE SAUCE ZU DÜNN IST?

Sahnesaucen

- Die Sauce so lange einkochen, bis sie die gewünschte Konsistenz bekommt.
- Wurde die Sauce vorher nicht eingekocht, etwas Sahne separat auf die Hälfte einkochen lassen und zur Sauce geben. Sie nochmals etwas einkochen.
- Etwas Speisestärke in kalter Flüssigkeit verrühren, bis sie sich aufgelöst hat, zur Sauce geben und sie weiterkochen lassen, bis sie gebunden ist.
- Etwas Mehlbutter (25 g Mehl mit 30 g Butter verrührt) zur Sauce geben.
- Saucenbinder (Fertigprodukt) hinzufügen.

Bratensaucen

Die Sauce noch etwas einkochen lassen oder mit Kartoffelstärke oder Instantsaucenpulver binden.

... DIE SAUCE ZU DICK IST?

- Nochmals ein wenig Wasser, Brühe oder Garflüssigkeit, je nach Rezept, hinzugeben und alles langsam erwärmen.
- Die Sauce mit etwas Flüssigkeit im Mixer aufschlagen.

... DIE PIKANTE SAUCE ZU SCHARF GEWÜRZT WURDE?

- Etwas Wein, Brühe, Jus oder Sahne hinzufügen.

... ZUWENIG BRATENSAUCE VORHANDEN IST?

Etwas Instantbratensauce hinzufügen.

... DIE MAYONNAISE GERONNEN IST?

- 1 Eigelb mit 1 Prise Salz und wenig Senf cremig rühren und die geronnene Mayonnaise tropfenweise darunterarbeiten